AF480401

9 789696 959 33466

دانائی کا سفر

دانائی کا سفر

(ڈاکٹر خالد سہیل اور ڈاکٹر بلند اقبال کے علمی مکالمے)

ترتیب و تدوین: عبد الستار

فہرست

نوجوان نسل کے نام

دانائی کا سفر

میں سماجی طور پر ایک ایسے روایتی سماج سے تعلق رکھتا ہوں جہاں پر بچپن سے ہی کچھ بندھے بندھائے اور ٹکے ٹکائے اصولوں وضوابط کی بنیاد پر تربیت کا آغاز کر دیا جاتا ہے۔ بلوغت کی عمر تک پہنچتے پہنچتے بچہ اس روایتی ماحول کا عادی ہو چکا ہوتا ہے اور اس کے لیے اس روایتی سر کل سے نکلنا بہت مشکل ہو جاتا ہے مگر بہت ساری مشکلات کے باوجود بھی کچھ لوگوں میں اتنی ہمت ہوتی ہے کہ وہ بچپن کی پہنائی گئی روایتی بیڑیوں کو توڑ ڈالتے ہیں اور آگہی وشعور کے غیر روایتی راستوں کے مسافر بن جاتے ہیں۔ روایتی سماج میں رہتے ہوئے روایات سے بغاوت کرنا بڑے ہی دل گردے کی بات ہوتی ہے۔ اس حوصلہ اور ہمت کے پیچھے بہت سارے محرکات ہوتے ہیں جو سوچ میں بھونچال لانے کا سبب بنتے ہیں۔ میں چونکہ بچپن میں ایسے ماحول میں پلا بڑھا تھا جو کہ بہت ہی گھٹن زدہ تھا اور اسی گھٹن زدہ ماحول میں کبھی کبھار کسی غیر روایتی کتاب کی صورت میں تازہ ہوا کا جھونکا بھی نصیب ہو جاتا تھا۔ کالج کی تعلیم کے دوران میری ملاقات ایک ایسی شخصیت سے ہوئی جس نے میرا زاویہ نگاہ مکمل طور پر بدل ڈالا۔ انہوں نے مجھے ایک ایسے سفر کا راہی بنا دیا جس کا کوئی اختتام نہیں بلکہ یہ دانائی کی کھوج کا ایک مسلسل سفر تھا جس پر میں آج بھی رواں دواں ہوں۔ اس عظیم شخصیت کا نام محمد جمیل راز ہے جس کی بصیرت کی بدولت مجھے وہ شعوری بینائی حاصل ہوئی جس کی بدولت زندگی میں ایسے ایسے لوگ ملے کہ زندگی گلزار بنتی چلی گئی۔ دانائی کے اس سفر میں 2017 ءمیں بذریعہ فیس بک دو ایسے لوگوں سے آشنائی ہوئی جن کو حقیقی زندگی میں ملنا شاید ناممکن ہوتا۔ یہ عظیم شخصیات ڈاکٹر خالد سہیل اور ڈاکٹر بلند اقبال ہیں اور اس دوستی کو مستحکم کرنے

میں ڈاکٹر بلند اقبال کے ایک ٹی وی پروگرام "پاس ورڈ" نے انتہائی بنیادی اور گہرا کردار ادا کیا۔ ڈاکٹر بلند اقبال نے میری گزارش پر مجھے "پاس ورڈ" کے چند ریکارڈڈ پروگرام بھیجے جو میں نے چند دنوں میں دیکھ ڈالے۔ اسی پروگرام کے ذریعے سے مجھے زندگی کو ایک نئے زاویہ نگاہ سے جاننے کا موقع ملا۔ 2018ء میں میرا ایک اور دانائی کے سفر کا آغاز ہوا۔ اس سفر کے روح رواں بھی یہ دونوں سکالر طبیب تھے۔ "اِن سرچ آف وزڈم" کے نام سے کینیڈا اون ٹی وی پر ایک علمی سیریز کا آغاز ہوا، یہ سفر 36 اقساط پر مشتمل تھا۔ اس علمی سفر کی بدولت میں قدیم اور جدید دانائی سے مستفید ہوا اور اس علمی سیریز نے مجھے اتنا متاثر کیا کہ میں نے 36 پروگرام لکھ ڈالے اور دونوں طبیب دوستوں کی نذر کر دیے۔ دونوں علمی طبیبوں کو میری یہ کاوش پسند آئی اور انہوں نے اسے کتاب کی صورت عطا کر کے مجھ جیسے فقیر کو اپنے اس عظیم سفر کا حصہ بنا دیا، میں اپنے ان عظیم دوستوں کا تہہ دل سے شکر گزار ہوں۔ میں اپنے ان دوستوں اور شاگردوں کا بھی تہہ دل سے مشکور ہوں جن کے ساتھ کی بدولت میں یہ کام کرنے کے قابل ٹھہرا۔ سب سے پہلے میں اپنے عظیم دوست و شاگرد اور بھائی زبیر انجم لودھی کا شکر گزار ہوں جنہوں نے ابتدائی پروگرامز کو ترتیب دینے میں میری مدد دی۔ میں اپنے ایک اور شاگرد اور بھائی راؤ طاہر قیوم ایڈووکیٹ کا بھی بہت زیادہ شکر گزار ہوں جس کی اتھاہ محنت کی بدولت اتنا بڑا پروگرام ممکن ہو پایا ۔ اپنے تمام شاگردوں خاص طور پر قیصر اصغر کا بہت شکر گزار ہوں جس نے قدم قدم پر میرا ساتھ دیا۔ آخر میں ڈاکٹر خالد سہیل اور ڈاکٹر بلند اقبال کا بہت زیادہ شکر گزار ہوں جنہوں نے میری اس کاوش کو اس قابل جانا کے اس کو کتاب کی صورت میں ایک جامع شکل دے دی تاکہ شعور کی یہ روشنی ساری دنیا خصوصاً نوجوانوں اور ہمارے ملک کے طالب علموں میں پھیل سکے ۔ کینیڈا اون ٹی وی اور اس کی علم دوست ٹیم خاص طور پر بدر منیر چوہدری اور انتہائی نفیس اور پیار کرنے والے انسان عامر اختر کا شکر یہ کہ جن کی بدولت اس قدر خوبصورت علمی سیریز ترتیب پائی اور جس کے بدولت دانائی کا یہ سفر ممکن ہو پایا۔

عبدالستار

دورِ قدیم میں دانائی کا سفر

سدھارتھا: ہر من ہیسے کا ناول اور مہاتما بدھا کی دانائی

(حصہ اول)

تاریخِ انسانی کے آغاز سے ہی چند ایسے سوالات انسانی ذہن میں گردش کر رہے ہیں، جن کے جواب جاننے کی کھوج میں انسان ابھی تک سرگرداں ہے لیکن ابھی تک تسلی بخش جوابات مل نہیں پائے۔

سچ کیا ہے؟ دانائی کسے کہتے ہیں؟ دنیا کے انسان پریشان کیوں ہیں؟ انسان اپنے دکھوں کو سکھوں میں کیسے بدل سکتے ہیں؟ انسان اس کرہ ارض کو ایک پر امن مقام کیسے بنا سکتے ہیں؟

یہ وہ چند سوالات ہیں جن کا جواب پانے کے لیے انسان صدیوں سے جستجو جاری رکھے ہوئے ہے۔ ہر دور کے ادیب، مفکر اور شاعر حضرات ان سوالات کے جواب ڈھونڈنے کی اپنے اپنے طور پر سعی کرتے رہتے ہیں۔ اسی جدوجہد کا حصہ بننے کی سعی ڈاکٹر خالد سہیل اور ڈاکٹر بلند اقبال نے بھی کی ہے۔

''دانائی کا سفر'' کا بنیادی مقصد یہ ہے کہ مختلف دانشوروں، ادیبوں اور مفکرین کی تحاریر سے حکمت کے موتی تلاش کر کے انسانی زندگی کو درپیش سوالات کے تسلی بخش جواب دیے جائیں۔

اس کاوش کا آغاز ہر من ہیسے کے ناول سدھارتھا سے کرتے ہیں جو کہ بدھا کی زندگی سے متعلق ہے۔ اس ناول پر سیر حاصل گفتگو ڈاکٹر خالد سہیل اور ڈاکٹر بلند اقبال کے مکالمے کی صورت میں حسبِ ذیل ہے۔

ڈاکٹر خالد سہیل:

ڈاکٹر بلند اقبال: سدھارتا کے بارے میں آپ کا مجموعی تاثر کیا ہے؟

ڈاکٹر بلند اقبال:

ڈاکٹر صاحب، بلاشبہ یہ ناول دانائی سے بھرا ہوا ہے، اس کا موضوع ہی دانائی کی تلاش ہے۔ دانائی کیا ہے؟ کیا یہ ہمارا جسم ہے یا اس کا تعلق ہماری روح سے ہے؟ کیا دانائی ہمارا شعور ہے یا اس کا تعلق ہمارے لاشعور سے ہے؟ ہماری مجموعی بحث کے حوالے سے ہر من ہیسے کا یہ ناول اپنے موضوع کے اعتبار سے ایک بہترین انتخاب ہے جس سے ہم اپنی گفتگو کا آغاز کریں گے۔

ڈاکٹر خالد سہیل:

اس ناول کے ذریعے سے ہم 2500 سال پہلے کے بدھا، جو کہ گوتما کے نام سے جانے جاتے تھے، کے بارے میں جانتے ہیں۔ یہ ناول 1922 میں لکھا گیا اور 1946ء میں اس ناول کے تخلیق کار ہر من ہیسے (Hermann Hesse) کو ادب کا نوبل پرائز ملا۔ ناول کے دو حصے ہیں۔ اس ناول کے پہلے حصے پر بات کرتے ہیں تو ڈاکٹر صاحب! جب آپ نے اس حصے کو پڑھنا شروع کیا تو آپ کے کیا تاثرات قائم ہوئے؟

ڈاکٹر بلند اقبال:

یہ ایک فلسفیانہ ناول ہے۔ اگرچہ مقدار کے لحاظ سے یہ چھوٹا ناول ہے لیکن معیار کے اعتبار سے بلند پایہ ہے۔ یہ کتاب محض پڑھنے کے لیے نہیں ہے بلکہ جذب اور فکر کرنے کے لیے ہے کیونکہ اس کا ہر ایک لفظ دانائی سے بھرپور ہے۔ اس ناول کی ابتدا قدیم ہندوستان کے اُس دور سے ہوتی ہے، جو کہ ہندوازم اور بدھا ازم کا دور ہے یعنی یوں کہہ لیں کہ ایک مذہبی فکر کا زمانہ ہے۔ کہانی ہندوستان کے ایک گاؤں کی ہے جہاں کسی مذہبی عالم کا ایک ذہین اور سمجھدار لڑکا جو سن بلوغت میں ہے اور اپنے خاندان کے ساتھ رہتا ہے۔ اُس کا ایک قریبی دوست، گووندا بھی اس کے ساتھ ہے۔ یہ دونوں دوست دن رات کے ساتھی ہیں، وہ ساتھ ہی مذہبی تعلیم بھی حاصل کر رہے ہیں۔ لیکن اس بچے کے اندر ایک مسلسل بے چینی کی سی کیفیت ہے، وہ اکثر خود سے اور اپنے دوست گووندا سے پوچھتا ہے کہ اخر اس کائنات یا انسان کا حتمی سچ کیا ہے؟ یہ سوال بھی اُسے پریشان کر تا رہتا ہے کہ آخر یہ جو میرے ارد گرد

بہت سے مذہبی لوگ یا عالم موجود ہیں، انہیں آخر کیوں نہیں ذات کا عرفان ملا؟ حتیٰ کہ میرے اپنے والد بھی، جو ایک جید عالم ہیں، اُن کے یہاں بھی آگاہی یا دانائی کی کمی کیوں ہے؟ یہ لڑکا مسلسل دل گرفتہ ہے، بے چین ہے اور فکر میں مبتلا ہے۔ یوں اس ناول کی باقاعدہ ابتدا ہوتی ہے۔

ڈاکٹر خالد سہیل:

ناول کے اس پہلے حصے میں جو چیز میرے دل کو چھو کر گزری، وہ یہ ہے کہ جب سدھارتھا نے فیصلہ کیا کہ وہ سچ کی تلاش میں گھر سے نکلیں گے، تو وہ اپنے والد کے پاس گئے اور اجازت طلب کی۔ ان کے والد نے انہیں اجازت نہیں دی اور سمجھایا کہ ایسی دیوانگی کی باتیں مت کرو، یہیں رہو اور اپنی زندگی سے لطف اٹھاؤ۔ اس گفتگو کے بعد سدھارتھا کے والد کمرے میں جا کر سوگئے، لیکن سدھارتھا، وہیں کھڑے رہے۔ صبح جب سدھارتھا کے والد کمرے سے باہر آئے تو دیکھا کہ سدھارتھا وہیں کھڑے ہیں۔ سدھارتھا کے والد کو ادراک ہو گیا کہ سدھارتھا، جسمانی طور پر تو یہیں ہیں لیکن روحانی طور پر جا چکے ہیں۔ آخر کار انہوں نے سدھارتھا کو سفر کی اجازت دے دی۔

یوں سدھارتھا اپنے والد، خاندان اور اہل علاقہ کو چھوڑ کر اپنے دوست گووندا کو ساتھ لے کر سچ کی تلاش میں نکل پڑتے ہیں۔

ڈاکٹر بلند اقبال:

یہ پہلا باب ہی ناول کا عطر (Essence) ہے۔ چونکہ ہمیں اس کہانی کو کئی ایک زاویوں سے پر کھنا ہے تو کیوں نہ ہم پہلے سدھارتھا کے قصے کو گوتم بدھ کی زندگی کے تقابل سے دیکھ لیتے ہیں کیونکہ ہمیں پتہ ہے کہ سدھارتھا مہاتما بدھ کی زندگی اور اُن کی فلاسفی سے متاثر ہو کر لکھا گیا ناول ہے۔ بدھا کا اصل نام بھی سدھارتھا ہی تھا، گوتم بھی سچ کی تلاش میں گھر سے نکلے تھے۔ گوتم راجہ کے بیٹے تھے جنہیں زندگی کی تمام آسائشات میسر تھیں۔ ان کے والد نے انہیں روکنے کی بہت کوشش کی تھی لیکن اُن کی تمام ہی کوششیں بے سود ثابت ہوئیں۔ گوتم کی عمر انتیس سال تھی، وہ شادی شدہ اور ایک بچے کے باپ تھے جب وہ دانائی کی تلاش میں محل سے نکلے تھے۔ جبکہ ناول کے سدھارتھا کسی راجہ کے بجائے ایک

مذہبی شخص کے نوجوان بیٹے ہیں اور غیر شادی شدہ ہیں ۔ اب اگر ہم اس کہانی کو اس پیرائے میں دیکھیں کہ سدھارتھا اگر مہاتما بدھا کا استعارہ ہے تو پھر گووندا جو سدھارتھا کا دوست ہے، وہ ایک مختلف طرح کا کردار ہے جس کا ذکر ہمیں گوتم بدھ کی زندگی میں نہیں ملتا کہ اُن کا کوئی دوست بھی دانائی کے سفر میں شریک تھا۔ اب یہاں یہ خیال ضرور گزرتا ہے کہ آخر ہر من میسے کو گووندا کے اس سہارے کی ضرورت کیونکر محسوس ہوئی؟ گووندا کا استعارہ جو تخلیق کار نے استعمال کیا ہے اس کا مصداق کون ہے؟ کیا گووندا، سدھارتھا خود ہی ہے یعنی اُس کی فکر کا ایک اور مگر بیک وقت موافق اور مخالف پہلو؟ یا یہ سدھارتھا کے باپ کا کردار ہے جو دانائی کی منزل تک نہ پہنچنے والا ایک ادھورا یا ناکام مسافر ہے ؟ کیا یہ سدھارتھا کا ہی ایک لاشعوری سفر ہے؟ خود سدھارتھا بھی جس شے کو پانے کی چاہ کر رہا ہے کیا وہ محض اس کی روح کا سفر ہے؟

ڈاکٹر صاحب، آپ کے خیال میں اس کی نفسیاتی توجیح کیا ہو سکتی ہے؟

ڈاکٹر خالد سہیل:

میرے خیال میں سدھارتھا کی شخصیت کے تمام پہلو تخلیق کار نے گووندا کے نقطہ نظر سے بیان کرنے کی کوشش کی ہے۔ یوں ایک لحاظ سے گووندا، سدھارتھا کا ہمزاد ہے۔

ڈاکٹر بلند اقبال:

مجھے اس پہلو نے متاثر کیا ہے کہ پیروکار (Follower) کا کردار عوام کی توضیح ہے کیوں کہ عام طور پر عوام پیروکار ہی ہوتے ہیں، چاہے وہ مذہبی معاملات ہوں، کسی بھی طرح کی معاشرتی فکر کے۔ ہر من میسے نے گووندا کا کردار سدھارتھا کے مقابل تخلیق ہی اس لیے کیا ہے کہ ناول کی مجموعی شکل کا وہ ایک اہم حصہ ہے اور اس لیے بھی کہ وہ قاری کو شعوری اعتبار سے ایک اختیار دے رہا ہے کہ یا تو آپ سدھارتھا کا کردار اپنا لیں یا گووندا کی طرح زندگی گزار لیں۔

ڈاکٹر خالد سہیل:

دوسرا پہلو یہ ہے کہ سچ کی تلاش میں یہ پہلی قربانی ہے کہ اپنے موافق حالات کو چھوڑ کر سدھارتھا اور ان کا دوست سچ کی تلاش میں روانہ ہو جاتے ہیں۔ ناول کے اگلے باب "سوانا" میں

ذکر ہے کہ یہ دونوں وہاں جا کر سادھوؤں کے ساتھ مل جاتے ہیں۔ میرے نزدیک گھر چھوڑنے سے بھی بڑی قربانی یہ ہے کہ اپنے دل کو خالی کرنا، اپنے نفس کو خالی کرنا۔

ڈاکٹر بلند اقبال:

جی ہاں، گوتم بدھ کا فلسفہ ہے کہ اگر خود کو بھر ناچاہتے ہو تو پہلے خود کو خالی کرو، ایک پہلو یہ بھی کہ کسی بھی ایمان یا آئیڈیالوجی سے خود کو پہلے خالی کر لو۔

ڈاکٹر خالد سہیل:

بھوک، پیاس اور خواہشات جو کہ انسانی زندگی کا لازمی جزو ہیں، ان سے خود کو خالی کرنا۔ نفسیات کے پہلو سے دیکھیں تو انسانی جبلت کی تمام خواہشات کو تیاگ دینا، خود کو خالی کرنا کہلاتا ہے۔ اس کے بعد آپ کے اندر خالص پن آ جاتا ہے۔

ڈاکٹر بلند اقبال:

ناول کے دوسرے باب میں ہم دیکھتے ہیں کہ سدھارتھا "سوانا" میں باضابطہ طویل اور کٹھن مراقبے کے عمل سے گزرتا ہے۔ وہ خود کو بہت سی تکالیف سے گزارتا ہے۔ کبھی تو وہ دل کی دھڑکن اور سانس کی رفتار پر قابو پانے کی کوشش کرتا ہے، کبھی گھنٹوں بارش اور طوفان میں مستقل مزاجی سے مراقبے کی حالت میں کئی دن کھڑا رہتا ہے، کبھی وہ بیمار پڑتا ہے اور اکثر اس کے بدن پر زخم بھی بن رہے ہیں، مگر وہ خود کو اپنی ذات کے بدن سے جدا کرنے میں مگن ہے۔ یوں وہ جنگل میں اپنے تین سالہ قیام کے دوران ان مشکل ترین مراحل سے گزرتا ہے اور جسم اور روح کے درمیان کسی کیفیت میں مسلسل مراقبہ کرتا ہے۔ اچھا ہم دیکھتے ہیں کہ کم و بیش تمام ہی مذاہب انسانوں کو اپنی ذات کی نفی کا درس دیتے ہیں۔ مذہب اسلام میں اعتکاف میں بیٹھنے کا عمل ہے وہ بھی دنیا سے کنارہ کش ہو کر خدا سے لو لگانے کا ہے یعنی یہ شکل مراقبے یا میڈیٹیشن ہی کی ہے۔ ڈاکٹر صاحب ایک ماہر نفسیات کے طور پر آپ اس عمل کے بارے میں کیا خیال رکھتے ہیں کیا یہ ذات کا روح سے تعلق یا علیحدگی کا عمل آگہی سے متعلق ہے یا محض ایک نفسیاتی صورت حال ہے جسے ہم شاید Detachment Phenomenon کہہ سکتے ہیں؟

ڈاکٹر خالد سہیل:

اس کا ایک پہلو تو یہ ہے کہ آپ قربانی دے کر اپنے دل میں خوشی کا احساس کرتے ہیں اور یہ محسوس کرتے ہیں کہ قربانی کی ادائی کرکے آپ کی عظمت پہلے سے بڑھ گئی ہے۔ دوسرا پہلو رہبانیت سے متعلق ہے، جیسا کہ عیسائیت کے نقطہ نظر سے دیکھیں تو رہبانیت کا درس ملتا ہے کہ جتنا آپ دنیاوی چیزوں سے دور ہوں گے، اتنا ہی آپ خدا کے قریب ہوں گے۔

اب اگر اسلامی نقطہ نگاہ سے دیکھیں تو اسلام کہتا ہے کہ آپ رہبانیت اختیار نہ کریں بلکہ دنیا میں رہ کر ہی روحانیت کا سفر طے کریں۔ اس فلسفے سے پہلے پہلو کی توضیح ہوتی ہے۔

لیکن بدھ ازم میں رہبانیت کو اختیار کرنے کا درس ملتا ہے کہ روحانی عظمت انسان کو تبھی حاصل ہو سکتی ہے کہ جب وہ مادی اشیا سے کنارہ کشی اختیار کرے۔

ڈاکٹر بلند اقبال:

ہم ناول میں آگے دیکھتے ہیں کہ اپنا سب کچھ تیاگ دینے کے بعد بھی سدھارتھا مطمئن نہیں ہو پا رہا ہے۔ وہ اکثر اپنے دوست گووندا سے پوچھ رہا ہے کہ کیا ہم آگہی کے سفر میں درست سمت پر جا رہے ہیں؟ ادھر گووندا جو خود کو صحیح سمجھ رہا ہوتا ہے، وہ اسے تسلی دیتا ہے کہ ہاں ہاں ہم بالکل صحیح راستے پر گامزن ہیں۔ ہم اس وقت خودشناسی کے عمل سے گزر رہے ہیں، اور دیکھیں نا آپ نے تو بہت جلد یہ سب کچھ سیکھ بھی لیا ہے۔ لیکن سدھارتھ اپنے دوست کی باتوں سے بھی مطمئن نہیں ہو پا رہا ہے۔ وہ یہی کہتا ہے کہ کیا تمہیں نہیں لگتا یہ سب بس معمول کی سی باتیں ہیں، ہم محض خود سے ہی بھاگ رہے ہیں۔ دیکھو نا جب بھی مراقبہ ختم ہوتا ہے تو میں پھر سے پہلے ہی والی حالت پر دوبارہ آ جاتا ہوں، یہ تو وہ خودشناسی نہیں جس کی تلاش میں، میں نکلا ہوں۔

ڈاکٹر خالد سہیل:

ناول کے تیسرے باب میں سدھارتھا کی گوتم بدھ سے ملاقات کا ذکر ہے۔ گوتم بدھ جو کہ ہدایت کا منبع سمجھے جاتے تھے، ان کے بہت سے پیروکار ہیں۔ سدھارتھا گوتم بدھ سے ملاقات کا احوال بتائیں۔

ڈاکٹر بلند اقبال:

ناول کے اس حصے میں ہم دیکھتے ہیں کہ گوتم بدھ جب ہندوستان آتے ہیں، تو یہ خبر جنگل کی آگ کی طرح پھیل جاتی ہے اور لوگ ان سے ملاقات کا شرف حاصل کرنے کے لیے جمع ہو جاتے ہیں۔ سدھارتھا بھی کچھ ہچکچاہٹ کے بعد گوتم بدھ سے ملنے پر آمادہ ہو جاتے ہیں۔ ادھر دوسری طرف گووندا، گوتم بدھ سے ملنے کے لیے بہت بے تاب ہو رہا ہوتا ہے۔ پھر جب یہ دونوں دوست گوتم بدھ سے ملنے پہنچتے ہیں، تو سدھارتھا تو گوتم بدھ کو فوراً ہی پہچان لیتا ہے، لیکن گووندا انہیں پہچان نہیں پاتا جس پر گووندا اپنے دوست سے پوچھتا ہے کہ آخر تم نے انہیں اس قدر آسانی سے کیسے پہچان لیا، جب کہ وہ بھی عام لوگوں کی طرح ہی لگ رہے تھے؟ جواب میں سدھارتھا کہتا ہے کہ تم نے نہیں دیکھا گوتم کے ہر ایک عمل میں سچائی تھی، ان کے ہر ایک احساس میں صداقت تھی۔ ان کو دیکھنے سے محسوس ہوتا ہے کہ انہیں نروان مل چکا ہے، وہ خالص ہو چکے ہیں۔ اچھا اس گفتگو کے بعد گووندا تو گوتم بدھ کا پیروکار بن جاتا ہے مگر سدھارتھا بدھا کی پیروی اختیار نہیں کرتے۔ ڈاکٹر صاحب! آپ اس گفتگو پر کچھ روشنی ڈالیں۔

ڈاکٹر خالد سہیل:

میں ایک کتاب پڑھ رہا تھا، جس میں تحریر تھا:

"اگر آپ دنیا میں کہیں بھی بدھا کو تلاش کر لیتے ہیں، تو اسے ختم کر دیں"۔

'If you meet the buddha on the road kill him'

یعنی کہ آپ نے کسی کو بھی اپنا گرو یا استاد تسلیم نہیں کرنا۔ آپ نے اپنے سچ کی تلاش خود کرنی ہے۔

یہاں یہ فرق آیا کہ گووندا، جو کہ ایک روایتی کردار کی علامت ہے، اس نے گوتم بدھ کے ہاتھ پر بیعت کر لی۔ لیکن سدھارتھا پیروی اختیار نہیں کرتا، بلکہ اپنے دوست کو بھی وہیں چھوڑ کر روانہ ہو جاتا ہے۔

ڈاکٹر بلند اقبال:

اور پھر گوتم بدھ اور سدھارتھا میں گفتگو ہوتی ہے گوتم، سدھارتھا سے پوچھتے ہیں تم

اپنی خواہش بتاؤ کہ تم میرے پیروکار بننے پر کیوں رضامند نہیں؟ سدھارتھا جواب دیتا ہے کہ میں آپ کی تمام باتوں پر یقین رکھتا ہوں، مگر حقیقت یہ ہے کہ جس تجربے سے آپ گزر چکے ہیں، وہ تجربہ خود آپ بھی پڑھا نہیں سکتے، کیوں دانائی، علم سے مختلف شے ہے کتاب ہمیں علم تو دے سکتی ہے مگر دانائی نہیں۔ مجھے بھی آپ کی طرح دانائی حاصل کرنے کے لیے تجربے کے عمل سے گزرنا ہو گا۔ بدھا کہتے ہیں کہ اگر تمہاری بات صحیح ہے تو یہ جو میرے اتنے پیروکار ہیں، یہ جو سچائی حاصل کرنے کی تگ و دو کر رہے ہیں، تو کیا یہ سب صحیح راستے پر نہیں ہیں؟ سدھارتھا جواب میں کہتا ہے کہ میرے پاس کسی کو بھی صحیح یا غلط کہنے کا کوئی اختیار نہیں ہے مگر ہاں مجھے لگتا ہے کہ مجھے اپنے سچ کی تلاش میں خود نکلنا ہو گا ۔

ڈاکٹر خالد سہیل:

یہاں مجھے گوتم بدھ کے کہے ہوئے الفاظ یاد آ گئے:

’’انسان کا ذاتی تجربہ اس کا حقیقی استاد ہے‘‘۔

ناول کے چوتھے باب میں سدھارتھا کے نروانا حاصل کرنے کا ذکر ہے، اس کی وضاحت کیجیے۔

ڈاکٹر بلند اقبال:

سدھارتھا اپنے دوست گووندا کو بُدھا کے پاس چھوڑ کر آگے روانہ ہو جاتے ہیں، لیکن دل میں یہ سوچتے ہیں کہ آہ! بدھا نے میرا سب ہی کچھ لے لیا، حتیٰ کہ میرا پیارا دوست بھی۔ لیکن ہاں مجھے، میری ذات کے بارے میں آگاہی ضرور دے دی اور یوں یہاں سے سدھارتھا کا خود آگہی کے سفر کا باقاعدہ آغاز ہوتا ہے۔ سدھارتھا کو یہاں یہ ادراک ہوتا ہے کہ اب تک وہ مراقبوں کے ذریعے خود کو حاصل کرنے کی تگ دو میں تھا مگر اصل آگہی ذات یا خود کا حصول نہیں بلکہ خود سے قطع نظر آگہی کا حصول ہے۔

ڈاکٹر خالد سہیل:

یہ خود آگہی کا ادراک کہانی کا نقطۂ عروج ہے۔ یہاں یہ بات قابلِ ذکر ہے کہ اس ناول کے تخلیق کار ہرمن ہیسے جب ناول کا پہلا حصہ مکمل کر لیتے ہیں، تو اس کے بعد انہیں نروس بریک ڈاؤن ہو جاتا ہے۔ وہ اپنے ڈاکٹر Josheph کے پاس جاتے ہیں، چند دن کے علاج

کے بعد ڈاکٹر مزید علاج سے ہاتھ اٹھا دیتا ہے،اور مزید علاج کے لیے انہیں اپنے استاد کارل ینگ کے پاس بھیج دیتا ہے، جن کا روحانیت اور ادب سے گہرا تعلق ہوتا ہے۔ یہ وہاں سے علاج کے بعد صحت یاب ہوتے ہیں اور ناول کا دوسرا حصہ لکھتے ہیں۔ انہوں نے ناول کا پہلا حصہ جولائی 1921ء میں تحریر کیا، جب کہ ناول کا دوسرا حصہ بیماری سے صحت یاب ہونے کے بعد اکتوبر 1922ء میں تحریر کیا۔ آپ یہاں کس طرح سدھارتھا کے سفر کو دیکھتے ہیں؟

ڈاکٹر بلند اقبال:

سدھارتھا کو جب یہ ادراک ہو جاتا ہے کہ اپنی ذات کا حصول اور اپنی ذات کی آگہی دو مختلف چیزیں ہیں، تو وہ یکسو ہو کر خود آگہی حاصل کرنے کی سعی میں مصروف ہو جاتا ہے۔ اسے احساس ہو جاتا ہے کہ ذات کا سفر 'میں' میں جو شعور ہوتا ہے اُس میں سراسر 'انا' ہوتی ہے اور انا ایک سطحی سا جذبہ ہے۔ اِس کے برعکس خود آگہی، اپنی ذات یا کائنات کی سچائی کو پانے کا نام ہے۔ یہاں سدھارتھا محسوس کرتا ہے کہ انہیں خود آگہی حاصل کرنے کے لیے ایک نئی دنیا کا سفر اختیار کرنا ہو گا۔ اب یہاں ہم دیکھتے ہیں کہ ناول میں ایک فلسفیانہ تکرار سے سدھارتھا گزرتا ہے اور یوں اُس کا راستہ ایک نئے عنوان سے جنم لیتا ہے اور سدھارتھا اب جنگل سے نکل کر شہر کی طرف سفر پر روانہ ہوتا ہے۔

ڈاکٹر خالد سہیل:

سدھارتھا نے سچ کی تلاش میں کئی قربانیاں دیں، پہلی قربانی خاندان کی تھی، دوسری قربانی سادھوؤں کو چھوڑنا اور روایتی طریقہ کار کو ترک کرنا تھا، تیسری قربانی اپنے دوست کو چھوڑنا تھا اور چوتھی قربانی بدھا کو بھی احترام کے ساتھ الوداع کہہ دینا تھا۔ یوں ہر من میں سے نے خود آگہی کے سفر کو درجہ بدرجہ نہایت تفصیل سے بیان کیا ہے۔ یہاں مجھے ایک بات یاد آگئی کہ کسی نے کیا خوب Enlightenment کے تین مراحل کے بارے میں کہا ہے:

First you go towards the light, then you are into the light and then you are the light .

بلند اقبال اب آپ یہ بتائیے کہ جب آپ اس کہانی کو پڑھ رہے تھے تو ناول کی ترکیب آپ کو کیسی لگی؟

ڈاکٹر بلند اقبال:

چونکہ ہر من ہیسے ایک شاعر بھی ہیں اور کتاب کا موضوع بھی الہامی نوعیت کا ہے، شاید اس لیے بھی انہوں نے خاصی شاعرانہ نثر میں ناول لکھا ہے ۔ اندازِ تحریر بھی سراسر الہامی کتابوں جیسا ہے جو یقیناً مسحور کر دینے والا ہے ۔ دوسری طرف تنقیدی انداز سے دیکھیں تو ہمیں یہاں کچھ یہ احساس بھی ہونے لگتا ہے کہ رائٹر ہمیں اپنی طے شدہ شعوری فکر سے ایک مخصوص رخ پر لیجانا چاہ رہا ہے کہ جی دانائی کا سفر یک طرفہ نہیں ہوتا ہے بلکہ اُسے مابعد الطبعیات سے طبعیات یعنی جسم، جنگل اور شہر کے تجربے یا باطن اور ظاہر دونوں کے تجربے سے گزر کر ہی حاصل کیا جا سکتا ہے ورنہ آگاہی کا حصول ممکن نہیں ہے۔

ڈاکٹر خالد سہیل:

میں ناول کے بارے میں اس حوالے سے بھی متاثر تھا کہ یہ ناول، ناول نگار نے جرمن زبان میں لکھا، جب کہ ہم اس کا انگریزی ترجمہ پڑھ رہے ہیں۔ نثر کا ترجمہ کرنا آسان ہوتا ہے، جب کہ شاعری کا ترجمہ، محض اس خیال کا ترجمہ ہوتا ہے۔ اب غور طلب بات یہ ہے کہ ہر من ہیسے نے تو یہ ناول جرمن زبان میں لکھا، تو جس نے اس کا انگریزی زبان میں ترجمہ کیا، کیا اس نے مکمل خیالات کو الفاظ کے قالب میں ڈھالا ہے؟ دوسری بات یہ کہ ناول نگار تو جرمنی سے تعلق رکھتے ہیں، لیکن کہانی ہندوستان کے بارے میں لکھی ہے۔ ایک تہذیب کا فرد ہو کر دوسری تہذیب کے بارے میں لکھنا آسان نہیں، موضوع پر مکمل گرفت لازمی امر ہے۔ میں ناول نگار کے بارے میں پڑھ رہا تھا کہ ان کے دادا مبلغ تھے، وہ ہندوستان میں رہے اور وہیں ان کا خاندان پلا بڑھا۔ تو یوں ان کا ہندوستان سے تعلق بنتا ہے۔ ان عوامل کی وجہ سے ہی وہ ہندوستان کی تہذیب کے بارے میں لکھ پائے۔

سدھار تھا: ہر من ہیسے کا ناول اور مہاتما بدھا کی دانائی

(حصہ دوئم)

گفتگو کے سلسلے کو آگے بڑھاتے ہوئے ہم ہر من ہیسے کے ناول سدھار تھا پر بات کرتے ہیں۔

ڈاکٹر خالد سہیل:

میرے خیال میں ناول نگار، ناول کے اس دوسرے حصے میں سدھار تھا کی زندگی کو ایک نئے سفر پر گامزن دکھاتے ہیں۔ وہ دکھانا چاہتے ہیں کہ بعض افراد تو بصیرت کے حصول کے بعد اسی حالت پر قانع ہو جاتے ہیں، جب کہ بعض افراد واپس پلٹ آتے ہیں۔ سدھار تھا بھی جنگل کے قیام کو ترک کر کے شہر کی طرف جاتے ہیں تا کہ ایک نئی دنیا سے آشنا ہو سکیں۔ ڈاکٹر صاحب! سدھار تھا کے شہر کی طرف سفر کے بارے میں بتائیے۔

ڈاکٹر بلند اقبال:

ناول کا دوسرا حصہ خاصا دلچسپ ہے۔ ہم یہاں دیکھتے ہیں کہ سدھار تھا بدھا سے مل کر پیروکار بننے کے بجائے دانائی کی تلاش میں اپنے تجربے سے گزرنا چاہتا ہے یعنی ہم کہہ سکتے ہیں کہ ایک ایسا سفر جو بدھا کے سفر سے مختلف بھی ہے۔ اور یوں سدھار تھا شہر کی طرف روانہ ہوتا ہے مگر جنگل اور شہر کے درمیان ایک دریا حائل ہے اور اب سدھار تھا ایک نئے عنوان سے دانائی کی تلاش سے واقف ہوتا ہے۔ سدھار تھا کی ملاقات ایک ملاح سے ہوتی ہے اور ان کے درمیان پھر کچھ مکالمے ہوتے ہیں۔ سدھار تھا ملاح سے پوچھتا

ہے کہ تم کیا کرتے ہو؟ جواب میں ملاح کہتا ہے میں دریا عبور کرواتا ہوں۔ سدھارتھا کہتا ہے مجھے بھی دریا عبور کروا دو گے؟ جواب میں ملاح کہتا ہے تمہاری تو حالت بہت ہی خراب ہے، شہر جا کر کیا کرو گے۔ سدھارتھا کہتا ہے میں سوانا سے ہوں، ان مادی چیزوں سے قطعاً بے نیاز ہوں۔ ملاح کہتا ہے چونکہ مجھے دریا نے سکھایا ہے، اس لیے مجھے یقین ہے کہ تم کسی دن میرے پاس ضرور لوٹ کر آؤ گے۔ یہاں یہ بات قابلِ غور ہے کہ سدھارتھا بھی تک اپنی ذات میں الجھے ہوئے ہیں، وہ سمجھ رہے ہیں یہ شہر میں رہنے والے سب بڑی ہی بچگانہ سی سوچ کے مالک ہیں، بھلا انہیں خود آگہی کا کیا پتہ؟ شہر پہنچ کر اُن کی ملاقات کملا نامی عورت سے ہوتی ہے جو کہ نہایت خوب صورت اور ذہین ہے۔ انسانی جبلت ہے کہ صنفِ مخالف کے لیے کشش محسوس ہوتی ہی ہے تو سدھارتھا بھی اُس عورت کی طرف جنسی کشش محسوس کرتے ہیں۔ وہ عورت کہتی ہے کہ میں تمہیں محبت / جنس کے سارے رموز سکھا دوں گی، لیکن پہلے تمہیں اپنا سادھو والا حلیہ بدلنا ہو گا اور پھر پوچھتی ہے اچھا مجھے یہ تو بتاؤ کہ تمہیں کیا کچھ آتا بھی ہے؟ سدھارتھا جواب میں کہتا ہے ہاں، میں سوچ سکتا ہوں، میں انتظار کر سکتا ہوں اور میں بھوکا رہ سکتا ہوں اور یہی میں نے جنگل میں سیکھا ہے۔ وہ عورت کہتی ہے کہ شہر میں یہ سب کچھ نہیں چلتا ہے، تمہیں کچھ اور بھی آتا ہے؟ سدھارتھا جواب میں کہتا ہے ہاں میں تھوڑا بہت لکھنا پڑھنا بھی جانتا ہوں۔ یہ سُن کر وہ عورت انہیں ایک مرچنٹ (کاروباری) کے پاس کام کے لیے بھیجتی ہے۔

ڈاکٹر خالد سہیل:

یہاں یہ بات اہم ہے کہ وہ کہتے ہیں کہ میں سوچ سکتا ہوں، انتظار کر سکتا ہوں اور بھوکا رہ سکتا ہوں۔ یعنی وہ تزکیہ نفس کے تمام عوامل سے گزر چکے ہیں۔ میرے خیال میں ناول نگار نے یہاں سدھارتھا کی مادی اشیا سے آزمائش دکھانے کی کوشش کی ہے۔ آپ کی رائے اس روحانی اور مادی زندگی کے ٹکراؤ کے بارے میں کیا ہے؟

ڈاکٹر بلند اقبال:

میرا خیال ہے یہاں ناول نگار سدھارتھا اور کملا کے درمیان جنسی تعلق یا کشش کو مادی جذبات کی نمائندگی دینا چاہتے ہیں، شاید یہی وجہ ہے کہ کملا اس بات کو محسوس بھی

کرتی ہے اور خود کہتی ہے کہ سدھار تھا تم مجھ سے محبت نہیں کرتے ہو یعنی دوسرے الفاظ میں ان کا رشتہ کاروباری نوعیت کا ہی ہے اور اس تصور کی وجہ سے یہ سلسلہ اور آگے بڑھتا ہے اور انہیں بدلے میں مرچنٹ کے پاس نوکری کی آفر ہو جاتی ہے یعنی یوں سدھار تھا اسر ایک مادی دنیا میں شامل ہوتا چلا جاتا ہے۔

ڈاکٹر خالد سہیل:

یہاں یہ بات اہم ہے کہ ناول نگار نے کملا کے الفاظ لکھے ہیں کہ تم محبت نہیں کر سکتے۔ میرے خیال میں یہ جو شاعر، ادیب وغیرہ ہوتے ہیں یہ رومانوی تعلق قائم نہیں کرتے، کیوں کہ یہ تعلق روحانیت کے حصول میں آڑے آ جاتا ہے۔ نفسیاتی طور پر یہ بات اہم ہے کہ اگر آپ مکمل طور پر محبت کے سحر میں جکڑے ہوئے نہیں ہیں، تو آپ کے لیے اس کو ترک کرنا آسان ہوتا ہے۔

ڈاکٹر بلند اقبال:

میرے خیال میں اس کا ایک اور پہلو یہ بھی ہے کہ سدھار تھا اور انا کی تلاش میں نکلے تھے، وہ محبت یا اٹیچمنٹ سے دوری کی صلاحیت سوانا یا جنگل کے تجربے سے لے کر شہر میں آئے تھے۔ یہاں یہ بات بھی قابلِ غور ہے کہ سدھار تھا میں ایک انا سوانا کے تجربے سے پیدا بھی ہوئی تھی جو اپنے تئیں آگاہی کے عمل میں رکاوٹ بھی تھی کہ اُن کا یہی خیال تھا کہ شہر کے یہ لوگ بچوں جیسی ذہنیت کے حامل ہیں۔ ان کی زندگی محض خواہشات کے پیچھے دوڑنے میں گزر رہی ہے، انہیں خود آگہی کا کوئی شعور نہیں ہے۔ تو یہ دونوں اثرات کا ثمر ہمیں ان کے کردار میں نظر بھی آنے لگتا ہے کہ بجائے وہ بالکل شہر کے لوگوں جیسا بن جاتا، وہ ابھی بھی سوانا کے اثرات میں تھا یہی وجہ ہے کہ ہم آگے دیکھتے ہیں کہ جوں جوں وہ ناول میں دولت مند ہوتا جاتا ہے اس کے مزاج میں ایک بے زارگی سی بھی آتی جاتی ہے۔ اکثر کاروبار میں نقصان پر بھی وہ بے چین ہونے کے بجائے آسانی سے نظر انداز کر دیتا ہے۔

ڈاکٹر خالد سہیل:

یہاں مجھے اپنے والد صاحب کی کہی ہوئی بات یاد آ گئی کہ "انسانی دل کشتی کی مانند ہوتا ہے، سمندر میں لاکھوں ٹن پانی کی موجودگی بھی کشتی کو کوئی نقصان نہیں پہنچا سکتی۔ لیکن

اگر کشتی کے پیندے میں سوراخ ہو جائے اور محض دو گیلن پانی اندر آجائے تو وہ کشتی کے ڈوبنے کا سبب بن جاتا ہے‘‘۔ یعنی کہ دنیادار شخص کے دل میں دنیا کی محبت ہوتی ہے، جب کہ روحانی سفر پر گامزن شخص کو دنیا کی چاہ نہیں ہوتی۔ وہ اگرچہ دنیا میں ہی رہ رہا ہوتا ہے، لیکن دنیا اس کے اندر نہیں رہ رہی ہوتی۔ جیسا کہ کنول کا پھول، جو کہ دلدل میں رہ رہا ہوتا ہے، لیکن اس سے اوپر بھی اٹھ جاتا ہے۔ یہی بات ناول نگار نے دکھانے کی کوشش کی ہے کہ سدھارتھا چوں کہ روحانی منازل طے کر چکے تھے، اس لیے وہ دنیا کی آلائش میں مبتلا نہیں ہو پائے۔

ڈاکٹر بلند اقبال:

ہاں ہم آگے بھی دیکھتے ہیں کہ ناول نگار نے کچھ اور بھی علامات استعمال کی ہیں، جیسا کہ کملا کے گھر میں ایک سونے کا پنجرہ ہے، جس میں ایک چڑیا ہے، جو اکثر گانا گاتی ہے۔ سدھارتھا جب بھی اُس چڑیا کو دیکھتا ہے تو وہ محسوس کرتا ہے جیسے کہ یہ چڑیا وہ خود ہے۔ جوں جوں ان کی شہری زندگی کے دن اور گزرتے ہیں اُس کے اندر کی بے چینی بھی اور بڑھتی جاتی ہے۔ وہ خواب میں دیکھتا ہے کہ پنجرے کی چڑیا آہستہ آہستہ دم توڑ رہی ہے، جو کہ حقیقتاً ان کا اپنا دل ہے اور پنجرہ اُن کا بدن ہے تو یوں یہ ایک اشارہ بھی بن جاتا ہے کہ اب سدھارتھا شہری زندگی کی چھوڑنے کے مرحلے میں ہے۔

ڈاکٹر خالد سہیل:

آخر کار سدھارتھا کو اندازہ ہو جاتا ہے کہ وہ مزید شہر میں قیام نہیں کر سکتے، اب یہاں سے عازم سفر ہونے کا وقت آگیا ہے۔

ڈاکٹر بلند اقبال:

میرے خیال میں یہ ہے کہ سدھارتھا شہری زندگی کی آخری حد تک پہنچ چکے ہوتے ہیں۔ اس دوران جنسی آسودگی اور دولت کا حصول اس قدر بڑھ جاتا ہے کہ آگہی کا سفر تمام ہونے لگتا ہے اور اس کے اندر کی بے چینی اسے شہر کی زندگی کی چھوڑنے پر آمادہ کر دیتی ہے اور یوں وہ ایک دن کملا کو چھوڑ کر خاموشی سے شہر چھوڑ دیتا ہے۔

ڈاکٹر خالد سہیل:

جب سدھارتھا، کملا کو چھوڑ کر روانہ ہو جاتے ہیں، تو ایک نیا واقعہ جنم لیتا ہے کہ

کملا حاملہ ہو چکی ہوتی ہے، یعنی کہ کملا اب محض سدھارتھا کی بیوی ہی نہیں، بلکہ اس کے بچے کی ماں بھی بننے والی ہے۔

ڈاکٹر بلند اقبال:

عمومی طور پر لوگوں میں محبت میں بچھڑنے کا بہت گہرا اثر ہوتا ہے، جب کہ ہم دیکھتے ہیں کہ سدھارتھا کے یہاں ایسا نہیں تھا۔ ناول نگار نے یہاں سدھارتھا کی اندرونی ٹکرار سے اُس کے سفر کی خوب ہی عکاسی کی ہے کہ وہ سوچتا ہے جنگل میں میری آگاہی کا سفر میرے خیالات سے تھا، جبکہ شہر میں یہ سفر میرے حواس کے سہارے آگے بڑھا تھا۔ تو ڈاکٹر صاحب آپ آگاہی کے اس سفر کے فرق کو کس نگاہ سے دیکھتے ہیں؟

ڈاکٹر خالد سہیل:

ایک صوفی نے مجھ سے کہا تھا کہ جب آپ تصویر کو دیکھتے ہیں تو آپ دیکھنے کی حس کا استعمال کرتے ہیں، یہ ایک عام بات ہے۔ پھر اس کے بعد آپ اس کے بارے میں سوچتے ہیں، یہ سوچنے کا عمل یا تو آپ کو حال سے ماضی کی طرف لے جاتا ہے، یا حال سے مستقبل کی طرف۔ ناول نگار نے سوچنے کے عمل کو حواسِ خمسہ سے جدا کیا ہے، کیوں کہ حواس کے ذریعے کیا جانے والا عمل سوچنے کی نسبت زیادہ مستند ہوتا ہے۔ بہر حال آپ سدھارتھا کے شہر سے واپسی کے سفر پر روشنی ڈالیے۔

ڈاکٹر بلند اقبال:

اچھا اب ناول اور آگے بڑھتا ہے اور ہم دیکھتے ہیں کہ سدھارتھا شہر سے واپس جانے کے لیے دریا کے کنارے آ جاتا ہے۔ دریا کے کنارے پانی پینے کی نیت سے جب وہ جھکتا ہے تو اپنی شکل کا عکس دیکھ کر اُسے خود سے شدید نفرت محسوس ہوتی ہے۔ اس قدر نفرت کہ اُسے اپنی موت کی خواہش ہوتی ہے۔ اسی طرح کے خیالات میں گم وہ نیند کی گہری وادی میں اُتر جاتا ہے۔ جب آنکھ کھلتی ہے تو اُسے لگتا ہے جیسے وہ کئی برسوں کے بعد سو کر اُٹھا ہے حالانکہ حقیقت میں ایسا نہیں تھا۔ اُٹھنے کے بعد انہیں ایک شخص اپنے اطراف میں نظر آتا ہے جو مہاتما بدھا کا پیرو کار ہوتا ہے جو اس کی نیند کی حالت میں جنگلی جانوروں سے اُسے بچانے کے غرض سے اُس کے آس پاس بیٹھا رہتا ہے۔ سدھارتھا اُس شخص کو دیکھ کر

فوراً پہچان جاتا ہے کیونکہ وہ کوئی اور نہیں اُس کا بچپن کا دوست گووِندا ہوتا ہے۔ گووِندا اُس کے امیرانہ حلیے کی وجہ سے اُسے پہچان نہیں پاتا ہے۔ سدھارتھا گووِندا کو بتاتا ہے کہ وہ سدھارتھا ہے اور ابھی تک آگہی کی تلاش میں ہے۔ گووِندا بدھا کا پیروکار ہے وہ اپنی حتمی منزل سے مطمئن ہے۔ گووِندا اُس کے پاس سے رخصت ہو جاتا ہے مگر ایک بار اُسے سدھارتھا کی دماغی حالت پر کچھ شبہ بھی ہوتا ہے مگر وہ اُسے کچھ نہیں کہتا ہے۔ گووِندا کے جانے کے بعد سدھارتھا کی ملاقات ایک بار پھر اُسی ملاح سے ہوتی ہے جس نے اُسے سوانا سے شہر کے لیے دریا پار کروایا تھا۔ ملاح سدھارتھا کو اپنے ساتھ جھونپڑی میں لے جاتا ہے اور اُسے کھانا کھلا تا ہے۔ سدھارتھا ملاح سے اُسے اپنے ساتھ رکھنے کی درخواست کرتا ہے اور کہتا ہے کہ مجھے کشتی چلانا سیکھا دو۔ یہاں یہ جملہ خاصا معنویت سے بھرپور محسوس ہوتا ہے کہ دریا آگہی کا استعارہ ہے اور آگہی کے دریا کو پار کرنے کے لیے کسی ملاح کی طرح کشتی چلانا ہوتی ہے تا کہ دریا سے ایک ربط قائم ہو سکے۔

ڈاکٹر خالد سہیل:

میرے نزدیک یہ بات اہم ہے کہ ملاح جو کہ ایک عام آدمی ہے، لیکن حقیقت میں وہ فطرت کے ساتھ جڑا ہوا ہے۔ ناول نگار نے دریا کی روانی کو وقت کے دھارے کے ساتھ جوڑا ہے۔ مجھے اپنے چچا جان کا ایک شعر یاد آ گیا کہ:

وقت اک بحر بے پایاں ہے، کیسا ازل اور کیسا ابد
وقت کے ناقص پیمانے ہیں، ماضی، مستقبل اور حال

ناول نگار دریا کا استعارہ وقت کے ساتھ ملا کر زندگی کے اسباق سکھانا چاہتے ہیں۔ اس سے ان کی تخلیقی صلاحیت کی معراج نظر آتی ہے۔ آپ کو سدھارتھا اور ملاح کے تعلق کی نوعیت کیسی لگی؟

ڈاکٹر بلند اقبال:

جی ڈاکٹر صاحب جیسے کہ یہ بڑی معنویت سے بھرپور کہانی ہے۔ سدھارتھا جب کشتی چلاتا ہے اور لوگوں کو شہر سے جنگل یا جنگل سے شہر پہنچانے لگتا ہے تو اُسے یوں محسوس

ہونے لگتا ہے جیسے دریا اُس سے باتیں کرتا ہے۔ ملاح بھی اُس سے کہتا ہے کہ کبھی غور سے سنو یہ دریا ہم سے کچھ کہتا ہے۔ ایک دن سدھارتھا 'اوم' کی آواز سے آشنا ہوتا ہے۔ اُسے لگتا ہے یہ آواز دریا کے باطن سے اُس تک پہنچی ہے۔ ملاح اسے کہتا ہے دریا میں کائنات کے سارے ہی رنگ اور انسانوں کی آوازیں موجود ہیں یہی آپس میں مل کر 'اوم' کی آواز بن کر کانوں سے ٹکراتی ہے۔ اور پھر ایک دن سدھارتھا دیکھتا ہے کہ بہت سارے لوگ دریا عبور کر رہے ہیں، اُسے یہ اطلاع یہ ملتی ہے گو تم بدھا اگلی دنیا کے سفر پر روانہ ہو چکے ہیں اور اب لوگ اُن کے آخری دیدار کے لیے جا رہے ہیں۔ اور پھر ایک دن اس کی ملاقات دوبارہ کملا سے ہوتی ہے مگر سہا برس گزرنے کی وجہ سے وہ بوڑھی ہو چکی ہوتی ہے۔ اُس کا بیٹا بھی اُس کے ساتھ ہی ہوتا ہے۔ کملا گو تم بدھا کے آخری دیدار کے خاطر سفر کر رہی ہوتی ہے کہ اچانک اُسے ایک سانپ ڈس لیتا ہے اور یوں وہ مر جاتی ہے۔ یوں اب سدھارتھا کا بیٹا اُس کی زندگی میں آ جاتا ہے مگر یہاں باپ بیٹے کی محبت کا تعلق سدھارتھا کے لیے مشکل ہو جاتا ہے۔ سدھارتھا کی خواہش ہوتی ہے کہ اُس کا بیٹا ہمیشہ اُس کے ساتھ ہی رہے مگر سدھارتھا کا بیٹا شہر میں رہنا چاہتا ہے۔ یہاں پھر ہر من ہیسے یہ بتانا چاہتا ہے کہ سدھارتھا بھی بھی آگہی کی منزل سے دور ہے۔

ڈاکٹر خالد سہیل:

کہانی خود کو دہرا رہی ہے کہ سدھارتھا اپنے والد کو چھوڑ کر جنگل چلے آئے تھے، اب ان کا بیٹا بھی ان کے پاس نہیں رہنا چاہتا، وہ اپنی زندگی میں مگن ہے۔ سدھارتھا لاکھ کوشش کے باوجود بھی اپنے بیٹے کو اپنے پاس روک نہیں پاتے، وہ ملاح کے پاس اس مسئلے کے تصفیے کے لیے آتے ہیں۔

ڈاکٹر بلند اقبال:

اور ملاح انہیں سمجھاتا ہے کہ دیکھو! دریا تم پر ہنس رہا ہے، کیوں کہ تم اتنے برسوں میں بھی اُس کا پیغام پوری طرح سمجھ نہیں پائے۔ وہ کہہ رہا ہے سنو اپنے بیٹے کو جانے دو کہ وہ اپنے سچ کی تلاش خود کرے گا اور اپنی آگاہی کی منزل سے خود ہی گزرے گا۔ اس کے سوا کوئی راستہ نہیں ہے۔

ڈاکٹر خالد سہیل:

سدھارتھا ایک بحرانی کیفیت سے گزر رہے ہیں کہ ان کا بیٹا ان کے ساتھ رہنے پر تیار نہیں ہے، وہ واپس چلا جاتا ہے۔ سدھارتھا بھی اس کے پیچھے پیچھے جاتے ہیں کہ ملاح انہیں دریا پر واپس لے آتا ہے۔ آپ اس سارے واقعے کو کیسے دیکھتے ہیں؟

ڈاکٹر بلند اقبال:

جی ڈاکٹر صاحب بڑا دلچسپ معاملہ ہوتا ہے کہ جب ملاح انہیں دریا پر واپس لے کر آتا ہے تو ان سے کہتا ہے کہ میرے چہرے کی طرف دیکھو اور بتاؤ بھلا تمہیں کیا نظر آتا ہے؟ سدھارتھا جب ان کے چہرے کی طرف دیکھتے ہیں تو انہیں اس کے چہرے پر پہلے دریا اور پھر دریا میں سمٹی ہوئی پوری کائنات دکھائی دیتی ہے یوں اُسے بصیرت کا صحیح ادراک ہونے لگتا ہے۔ سدھارتھا ملاح سے رخصت لے کر واپس جنگل میں چلا جاتا ہے۔ کہانی کے آخر میں گووندا کا کردار ایک بار پھر منظر عام پر آتا ہے۔

ڈاکٹر خالد سہیل:

ناول نگار نے سدھارتھا اور گووندا کی ملاقات پر کہانی کا اختتام کیا ہے۔ لیکن یہ سوال ابھی بھی بر قرار ہے کہ کیا سدھارتھا اور گووندا، باغی اور روایتی کردار ہیں؟ کیا یہ ایک ہی کردار کے دو رخ ہیں؟ میرے خیال میں یہ دونوں کردار ایک دوسرے کے متضاد ہیں۔ گووندا، سدھارتھا کو کہانی کے دوران تین مرتبہ ملتا ہے، کہانی کے آغاز میں، سدھارتھا کی شہر سے واپسی پر اور اب آخر میں۔ آپ کی اس تعلق پر کیا رائے ہے؟

ڈاکٹر بلند اقبال:

جی بہت خوبصورت نقطہ ہے جب گووندا سدھارتھا سے ملتا ہے، تو پوچھتا ہے کہ سدھارتھا کیا تمہیں دانائی کے اس سفر میں آگہی نصیب ہوئی؟ سدھارتھا جواب میں کہتا ہے کہ میں اس بات سے لاعلم ہوں کہ مجھے سچائی یا آگہی ملی یا نہیں، مگر مجھے یہ پتہ چل گیا ہے کہ دنیاداری اور روحانیت کا عمل دراصل ایک ہی عمل ہے، ان دونوں میں کچھ بھی مختلف نہیں ہے۔ اور یہ بھی کہ یہ دنیا مکمل ہے اور اسے ایسے ہی رہنا ہے اور یہ کہ ہر چیز کے دو رخ ہوتے ہیں ایک رخ سے کوئی بھی شے نظر نہیں آ سکتی۔ حتیٰ کہ نروانا بھی ایک رخ سے

دیکھنے سے نہیں ملے گا، ہمیں سوانا سے بھی گزرنا ہوگا اور دنیا کی زندگی کا بھی تجربہ کرنا ہوگا، تب ہی ہمیں نروانا ملے گا۔ اس کے بعد سدھارتھ، گووندا سے کہتا ہے کہ میرے ماتھے کا بوسہ لو۔ اور جب وہ اس کے ماتھے کو چومتا ہے تو اُسے سدھارتھا کے چہرے پر ساری کائنات کے عکس دکھائی دیتے ہیں اور اُسے زندگی کے تجربات کے عکس دکھائی دیتے ہیں۔ یوں یہ کہانی تکمیل پر پہنچ جاتی ہے۔

ڈاکٹر خالد سہیل:

بطور ادیب اور قاری آپ کی اس ناول پر کیا رائے ہے؟

ڈاکٹر بلند اقبال:

مجھے لگتا ہے ناول کا پہلا حصہ ناول نگار پر الہام ہوا ہے جبکہ دوسرے حصے میں وہ ہمیں ایک موضوع کی سمت بڑے احسن انداز سے لے کر گئے ہیں۔ بلاشبہ ہرمین ہیسے (Herman Hesse) کا یہ ایک مکمل بھرپور ناول ہے جو پڑھنے کے بعد قاری کے ذہن پر اپنے بھرپور اثرات چھوڑتا ہے اور یہی اس کی کامیابی کی دلیل ہے۔

کنفیوشس اور اُن کے اخلاقی اقدار

(چینی دانائی)

گزشتہ دو ابواب میں ہم نے ہرمن ہیسے کے ناول سدھارتھا پر گفتگو کی تھی، آج ہم چینی فلاسفر کنفیوشس کے بارے میں گفت وشنید کرتے ہیں۔

ڈاکٹر خالد سہیل:

میں ہرمن ہیسے کے بارے میں پڑھ رہا تھا کہ انہوں نے اپنے ناول سدھارتھا کے بارے میں تبصرہ کرتے ہوئے کہا تھا کہ اگرچہ یہ ناول انہوں نے بدھ ازم کے بارے میں لکھا، لیکن وہ چینی فلسفے سے زیادہ متاثر تھے۔ان کی اسی بات کو پیشِ نظر رکھ کر ہم نے چینی فلسفیوں کی دانائی کو موضوعِ بحث بنایا ہے۔

ڈاکٹر صاحب! پانچ سو سال قبلِ مسیح کے چین کے بارے میں بتائیے تاکہ کنفیوشس کو سمجھنے میں آسانی ہو۔

ڈاکٹر بلند اقبال:

پانچ سو سال قبلِ مسیح سے مراد یہ حضرت عیسیٰ علیہ السلام کی پیدائش سے پانچ سو سال قبل کا زمانہ ہے۔اُس وقت چین میں بادشاہت قائم تھی۔ریاست شہزادوں اور وزراء و امراء میں تقسیم ہوتی تھی۔سب بادشاہ کے آگے جواب دہ تھے، جہاں تک تعلیم کا تعلق تھا، صرف شہزادے اور چند امراء ووزراء ہی پڑھنا لکھنا جانتے تھے۔ تقریباً 256 قبلِ مسیح میں کن (QIN) فوج نے شنگھاؤ پر قبضہ کر لیا تھا جو کہ چین کا ایک بڑا شہر تھا جس کے نتیجے میں امراء جاگیر چھن جانے کے باعث غریب ہوتے چلے گئے اور عوامی طبقہ میں شامل ہو

گئے۔یوں علم بھی عوام میں پھیلتا چلا گیااور عوام میں شعور بیدار ہونا شروع ہوا پھر یہ ہوا کہ رفتہ رفتہ معاشرے میں مختلف مکتبہ ہائے فکر بنتے چلے گئے اور بہت سے دانش ور بھی پیدا ہوئے اور آگہی کا سلسلہ بڑھتا ہی چلا گیا۔ چین کی تاریخ میں اس دور کو کلاسیکل پیریڈ(Classical Period)سے تعبیر کیا جاتا ہے خیر ڈاکٹر صاحب کچھ باتیں کنفیوشس کے حوالے سے ہو جائے۔

ڈاکٹر خالد سہیل:

جی ضرور اصل میں کنفیوشس نہایت ہی ذہین اور سمجھ دار شخص تھے اآپ کو یاد ہو گا انہوں نے"Golden Rule"دیا تھا کہ:

''دوسروں کے ساتھ ویساہی سلوک کرو جیسا کہ تم چاہتے ہو کہ لوگ تمہارے ساتھ کریں‘‘۔

ان کا اصل نام ''کنگ فُوزی‘‘ تھا۔سولہویں یا سترہویں صدی کے ایک مورخ نے اپنے چین کے سفر نامے میں ان کا نام کنفیوشس استعمال کیا اور پھر یہی نام مشہور ہو گیا۔

ڈاکٹر صاحب! جب آپ نے ان کے بارے میں پڑھا تو آپ کے کیا تاثرات تھے؟

ڈاکٹر بلند اقبال:

قدیم کلاسیکل دور میں اخلاقی اقدار کی بنیاد مابعد الطبعیات پر تھی جبکہ کنفیوشس کلاسیکل دور میں یوں زیادہ مشہور ہوئے کہ انہوں نے سیاسی و معاشرتی رویوں اور افراد کا معاشرے سے تعلق پر زور دیا اور میٹا فزکس سے صرفِ نظر کیا۔ دوسرے الفاظ میں انسانیت اُن کا موضوع تھا۔ کنفیوشس سے بہت پہلے ایک کتاب چین میں میٹا فزکس کے حوالے سے منظر عام پر آئی تھی جس کا نام Book of Changesتھا۔

ڈاکٹر خالد سہیل:

میں آپ کی بات سے متفق ہوں۔ بہت سے جدید عہد کے ہیومنسٹ (Humanist) یہ سمجھتے ہیں کہ پہلا ہیومینسٹ فلسفی کنفیوشس ہے۔ان کے ہاں مذہب کا روایتی تصور نہیں ملتا۔انہوں نے خالصتاً انسانی بنیاد پر فلسفہ پیش کیا کہ ہم انسانوں سے کیسا سلوک کریں۔ کنفیوشس امن پسند اور رحم دل انسان تھے، مخلص اور رہ ہمدرد بھی تھے۔سیاسی

رہنما تھے، وزیرِ قانون بھی رہے، لوگ ان کی بہت عزت کرتے تھے۔

ڈاکٹر بلند اقبال:

جی ڈاکٹر صاحب، انہوں نے غربت بھی دیکھی، قریب تین سال کے تھے کہ ان کے والد کی وفات ہو گئی، والدہ بھی جلد ہی گزر گئیں۔ انیس برس کی عمر میں ان کی شادی ہو گئی، بچے ہوئے تو ان میں سے بھی ایک بیٹی کا انتقال ہو گیا۔ حالات سے جنگ لڑتے ہوئے، محنت کر کے اپنا مقام بنایا۔ ایک بات قابلِ غور ہے کہ جب کسی معاشرے میں کوئی فکر پروان چڑھ رہی ہوتی ہے، تو وہ محض ایک فکر ہی نہیں، درحقیقت افکار کا ایک مجموعہ پروان چڑھ رہا ہوتا ہے۔ جیسا کہ کنفیوشس کے دور میں ان کے خلاف لکھنے والے بھی موجود تھے، دیگر بہت سے مکتبہ ہائے فکر سے تعلق رکھنے والے افراد بھی موجود تھے۔

ڈاکٹر خالد سہیل:

نفسیاتی لحاظ سے مجھے یہ سوال اہم لگا کہ انسان کی فطرت کیا ہے؟ بعض لوگ کہتے ہیں کہ انسان کی فطرت خراب ہے۔ جب کہ کنفیوشس کہتے ہیں کہ انسان بنیادی طور پر نیک ہے، حالات اسے برا بنا دیتے ہیں، لوگوں میں اچھائی تلاش کرو۔ جب وہ سیاسی رہنما بنے تو ساتھی رہنماؤں سے کہتے تھے کہ آپ نصیحت کرنے کی بجائے اپنی زندگی اس طرح گزاریں، جیسا کہ آپ اپنی رعایا سے توقع کرتے ہیں۔ یعنی کہ محض الفاظ سے نہیں، عمل سے نصیحت کریں۔ ان کا ایک قول ہے کہ ”اگر آپ کو بہت زیادہ عزت، دولت اور شہرت مل گئی ہے، لیکن آپ کے اعمال اچھے نہیں تو یہ چیزیں بھی آپ کے پاس نہیں رہیں گی“۔

ڈاکٹر بلند اقبال:

جی کنفیوشس جب وہ انسانیت کی بات کرتے ہیں تو کہتے ہیں کہ سوچو کیوں آئے ہو دنیا میں؟ آخر کیا مقصد ہے تمہارا؟ انصاف پسندی کی بات کرتے ہیں تو کہتے ہیں کہ دیکھو کیا صحیح ہے اور کیا غلط؟ حقوق کی بات کرتے ہیں تو فرماتے ہیں کہ فرد سے، فرد کے معاشرے سے، فرد کے فطرت سے کیا تعلقات ہونے چاہئیں؟ علم کی بات کرتے ہوئے کہتے ہیں کہ علم محض جان لینے کا نام نہیں ہے، بلکہ اُس پر عمل کرنے کا نام ہے۔ سالمیت کی بات آتی ہے تو کہتے ہیں کہ اگر دنیا کو ٹھیک کرنا ہے تو قوم کو ٹھیک کرو، اگر قوم کو ٹھیک کرنا

ہے تو خاندان کو ٹھیک کرو، خاندان کو ٹھیک کرنے کے لیے ایک فرد کا ٹھیک ہونا لازمی ہے اور ایک فرد کے ٹھیک ہونے کے لیے اس کا دل کا ٹھیک ہونا چاہیے۔

ڈاکٹر خالد سہیل:

کنفیوشس نے انسانی نفسیات اور انفرادی، سماجی اور سیاسی نفسیات میں بہت گہرا تعلق قائم کیا ہے، اگر ہم کنفیوشس اور ہرمن ہیسے کے ناول سدھارتھا کا تقابل کریں تو یہ بات واضح ہوتی ہے کہ بدھانے روحانیت کے حصول کے لیے رہبانیت کا راستہ چنا، جب کہ اس کے برعکس کنفیوشس کے ہاں مادی اور روحانی دنیا ایک ساتھ ایک کھڑی ملتی ہیں۔ کنفیوشس کہتے ہیں کہ آپ ایک ہی وقت میں بادشاہ بھی ہو سکتے ہیں اور درویش بھی۔ میں کنفیوشس کے دس اقوال کا ترجمہ کر کے لایا تھا تا کہ ہم ان کے بارے میں بات کریں۔ میں ان میں سے پہلے تین اقوال سناتا ہوں، ان پر بات کر کے پھر ہم آگے چلیں گے۔

1. جب ہم انسانوں کے بارے میں پوری طرح نہیں جانتے تو روحوں کے بارے میں کیسے جانیں گے؟

2. جب ہم زندوں کے بارے میں پوری طرح نہیں جانتے تو مُردوں کے بارے میں کیسے جانیں گے؟

3. جب انسان نیا علم سیکھتے ہیں اور پھر اس پر عمل کرتے ہیں، تو انہیں خوش نصیبی حاصل ہوتی ہے۔

لوگ کنفیوشس سے خداؤں کے بارے میں سوال کرتے تھے، تو وہ کہتے کہ ہم انسانوں کے بارے میں ہی بات کر لیں، یہی کافی ہے۔ ان کے دور میں تین طرح کے نقطہ نظر گردش میں تھے، یعنی کہ بدھا کی روحانیت، مشرقِ وسطیٰ کا مذہبی رجحان اور کنفیوشس کا انسانیت پسند فلسفہ۔ آج کے دور میں آپ ان کے فلسفے کا کیا تعلق محسوس کرتے ہیں؟

ڈاکٹر بلند اقبال:

میرے خیال میں فلسفے کا یہ مطلب نہیں کہ آپ ایک ہی نہج پر سوچیں، بلکہ مختلف زاویہ نگاہ سے ایک ہی بات کو دیکھنا فلسفہ ہے۔ چین آج بھی کیمونزم کا حامی اور بدھ ازم کا پیروکار ہے، اب اگر ہم ہندوستان پر نظر دوڑائیں تو وہاں آج بھی اسلام اور ہندو ازم موجود

ہے، یعنی کہ جو چیزیں ہزاروں سال پہلے کی ہیں وہ آج بھی رائج ہیں۔ کنفیوشس کے فلسفے کا رجحان دیکھنا ہو گا کہ چینی تہذیب میں ایسا کیا رہا ہے کہ وہاں مذہب کا عمومی انداز نظر نہیں آرہا ہے؟ کنفیوشس نے محض انسانی اقدار کی بات کی مگر مذہب کی نہیں کی اور چینی قوم کی بنیادوں میں کنفیوشس جا بجا ملتا ہے۔

ڈاکٹر خالد سہیل:

کنفیوشس کے مزید اقوال بیان کرتا ہوں:

4۔ میں ہر شام خود سے پوچھتا ہوں کہ جو مشورے میں دوسروں کو دیتا ہوں، کیا خود بھی اس پر عمل کرتا ہوں؟

5۔ جب کوئی انسان قدیم اور جدید علوم سے واقف ہو جائے، تب وہ استاد بن سکتا ہے۔

6۔ ایک دانا شخص کی نشانی یہ ہے کہ جب وہ کسی چیز کے بارے میں جانتا ہے تو کہتا ہے کہ میں جانتا ہوں، جب وہ اس کے بارے میں نہیں جانتا، تو کہتا ہے کہ میں نہیں جانتا۔

میرے خیال میں علم چاہے مذہب کا ہو یا سائنس کا، انسان میں تکبر پیدا کرتا ہے۔ لیکن کنفیوشس کے اندر منکسر المزاجی نظر آتی ہے۔

آپ کی کیا رائے ہے کہ کنفیوشس کیسے ایک بہتر انسان کی تربیت کر رہا ہے؟

ڈاکٹر بلند اقبال:

کنفیوشس کا بنیادی ہدف انسانی اخلاقی اقدار ہیں۔ مثلاً ایک جگہ وہ کہتے ہیں کہ "تم اپنے والدین اور بزرگوں کی خدمت کرو، جب وہ اس دنیا سے چلے جائیں تو تین سال تک سوگ مناؤ۔ جب تم ان کا گھر چھوڑ دو تو ان کا خیال رکھو، اُن سے منسوب ایام (سالگرہ، شادی کی سالگرہ) کا خیال رکھو اور انہیں ان مواقع پر تحائف دو"۔ ایک اور جگہ وہ کہتے ہیں کہ "جب تم اپنے سے زیادہ علم والے شخص سے ملو، تو اُس کی عزت کرو۔ اس کے ساتھ وہی رشتہ رکھو، جو ہوا اور گھاس کا ہوتا ہے۔ جب ہوا چلتی ہے تو گھاس جھک جاتی ہے، تم بھی اس سے جھک کر ملو"۔ یہ اقدار اپنے اندر نرم پہلو رکھتی ہیں، ان میں سختی کا عنصر نہیں پایا جاتا، یہی دانائی ہے کہ آپ اپنی بات نرم لہجے میں مخاطب کے دل تک پہنچا دیں۔

ڈاکٹر خالد سہیل:

کنفیوشس کے باقی ترجمہ شدہ اقوال یہ ہیں:

7۔ جو لوگ محتاط زندگی گزارتے ہیں، بہت کم پچھتاتے ہیں۔

8۔ ایک بہتر انسان غریب لوگوں کی مدد کرتا ہے، امیروں کو مزید امیر بنانے میں مدد نہیں کرتا۔

9۔ کسی چیز میں زیادتی کرنا اتنا ہی غلط ہے، جتنا کسی چیز میں کمی کرنا۔

10۔ ایک قابل رہنما کو ثابت قدم اور تحمل مزاج ہونا چاہیئے، کیوں کہ اس کے کندھوں پر ذمہ داریوں کا بوجھ ہوتا ہے اور اسے دور تک جانا ہوتا ہے۔

کنفیوشس کی سیاسی دانائی کے حوالے سے آپ کا کیا نقطہ نظر ہے کہ جب وہ کہتے ہیں کہ امیروں کو مزید امیر بنانے میں مدد نہ کرو؟

ڈاکٹر بلند اقبال:

کنفیوشس کے فلسفے کو سمجھنے کے لیے تاریخی پس منظر میں جانا ہو گا کہ QIN Army نے جب شنگھاؤ پر قبضہ کیا تو معاشرے نے باہر سے آنے والے افراد کا بھی اثر قبول کیا، جس کے نتیجے میں ایک مخصوص مکتبہ فکر نے جنم لیا، کیوں کہ انسان معاشرتی رویوں کا اثر بہت جلد قبول کرتا ہے۔ ان کے دور کے اختتام پذیر ہونے کے بعد کنفیوشس کا فلسفہ ابھرا جو کہ اخلاقی اقدار پر مبنی تھا۔ درجہ بدرجہ تبدیلی سے شعوری سطح پختہ ہوتی گئی۔ اس فلسفیانہ مباحث سے جہاں چین میں آگہی کے در وا ہوتے گئے، وہیں انسان کے فطرت سے تعلق کی نوعیت جیسے اہم سوال بھی جنم لینے لگ گئے۔

لاوزی اور داو دی چنگ

(چینی دانائی)

گزشتہ ابواب میں ہم ہر من میسے اور کنفیوشس کی دانائی کے بارے میں سیر حاصل گفتگو کر چکے ہیں، آج ہم ایک اور چینی دانش وَر لاوزی کی کتاب Tao Te Ching پر بات کریں گے۔

ڈاکٹر خالد سہیل:

اگر ہم بدھا کی روحانیت، کنفیوشس کی سیاسی دانائی اور لاوزی کی دانائی کا تقابل کریں، تو آپ کو ان میں کیا منفرد پہلو نظر آتا ہے؟

ڈاکٹر بلند اقبال:

ایک زمانے میں چین اور ہندوستان میں کہا جاتا تھا کہ جب آپ معاشرے میں پروان چڑھ رہے ہوں، تو آپ کے سر پر ٹوپی کنفیوشس کی ہونی چاہیئے، لباده لاوزی کا ہونا چاہیئے اور پاؤں میں جوتی بدھا کی ہونی چاہیئے۔ یعنی کہ سر پر ٹوپی کنفیوشس کی ہونے کا مطلب یہ ہے کہ آپ کو علم ہو کہ معاشرے میں کس طرح کا رویہ رکھنا ہے؟ لباده لاوزی کا ہونے کا مطلب یہ ہے کہ آپ کو پتہ ہو کہ فطرت کے ساتھ آپ کا تعلق کیسا ہونا چاہیئے؟ جوتی بدھا کی ہونے کا مطلب یہ ہے کہ آپ کو اپنی منزلِ مقصود کے بارے میں علم ہو اور یہ بھی علم ہو کہ اپنا سچ کیسے تلاش کرنا ہے؟

ڈاکٹر خالد سہیل:

لاوزی کی فلاسفی کو تاؤ ازم (Taoism) کہتے ہیں۔ لاوزی کی فلاسفی کے لبِ لباب کا

یہ دو کتابیں احاطہ کرتی ہیں:

آئی چنگ اور داؤ دی چنگ(I Ching & Tao Te Ching)

ہم ان کی کتاب Tao Te Ching پر بات کریں گے۔

مجھے کنفیوشس اور لاوزی میں دو بنیادی باتوں کا فرق نظر آیا کہ کنفیوشس سیاسی رہنما تھے،اس لیے ان کے نظریات میں سیاسی نقطہ نظر واضح رہا۔ جب کہ لاوزی شاعر مزاج فلسفی تھے،ان کے اقوال شاعری کی صورت میں ملتے ہیں۔ دوسرا پہلو یہ کہ کنفیوشس نے معاشرتی رویوں پر زیادہ زور دیا،جب کہ لاوزی نے فطرت سے تعلق پر بات کی۔

آپ لاوزی کے فطرت سے تعلق کی نوعیت کو کیسے دیکھتے ہیں؟

ڈاکٹر بلند اقبال:

بنیادی بات یہ ہے کہ لاوزی نے مذہب کا سہارا نہیں لیا، بلکہ انسان کا تعلق فطرت سے جوڑ دیا ہے۔انہوں نے کہا کہ ”پھول کی طرح تم میں خوشبو ہو،درخت جیسی توانائی ہو، پہاڑ جیسی مضبوطی ہو۔ پانی کی طرح تمہارے اندر گہرائی ہو، پانی جس طرح نیچے تک جا کر لوگوں کی مدد کرتا ہے یا زندگی کا سبب بنتا ہے، تمہیں پانی کی طرح اپنا سچ تلاش کرنا چاہیئے“ پانی تاؤ کی ایک مثال ہے۔

ڈاکٹر خالد سہیل:

میرے خیال میں تو یہ فراز سے نشیب کی طرف جانے کی تشبیہ ہے،اس میں بھی انکساری کا پہلو نمایاں ہے۔ علم انسان میں تکبر پیدا کرتا ہے، لیکن علم کے ہوتے ہوئے منکسر المزاجی اختیار کرنا بلاشبہ بڑی ہمت کی بات ہے، یہی دانائی ہے۔ میرے نزدیک Yin Yang سے مراد یہ ہے کہ ”اگر آپ نیکی کو انتہائی سطح تک لے جائیں تو اس میں بدی ہو پیدا ہو جاتی ہے،اسی طرح اگر آپ بدی کو انتہائی سطح پر لے جائیں تو اس میں سے اچھائی نکلتی ہے“۔ یعنی کہ کوئی بھی چیز خالصتاً اچھی نہیں ہوتی اور خالصتاً بُری بھی نہیں، یہ بھی دانائی کا پہلو ہے کہ آپ دونوں جانب سے آگاہ ہوں۔ یہ ایک فطری عمل ہے کہ رات کتنی بھی طویل کیوں نہ ہو، سحر لازماً طلوع ہوتی ہے، اسی طرح دن کے بعد رات بھی آتی ہے۔ لاوزی نے انہیں فطری عوامل پر بات کی ہے۔

ڈاکٹر بلند اقبال:

ہم یہاں تھوڑا بدھا کے فلسفے کو بھی دہرا لیتے ہیں کہ انہوں نے نروانا حاصل کرنے کے لیے ہمیں Eight Noble Truths دیے تھے کہ

1۔ خود کو دنیا سے جدا کر لو۔ (Detachment)

2۔ تمہیں پتہ ہو کہ تمہارا ویژن کیا ہے؟ (Vision)

3۔ تمہیں پتہ ہو کہ تمہاری خواہش دانائی کے لیے کیا ہے؟ (Intent)

4۔ تمہیں علم ہو کہ تمہارا راستہ کس طرف ہے؟ (Way)

5۔ تمہیں علم ہو کہ تمہاری کوششیں کیا ہیں؟ (Efforts)

6۔ تمہیں علم ہو کہ تم نے اپنی توجہ کہاں مرکوز کرنی ہے؟ (Concentration)

7۔ تمہیں پتہ ہو کہ تمہاری سچائی کی کہاں تکمیل ہو گی؟ (Fulfillment)

8۔ تمہیں معلوم ہو کہ کب تمہارے اندر ہیو مینزم پیدا ہو گا؟ (Humanism)

میرے خیال میں ان آٹھ نکات پر عمل پیرا ہوئے بغیر سچ نہیں مل سکتا۔

ڈاکٹر خالد سہیل:

جی اور لاوزی کے فلسفے تاؤ ازم کے پانچ بنیادی نکات یہ ہیں:۔

1۔ سادگی 2۔ ہم دردی 3۔ انکساری 4۔ توازن 5۔ فطری طرزِ زندگی

یہ پانچوں عوامل ایک بہتر انسان کی تشکیل میں مدد دیتے ہیں۔ کنفیوشس اور لاوزی میں یہ قدر مشترک ہے کہ ان کے ہاں مذہب کا تصور نہیں ملتا، انہوں نے اپنی توجہ ذات، معاشرے اور فطرت کی تکون پر مرکوز رکھی کہ انسان، ایک بہتر انسان کیسے بن سکتا ہے؟ انسان کا دوسرے انسانوں کے ساتھ تعلق کیسا ہونا چاہیئے؟ لاوزی کے فلسفے کا اہم نکتہ توازن ہے کہ آپ زندگی میں توازن بر قرار رکھیں، آپ کی کیا رائے ہے؟

ڈاکٹر بلند اقبال:

اچھا ڈاکٹر صاحب کنفیوشس کے فوراً بعد ہی لاوزی کا دور آ گیا تھا اگر ہم اس وقت چین کے منظر نامے پر نظر دوڑائیں تو یہ بات واضح ہوتی ہے کہ جہاں اس دور میں مختلف مکتبہ ہائے فکر نمو پا رہے تھے، وہیں Escape Phenomenon بھی پروان چڑھنے لگا، کہتے ہیں کہ

ٹھیک ہے کہ تم معاشرے کے اچھے انسان ہو، لیکن تمہارا فطرت سے تعلق کیا ہے؟ تم دنیا میں کیوں آئے ہو؟ یعنی کہ خود کو جاننے کے عمل کا آغاز ہو چکا تھا، اسی پس منظر میں لاوزی کی کتاب Tao Te Ching منظرِ عام پر آئی۔

ڈاکٹر خالد سہیل:

لاوزی کہتے ہیں کہ فطرت کا راستہ آسان اور سادہ ہے۔ اگر ہم سادگی سے زندگی گزاریں، فطرت کے قریب رہیں تو ہم کامیاب ہوں گے۔ فطرت سے دوری ہماری زندگی کو مشکلات کا گھر بنا دے گی۔ ڈاکٹر صاحب! آپ کا اس کتاب کو پڑھ کر کیا تاثر قائم ہوا؟

ڈاکٹر بلند اقبال:

ڈاکٹر صاحب یہ کتاب ہر لحاظ سے منفرد کتاب ہے۔ اس کتاب کو پڑھنے کے لیے ہمیں ایک الگ Frame of Mind میں جانا پڑتا ہے۔ اگر ہم اس کتاب کے عنوان کا ترجمہ کریں تو یہ بتاتا ہے کہ Tao سے مراد The Way، Te سے مراد Virtues اور Ching سے مراد Classic ہے۔ یعنی کہ

The Classic Ways of Virtues.

دنیا میں اب تک اس کتاب کا سب سے زیادہ ترجمہ ہوا ہے۔ اس میں کل اکیاسی ابواب ہیں۔ ہر باب کے آخر میں جو آخری لائن ہے، وہ خاصی چونکا دینے والی ہے کہ اس لائن کو پڑھ کر ہی آپ متن کا مطلب سمجھ سکتے ہیں۔ اکیاسی ابواب کی تقسیم کچھ یوں ہے کہ 37 Tao-Ching ابواب پر جبکہ Te-Ching، 81 ابواب پر مشتمل ہے۔ اس کتاب میں قریباً پانچ ہزار چینی الفاظ استعمال کئے گئے ہیں۔ اس کتاب کو پڑھنے کے لیے ضروری ہے کہ آپ اس کے ہر ایک لفظ کو اپنے اندر جذب کریں پھر اپنے اندر کی کیفیت کا اظہار کریں اور مطلب سمجھنے کی کوشش کریں۔ یعنی کہ اس کتاب کو سمجھنے کے لیے خود سے خاصی بحث کرنی پڑتی ہے تب کہیں جا کر مطلب سمجھ میں آتا ہے۔

ڈاکٹر خالد سہیل:

میں ان کے اقوال کے تراجم کر کے لایا ہوں تا کہ ہم ان پر بات کریں۔ ان کے چند جملے جو کہ ان کی نظم کا حصہ ہیں، وہ انگریزی میں پڑھتا ہوں:

Thus, something and nothing produce each other

The difficult and the easy complement each other

The long and the short offset each other

The high and the low inclined toward each other

Note and sound harmonizes with each other

Before and after follow each other.

ان سطور سے صنعتِ تضاد نمایاں ہے کہ دو متضاد کیفیات کا بیان ہے، اس سے واضح ہوتا ہے کہ لاوزی الفاظ سے کھیلتے ہیں اور پڑھنے والے کو اپنے الفاظ کے سحر میں جکڑ لیتے ہیں۔

ڈاکٹر بلند اقبال:

یہ ان کی ایک چھوٹی سی نظم ہے لیکن بہت بامعنی ہے، اس کا عنوان ہے:

"Returning"

In Tao, the only motion is returning

The only useful quality, weakness

For though all creature under Heaven

Are the product of Being

Being itself is the product of Non-Being.

یعنی کہ اگر آپ نے Being کو سمجھنا ہے تو پہلے Non-Being کو سمجھنا ہو گا۔ ایک اور نظم ہے، جس کا عنوان ہے: "Emptiness"

We put thirty spores together

And call it a wheel

But it is on the space

where there is nothing

There the usefulness of wheel depends

We turn clay to make a vessel
But it is on the space
Where there is nothing
There the usefulness of vessel depends

We place doors and windows
To make houses
And it is on these spaces
Where there is nothing
There the usefulness of house depends

Therefore, just as we take
advantage of what is
We should recognize the
Usefulness of what is not.

ڈاکٹر خالد سہیل:

میرے نزدیک یہ بات اہم ہے کہ لاوزی نے غیر موجود چیز کو واضح کیا ہے، کیوں کہ جو چیز موجود ہو اس کا بیان آسان ہے، لیکن جو چیز عدم وجود میں ہو، اس کا بیان مشکل ترین امر ہے۔ نفسیاتی طور پر دیکھیں تو ہم کسی فرد کو اس لیے پسند کرتے ہیں کہ اس کے اندر کچھ خوبیاں ہیں، اور اس لیے بھی کہ اس میں کچھ خامیاں نہیں ہیں، تو ہم وہ چیز بھی پسند کرتے ہیں، جو اس کے اندر نہیں ہے۔

ڈاکٹر بلند اقبال:۔

جیسا کہ ناول سدھارتھا کا ایک جملہ ہے کہ

The opposite of truth is also truth

لاوزی کی ایک اور نظم ہے، جس کا عنوان ہے:

"Knowledge and Humanity"
Knowing others is wisdom
Knowing the self is enlightenment
Mastering others requires force
Mastering the self needs strength

He who knows he has enough is rich
Perseverance is a sign of will power
He who stays where he is endures
To die but not to perish is to be enternally present.

یعنی کہ eternal تک پہنچنے کے لیے to die اور to perish میں فرق جاننا ضروری ہے۔

ڈاکٹر خالد سہیل:

لاوزی کے چند اقوال یہ ہیں:۔

1۔ ہزاروں میل کا سفر پہلے قدم سے شروع ہو جاتا ہے۔

2۔ کچھ لوگ جو جانتے ہیں، کچھ کہتے نہیں اور جو لوگ جو کہتے ہیں، کچھ جانتے نہیں۔

3۔ جس شخص کو قناعت مل گئی، وہ بہت امیر ہے۔

4۔ اخلاقیات اور سیاسیات میں کوئی تضاد نہیں۔

5۔ کائنات پر اسرار ہے، اس کا ایک راز دوسرے راز کو جنم دیتا ہے۔

6۔ درویش اپنے آپ کو سب سے پیچھے رکھتا ہے اور لوگ اسے سب سے آگے رکھتے ہیں۔

اگر ہم ان کے اس قول یعنی کہ کائنات پر اسرار ہے، اس کا ایک راز دوسرے راز کو جنم دیتا ہے، پر غور کریں تو یہ بات واضح ہوتی ہے کہ لاوزی کی چشمِ بینا عدم وجود کو بھی دیکھنے کی صلاحیت رکھتی ہے، کیوں کہ شاعر اور فلسفی صاحبِ بصیرت ہوتے ہیں۔

ڈاکٹر بلند اقبال:

مجھے ان کا ایک جملہ بہت بہت اچھا لگا جو کہ بہت گہرے معنی رکھتا ہے کہ

”جب میں اپنے آپ سے خود کو نکال دیتا ہوں، تو میں وہ بن جاتا ہوں جو مجھے ہونا

چاہیے"۔

When I let go of who I am, I become what I might be.

ڈاکٹر خالد سہیل:

میں اسے کہتا ہوں Being اور Becoming یعنی کہ اگر آپ اپنی فطرت کو پہچان کر اس کی تربیت کریں تو آپ کا اصل پوٹینشل بڑھ جائے گا۔ جیسا کہ بیج ہوتا ہے، بیج سے پودا نکلتا ہے اور پھر وہ درخت بن جاتا ہے اور پھل دینے لگتا ہے۔ اگر ہم اس کی نفسیاتی توضیح کریں تو یہ نتیجہ نکلتا ہے کہ آپ کی فطرت پر Social, Religious ,and Cultural Conditioning لاگو ہیں۔ اگر آپ ان بندھنوں سے خود کو آزاد کر لیں تو آپ اپنے نیچرل سیلف کو پا لیں گے اور اس کی نشوونما کر سکیں گے اور اس کے نتیجے میں آپ کی شخصیت میں خالص گروتھ کا فیکٹر آئے گا۔

ڈاکٹر بلند اقبال:

یہاں مجھے ناول سدھار تھا کا ایک جملہ یاد آگیا کہ ہماری جھوٹی انا ہے، جس کے سہارے ہماری پوری زندگی گزر جاتی ہے۔ لیکن یہی انا ہمیں سچ تک نہیں پہنچنے دیتی۔ سچ پانے کے لیے انا سے چھٹکارا حاصل کرنا لازم ہے۔

یہاں لاوزی کا ایک جملہ یاد آگیا کہ

"اپنے آپ کو Still کر لو، ساری کائنات تمہارے سامنے جھک جائے گی۔ اپنے آپ کو خالی کر لو، تا کہ خود کو بھر سکو، خالی برتن بھرے ہوئے برتن سے زیادہ قیمتی ہوتا ہے، کیوں کہ اس میں بھرنے کی گنجائش موجود ہوتی ہے"

ڈاکٹر خالد سہیل: لاوزی کے مزید اقوال یہ ہیں:۔

7۔   جس کی جڑیں گہری ہوں، اسے اکھاڑا نہیں جا سکتا۔

8۔   درویش سب کچھ جانتا ہے، لیکن خاموش رہتا ہے۔

9۔   عوام بھوکے رہتے ہیں، کیوں کہ ان کے حاکم ان کا حق کھا جاتے ہیں۔

10۔   اس کو دیکھو مگر تم اس کو نہیں دیکھ سکتے کیوں کہ وہ بے شکل ہے، اس کو سنو مگر تم اسے نہیں سن سکتے کیوں کہ وہ بے آواز ہے، اس کو پکڑو مگر تم اسے نہیں پکڑ سکتے

کیوں کہ اس کا وجود نہیں ہے۔ یہ زندگی کا راز ہے، زندگی پراسرار ہے۔
یہ دونوں چینی فلسفی کنفیوشس اور لاوزی خالصتاً ہیومینسٹک تھے، ان کے ہاں
مذہب کا تصور نہیں ملتا۔ انہوں نے انسان کو بہتر انسان بنانے پر اپنی توجہ مرکوز کی۔

رابندر ناتھ ٹیگور اور گیتانجلی

(ہندوستانی دانائی)

آج ہمارا موضوعِ گفتگو رابندر ناتھ ٹیگور کی کتاب ''گیتانجلی'' ہے، اسی کتاب پر ٹیگور کو ادب کا نوبل پرائز ملا۔

ڈاکٹر خالد سہیل:

ہر من ہیسے، کنفیوشس اور لاوزی کی دانائی سے جو کچھ مجھے حاصل ہوا ہے، وہ یہ ہے کہ بدھا کا سفر روحانیت کا سفر ہے، جس کی وضاحت یوں کی جاسکتی ہے:

First you go towards the light, then you are in the light and then you are the light.

کنفیوشس نے گولڈن رول دیا: دوسروں کے ساتھ ویسا ہی رویہ اختیار کریں، جیسا کہ آپ چاہتے ہیں کہ دوسرے آپ کے ساتھ رکھیں۔

لاوزی نے یہ تصور دیا کہ: جتنا آپ فطرت کے قریب ہوں گے، اتنا ہی آپ کی زندگی میں سکون ہو گا۔

چینی دانش وروں نے روایتی مذہب کا تصور نہیں دیا بلکہ انسان کو بہتر بنانے پر زور دیا۔

ڈاکٹر صاحب! آپ نے اب تک کی گفتگو سے کیا سیکھا؟

ڈاکٹر بلند اقبال:

ان تینوں دانش وروں کی گفتگو کو ایک جملے میں سمیٹیں تو ان سب کے ہاں Unity of Consciousness کا تصور ملتا ہے۔ اس تصور کی وضاحت کے لیے ایک واقعہ سناتا ہوں:

ایک شخص اپنے دوست سے ملنے گیا، دروازے پر دستک دی، تو دوست نے پوچھا کہ کون ہے؟ اس شخص نے جواب دیا، میں ہوں تم سے ملنے آیا ہوں۔ دوست کہتا ہے، واپس چلے جاؤ، جب تمھیں حقیقی دانشمندی مل جائے، تب آنا۔ وہ شخص کافی عرصہ کے بعد اس دوست سے دوبارہ ملنے گیا، دستک دی، دوست نے پوچھا، کون ہے؟ اُس شخص نے جواب دیا کہ دروازے پر تو ہی ہے، جو تجھ سے ملنے آیا ہے۔ دوست نے یہ سن کر کہا: ہاں اب تم اندر آ سکتے ہو۔

ڈاکٹر خالد سہیل:

ٹیگور کا اصل نام ٹھاکر تھا، لیکن مغرب میں ان کا نام ٹیگور استعمال کیا گیا، اور یہ اسی نام سے مشہور ہو گئے۔ یہ 1861ء میں پیدا ہوئے اور 1941ء میں وفات پائی۔ ان کا دور انیسویں صدی کا اختتام اور بیسویں صدی کے آغاز کا بتا ہے۔ چوں کہ ہر دانش ور کے عہد کے حالات اس پر خاصے اثر انداز ہوتے ہیں، لہٰذا اہم پہلے ٹیگور کے عہد کے پس منظر کو جان لیں تا کہ ان کی شخصیت کو سمجھنے میں مدد ملے۔

ڈاکٹر صاحب! آپ کو اس عہد میں کیا چیز منفرد نظر آتی ہے؟

ڈاکٹر بلند اقبال:

ٹیگور کا ہی جملہ ہے کہ بیسویں صدی کا دور انسانی تاریخ کا تاریک ترین دور ہے کیوں کہ اس میں دو بڑی جنگیں ہوئیں۔ پہلی بڑی جنگ (اول) تو ٹیگور کی زندگی میں ہی وقوع پذیر ہوئی، جب کہ دوسری بڑی جنگ (دوئم) کا اختتام ان کی وفات کے بعد ہوا۔ جنگِ عظیم اول میں بہت زیادہ خون خرابہ ہوا، اقوام عالم میں قوم پرستی کی لہر جنم لینے لگی، جس نے پوری دنیا کو اچھی طرح سے اپنی لپیٹ میں لے لیا۔ اس دوران ہندوستان میں بھی زبان، مذہب، قومیت غرض ہر لحاظ سے تفریق شروع ہو چکی تھی۔ اختلافات خطر ناک حد تک سر اٹھا چکے تھے، اسی پس منظر میں ٹیگور جلوہ گر ہوتے ہیں۔

ڈاکٹر خالد سہیل:

ٹیگور جب مغرب کی طرف عازم سفر تھے، تو ان کی ملاقات وہاں کے چند ادیبوں سے ہوتی ہے۔ اس ملاقات کا پس منظر یہ ہے کہ یہ جہاز میں جا رہے تھے، تو اپنی کچھ نظموں کا

خود ہی انگریزی زبان میں ترجمہ کر لیا، لیکن وہ وہیں کہیں کھو جاتا ہے۔ تو یہ اسے تلاش کر رہے ہوتے ہیں کہ اسی ہل چل میں ان کی ملاقات مغرب کے چند بڑے ادیبوں سے ہو جاتی ہے، وہ ادیب، ان کی نظموں کا انگریزی میں ترجمہ کرنے میں مدد بھی کرتے ہیں۔ جہاں ایک طرف ٹیگور کے نام کا شہرہ تھا، وہیں ان کے ہم عصر شاعر علامہ اقبال بھی مسلمانوں میں خاصے مقبول ہوتے ہیں، دنیا انہیں شاعرِ مشرق کے نام سے جانتی ہے۔ بعض لوگوں کے نزدیک ان دونوں شعر میں روایتی چشمک ملتی ہے، آپ کی کیا رائے ہے؟

ڈاکٹر بلند اقبال:

اس میں کوئی دورائے نہیں ہے کہ دونوں بڑے شاعر ہیں۔ علامہ اقبال کا تعلق سیالکوٹ سے، جب کہ ٹیگور کا تعلق بنگلہ دیش سے ہے۔ دونوں کا اندازِ بیان ایک دوسرے سے مختلف ہے۔ ٹیگور کی شاعری میں موسیقی، نسوانیت، خوب صورتی اور عاجزی جیسی خصوصیات نمایاں ہیں، جب کہ اقبال میں ایک جذباتی فخر نظر آتا ہے۔ اگر ٹیگور کے ہاں نرمی اور سکون ہے، تو اقبال کے اندر آگ اور بے چینی ہے۔ ان سب کی کچھ وجوہات ہیں۔ ٹیگور ایک امیر خاندان کے چشم و چراغ تھے، انہوں نے اپنی تعلیم برطانیہ جا کر بھی مکمل نہیں کی۔ اگرچہ ان کو نوبل پرائز ملنے کے بعد ڈاکٹریٹ کی اعزازی ڈگریاں ملیں۔ ان کے والد کا وسیع کاروبار تھا، جو کہ برطانیہ تک پھیلا ہوا تھا اور ملکہ برطانیہ تک ان کی رسائی تھی۔ یہ ایک مثبت پہلو تھا کہ ان پر کسی نے تعلیم حاصل کرنے کے لیے سختی نہیں کی۔ جب کہ دوسری طرف علامہ اقبال کے پاس یہ سب کچھ نہیں تھا، ان کے لیے تعلیم ہی سب کچھ تھی۔ دوسری بات یہ کہ اقبال کا تعلق ہندوستان کی اقلیت یعنی مسلم قوم سے تھا، جب کہ ٹیگور ہندو مذہب سے تعلق رکھتے تھے، جو کہ وہاں کی اکثریتی آبادی کا مذہب تھا۔ اسی طرح ٹیگور کی شاعری بنگالی زبان میں ہے، جب کہ اقبال کی شاعری اردو اور فارسی میں ہے۔ ٹیگور ایک لبرل ہندو خاندان کے فرد تھے، جب کہ اقبال سنی خاندان سے تعلق رکھتے تھے۔ تو یہ سب وجوہات ہیں جو کہ ان کو ایک دوسرے سے مختلف کرتی ہیں۔

علامہ اقبال نے کچھ وجوہات کی بنا پر ٹیگور پر تنقید بھی کی مثلاً جب ٹیگور کو نوبل پرائز ملا تو انہوں نے ایک ایرانی ڈپلومیٹ غلام عباس عرب کو خط لکھا، جس میں ٹیگور کے ایرانی

دورے پر بات کی گئی تھی، واضح رہے کہ اس دور میں سعودی عرب، ایران اور عراق میں ٹیگور اور علامہ اقبال دونوں کے نام کا ڈنکا بج رہا تھا۔ اقبال کے خط کے جملے یہ تھے:

Tagore's visit was an attempt to forge Aryan affiliations between Hindus and Persians and suggested that perhaps this might lead Iranians to revert to Zoroastrianism!

اقبال یہ تاثر دینا چاہ رہے ہیں کہ آپ کے صرف آقا بدلیں گے کہ پہلے انگریز تھے، اب ہندو ہو جائیں گے۔ ایک اور جگہ کہتے ہیں کہ ”ٹیگور کی تقریر میں تو عاجزی کا پہلو ہے، افعال میں نہیں“۔ مگر ٹیگور نے کبھی بھی اقبال پر تنقید نہیں کی، ان کے ماننے والے تو اقبال پر تنقید کرتے ہیں، اسی طرح اقبال کے ماننے والے بھی ٹیگور پر تنقید کرتے ہیں، لیکن ٹیگور نے ایسا کچھ نہیں کہا۔ اقبال کی شاعری کا مرکز خود آگہی یعنی سچ کی تلاش ہے، لیکن مذہب کا عنصر ان کے ہاں زیادہ نمایاں ہے۔ ٹیگور بلاشبہ ایک بڑے شاعر ہیں، اُن میں فطری عکس نمایاں ہے۔ ٹیگور کے پاس کچھ سائیکولوجیکل ایفیکٹس ملتے ہیں، یہی وجہ ہے کہ جب ان کی کتاب گیتانجلی مغرب میں آئی تو وہی مغرب کہ جو جنگِ عظیم اول کے بعد زخم خوردہ ہے اور قوم پرستی کی لہر کی وجہ سے ٹکڑوں میں بٹ رہا ہے، وہاں پر گیتانجلی وحدانیت کا تصور لے کر کسی مرہم کا کردار ادا کرتی ہوئی دکھائی دیتی ہے۔ وہ قوم اور مذہب سے بالاتر ہونے کی بات کرتی ہوئی نظر آتی ہے۔ مگر ذاتی طور پر مجھے ایسے لوگوں کی باتیں کچھ زیادہ نہیں بھاتیں ہیں جو علامہ اقبال اور ٹیگور کے درمیان فرق پر بات کرتے ہیں چونکہ یہ دونوں عظیم شاعر مختلف اندازِ فکر رکھتے ہیں اس لیے ہمیں انہیں ان کے منفرد فکری تناظر میں ہی دیکھا جانا چاہیے۔

ڈاکٹر خالد سہیل:

جہاں اقبال اور ٹیگور ہم عصر تھے، وہیں ٹیگور اور گاندھی بھی ایک ہی عہد کے ہیں۔ ٹیگور اور گاندھی جی کی ملاقاتوں کا احوال میں نے اپنی کتاب

”Prophets of Violence, Prophets of Peace“ میں قلم بند کیا ہے اور گاندھی اور ٹیگور کے تعلق کی نوعیت پر بات کی ہے۔ اپنی کتاب کا ایک اقتباس پیش کرتا ہوں:

”گاندھی، ٹیگور سے ملنے ان کے گھر گئے، چھت پر بیٹھے تھے کہ جلوس بر آمد ہوا۔

52

ٹیگور نے سامنے سے پردہ ہٹایا اور گاندھی جی سے کہا کہ دیکھیں یہ کتنا پر تشدد جلوس نکل رہا ہے اور آپ عدم تشدد کی بات کرتے ہیں۔ یہ 1921ء کی بات ہے۔

After showing him violence in the street, Tagore shared his views with Gandhi in 1921.here they are howling around like a lot of demented " Derwaishes". Is that non-violence Ghandhi G? We Indians are, as you know well, very emotional people. Do you think you can hold our violent emotions under firm control with your non-violent principles? No, you know you can't. Only when the children of different religions, communities and castes have been schooled together. Can we hope to overcome the violent feelings which exist today

مجھے یوں لگا کہ ٹیگور کہہ رہے تھے کہ ہمیں اپنی توجہ تعلیم پر مرکوز رکھنی چاہیے۔ جب کہ گاندھی سیاسی رہنما ہونے کے باعث انقلاب لانے کی باتیں کرتے تھے۔ ٹیگور کا کہنا یہ تھا کہ گاندھی جی! آپ جو عدم تشدد کو اتنا بڑھاوا دے رہے ہیں، جس دن گورے یہاں سے چلے گئے، اسی دن سے ہندو، مسلمان اور سکھ ایک دوسرے کو قتل کرنے لگ جائیں گے اور تاریخ گواہ ہے کہ بعد میں یہی سب ہوا۔

ڈاکٹر بلند اقبال:

یہاں یہ دیکھنا بھی ضروری ہے کہ ٹیگور کے گھر کا ماحول کیسا تھا؟ یہ چودہ بہن بھائی تھے، ٹیگور کا نمبر چودھواں تھا۔ ان کی والدہ کی جلد ہی وفات ہو گئی، یہ نوکروں کے ہاتھوں میں پلے بڑھے تھے۔ والد کاروباری آدمی ضرور تھے، لیکن گھر میں علم و ادب کا ماحول تھا۔ ان کے بڑے بھائی نے فلسفہ اور حساب پڑھ رکھا تھا، ایک بہن ناول نگار تھی، ایک بھائی پیانو کا ماہر تھا، بھائی بھی ایک رسالے میں لکھتی تھی۔ ان کے والد نے انہیں کالی داس پڑھایا، اسی طرح حافظ بھی تو دوسری طرف انہیں فلکیات، تاریخ اور سائنس جیسے مضامین سے بھی روشناس کرایا۔ ان کے والد کاروباری سفر کے دوران انہیں اپنے ساتھ رکھتے تھے اور ان کی تربیت کرتے رہتے تھے، یوں ٹیگور کی شخصیت بنتی ہوئی نظر آتی ہے۔

ڈاکٹر خالد سہیل:

مجھے یہ بات اہم لگی کہ یہ صرف شاعر ہی نہیں تھے بلکہ میوزیشن بھی تھے، انہوں

نے ڈرامے اور کہانیاں بھی لکھیں۔ موسیقی کی دھنیں بھی تشکیل دیں جو کہ آج بھی بنگال میں مقبول ہیں۔ ایک اور بات دل چسپ لگی کہ ان کی شادی کم عمری میں ہی ہو گئی تھی، یہ اپنی اہلیہ سے خوش نہیں تھے، اسی لیے ان کی ازدواجی زندگی خاصی کامیاب نہیں رہی۔ پھر یہ بھی کہ وہ کسی اور میں دل چسپی رکھتے تھے، لیکن وہ تعلق بھی کامیاب نہیں رہا۔ یوں ان تکلیف دہ عوامل کی وجہ سے ان کے دل میں کسک رہ گئی۔

ڈاکٹر بلند اقبال:

ان کے چار بچے تھے، ان میں سے دو بچوں اور ان کی اہلیہ کی بھی وفات ہو گئی، یہ عوامل بھی ان کی شخصیت میں خلا پیدا اکر گئے۔

ڈاکٹر خالد سہیل:

گاندھی جی کے حوالے سے بات کروں کہ گاندھی جی جب دوبارہ ٹیگور کے پاس آئے، تو انہیں عدم تشدد تحریک میں شمولیت کی دعوت دی۔ انہوں نے انکار کر دیا اور کہا کہ آپ چاہتے ہیں کہ میں پڑھانا چھوڑ دوں اور چرخہ کاتنے لگ جاؤں؟ گاندھی جی بہت ناراض ہوئے، واپس جا کر ان کے خلاف ایک مضمون لکھا، جس میں انہوں نے ٹیگور کو سنتری سے تشبیہ دی کہ سنتری دیکھتا رہتا ہے، کرتا کچھ نہیں۔ ٹیگور بھی سنتری کی طرح ہی ہیں۔ ایک بار زلزلہ آنے پر گاندھی نے کہا کہ زلزلہ ہمارے گناہوں کی سزا ہے۔ اس پر ٹیگور نے گاندھی کے خلاف ایک مضمون لکھا، جس میں سائنسی نقطہ نظر سے گاندھی کی بات کا رد کیا۔ ٹیگور زندگی کے بارے میں سائنسی نقطہ نظر رکھتے تھے، جب کہ گاندھی مذہبی ذہن کے مالک تھے، یوں ان کے درمیان کشمکش چلتی رہتی تھے۔ نہرو نے ایک بار لکھا تھا کہ میں جب جوان تھا تو گاندھی سے بہت زیادہ متاثر تھا، لیکن جوں جوں بوڑھا ہو رہا ہوں، ٹیگور سے زیادہ متاثر ہو رہا ہوں۔ نہرو کے یہ الفاظ ٹیگور کی عظمت کا اعتراف ہیں۔

میرے خیال میں ٹیگور شاعری، ادب، موسیقی اور فنونِ لطیفہ سے جڑے رہ کر تعلیمی ماحول تشکیل دینا چاہتے تھے، اقبال کا مقصد مسلمانوں کے اندر انقلاب برپا کرنا تھا اور گاندھی متحدہ ہندوستان میں انقلاب لانے کے خواہاں تھے۔

گیتانجلی میں آزادی کے حوالے سے ایک نظم ہے، وہ میں آپ کو سناتا ہوں:

Where the mind is without fear and the head is held high

Where knowledge is free, Where the world has not been

Broken up into fragments by narrow domestic walls

Where words come out from depth of truth

Where tireless trying stretches its arms towards perfection

Where clear stream of reason has not lost its way

Into the dreary desert sand of dead habit

Where the mind is let forward by thee into ever whitening thought

And action into that heaven of freedom

My Father! Let my country awake.

یہ نظم واضح کرتی ہے کہ وہ کس قسم کی آزادی کے خواہاں تھے؟ وہ چاہتے تھے کہ ایسی آزادی ہو کہ جہاں بولنے، سننے کی آزادی ہو۔

جو لوگ روایتی تحریک کا حصہ تھے، انہوں نے اعتراض کیا کہ ٹیگور عدم تشدد تحریک میں شامل نہیں ہیں، یہ نظم واضح کرتی ہے کہ وہ آزادی کے حق میں تھے، لیکن روایتی تحریک کے حق میں نہیں تھے۔ ٹیگور نے کہا کہ بظاہر تو یہ عدم تشدد کی تحریک ہے، لیکن اس میں تشدد در آنے کے امکانات قوی ہیں۔

یہ بات ان کے بائیو گرافر نے لکھی ہے کہ:

On 3rd February 1922, Tagore published a clear statement in Bengali Press: Warning against the violence latent in the Movement. Two days later, twenty-two policemen who had fired on a crowd of non-co-operators were burnt alive at Chora Chori. Mahatma was profoundly shocked. About a week later, he suspended the Civil Disobedience Movement on 10th March 1922. Ghandhi was finally arrested on charges of sedition and sentenced to six-year imprisonment.

اگرچہ وہ بعد میں رہا ہو گئے تھے۔ ٹیگور کا تصورِ آزادی گاندھی کے تصور سے بہت مختلف تھا۔ ٹیگور تعلیمی انقلاب کے خواہاں تھے، جب کہ گاندھی سیاسی انقلاب کے آرزو مند تھے۔

گفتگو کے سلسلے کو آگے بڑھاتے ہوئے ہم ربندر ناتھ ٹیگور کی کتاب گینانجلی کے کچھ مزید پہلوؤں پر روشنی ڈالتے ہیں۔

ڈاکٹر خالد سہیل:

آپ کو ٹیگور کی شخصیت میں کیا چیز اہم دکھائی دیتی ہے؟

ڈاکٹر بلند اقبال:

ٹیگور ایک ہمہ جہت شخصیت کے مالک ہیں، جہاں ایک طرف ان کے ہاں مذہب اور روحانیت کا عکس نظر آتا ہے کہ وہ ویشنو ازم اور اپندش فلاسفی پر بھی بات کرتے ہیں،وہیں ان میں کا مرید کا رجحان بھی ملتا ہے،جیسا کہ ان کی کتاب گیتانجلی کی بعض نظموں سے ظاہر ہے۔ وحدانیت کی بات کریں تو ٹیگور خدا سے ہم کلام ہو کر کہتا ہے کہ تم نے مجھے اس لیے پیدا کیا تا کہ تم میرے ساتھ کھیلو، یعنی کہ تم خود کو میرے عکس میں نمایاں کروگے۔ چوں کہ ٹیگور ہندو مذہب سے تعلق رکھتے ہیں،اسی لیے انہوں نے ہندو مذہب کے فلسفے پر بات کی۔ ہندوازم میں یہ ہے کہ دنیا خدا کی لیلا ہے اور خدا انسان کے اندر ہے،اسی فلسفے کی چھاپ ان کے ہاں واضح ملتی ہے۔ دوسری طرف دیکھیں تو ان میں دانتے، ہومر، ملٹن اور نطشے جیسے نابغہ روزگار افراد کی جھلک بھی ہے تو دوسری طرف برنارڈ شا اور برٹرینڈ رسل جیسے ادیبوں کا عکس بھی۔ یوں ان کی شخصیت میں ہمہ جہتی عناصر یک جا نظر آتے ہیں۔

ڈاکٹر خالد سہیل:

یہ ان کی نظم کی چند سطور ہیں جو کہ روحانیت کو بیان کرتی ہیں:

It is the most distinct course that comes nearest to thy-self
And that training is the most intricate which leads to the utter
simplicity of a tune
The traveller has to knock at every alien door to come to its own
And one has to wander through all the outer worlds to reach the
inner-most shrine at the end.

میرے خیال میں ٹیگور یہ کہنا چاہ رہے ہیں کہ آپ داخلی اور خارجی راستوں پر سفر کر کے ہی اپنی ذات تک پہنچتے ہیں۔ ٹیگور نے داخلی اور خارجی عوامل کو بڑے احسن انداز میں قلم بند کیا ہے، جس کا واضح اظہار ان کے فن میں جا بہ جا نظر آتا ہے۔

ڈاکٹر بلند اقبال:

ٹیگور نے 1910ء میں گیتانجلی تحریر کی۔1912ء میں خود ہی اس کا انگریزی زبان

میں ترجمہ کیا، 1913ء میں انہیں اس کتاب پر نوبل پرائز ملا۔ آغاز میں تو اس میں 157 نظمیں تھیں، لیکن جب یہ کتاب منظرِ عام پر آئی تو صرف 103 نظموں کا ہی ترجمہ تھا۔ اگرچہ ان کی دیگر بہت سی کتب ہیں، جن میں دو ہزار کے قریب گیت اور نظمیں موجود ہیں۔ یہاں دو باتیں اہم ہیں، ایک تو یہ انہوں نے فطرت کے ساتھ تعلق کو بہت دل موہ لینے والے انداز میں بیان کیا ہے، اس میں بے ساختگی، معصومیت، سادگی، جدت غرض شاعری کے تمام لوازمات پوری آب و تاب کے ساتھ موجود ہیں۔ دوسری بات یہ کہ ان کی شاعری میں فطرت کی ریفلیکشن بھی بہت خوب صورت انداز میں ملتی ہے۔ ٹیگور خود کو گانے والا کہہ کر پکارتے ہیں اور بھگوان کو بھی مغنی کہہ کر پکارتے ہیں۔ ان کی نظم کا اردو ترجمہ، جو کہ نیاز فتح پوری نے کیا ہے، سناتا ہوں:

جب تو مجھے گانے کا حکم دیتا ہے، تو ایسا معلوم ہوتا ہے کہ میرا قلب سرور سے ٹکڑے ٹکڑے ہو جائے گا،

میں تیری صورت دیکھتا ہوں، تو میری آنکھوں میں آنسو آجاتے ہیں، اور میں مسرت سے پھول جاتا ہوں

اور تجھے اپنا دوست سمجھنے لگتا ہوں، حالاں کہ تو میرا مالک، میرا آقا ہے

اے میرے آقا! مجھے نہیں معلوم کہ تو کس طرح گاتا ہے، میں ہمیشہ ایک خاموش تحیر سے سنتا رہتا ہوں

تیری موسیقی کی روشنی عالم کو منور کر رہی ہے، تیری موسیقی کا نفسِ حیات ایک آسمان سے دوسرے آسمان تک دوڑتا پھرتا ہے۔

یہ نظم ان کی اپنے خدا سے ہم کلامی ہے، جس سے ان کے الگ طرح کے طرزِ تخاطب کی وضاحت ہوتی ہے۔

ڈاکٹر خالد سہیل:

روحانی شاعری کی اپنی ایک تاریخ ہے، چاہے بلھے شاہ ہوں، کبیر داس یا پھر رومی۔ روحانی شاعر جس دنیا کی بات کرتے ہیں، اس کے تین نمایاں پہلو ہیں: ایک تو یہ بغیر نام کے ہیں، دوسرا یہ بغیر کسی خاص بناوٹ کے ہیں اور تیسرا یہ کہ بغیر

کسی راستہ کے ہیں۔

کرشنامورتی نے بھی کہا تھا کہ Truth is a pathless land
یعنی منزل تک جانے کے لیے کوئی خاص راستہ نہیں ہوتا۔ سچائی کی تلاش آپ کے
حواسِ خمسہ سے نہیں ہوتی بلکہ یہ ایک تخیلاتی عمل ہے۔ ٹیگور کی شاعری میں بھی الگ دنیا کو
دیکھنے کی دعوت ہے۔ یہی وجہ ہے جب ان کی کتاب مغرب میں آئی تو آتے ہی منظر نامے پر
چھا گئی۔ یہ کتاب مشرق کا مغرب کے لیے تحفہ ہے۔

ڈاکٹر بلند اقبال:

بدھ ازم اور ٹیگور ازم میں تھوڑا فرق نظر آتا ہے کہ بدھا نروانا حاصل کرنے کی بات
کرتے ہیں، یعنی وہ منزل کی بات کرتے ہیں۔ جب کہ ٹیگور منزل کے حصول کے لیے کیے
جانے والے سفر کی بات کرتے ہیں، کہتے ہیں ملاپ سے زیادہ جستجو اہم ہے۔ ان کی ایک نظم
اسی حوالے سے ہے، جس میں وہ کہتے ہیں:

میں اس سے مل رہنے کی امید پر جی رہا ہوں، لیکن وہ ملنا ابھی نہیں ہوا
اگر تو مجھے اپنی صورت نہیں دکھائے گا، مجھے تنہا چھوڑ دے گا،
تو میں جانتا ہوں کہ برسات کے طویل گھنٹے کیوں کر کٹتے ہیں
اگر تو مجھ سے بات نہیں کرے گا، تو میں اپنے قلب کو تیری خاموشی سے بھر لوں گا
اور برداشت کر لوں گا۔

ڈاکٹر خالد سہیل:

یعنی کہ نروانا کے مقابلے میں جستجو اہم ہے Journey becomes more
important than the destination.

ڈاکٹر صاحب! آپ نے کہا کہ ٹیگور کی شخصیت میں کامریڈ کا عنصر بھی ہے، اس کی
وضاحت کیجیے۔

ڈاکٹر بلند اقبال:

ٹیگور کی شخصیت میں کامریڈ کا عنصر ہے، اس کی دلیل ان کی نظمیں ہیں۔ ان میں
سے ایک نظم سناتا ہوں وہ کہتے ہیں:

یہ عبادت، نغمہ و سرور، تسبیح خوانی چھوڑو،

دروازہ بند کرکے خواہ مخواہ تاریک گوشے میں کس کی پرستش کر رہے ہو؟

آنکھیں کھول! دیکھ تیرا خدا تیرے روبرو نہیں ہے،

خدا وہاں ہے، جہاں کاشت کار سخت زمین میں ہل چلا رہا ہے،

جہاں سٹرک بنانے والا پتھر توڑ رہا ہے

وہ ان کے ساتھ دھوپ اور بارش میں ہے

اور اس کا ملبوس خاک میں اٹا ہوا ہے، وہ ان کے ساتھ ہے

اپنا یہ ملبوس اتار کر پھینک دے، اور اس کی طرح خاکی زمین پر اتر"۔

ڈاکٹر خالد سہیل:

کسی بھی ادیب، فلسفی اور شاعر کا زندگی، موت اور دانائی کے بارے میں نقطہ نظر
جاننا بڑا دلچسپ امر ہے۔ ٹیگور کی موت کے حوالے سے ایک نظم ہے:

I was not aware of the moment when

I crossed the threshold of this life

What was the power that made me open?

out into this vast mystery

like a bird in the forest at midnight

When in the morning, I looked upon the light

I felt in a moment, that I was no stranger to this world.

That inscruatable without name and form

And taken me in its arms in the form of my own mother

Even so in death, the same unknown will appear

as ever known to me

And because I love this life

I know I shall love death as well

The child cries out when from the right breast

the mother takes it away

In the very next moment, to find in the left one its consolation.

ٹیگور نے اس نظم میں پیدا ہونے، مرنے اور ماں کی ممتا جیسے استعارات کا بہت خوب

صورت انداز میں استعمال کیا ہے، انہوں نے موت کے معمے اور اس کی ہمہ گیریت کو بہت اچھے انداز میں اپنے اشعار میں سمویا ہے۔

ڈاکٹر بلند اقبال:

اسی موضوع پر ان کی ایک اور نظم ہے، کہتے ہیں:

مجھے رخصت مل گئی، اے بھائیو! مجھے خیر باد کرو

میں تم سب کے سامنے کھلتا ہوں اور روانہ ہوتا ہوں

اپنے دروازے کی ساری کنجیاں واپس کرتا ہوں،

اپنے مکان کے سارے دعوے ترک کرتا ہوں

اب میں تم سے مہربانی کے آخری الفاظ سننا چاہتا ہوں۔

ہم عرصے تک ہمسائے رہے، لیکن مجھے ہمیشہ اس سے زیادہ ملا، جتنا میں نے دیا

اب دن نکل آیا ہے اور چراغ جو میرے تاریک گوشوں کو منور رکھتا تھا، گل ہو گیا ہے

پیامِ طلب آ گیا ہے اور سفر کے لیے آمادہ ہوں

یہ نہ پوچھو کہ میرے پاس وہاں لے جانے کے لیے کیا ہے؟

میں اپنے سفر پر خالی ہاتھ ہوں، لیکن پُر امید قلب لے کر جا رہا ہوں

ڈاکٹر خالد سہیل:

ان کی ایک نظم ہے:

I dive down into the ocean of forms
hoping to gain the perfect pearl of the formless
No more sailing from harbour to harbour with this
my weather-beaten boat. The days are long past
and my support was to be tossed on waves
And now I am eager to die into the deathless
.Into the audiance hall, by Adam-less happiest
where swells up the music of toneless strings
I shall take this harp of my life
I shall tune it to the notes of forever
and when it has soaked out its last utterance

Lay down my silent harp at the feat of the silent.

دانائی اور خاموشی کا چولی دامن کا ساتھ ہے۔ بعض اوقات گفتگو کے لیے الفاظ ختم ہو جاتے ہیں، اور خاموشی کی زبان میں ہی کلام کیا جاتا ہے۔ اسی خاموشی کی زبان کو ٹیگور نے اپنے الفاظ میں پرویا ہے۔

آپ نے ٹیگور کے جو اقوال ترجمہ کئے ہیں، وہ سنائیں۔

ڈاکٹر بلند اقبال:

ٹیگور کے کچھ اقوال یہ ہیں:

1۔   حقیقتیں بہت سی ہوتی ہیں، لیکن سچ صرف ایک ہوتا ہے۔

2۔   فن میں انسان اپنے آپ کو آشکار کرتا ہے، چیزوں کو نہیں۔

3۔   موسیقی دو لوگوں کے درمیان حائل لامحدود دوری کو پاٹ دیتی ہے۔

4۔   جب ہم انکسار کی بلندی پر پہنچتے ہیں، تو عظمت کے قریب ہوتے ہیں۔

5۔   شاعر انسان کو خواہشات کی بندش سے آزادی دلاتا ہے۔

ڈاکٹر خالد سہیل:

شاعر ویسے تو بہت سے ہیں، لیکن شاعر اگر صاحبِ بصیرت بھی ہو تو کیا ہی بات ہے۔ کچھ شاعر جو کہ تخلیقی صلاحیتوں کے مالک ہیں، وہ انسان میں فخر کا احساس پیدا کرتے ہیں، یہ کہہ کر کہ آپ کی دنیا میں آمد دنیا کے لیے تحفہ ہے۔ اگر روحانی شعرا کی بات کریں، جنہیں ہم صوفی، سادھو یا سنت کہتے ہیں، ان میں انکساری ہوتی ہے، یہ خود کی نفی کرتے ہیں اور لوگوں سے عزت و احترام سے پیش آتے ہیں۔ ٹیگور معاشرے کی اصلاح کرتے ہیں، ان میں کہیں بھی تشدد کا عنصر نہیں ملتا۔ وہ تعلیم کے حصول پر بھی خاصا زور دیتے ہیں، جو کہ ان کی شخصیت کا ایک اور نمایاں پہلو ہے۔ آپ کو ٹیگور کی شخصیت، شاعری، فلاسفی اور سیاست میں سب سے اہم کیا چیز لگی؟

ڈاکٹر بلند اقبال:

ان کی بنیادوں میں مذہب نظر آتا ہے، کیوں کہ بہر حال اعلیٰ ترین ادب کی تشکیل میں مذہب کا بہت بڑا اور اہم کردار ہوتا ہے۔ قطع نظر اس امر کے کہ ہم مذہبی ہیں یا نہیں

مذہب ہماری ادبی ذہنی وسعت کو بڑھا دیتا ہے۔ یہ اس صورت میں ہوتا ہے کہ جب تک ہم مذہب کی تعلیمات کو تعصب کی نگاہ سے نہ دیکھیں ورنہ ہماری ذہنی وسعت محدود ہو جاتی ہے اور ہماری تخلیقی صلاحیتوں کو گھن لگ جاتا ہے اور انجام کار سب کچھ ضائع ہو جاتا ہے۔ ٹیگور اگرچہ مذہبی آدمی تھے لیکن انہوں نے مصوری بھی کی، نغمے بھی لکھے، افسانے، ناول اور نظمیں بھی لکھیں اور ان کے افسانوں پر فلمیں بھی بنیں۔

ڈاکٹر خالد سہیل:

جیسے زندگی کے معیارات ہیں، ویسے ہی فن کے بھی معیارات ہوتے ہیں۔ فن یا تو فن برائے فن ہوتا ہے یا فن برائے زندگی۔ جیسے اردو شاعری میں فیض احمد فیض کا نام ایسا ہے کہ جنہوں نے جہاں اپنا پیغام پہنچایا وہیں فن کے معیارات کو بھی ملحوظِ خاطر رکھا۔ اسی طرح ٹیگور نے بھی گیتانجلی میں فنونِ لطیفہ کے معیار کی کسوٹی پر پورا اترتے ہوئے اپنا پیغام پہنچایا، جو کہ بلاشبہ ان کا بہت بڑا کام ہے۔

کبیر داس کی صوفیانہ دانائی

(ہندوستانی دانائی)

آج ہمارا موضوعِ گفتگو The Vision of Kabir ہے جو کہ کبیر داس کی شاعری کا ترجمہ ہے اور اس کے مترجم Sehdev Kumar ہیں۔

ڈاکٹر خالد سہیل:

ڈاکٹر صاحب! آپ نے اقبال اور ٹیگور کے بارے میں ہونے والی گفتگو کے دوران دونوں کا دفاع کیا، اگر اسی موضوع پر کچھ مزید بات کریں کہ آپ کی اقبال اور ٹیگور کے بارے میں اور کیا رائے ہے؟

ڈاکٹر بلند اقبال:

کچھ لوگوں کا خیال ہے کہ اقبال کو بھی نوبل پرائز ملنا چاہیئے تھا۔ چوں کہ ٹیگور کو نوبل پرائز ملا تھا، اس لیے کچھ لوگوں کا خیال یہ بھی ہے کہ شاید اسی وجہ سے اقبال کو ٹیگور سے حسد تھا۔ لیکن یہ باتیں ٹیگور اور اقبال کے پرستاروں کی ہیں، ممکن ہے کہ دونوں شاعر ایسا نہ سوچتے ہوں۔

اسی طرح اقبال کی شاعری میں ایک ہیرو ازم، ایک فخر کی کیفیت اور دھکتی ہوئی آگ ملتی ہے، جب کہ ٹیگور کی شاعری میں موسیقی، نسوانیت اور عاجزی ملتی ہے۔

دانائی کا مطلب یہ نہیں کہ ہمیں صرف ایک رخ سے ہی واقفیت ہو، بلکہ ہمیں تمام جہتوں سے واقفیت ہونی چاہیئے۔ اگر ہم سدھارتھا ناول کی بات کریں، تو اس میں بھی سدھارتھ، سوانا اور سنسارہ دونوں سے گزر کر ہی دانائی تک پہنچے۔ اسی طرح کنفیوشس نے

بھی سماجی اور سیاسی نفسیات دونوں کا تجزیہ پیش کیا۔لاوزی نے فطرت سے قرب کی بات کی۔اسی طرح ٹیگور خود اگاہی کی بات کرتے نظر آئے اور اقبال نے خودی اور انا کی بات کی۔میرے خیال میں خودی یا انا اور خود شناسی یا خود آگاہی دونوں کا ملنا ضروری ہے تا کہ دانائی کا حصول ہو سکے۔دوسری طرف ٹیگور ایک لبرل،امیر اور ہندو خاندان سے تعلق رکھتے ہیں،جب کہ اقبال کا تعلق ایک غریب،مذہبی اور مسلم گھرانے سے تھا۔

ان سب وجوہات کی بنا پر مجھے لگا کہ اقبال اور ٹیگور کو ان کے پسِ منظر میں ہی دیکھا جانا چاہیئے۔

ڈاکٹر خالد سہیل:

بہر حال یہ آپ کی ذاتی رائے ہے۔میری رائے کے مطابق اقبال مسلمانوں کی نشاطِ ثانیہ چاہتے تھے،انہوں نے قومیت کی بات بھی کی اور وہ چاہتے تھے کہ مسلمانوں کی عزتِ نفس کو بڑھایا جائے۔جب کہ دوسری طرف ٹیگور نے انسانیت کی بات کی،فطرت اور روحانیت جیسے موضوعات پر قلم اٹھایا۔

اب بات کرتے ہیں کبیر داس یعنی کہ بھگت کبیر کی:

کبیر داس چودھویں یا پندرہویں صدی کے شاعر ہیں،انہیں بھگت یعنی صوفی کہا جاتا ہے۔ان کی پیدائش تو مسلم خاندان میں ہوئی،لیکن یہ ہندو بھگتی تحریک کے ساتھ منسلک ہو گئے،جہاں انہیں گرو بھی مل گئے۔میرے نزدیک یہ بات اہم ہے کہ کبیر پنڈت اور مولوی کو چیلنج کر کے درمیانی روحانی راستہ نکال لیتے ہیں،آپ کی کیا رائے ہے؟

ڈاکٹر بلند اقبال:

کبیر داس کا دور پندرہویں صدی کا دور ہے،سکندر لودھی ہندوستان کے حاکم ہیں۔ اس دور میں ہندوستان مختلف ریاستوں میں تقسیم تھا،کہیں ہندو ریاست تھی تو کہیں مسلم ریاست۔ابھی مغلیہ دور کا آغاز نہیں ہوا تھا۔کبیر داس کی والدہ برہمن تھیں،وہ ابھی کنواری ہی تھیں،وہ مندر میں گئیں اور حاملہ ہو گئیں۔بچہ (کبیر داس) ایک مسلمان خاندان کے ہاتھ لگتا ہے جو کہ پیشے کے اعتبار سے جولاہے کا کام کرتے ہیں۔ایک طرف تو ان کی پیدائش خلافِ معمول واقعہ ہے،دوسری طرف یہ اہم بات ہے کہ یہ گرو کی تلاش میں روانہ ہوتے

ہیں، کیوں کہ اس وقت یہ عام خیال تھا کہ گرو کا ہونا لازمی ہے۔ ایک جگہ پر یہ گرو کے متعلق لکھتے ہیں:

"گرو کا مطلب یہ ہے کہ اگر ساری دنیا کے سمندر سیاہی بن جائیں، اگر ساری دنیا کے درخت قلم بن جائیں اور اگر ساری زمینیں کاغذ بن جائیں تو بھی وہ علم نہیں اتارا جا سکتا، جو گرو آپ کے اندر اتارتا ہے"۔

بہر حال انہیں گرو مل جاتے ہیں، جن کا نام "رامانند اجی" ہے، جو کہ ویشنو فلاسفی کے مشہور پنڈت تھے، یہ ان سے درخواست کرتے ہیں کہ مجھے بھی شاگردی میں لے لیا جائے۔ پنڈت کہتے ہیں کہ ہم نچلی ذات کے لوگوں کو شاگردی میں نہیں لیتے۔ کبیر اداس ہو کر گنگا کے کنارے بیٹھ جاتے ہیں، انہیں معلوم ہوتا ہے کہ جس دن پنڈت کے منہ سے رام رام نکل گیا تو وہ لازماً کبیر کو شاگردی میں لے لیں گے۔ کچھ روایات میں ہے کہ کبیر نے پنڈت کا پاؤں پکڑ لیا اور کسی روایت میں ہے کہ بے دھیانی میں ان کا پاؤں پنڈت کے پاؤں پر پڑ گیا تو پنڈت کے منہ سے رام رام نکلا، تو یہ سمجھ گئے کہ پنڈت نے مجھے شاگرد بنا لیا ہے اور پھر آگے کے معاملات ہوتے ہیں۔ ایک اور واقعہ عرض کرتا چلوں کہ اپنی زندگی میں انہوں نے ایک بات کہی تھی:

"میں محبت کے وجدان سے پیدا ہوا ہوں اور پتیوں میں جذب ہو جاؤں گا"

جب ان کی وفات ہوئی، تو ان کے شاگرد جو کہ لاکھوں کی تعداد میں تھے، جمع ہو گئے، ان پر چادر ڈال دی گئی۔ وہاں پر ان کی آخری رسومات کی ادائیگی کے حوالے سے تنازع پیدا ہو گیا، حتیٰ کہ جو ان کے مخالف تھے، وہ بھی اس تنازع میں پیش پیش تھے۔ تنازع یہ تھا کہ ہندو چاہتے تھے ان کی آخری رسومات ہم اپنے عقیدے کے مطابق کریں گے جبکہ مسلمان چاہتے تھے ہم اپنے طریقے سے کریں گے۔ ابھی یہ بحث جاری تھی کہ کبیر داس معجزاتی طور پر اچانک ظاہر ہوئے اور لوگوں سے کہا کہ چادر تو ہٹا کر دیکھو۔ لوگوں نے چادر ہٹائی تو دیکھا کہ وہاں میت کی جگہ پھولوں کی پتیاں ہیں۔ کبیر داس نے کہا کہ یہ پتیاں آدھی آدھی بانٹ لو اور اپنی اپنی خواہش پوری کر لو۔ اب ایک طرف ان کا مقبرہ ہے اور دوسری طرف وہ جگہ ہے جہاں ان کی راکھ دفن ہے۔

ڈاکٹر خالد سہیل:

کبیر داس کے کلام کا ترجمہ دو لوگوں نے کیا:

1۔ ربندر ناتھ ٹیگور: انہوں نے کبیر داس کی سو نظموں کا ترجمہ کیا ہے۔

2۔ Sehdev Kumar جن کی کتاب The Vision of Kabir ہماری موضوعِ
بحث ہے۔ Sehdev Kumar ٹورنٹو (کینیڈا) میں رہتے ہیں، یہ ایک دلچسپ اتفاق ہے کہ
میں ان سے ملنے سے پہلے ان کی کتاب سے متعارف ہو چکا تھا۔

ٹیگور کی ایک ترجمہ کردہ نظم سناتا ہوں:

If "God" be within the Mosque then
to whom does this world belong?
If "Ram" be within the image which you find upon
your pilgrimage then who is there
to know what happens without?
"Hary" is in the East, Allah is in the West
Look within your heart for there
you will find both "Kareem" and "Ram"
All the men and women of the world are
His living forms. Kabir is the child of god and Ram
He is my "Guru", he is my "Peer"

میرے خیال میں کبیر نے اسلام اور ہندو ازم کی ثقافت کو ملایا ہے، آپ کو ان کی
شاعری میں کیا انفرادیت نظر آئی کہ جو انہیں دوسرے شعرا سے ممتاز کرتی ہے؟

ڈاکٹر بلند اقبال:

کبیر نے مجھے بہت زیادہ متاثر کیا ہے، جوں جوں ان کی شاعری کو پڑھتا چلا گیا، تو پتہ
چلا کہ یہ بہت گرفت والا شاعر ہے، بہت بڑا ذہن ہے۔ خود کو رام اور خدا کا بیٹا کہا، یعنی کہ
تصوف کی طرف لے کر جا رہا ہے، ان کی ایک نظم میں وہ کہتے ہیں

Between the conscious and the unconscious,
The Mind has put up a swing:
All earth creatures, even the supernovas, sway
Between these two trees,

And it never winds down.

Angels, animals, humans' insects by the million, also
The wheeling sun and moon;
Ages go by, and it goes on.

Everything is swinging: heaven, earth, water, fire,
And the secret one slowly growing a body.
Kabir saw that for fifteen seconds, and it made him a
Servant for life.

یہاں کبیر نے شعور اور لاشعور کی درمیانی حالت کو جھولے سے تشبیہ دی ہے کہ اگر
تم شعور اور لاشعور کے درمیانی نقطے تک رسائی حاصل کر لو گے تو توازن اور زندگی کے رقص
کو محسوس کر لو گے۔

ڈاکٹر خالد سہیل:

شخصیت کا توازن ایک معمہ ہے، عمومی طور پر لوگ انتہائی حدود تک جا پہنچتے ہیں اور
توازن کھو بیٹھتے ہیں۔ کبیر داس کی ایک نظم ہے:

The mirror that reflects the face of the beloved
is within yet it reveals not
O brother! only when the heart is calm
and without agitation can this face be reflected.

اس نظم میں وہی تشبیہ دی گئی ہے کہ جو جھیل کے پانی میں چاند کے عکس سے دی
جاتی ہے، میرے خیال میں کبیر نے پر امن انسان کے اندر کے سکون کی کیفیت کا تاثر دینے
کی کوشش کی ہے۔

ڈاکٹر بلند اقبال:

کبیر داس کی نظم Still the Body ہے، جس میں وہ کہتے ہیں کہ

Still the body, still the mind

still the voice inside

In silence feel the silence-muff

For hence, this feeling can not be imagined

لاوزی نے بھی یہی فلسفہ دیا تھا کہ خود کو Still کر لو، ساری کائنات تمہارے سامنے جھک جائے گی۔ لاوزی اور کبیر کے اس فلسفے میں مماثلت پائی جاتی ہے۔

ڈاکٹر خالد سہیل:

کبیر داس نے روایتی پنڈت اور مولوی کو چیلنج کیا ہے، اگر ان کی بدھا سے مماثلت دیکھیں تو جیسے بدھا نے کہا تھا کہ انسان کا ذاتی تجربہ ہی اس کا بہترین استاد ہے، کبیر کی ایک نظم ہے:

O Brahman! I say only what I have

seen with my own eyes

And you keep repeating the scriptures

I speak to unreval the mystery

but you insist on keeping rectangled

How can our paths cross?

میرے خیال میں انہوں نے روایتی مولوی اور صوفی کے درمیان فرق واضح کیا ہے، روایتی فرد سمجھنے کی صلاحیت سے عاری ہوتا ہے، جب کہ صوفی اپنا ذاتی تجربہ بیان کرتا ہے۔

ڈاکٹر بلند اقبال:

بدھا نے نروانا کی بات کی، جو ایک مکمل خوشی کا احساس ہے، اسی موضوع پر کبیر کی ایک نظم ہے:

I have attained the eternal bliss

There is no time for sorrow or pain

For now, I enjoy singing His glory

The tree of His pleasure has neither roots nor seed

As revealed by the grace of true Guru

Now there is effulgence of a million Sun

My swan has dip in the lake of His knowledge

! Say Kabir and listen O Wise Brother

Now comings and goings have come to an end.

ڈاکٹر خالد سہیل:

نروانا انسان کی داخلی تبدیلی کا نام ہے کہ آپ کو اندرونی سکون حاصل ہو جائے، جب کہ دوسری طرف آپ کا انسانیت کے ساتھ تعلق بھی بر قرار رہے اور انسانیت سے ہم دردی بھی ہو، جسے Empathy & Compassion کہتے ہیں۔ کبیر داس نے اسی موضوع پر ایک نظم لکھی جس کا عنوان ہے Holy Man، جس میں کہتے ہیں کہ:

Who is a holy man, he who

is aware of other's sufferings

O Kabir! one who is oblivious of others is only a ' hithen.'

یہاں Holy Man سے مراد وہ شخص ہے جو کہ انسانیت کے ساتھ اپنا تعلق احسن انداز میں نبھاتا ہے، اگر آپ کا تعلق انسانیت کے ساتھ اچھا نہیں ہے، یا آپ انسانیت کی بھلائی نہیں چاہتے، تو آپ جو مرضی کرتے رہیں، کوئی فائدہ نہیں ہوگا۔ کبیر داس نے انسانیت کے ساتھ تعلق جوڑنے کا درس دیا ہے۔

ڈاکٹر بلند اقبال:

جیسے سدھار تھا ناول میں دریا کا تصور پوری آب و تاب کے ساتھ موجود تھا، کبیر کے ہاں بھی یہ تصور ملتا ہے، وہ کہتے ہیں کہ:

Having cross the river,

where will you go O Friend?

There is no road to trade,

No traveller ahead

Neither a beginning, nor an end.

There is no water, no boat, no boat-man, no cord;

. No earth is there, no sky, no time, no bank, no ford

You have forgotton the self within,

Your search in the void will be in vain;

In a moment the life will ebb

And in this body, you won't remain.

Be ever conscious of this, O Friend

You've to immerse within your self;

Kabir says, salvation you won't then need,

For what you are, you would be indeed.

ڈاکٹر خالد سہیل:

اپنی ذات کے سچ کے ساتھ جڑ جانا بہت بڑی بات ہے، کبیر کی شاعری، جو ان کی اپنی زبان میں ہے، اس میں سے مجھے یہ دو سطور سمجھ آئیں کہ:

کنکر، پتھر جوڑ کے مسجد لی او بنائے

تا کدی ملا بانگتے، کیا بہرے ہوئے خدائے

یعنی کہ:

Sand and stone, they have piled, and they called it a Mosque. And there how like a hawker the priest shouts the name of Allah as though God were deaf

ڈاکٹر بلند اقبال:

کبیر نے تصوف کی بات کی ہے، میں ان کی ایک نظم کو نثری انداز میں بیان کرتا ہوں کہ وہ کہتے ہیں کہ ”جھیل کے کنارے جب عورتیں پانی بھرنے جاتی ہیں، تو ان کے ہاتھ میں مختلف رنگوں کے مٹکے ہوتے ہیں، کبھی ان عورتوں کو دیکھا ہے کہ وہ گو کہ آپس میں باتیں بھی کرتی ہیں، قہقہے بھی لگاتی ہیں، لیکن ان کا دھیان مٹکے کی طرف ہی ہوتا ہے کہ کہیں پانی اس دوران چھلک نہ جائے۔ وہ یہ خیال رکھتی ہیں کہ پانی مٹکے میں سے گرے بھی نہ اور وہ ہنستی اور باتیں بھی کرتی رہتی ہیں۔ وہ کہتے ہیں بالکل ایسے ہی بھگوان کو یاد رکھو“۔ یعنی کہ وہ کہنا چاہتے ہیں کہ دنیا اور روحانیت کے درمیان توازن برقرار رکھو، بالکل ایک طرف ہی نہ

جھک جاؤ۔

ڈاکٹر خالد سہیل:

جیسے کہتے ہیں کہ "ہتھ کار ول، دل یار ول"

یعنی کہ اپنا دنیاوی کام بھی کرتے جائیں اور روحانی منازل کی جانب بھی گامزن رہیں۔

اس گفتگو کو سمیٹتے ہیں کہ کبیر داس کی شاعری کے بہت سے پہلو ہیں، لیکن ہم چاہتے ہیں کہ تھوڑی بہت تشنگی باقی رہ جائے اور آپ خود اس تشنگی کو پورا کریں۔

رابعہ بصری کی روحانی دانائی

(اسلامی دانائی)

آج ہم حضرت رابعہ بصری کی زندگی اور تعلیمات کے حوالے سے گفتگو کریں گے۔

ڈاکٹر خالد سہیل:

ہم مسلم خواتین صوفیا میں سے حضرت رابعہ بصری کے بارے میں بات کریں گے۔ مارگریٹ سمتھ(Margaret Smith) کی کتاب Muslim Women Mystics میں ان کے بارے میں خصوصی باب قائم کیا گیا ہے۔ اس سے پہلے کہ ہم ان کے حالاتِ زندگی اور اقوال کے بارے میں بات کریں، ہم پہلے ہندو، بدھ مت اور مسلم روایات کی بات کرتے ہیں۔ صوفی، سنت اور سادھوؤں کا جو سچ کا سفر ہے، اس میں بہت سی مماثلتیں ملتی ہیں اور بہت سے مختلف پہلو بھی نظر آتے ہیں۔ ڈاکٹر صاحب! آپ اس معاملے پر روشنی ڈالیے۔

ڈاکٹر بلند اقبال:

صوفی ازم کی ساخت مذہبی اعتبار سے تو اپنی ایک مجموعی شکل رکھتی ہے مگر اس کے پس منظر میں انسانی نفسیات کے جدید ڈائنیمیکس پر بھی ایک نظر ضروری ہے۔ ہمیں پتہ ہے کہ انسانی ذہن دو طرفہ فکری فنکشنل ساخت رکھتا ہے جہاں صوفی ازم کے سلسلے دائیں طرف سے تو اس کے نفسیاتی توجہات کے معاملے بائیں سمت سے نشوونما پاتے ہوئے ملتے ہیں یا دوسرے الفاظ میں بدھا کے پس منظر میں روپا اور نفسیاتی سائنس کے پیش منظر میں غیریا اے-روپا کی تفہیم ملتی ہے جسے وسیع تعریفی انداز میں روحانی اور مادی تصور زندگی بھی کہا جا سکتا ہے۔ اگر بدھا کے اے-روپا کی آخری منزل نزوان یا پر فیکشن کی اسٹیج ہے تو

دوسری طرف 'مادی دنیا' میں Mind, Intelligence, Ego نفسیاتی ٹرائینگل کا تصور ملتا ہے جہاں فرائیڈ نے اس ٹرائینگل کے حدود کے ٹوٹنے کے عمل کو الیوشن سے تشبیہ دی ہے مگر پھر کبیر داس اور ٹیگور کا شاعرانہ خیال اُس میں کچھ اور ہی لطیف سا احساس پیدا کر دیتا ہے جو زندگی کو ایک منفرد معنویت عطا کرتا ہے ۔ ڈاکٹر صاحب آپ کی تصوف کے بارے میں کیا رائے ہے ؟

ڈاکٹر خالد سہیل:

مجھے یہ فرق محسوس ہوا کہ تصوف کی گہرائی کو دیکھیں تو صوفیا کے دو تصورات ملتے ہیں:

1 ۔ وحدت الوجود 2۔ وحدت الشہود

ایک تصور یہ ہے کہ خدا خالق ہے اور کائنات مخلوق ہے۔ جب کہ دوسرا تصور یہ ہے کہ جو چیز بھی موجود ہے، وہ خدا ہے، یعنی کہ ہر چیز خدا کا حصہ ہے۔ بعض مسلم صوفیا ہندو ازم سے متاثر ہوئے، جیسا کہ منصور حلاج۔ انہوں نے "انا الحق" کا نعرہ بلند کیا یعنی کہ "میں سچ ہوں"۔ بعض لوگ کہتے ہیں کہ انہوں نے یہ کہا تھا کہ میں خدا ہوں، اسی بنا پر انہیں سنگسار کیا گیا۔ جب کہ بعض لوگ کہتے ہیں کہ انہیں غلط سمجھا گیا، انہوں نے در حقیقت اپنے من کی نفی کی تھی کہ سب کچھ خدا ہے، میں کچھ بھی نہیں۔ مسلمان صوفیا کی ایک طویل فہرست ہے، حضرتِ حسن بصری، مالک بن دینار، ابراہیم بن ادھم، فرید الدین عطار، منصور حلاج اور رابعہ بصری۔ ان میں رابعہ بصری متاثر کن ہیں۔

آپ ان کے حالاتِ زندگی کے بارے میں بتائیں۔

ڈاکٹر بلند اقبال:

اس بات سے قطع نظر کہ میری پیدائش بھی ایک مسلم گھرانے میں ہوئی ہے اور حضرت رابعہ بصری کی شخصیت سے مذہبی لحاظ سے کچھ عقیدت ہے مگر میں ان سے منسوب روایات کا غیر جانب دارانہ میں تجزیہ کرتا چاہتا ہوں۔ حضرت رابعہ بصری کی پیدائش حضور نبی کریم صلی اللہ علیہ وآلہ وسلم کے قریباً سو سال بعد ہوئی، جو کہ ایک مذہبی عروج کا دور تھا۔ یہ بصرہ میں پیدا ہوئیں، نہایت غریب گھرانے سے تعلق تھا، اتنی غربت تھی کہ جب ان کی پیدائش ہوئی تو گھر میں چراغ جلانے کے لیے تیل نہیں تھا۔ آپ اپنے والدین کی چوتھی

بیٹی تھیں۔ آپ کی والدہ نے آپ کے والد سے کہا کہ پڑوس والوں سے تیل لے آئیں تا کہ خوشی میں چراغ تو جلا سکیں۔ وہ بہت خوددار آدمی تھے، چلے تو گئے، لیکن کچھ کہنے کی ہمت نہیں ہوئی، دروازے سے ہی واپس لوٹ آئے۔ رات کو خواب میں نبی کریم صلی اللہ علیہ و آلہ و سلم کی زیارت ہوئی، آپ صلی اللہ علیہ و آلہ و سلم نے فرمایا کہ تم مت رو، تمہاری بیٹی مسلمان ذہن کو نئی فکر سے روشناس کرائے گی۔ تم بصرہ کے گورنر سے جا کر کہو کہ وہ ہر روز سو بار اور جمعرات کو چار سو مرتبہ درودِ پاک بھیجتا ہے، لیکن اس بار نہیں بھیجا، اب کفارے کے طور پر چار سو دینار تمہیں دے۔ ان کے والد صبح کو گورنر کے پاس گئے اور نبی پاک صلی اللہ علیہ و آلہ و سلم کا فرمان سنایا۔ گورنر نے چار سو دینار تو دیے ہی، ساتھ مزید دینار بھی دیے کہ چلو حضور نبی کریم صلی اللہ علیہ و آلہ و سلم کی نظرِ کرم عطا ہو گئی ہے، یہی بہت ہے۔ یہ مذہبی عقیدے کی باتیں ہیں، جس میں کوئی دو رائے نہیں ہے۔

حضرت رابعہ بصری کی زندگی کی بات کریں تو یہ ابھی چھوٹی تھیں کہ آپ کے والد کا انتقال ہو گیا۔ غربت تو پہلے ہی تھی، اب یتیمی کا عنوان بھی زندگی کے باب کا حصہ ہو گیا۔ منسوب ہے کہ یہ سارا خاندان، ماں اور چار بہنیں بصرہ سے کہیں باہر جا رہے تھے کہ راستے میں ڈاکوؤں نے لوٹ لیا، ان کی والدہ کا قتل ہو گیا۔ یہ سب بہنیں جدا جدا ہو گئیں۔ حضرت رابعہ بصری غلط ہاتھوں میں چلی گئیں، انہیں وہاں رکھا گیا کہ جہاں عورتوں کی عزت نہیں تھی، لیکن آپ اس جگہ پر بھی نہایت پاک دامن رہیں۔ منسوب ہے کہ آپ شادی بیاہ میں گیت وغیرہ گانے لگیں۔ ان کی عمر چھتیس سال ہوئی، تو ایک دن یہ گیت گا رہی تھیں کہ بجائے اس کے کہ گیت لوگوں کے لیے نکلتا، وہ گیت خدا کی تعریف میں نکلنے لگا، یعنی کہ الہامی گیت بنتا گیا۔ انہوں نے مزید گیت گانے سے انکار کر دیا، تو ان کے مالک نے، جس نے انہیں خریدا تھا، انہیں مارا پیٹا۔ رات کو آپ کے مالک نے دیکھا کہ آپ عبادت کر رہی ہیں اور عرض گزار ہیں کہ مجھے معاف فرما خداوندِ کریم! میں تیرے ساتھ رشتہ مسلک نہیں کر پا رہی، کیوں کہ مجھے بہت کام کرنا پڑتا ہے۔ مالک کو اپنی غلطی کا احساس ہو جاتا ہے اور وہ انہیں آزاد کر دیتا ہے۔ یوں یہ وہاں سے آزاد ہو کر ایک اور صاحب کے پاس چلی جاتی ہیں اور ان کی شخصیت ابھرتی دکھائی دیتی ہے۔

مجھے لگا یہ شاعرہ بھی ہیں کیوں کہ ان کے اقوال میں شاعرانہ جھلک واضح دکھائی دیتی ہے۔

ڈاکٹر خالد سہیل:

مجھے لگا کہ ان کے اندر زندگی اور روحانیت کا جذبہ موجزن ہے۔ کچھ لوگ جنت کی طمع میں عبادت کرتے ہیں، جب کہ کچھ لوگ جہنم کے خوف سے عبادت کرتے ہیں۔ آپ فرماتی ہیں کہ اللہ کی محبت میں عبادت کی جائے۔ کتاب کا پیراگراف ہے:

One day, a number of Saints saw that Rabia had taken fire in one hand and water in the other and was running with speed. They said to Her,"O Lady of the Next World! where are you going and what is the meaning of this?" She said," I am going to light fire in Paradise and to pour water onto Hell, so that both vales may completely disappear from the pilgrims and their purpose may be sure and the servants of God may see Him without any object of hope or motive of fear. What if the hope of Paradise and fear of Hell did not exist, No one would worship his Lord or obey Him

یہ تصوف کی روایت میں اعلیٰ مقام ہے کہ آپ کسی بھی طمع، لالچ اور خوف سے یکسر بے نیاز ہو کر خدا سے لو لگا لیتے ہیں۔ حضرت رابعہ بصری صوفی ہونے کے ساتھ ساتھ دانا بھی تھیں۔

میں (خالد سہیل) ابھی چھوٹا تھا، تقریباً بارہ، تیرہ سال کی عمر تھی۔ میرے والد لائبریری سے جو پہلی کتاب لائے تھے وہ ''تذکرۃ الاولیا'' تھی، جو کہ حضرت فرید الدین عطار کی تحریر کردہ ہے۔ اس میں حضرت رابعہ بصری کا تذکرہ بھی موجود ہے۔ اس کتاب کا ترجمہ بانکی بہاری صاحب نے کیا ہے، اور ان کے ترجمے سے مارگریٹ سمتھ نے خاطر خواہ استفادہ کیا۔ ایک روایت بیان کی جاتی ہے کہ حضرت ابراہیم بن ادھم ایک مرتبہ حج کرنے گئے، تو دیکھا کہ کعبہ وہاں موجود نہیں ہے، دریافت فرمایا کہ کعبہ کہاں ہے؟ بتایا گیا کہ کعبہ حضرت رابعہ بصری کو خوش آمدید کہنے گیا ہے۔

ڈاکٹر صاحب! آپ ان کے کچھ اقوال سنایئے۔

ڈاکٹر بلند اقبال:

اس دور میں مذہب کا عروج تھا، اس وقت ایک خاتون کہہ رہیں ہیں کہ اگر عشقِ حقیقی

کوپانا چاہتے ہو تو جنت اور جہنم کی رکاوٹیں ختم کر دو. یہ بہت بڑی بات ہے۔
ایک پیراگراف سناتا ہوں:

Since I have recognized Allah, I have renounced the world. I am not aware of its source whether "Halal" or "Haram"

یعنی کہ وہ کہہ رہی ہیں کہ ہم بہت معمولی چیزوں میں الجھے ہوئے ہیں، اگر اللہ تک رسائی حاصل کرنی ہے تو ان معمولی چیزوں سے بالاتر ہونا ہو گا۔ ایک اور جگہ کہتی ہیں:

In my soul, there is a temple, a shrine, a Mosque and a church. Where I need prayer should bring us to an "Alter" where no vowel name exist. Is there not a relgion of love? Where the sovereignty is? In my soul, there is a temple, a shrine, a Mosque and a church that dissolves in God.

یعنی کہ وہ سارے مذاہب کو خدا کی عبادت کا حصہ قرار دیتی ہیں۔

ڈاکٹر خالد سہیل:

تصوف کی اندرونی و بیرونی کیفیات کو دیکھیں تو دو مختلف پہلو نظر آتے ہیں۔ ایک پہلو تو یہ کہ صوفیا کی روایت کے مختلف مراحل ہیں: فنا فی الشیخ، فنا فی الرسول، فنا فی اللہ۔ فنا فی اللہ میں سب کچھ مٹ جاتا ہے اور آپ کا اور اللہ کا تعلق باقی رہ جاتا ہے، اسی حوالے سے ایک پیراگراف سناتا ہوں:

On the subject of vision of God, which is the reward of mystic who having passed to the stages of the path, reaches the knowledge which comes to him directly from God. And from knowledge passes to Sight and from Sight to Union. Al-Junaid says " God gives to the adept the sharp desire to behold His essence, then knowledge becomes vision, the vision revolution, revolution contemplation and in contemplation existence, words are hush to silence. Life becomes death. Explanations come to an end. Disputes are cleared up. "Fanaa" is ended in Baqaa.

فنا اور بقا کا تصور یہ ہے کہ جہاں آپ کی زندگی کا اختتام ہوتا ہے، وہیں سے ایک نئی زندگی کا آغاز ہوتا ہے۔ یعنی کہ جہاں روایتی اور عام لوگوں کی سوچ کی انتہا ہوتی ہے، وہاں سے

صوفی کی سوچ کی ابتدا ہوتی ہے۔ نروانا کے حوالے سے دیکھیں تو نروانا کی ایک حد ہے کہ جہاں پر آپ کا مادی چیزوں سے تعلق ختم ہو جاتا ہے اور روحانی چیزوں سے تعلق کا آغاز ہو جاتا ہے۔ اب ہم روحانیت کے تصور کو موجودہ دور کے نقطہ نظر سے دیکھتے ہیں، یعنی کہ عقیدت کے پہلو سے ہٹ کر فلاسفی کے پہلو سے دیکھتے ہیں اور سائنسی نقطہ نظر سے دیکھتے ہیں، کیوں کہ سائنس آج کافی حد تک ترقی کر چکی ہے۔ ڈاکٹر صاحب! آپ سینکڑوں سال پہلے کے نظریات کو اکیسویں صدی میں کس نقطہ نظر سے دیکھتے ہیں؟

ڈاکٹر بلند اقبال:

اس مقصد کے لیے Scientific Approach خاصی وسیع ہونی چاہیئے، میرے خیال میں یہ مذہبی وجدان ہے۔ اسے ہم یوں دیکھ لیتے ہیں کہ ہمارا Consciousness دو طرح کا ہے:

Internal 2-External-1

اگر یہ آگہی مذہب سے آ رہی ہے، تو یہ Internal Vision ہے۔ اگر یہ آہستہ آہستہ بڑھتی چلی جائے، تو ہم خود کو Time & Space سے جدا کر لیتے ہیں اور ہماری External Awareness کم ہوتی چلی جائے گی۔ پھر ہم اس کیفیت میں چلے جاتے ہیں، جسے Euphoria کہتے ہیں کہ ہمیں لگنے لگتا ہے کہ ہم کچھ بن گئے ہیں۔ ہم حضرت رابعہ بصری کی مثال لیتے ہیں، انہوں نے شادی نہیں کی حالاں کہ آپ بہت خوب صورت خاتون تھیں۔ بہت رشتے آئے، گورنر نے بھی پیغام نکاح بھیجا، لیکن آپ نے سب پیغامات رد کر دیے۔ فرمایا کہ:

"میں خدا سے منسوب ہوں، میرے پاس اس کے علاوہ اور کوئی فکر نہیں ہے، اگر تم مجھے چاہتے ہو تو جاؤ خدا کو چاہو"۔

روایت میں ہے کہ ایک صاحب جو ان کے پاس نکاح کا پیغام لائے تھے، انہوں نے ان کے گرد ایک حلقہ محسوس کیا، یہ وہی حلقہ تھا جو ان کے مالک نے بھی محسوس کیا تھا اور پھر ان کو آزاد کیا تھا۔ اب سوال یہ ہے کہ وہ حلقہ کیا تھا؟ سائنسی نقطہ نظر سے دیکھیں تو یہ Aura ہے یعنی کہ ایک Pseudo Science ہے جب کہ Psycho Dynamics سے

الیوژن قرار دیتی ہے۔اگر ہم مزید آگے بڑھیں تو ہم اسے Temporal Epilepsy سے جوڑتے ہیں۔ اور اگر نیورولوجی کے تناظر میں دیکھیں تو ہم کہتے ہیں کہ Anterior Singula جو کہ دماغ کا حصہ ہے،وہ جب Altered ہو جائے تو وہاں سے ایسے سگنل آتے ہیں:

You feel like that you are having some kind of detachment from time and space and you are in entity.

اگر آپ مذہبی شخص ہیں تو آپ اسے خدا سے جوڑتے ہیں، لیکن اگر اکیسویں صدی کی بات کریں تو "حال" طاری ہونے کی کیفیت ہوتی ہے یعنی کہ لوگ جب آرٹ، موسیقی یا مصوری میں اس حد تک کھو جاتے ہیں کہ ارد گرد سے بے نیاز ہو جاتے ہیں،تو اس کیفیت کو "حال" طاری ہونا کہتے ہیں۔ لوگ اس حال میں رہنا چاہتے ہیں اور تکالیف سے بچنا چاہتے ہیں۔حضرت رابعہ بصری بہت بڑا مذہبی ذہن رکھتی ہیں اور خدا سے تعلق کی بات کرتی ہیں،اور انہوں نے خدا سے تعلق جوڑ لیا ہے۔ یعنی کہ وہ Transit of Time میں چلی گئی ہیں۔اگر ہم سائنسی نقطہ نظر سے اندازہ کریں تو نہیں کر پائیں گے، مگر جس حد تک خود کو مطمئن کر پائے ہیں تو یہی کچھ سمجھ آتا ہے۔

ڈاکٹر خالد سہیل:

بات سائنسی نقطہ نظر کی ہو رہی ہے تو اس معاملے کو میں بطور سائیکوتھراپسٹ کے دیکھتا ہوں۔ایک امریکن سائیکائی ٹرسٹ ہیں، جن کا نام Silvano Arieti ہے،ان کی کتاب میں اس موضوع پر تفصیلی گفتگو موجود ہے،وہ کہتے ہیں کہ یہ سیلف ہپناسس کا عمل ہے۔جب آپ کسی بھی چیز پر اپنی توجہ مرکوز کرتے ہیں،اپنا ارتکاز جاری رکھتے ہیں تو ایک سطح ایسی آتی ہے کہ جہاں آپ کا Self Hypnotic Trance آجاتا ہے،اور آپ اس چیز میں کھو جاتے ہیں۔صوفی بھی اسی کیفیت میں چلے جاتے ہیں، طبی نقطہ نظر سے ان کا تعلق لیفٹ برین سے رائٹ برین سے جڑ جاتا ہے،یعنی کہ لاشعور سے تعلق جڑ جاتا ہے۔مذہبی افراد اسے خدا سے لو لگانے سے تعبیر کرتے ہیں۔اگر ہم روحانی تجربات کو تخلیقی تجربات سے جوڑیں تو جیسے غالب کہتا ہے کہ:

آتے ہیں غیب سے یہ مضامیں خیال میں
غالب صریرِ خامہ نوائے سروش ہے

یہ نوائے سروش یعنی کہ فرشتے کی آواز غالب ہی جانتے ہیں، میں لوجیکلی یہ شعر نہیں کہہ سکتا۔ آورد کچھ اور ہے، اور آمد کچھ اور۔ نفسیاتی اعتبار سے دیکھیں تو Right Temporal Lobe کے کچھ تجربات جب Left Temporal Lobe کی طرف آتے ہیں، تو انسان یہ سمجھتا ہے کہ یہ کہیں باہر سے آئے ہیں۔ اسے اب ہم لاشعور کہیں، نوائے سروش کہیں یا مذہبی رنگ دے لیں۔ یہاں یہ وضاحت ضروری ہے کہ ہم صوفیا کی کیفیات کا سائنسی نقطۂ نظر سے تجزیہ کر رہے ہیں، جو کہ کوئی غیر مہذب بات نہیں، بلکہ محض اختلافی نقطۂ نظر ہے۔

ڈاکٹر صاحب! آپ کو حضرت رابعہ بصری کا سب سے متاثر کن پہلو کون سا نظر آیا؟

ڈاکٹر بلند اقبال:

مجھے ان متاثر کن پہلو کا جدت پسندانہ رویہ لگا، جس کے اندر سیکولر ازم کا بہت بڑا پیغام چھپا ہوا ہے کہ خدا سے ملنا ہے تو وحدت کا رشتہ استوار کرو، رکاوٹوں کو ترک کر دو۔ انہوں نے ایک مضبوط وحدانیت کا تصور دیا کہ ”خود کو ڈھونڈنا ہے تو اپنے اندر تلاش کرو، اور اگر خدا کو ڈھونڈنا ہے تو بھی خود کے اندر تلاش کرو، کیوں کہ خدا تمہارے اندر ہی ہے“۔

ڈاکٹر خالد سہیل:

اب تک ہم نے جتنے بھی روحانی لوگوں کے بارے میں بات کی ہے، چاہے وہ بدھا ہوں، ٹیگور ہوں یا کبیر داس اور اب حضرت رابعہ بصری ان سب کو پڑھنے کے بعد یہ دو باتیں مجھ پر عیاں ہوئیں کہ

1۔ ان سب نے دنیا سے کنارہ کشی اختیار کی۔

2۔ روایتی مذہب سے بے نیاز ہو کر سچ کی تلاش کی جستجو کی۔

مغربی فلسفے کی تاریخ

(یونانی دانائی)

آج ہم برٹرینڈ رسل کی کتاب The History of Western Philosophy پر گفتگو کریں گے۔

ڈاکٹر خالد سہیل:

گزشتہ ابواب میں ہم روحانیت کے موضوع پر تفصیلی گفتگو کر چکے ہیں، اب ہم فلسفہ اور سائنس کے متعلق گفتگو کریں گے۔ ڈاکٹر صاحب! آپ نے گزشتہ آٹھ ابواب جو روحانیت کے موضوع پر تھے، ان سے کیا نتیجہ اخذ کیا؟

ڈاکٹر بلند اقبال:

یہ بات پہلے بھی گوش گزار کر چکا ہوں کہ سر پر ٹوپی کنفیوشس کی ہو، لبادہ، لاوزی کا ہو اور پاؤں میں جوتی بدھا کی ہو۔ یعنی کہ آپ کو علم ہو کہ آپ کا معاشرے اور فطرت سے تعلق کس نوعیت کا ہو اور آپ کو یہ بھی پتہ ہو کہ نروانا کی تلاش کیسے کی جائے۔ کبیر داس ہمیں شعور اور لاشعور کی درمیانی کیفیت میں لے کر گیا اور ٹیگور نے موسیقیت شامل کر دی۔ حضرت رابعہ بصری نے ہمیں جنت و دوزخ کی بندش سے آزاد کر کے خدا سے ملا دیا۔ یہ روحانیت کا سفر مکمل ہوا، اب ہمیں آسمان سے زمین پر اترنا ہے۔

ڈاکٹر خالد سہیل:

برٹرینڈ رسل ماہر ریاضی دان اور فلسفی ہیں۔ ان کی کتاب " The History of Western Philosophy" کے دیباچے سے چند جملے عرض کرتا ہوں کہ:

The conceptions of life and the world which we call philosophical are a product of two factors: One inherited religious and ethical conceptions, the other, the sort of investigation which may be called scientific. Using this word in its broadest sense, philosophy as I shall uderstand in the world as something intermediate between theology and science. Like theology it consists of speculations on matters as to which definite knowledge has so far been un-certainable. But like science it appeals to human reasons rather than to authority whether that of tradition or that of revolution. All definite knowlede, so I should content belongs to science. All Dogma as to what surpasses definite knowledge belongs to theology. But between theology and science, there is no man's land, exposed to attack from both sides. This no man's land is philosophy.

یہاں رسل نے سمندر کو کوزے میں بند کر دیا ہے۔ ایک طرف مذہب اور روحانیت ہے اور دوسری طرف منطق ہے جو کہ سائنس کے لیے راہ ہموار کرتی ہے۔ انہوں نے مذہب، فلسفے اور سائنس کی ٹرائی اینگل بنائی ہے۔ میرے خیال میں یونانی فلسفیوں نے سب سے پہلے بیان کیا کہ ہم منطق سے حقیقت کی طرف جاسکتے ہیں۔ آپ یونانی فلسفیوں کے سائنس اور فلسفے سے تعلق کی نوعیت کے بارے میں بتائیں۔

ڈاکٹر بلند اقبال:

اس ٹرائی اینگل کو ہم تاریخ کی روشنی میں دیکھتے ہیں، ہم حضرت عیسٰی علیہ السلام کی پیدائش سے دو ہزار سال پہلے اور دو ہزار سال بعد کے دور کو دیکھتے ہیں۔ دو ہزار سال قبل مسیح کا یونان نہ صرف یہ کہ علم و ہنر میں اعلیٰ مقام رکھتا ہے، بلکہ سائنس، فلسفے، آرٹ اور تاریخ کا بھی مرکز رہا ہے۔ آج دنیا میں جو بھی تبدیلی ہے، وہ یونان کی مرہونِ منت ہے۔ 1300 قبل مسیح میں یونان Mycenaean Greek کہلاتا تھا۔ 1300 قبل مسیح سے 1100 قبل مسیح تک ہمیں یونان میں جنگوں کی کیفیت نظر آتی ہے، جن میں Trogen War خاصی شہرت رکھتی ہے، 1100 سے 900 قبل مسیح کا درمیانی دور تاریک دور کہلاتا ہے کہ اس دوران کوئی بڑا تاریخی حوالہ نہیں ملتا کہ اس دوران کیا ہوا تھا؟ 900 قبل

81

مسیح سے 700 قبل مسیح کے درمیان قابل ذکر واقعات نظر آتے ہیں، یونان کے بڑے شہروں خصوصاً ڈولفائی میں ایک ادارہ قائم ہوا تھا جس میں ایک ہزار سال تک سیاستدانوں کی تربیت ہوتی رہی۔ اسی طرح ایک اور ریاست اولمپیا تھی، جہاں اولمپکس کا آغاز ہوا۔ یہ 800 قبل مسیح کی بات ہے اور ایک ہزار سال تک اولمپکس گیمز ہوتی رہیں۔ 800 قبل مسیح سے 500 قبل مسیح کا دور Archaic Period کہلاتا ہے، اس دور میں وہاں کی ثقافت پرورش پاتی دکھائی دیتی ہے۔ یہ وہ دور تھا کہ ایرانی فوجیں یونان میں داخل ہوئیں، اگرچہ ایران غلبہ نہیں حاصل کر پایا تھا مگر اس کے فوراً بعد ایتھنز اور سپارٹا کے درمیان خانہ جنگی شروع ہو گئی۔ اس کے بعد جمہوریت فروغ پاتی دکھائی دیتی ہے۔ حاکم وقت وہ ہوتے ہیں کہ جو علم و فن کے دل دادہ ہوتے ہیں، ان کا دور دو سو سال تک چلتا ہے حتیٰ کہ رومن ایمپائر کی تشکیل ہو جاتی ہے۔ 500 قبل مسیح سے 300 قبل مسیح تک کے عہد میں کم و بیش سارے یونانی فلسفی ہیں۔

ڈاکٹر خالد سہیل:

Thales of Miletus کے بارے میں ارسطو نے کہا تھا کہ یہ اس عہد کے پہلے فلسفی ہیں۔ چوں کہ ان سے پہلے مافوق الفطرت باتوں پر زیادہ زور تھا، اس لیے انہوں نے مافوق الفطرت اور فطرت میں فرق کو واضح کیا۔ انہوں نے کہا کہ انسانی سوچ کی بات ہے کہ ہم مادی طریقوں سے ان چیزوں کو سمجھیں۔ سقراط، بقراط، افلاطون، ارسطو وغیرہ تو مشہور فلسفی ہیں، ان سے پہلے Pre-Socratics فلسفی ہیں، جنہوں نے فلسفے کی بنیادیں رکھیں۔ انہی بنیادوں پر بعد میں آنے والے فلسفیوں نے عمارت قائم کی۔ آپ کی کیا رائے ہے؟

ڈاکٹر بلند اقبال:

Thales of Miletus بہت سائنسی ذہن کا حامل شخص تھا۔ انہوں نے پیرامڈز (Pyramids) کی اونچائی کی پیمائش کی، وہ بحری جہازوں کے درمیانی فاصلے کو بھی ماپ لیتے تھے اور انہوں نے ہی ایٹم کا بنیادی تصور دیا تھا گو کہ انہوں نے ایٹم کا نام تجویز نہیں کیا بلکہ ایک اصطلاح Apeiron استعمال کی۔ انہوں نے کہا کہ یہ ایک واحد Substance ہے جو کہ تمام کائنات میں بھرا ہوا ہے اور اس کی کوئی شکل نہیں ہوتی۔ ان کے شاگرد Anaximenes

نے ان کے تصور کو مزید وسعت دی،ان کے مطابق یہ ایک ایسی 'چیز' ہے جو کہ بنا کسی شکل کے ہے۔ ہم اس کی پیمائش نہیں کر سکتے، لیکن اس نے تمام کائنات کو بھر اہوا ہے یعنی کہ ہر جگہ موجود ہے اور اسی سے کائنات کا آغاز ہوا۔

ڈاکٹر خالد سہیل:

Thales نے نہ صرف زمین کے بارے میں بات کی بلکہ گرہن کے متعلق بھی بیان کیا۔ انہوں نے زمین کے بنیادی عناصر میں سے پانی کے حوالے سے خصوصاً بات کی۔ میرے خیال میں ہم جب بھی سائنسی نقطہ نظر کی بات کریں تو ہمیں Thales کو خراجِ تحسین پیش کرنا چاہیئے۔ آپ ان کے شاگرد کے بارے میں مزید بتائیں۔

ڈاکٹر بلند اقبال:

Anaximenes نے ان کے Apeiron کے تصور کو نئے نام Archai سے مزید وسعت کے ساتھ بیان کیا۔ ایٹم کی بنیادی ساخت کا تصور یہیں سے ملتا ہے۔ انہوں نے زندگی کی بنیاد سے متعلق مذہبی تصورات کو رد کر دیا۔

ڈاکٹر خالد سہیل:

انہوں نے ایتھر کا بھی تصور دیا کہ کائنات کے اندر ایتھر ہے۔ یہ خالصتاً سیکولر تھے، ان کے ایک ساتھی پیتھا گورینز ہیں، جنہیں فیثا غورث بھی کہتے ہیں، اس میں روحانیت کا عنصر نمایاں تھا۔ انہوں نے مذہبی نقطہ نظر اور سائنسی نقطہ نظر کے درمیان روحانیت کی بات کی، لیکن یہ سب آہستہ آہستہ طاقِ نسیاں ہو گیا اور خالصتاً سائنسی نقطہ نظر آگے آتا گیا۔ یہاں سے مذہب اور سائنس کی راہ جدا ہو رہی ہے، سائنس کی بنیاد پڑ رہی ہے، ریاضی بھی منظرِ عام پر آ رہی ہے۔ الہامی سوچ سے زمینی سوچ آگے بڑھ رہی ہے۔

ڈاکٹر بلند اقبال:

فیثا غورث نے اس دور میں (a2+b2=c2) کو معلوم کر لیا تھا۔ انہوں نے کہا کہ کائنات کے پیچھے Numerical Identification ہے، وہ کہتے ہیں کہ:

If you find the number, you can find God.

یہ ساری دنیا سطحوں کی شکل میں ہے اور ان کے درمیان موسیقی ہے۔ موسیقی اور

ریاضی ایک دوسرے سے جُڑت رکھتے ہیں۔ان کا تعلق مذہبی دور سے تھا،ان میں الہامی ذہن،ریاضی اور موسیقی کی ٹرائی اینگل موجود تھی۔ یہ کہتے ہیں کہ سیاروں کا تعلق سورج سے قائم ہے اور اس میں موسیقیت ہے،نیز کائنات کی بناوٹ کا انحصار ریاضی پر ہے۔ خدا کو پہچاننے کے لیے مخصوص نمبر کو پہچانا ہو گا۔ آئن سٹائن کی E=mc2 والی مساوات بھی فیثاغورث کے فارمولے سے ملتی نظر آتی ہے۔ منسوب ہے کہ فیثاغورث کی زندگی خاصی ڈرامائی انداز کی تھی۔انہوں نے 514 کے قریب سکول بنائے،شاگرد بنانے کے معاملے میں خاصے محتاط تھے،پانچ سال تک انہیں زیرِ مشاہدہ رکھتے، پھر انہیں شاگرد بناتے۔ ریاضی کو بطور فلسفہ پڑھاتے،ان کی بد قسمتی کہ حکمران ان کے خلاف تھے،ان کے سب سکول بند کر دیے گئے،کتابیں جلا دیں،ان کے کچھ شاگردوں نے خود کشی کرلی۔ یہ بھی عمر کے آخری حصے میں غائب ہو گئے تھے، کچھ پتہ نہیں کہ کہاں گئے۔ کہا جاتا ہے کہ انہوں نے بھی خود کشی کرلی تھی۔ بہر حال یہ ایک انقلابی ذہن کے مالک تھے۔

ڈاکٹر خالد سہیل:

انہوں نے روحانیت،موسیقی اور ریاضی کا تعلق جوڑا کہ کائنات میں جو کچھ ہو رہا ہے،وہ مخصوص فارمولوں کے تحت ہو رہا ہے۔اگر ہم وہ فارمولے سمجھ لیں تو کائنات کی سمجھ آ جائے گی، جیسے سٹیفن ہاکنگ god of mind کہتا ہے۔ اچھا اب Heraclitus کے بارے میں بتائیں۔

ڈاکٹر بلند اقبال:

Heraclitus بہت پیچیدہ اور گہرے فلسفی ہیں۔ان کے بارے میں سقراط نے کہا تھا کہ اگر تم بڑے تیر اک ہو تو تم اس کی گہرائی کو سمجھ پاؤ گے۔ Heraclitus روح کے تصور کو یوں دیکھتے ہیں کہ ایک آدمی جو دانائی رکھتا ہے تو اس کی روح آگ کی طرح خشک ہو گی۔عمومی طور پر بات کریں تو پوری کائنات آگ کی طرح ہے یعنی کہ بنیادی چیز آگ ہے جو کہ جل رہی ہے۔ یہ ایک مکمل Flux ہے جو کہ رک ہی نہیں رہا۔ان کے دو مشہور اقوال ہیں:

تم ایک وقت میں ایک دریا میں دو مرتبہ قدم نہیں رکھ سکتے، کیوں کہ پانی گزر جائے گا۔

دوسرا قول ہے: War is the king of everything

ڈاکٹر خالد سہیل:

یہ جو ان کا قول آپ نے پانی کے حوالے سے سنایا ہے، میں نے اس طرح سنا ہے کہ ”آپ ایک ہی دریا میں دو دفعہ پاؤں نہیں ڈبو سکتے“۔ اس کا مطلب یہ ہے کہ جب آپ ایک مرتبہ پاؤں ڈبوتے ہیں تو پانی آگے چلا جاتا ہے، جب دوبارہ ڈبوتے ہیں تو دریا، پہلے والا دریا نہیں ہوتا۔ دریا میں تبدیلی آتی ہی ہے، پاؤں میں بھی تبدیلی آچکی ہوتی ہے (سیلز کے ٹوٹنے اور نئے بننے کی وجہ سے)۔ جیسے سدھارتھا نے کہا تھا کہ دریا، پانی، وقت اور دانائی کا آپس میں گہرا تعلق ہے، تو یہ بات علامتی طور پر ہر Heraclitus کے ہاں بھی ملتی ہے۔ یونانی فلسفیوں نے پانی، آگ، مٹی اور ہوا کا تصور دیا کہ کائنات ان چار عناصر کے ملنے سے بنتی ہے۔ ان فلسفیوں میں ایک نام بقراط کا بھی ہے، جنہیں Father of Medicine کہا جاتا ہے۔ انہوں نے اپنے مریضوں سے کہا کہ جب تم بیمار ہوتے ہو دعائیں مانگتے ہو، قربانیاں دیتے ہو مگر اس کے علاوہ کچھ فطرتی وجوہات بھی ہوتی ہیں۔ انہوں نے صحت مند زندگی گزارنے کے لیے مشورے دیے کہ متوازن غذا کھائیں، پر سکون نیند لیں، ورزش کریں خصوصاً پیدل چلیں اور پانی زیادہ سے زیادہ پئیں۔ آپ کے نزدیک اڑھائی ہزار سال پہلے کی باتیں آج بھی اہمیت کی حامل ہیں یا نہیں؟

ڈاکٹر بلند اقبال:

یونانی فلسفے پر ہی مشرق اور مغرب کے لوگوں کا انحصار ہے۔ یہ جسمانی میکانزم کے بنیادی یونٹس ہیں کہ آپ ورزش کریں اور پانی زیادہ پئیں۔ یہ تمام باتیں بیماری سے قبل کی احتیاطی تدابیر ہیں ساری دنیا ان باتوں کا خاص خیال رکھتی ہے۔

ڈاکٹر خالد سہیل:

نفسیاتی طور پر پُر سکون نیند ذہنی صحت کے لیے بہت اہم ہے۔ بقراط کی اہم بات یہ ہے کہ انہوں نے ڈاکٹروں سے کہا کہ جب آپ مریض کا معائنہ کریں تو اس کا اندراج کر لیا کریں تا کہ جب آپ نہ ہوں، تو دوسرا ڈاکٹر مریض کی حسبِ سابق دیکھ بھال کر سکے۔ انہوں نے Hippocratic oath بھی شامل کرنے کی تجویز دی کہ یہ حلف ہر ڈاکٹر اٹھائے کہ اگر وہ مریض کو فائدہ نہ پہنچا سکے تو نقصان بھی نہ پہنچائے۔ یہ Ethical بات ہے، آپ Ethics اور

طب کے رشتے کو کیسے دیکھتے ہیں؟

ڈاکٹر بلند اقبال:

یہ بڑی اہم بات ہے، کیوں کہ ڈاکٹر اور مریض کا تعلق نازک ہوتا ہے۔ڈاکٹر اور مریض کا ایک روحانی اور ذہنی تعلق ہے، جس میں Ethics اہم ہیں۔Ethical Laws کی وجہ سے ہی اس تعلق میں ایک پاکیزگی موجود ہے۔ مغرب میں ان قوانین کی پابندی کی جاتی ہے، جب کہ مشرق میں ان قوانین پر عمل درآمد کم ہے جس کے نتائج سب کے سامنے ہیں۔

افلاطون کا فلسفہ

(یونانی دانائی)

آج ہمارا موضوعِ گفتگو افلاطون (Plato) کی کتاب The Republic ہے،جو کہ سقراط کے اقوال کے بارے میں ہے۔

ڈاکٹر خالد سہیل:

ہم پہلے Pre-Socrates کے بارے میں گفتگو کر چکے ہیں، آج ہم سقراط کے بارے میں بات کریں گے۔ ہم پہلے سقراط کے عہد کی بات کرتے ہیں تا کہ ہمیں ان کو سمجھنے میں آسانی رہے۔ ڈاکٹر صاحب! آپ اس عہد پر روشنی ڈالیے۔

ڈاکٹر بلند اقبال:

اس عہد پر پہلے بھی بات ہو چکی ہے، مختصراً بیان کرتا ہوں کہ قریباً 500 قبلِ مسیح یونان میں مجموعی طور پر صورتِ حال کئی لحاظ سے نہایت مخدوش رہی۔ ایران اور یونان کی جنگ جاری تھی، اگرچہ ایران غلبہ حاصل نہیں کر پار ہا تھا، لیکن بہر حال جنگی کیفیت عروج پر تھی۔ اس کے فوراً بعد ہی ایتھنز اور سپارٹا میں خانہ جنگی کا آغاز ہو گیا۔ سیاسی طور پر بھی نہایت نازک صورتِ حال تھی، لیکن پھر بھی جمہوریت قائم تھی۔ وہ دور اس طرف جار ہا تھا کہ سو سال بعد Philip of Macedonia جو کہ الیگزینڈر دی گریٹ کا باپ تھا،اس کی فوجیں یونان میں داخل ہوئیں۔ اس دور میں جمہوریت پر بھی سوالات اٹھنے لگ گئے تھے۔

ڈاکٹر خالد سہیل:

سقراط کا دور B.C399-469 کا تھا۔ انہوں نے زہر کا پیالہ پیا، کیوں اور کس وجہ

سے پیا؟ اس کی وجہ یہ ہے کہ ان پر دو الزامات تھے۔ ایک تو اُس وقت کے خدائوں کے منکر تھے۔ دوسری وجہ یہ جوانوں کو بہکاتے تھے۔ جہاں نوجوان اکٹھے ہوتے، سقراط ان کے پاس جاتے اور اس وقت کے مذہبی نظریات پر منطقی انداز میں سوالات اٹھاتے۔ اسی وجہ سے ان پر مقدمہ چلا۔ فیصلہ یہ ہوا کہ یا تو یہ شہر چھوڑ دیں یا زہر کا پیالہ پی لیں، انہوں نے زہر کا پیالہ پینا پسند کیا۔ افلاطون جوان کے شاگرد تھے، دل بر داشتہ ہو کر شہر چھوڑ کر چلے گئے۔

آپ کو Pre-Socratic اور Socratic میں کیا فرق نظر آتا ہے؟ اور سقراط کی کس بات نے متاثر کیا؟

ڈاکٹر بلند اقبال:

اگر ہم ان کی زندگی کے متعلق بات کریں تو یہ سنگ تراش تھے، سپارٹا کے خلاف جنگ میں یہ ایتھنز کی فوج میں شامل تھے۔ یہ بنیادی طور پر استاد بننے کے خواہش مند تھے۔ لیکن چوں کہ یہ لکھنے کے قائل نہیں تھے، سو ہم تک ان کے بارے میں جو کچھ بھی پہنچا وہ افلاطون کے ذریعے پہنچا۔ ان سے منسوب کئی قصے بہت مشہور ہیں۔ ایک مشہور قصہ یہ ہے کہ انہوں نے کوشش کی کہ دیکھا جائے کہ ایتھنز کا سب سے سمجھ دار آدمی کون ہے؟ لوگوں کے جب انٹرویو کئے گئے، تو یہ بات سامنے آئی کہ ایتھنز کا سب سے سمجھ دار آدمی سقراط ہی ہے۔ کیوں کہ لوگ یہ جانتے ہیں کہ وہ جانتے ہیں، لیکن سقراط یہ جانتا ہے کہ وہ نہیں جانتا۔ یہ بڑی اہم بات ہے کہ ہمیں علم ہو کہ ہم کیا نہیں جانتے؟ سقراط کہتا ہے کہ جب ہم دنیا، زندگی اور اپنے بارے میں کچھ نہیں جانتے تو پھر ہم پرانے نظریات کی کیسے پیروی کریں؟ جب اسے کہا گیا تھا کہ آپ زندہ رہ سکتے ہیں، اگر آپ یہ شہر چھوڑ دیں تو سقراط نے کہا کہ

Un-Examined life is not worth-living

ڈاکٹر خالد سہیل:

بطور ماہر نفسیات مجھے یہ فقرہ بڑا اہم لگا کہ

Un-Examined life is not worth-living

سائیکو تھراپی کے دوران ہم یہی کرتے ہیں کہ اپنی زندگی کا جائزہ لیں، اپنا طرزِ زندگی بدلیں، زندگی کے نظریات بدلیں تا کہ ہم سمجھ سکیں کہ ہماری زندگی کی مشکلات

کیا ہیں اور پھر انہیں حل کر سکیں۔ سائیکوتھراپی کی بنیاد سقراط کی فکر ہی ہے۔

مذہبی عقائد کے مدِ مقابل سقراط نے Socratic Method دیا، اس کی تعریف یوں کی گئی ہے کہ

Socratic method is a form of co-operative argumentative dialogue between individuals based on asking and answering questions to stimulate creative thinking and to draw out ideas and underline presumptions.

یعنی کہ آپ ہائپوتھیسیز پیش کرتے ہیں، پھر ان پر بات ہوتی ہے۔ جو کمزور دلائل ہیں، وہ خارج ہو جاتے ہیں اور مضبوط دلائل سامنے آتے ہیں۔ یعنی کہ بات مدلل ہونی چاہیئے، اگر دلیل نہیں ہے تو آپ کی بات رد کر دی جائے گی۔ میرے خیال میں سقراط کا میتھڈ عقائد کو چیلنج کرنے کا میتھڈ ہے۔

ڈاکٹر بلند اقبال:

یہ بات قابلِ ذکر ہے کہ میں جب طالب علمی کے دور میں پاکستان میں تھا وہاں بنیادی طور پر ایک رٹا سسٹم تعلیم حاصل کرنے کا طریقہ کار تھا ہے، یعنی کہ جو جتنا یاد رکھتا ہے، وہ اتنا ہی ذہین کہلاتا ہے۔ لیکن یہاں مغرب میں یہ پتہ چلا کہ نہیں بلکہ جو سوال کرتا ہے اور سوال کو پیدا کرنے کا فن جانتا ہے، وہ دراصل ذہین ہے۔ یہ غالباً سقراط کی فکر کا ہی اثر ہے۔

ڈاکٹر خالد سہیل:

سقراط کی فلاسفی ہی سائنس اور فلسفے کی بنیاد ہے۔ سقراط نے طرزِ استدلال کی بات کی ہے، یعنی کہ آپ دلیل سے بات کریں۔ مذہب کی بنیاد وحی پر اعتقاد ہے، جب کہ سائنسی نقطہ نظر یہ ہے کہ آپ اپنے مطالعے، تجربے، تجزیے اور مشاہدے کو استعمال کریں اور کسی نتیجے پر پہنچیں۔ میرے خیال میں جس نے The Republic نہیں پڑھی، اسے مغرب کے فلسفے کا علم ہی نہیں۔ بہرحال آپ افلاطون کے بارے میں بتائیں۔

ڈاکٹر بلند اقبال:

سکول آف ایتھنز کی ایک بڑی مشہور پینٹنگ ہے جس میں دکھایا گیا ہے کہ افلاطون اور ارسطو سیڑھیوں سے نیچے اتر رہے ہیں۔ ارسطو، افلاطون کا شاگرد تھا۔ افلاطون کی

ایک انگلی آسمان کی طرف ہے،ارسطو کے ایک ہاتھ میں اخلاقی اقدار کی کتاب ہے اور دوسرے ہاتھ کی انگلی سے زمین کی طرف اشارہ کر رہا ہے۔ یہ انگلیوں کی سمت در حقیقت ان کی آئیڈیالوجی کو بیان کر رہی ہے۔ افلاطون کہہ رہا ہے کہ Wisdom comes from sky دانائی آسمان سے اترتی ہے۔ جب کہ ارسطو یہ کہہ رہا ہے کہ حقیقی دانائی زمین پر ہے،وہ انسانوں کے اندر ہے۔ بہر حال یہ ان دونوں میں بنیادی فرق ہے۔ افلاطون کے مکالے 2400 سال تک اپنی اصل شکل میں برقرار رہے۔ اس کی کتاب"Apology" بھی تھی۔ اس کتاب کا پس منظر سقراط پر چلنے والا مقدمہ اور اُن کے زہر کے پیالے والا واقعہ ہے ۔ عمومی طور پر ان کے ہاں سیاست،ریاضی اور تمام سوشل مضامین ملتے ہیں۔

ڈاکٹر خالد سہیل:

افلاطون کی کتاب"The Republic" کے ابوب پر نظر دوڑائیں تو ان کی کتاب کے دس ابواب ہیں۔ وہ ان ابواب کو Book کے نام سے تعبیر کرتے ہیں۔

پہلا باب Justice کا ہے،یعنی کہ انصاف کیا ہے؟ وہ کہتے ہیں:

The art that gives good to friends and evil to others.

دوسرا باب Just City کا ہے،یعنی کہ انصاف صرف ایک فرد کا نہیں بلکہ پورے معاشرے کے لیے ضروری ہے،اس کے بعد وہ تعلیم کی بات کرتے ہیں۔ افلاطون نے فرد،معاشرے اور ریاست کے انصاف کا بنیادی تصور فراہم کیا، آپ کی اس کے بارے میں کیا رائے ہے؟

ڈاکٹر بلند اقبال:

افلاطون 2400 سال قبل کا انسان ہے،اس نے اس وقت کہا تھا کہ معاشرہ تین طبقات میں تقسیم ہونا چاہیے:

1-Rulers جو فلسفی ذہن کے لوگ ہونے چاہییں۔2-Auxillary یعنی فوجی طبقہ۔ 3-Producers یعنی عام لوگ۔

اسی طرح اس نے کہا کہ انسانی روح کے بھی تین رخ ہیں۔

1- Desirious 2-Spirit 3-Rational

ڈاکٹر خالد سہیل:

مجھے ان کی یہ بات اہم لگی کہ انہوں نے کہا کہ گارڈینز کی بھی ٹریننگ ہونی چاہیے، خواہ وہ مرد ہو یا عورت۔ میں (خالد سہیل) ایتھنز گیا تو وہاں ہماری ٹورسٹ گائیڈ نے بتایا کہ جمہوریت کی ابتدا یہیں سے ہوئی اور عورتوں نے سب سے پہلے اپنا حق رائے دہی یہیں استعمال کیا۔ عورتوں کے حقوق پر بھی کافی بات ہوئی۔ افلاطون نے ڈیموکریسی اور اولیگراچی (Oli garchy) حکومتوں کو ناانصافی پر مبنی حکومت کہا۔

1-Democracy جس میں جنرلز اور واریئرز کی اجارہ داری ہوتی ہے۔

2-Oligarchy جس میں بڑی بڑی جائیدادیں رکھنے والے حاکم ہوتے ہیں۔

"The Republic" میں انہوں نے فرد اور ریاست کے تعلق کا تصور دیا، مختلف جمہوریتوں اور حکومتوں کے بارے میں اپنی رائے دی۔ انہوں نے کہا کہ اگر مڈل کلاس زیادہ ہو گی تو ڈیموکریٹک رول ہو گا۔ کیوں کہ مڈل کلاس کا جمہوریت سے خاصا مضبوط تعلق ہے۔ بہر حال افلاطون جمہوریت کے حق میں نہیں تھے۔

ڈاکٹر بلند اقبال:

ان کی فلاسفی میں ایک منفرد تصور Sun, Line اور Cave کا بھی ملتا ہے۔ کہتے ہیں کہ دنیا دو حصوں میں تقسیم ہے، ایک Visual جبکہ دوسرا Nonvisual ہے۔ یعنی کہ ایک وہ جو نظر آتا ہے، دوسرا وہ جو نظر نہیں آتا۔ جو نظر نہیں آتا، اس کو سمجھنا ضروری ہے۔ انہوں نے مثال دی کہ اگر سورج کی روشنی نہیں ہو گی تو تم درخت کو نہیں دیکھ سکتے۔ سورج کی روشنی میں دماغ ایک لائن میں جانا شروع کر دیتا ہے، لیکن اس طرح دماغ سورج پر انحصار کرنے لگ جائے گا، جب کہ حقیقت سورج کی روشنی میں بننے والی لائن کے پیچھے ہے۔ یہی ان کا سورج، لائن اور غار کا تصور تھا کہ دماغ سورج کی روشنی میں ایک ہی لائن میں سفر کرتا ہے، جو کہ بند غار تک پہنچتا ہے۔ اسی طرح کی مثال دی کہ سیب سرخ اور میٹھا ہے۔ سرخ تو سب کو نظر آجاتا ہے، لیکن وہ میٹھا ہے یا نہیں، یہ صرف ایسا حاکم ہی جان سکتا ہے جو اگر فلسفی ہو۔

ڈاکٹر خالد سہیل:

مجھے اس بات نے متاثر کیا کہ جیسے وہ جمہوریت کے حق میں نہیں تھے، اسی طرح

آرٹسٹ کے بارے میں کہتے ہیں کہ ان پر زیادہ اعتبار نہ کرو، یہ بس فطرت کو تصویری روپ دیتے ہیں۔ ان کی یہ بات بھی دل چسپ ہے کہ وہ کہتے ہیں کہ شاعروں سے کہیں کہ اپنی بات نثر میں بیان کرو، اگر نثر میں ان کی بات متاثر کرے تو قبول کر لیں، ورنہ وہ تو صرف آپ کے جذبات کے ساتھ کھیلتے ہیں۔ افلاطون نے اپنی کتاب میں مختلف چیزوں کو چیلنج کیا ہے۔

ڈاکٹر بلند اقبال:

مجھے یوں محسوس ہوا کہ پلوٹو کی گہرائیوں میں مذہبی ذہن موجود ہے مگر ان کے شاگرد ارسطو نے ان کے نقطہ نظر سے ہٹ کر بات کی ہے۔ اپنی کتاب کے آخر میں انہوں نے جو مثالیں دیں، ان سے بھی میر اذہن اسی طرف گیا کہ وہ مذہبی رجحان رکھتے ہیں۔ انہوں نے کہا کہ روح پر وجیکٹائل کی طرح ہے، یا تو ہزار برسوں کی زندگی کا انعام پائے گی یا اگر وہ اچھے حکمران کی نہیں تو ہزار سال جہنم میں جلے گی۔ افلاطون کے فلسفے پر ہی عیسائیت بھی فروغ پاتی نظر آتی ہے۔ کچھ لوگ یہ بھی مانتے ہیں کہ اسلام، عیسائیت کی ہی ایک تبدیل شدہ حالت ہے، لیکن مسلمان اس بات کو نہیں مانتے۔ بہر حال یہ بات کی ضرور جاتی ہے۔

ڈاکٹر خالد سہیل:

آپ نے مذہب کی بات کی، اسی حوالے سے بات کرتا ہوں۔ مجھے افلاطون کی کتاب میں یہ بات دل چسپ لگی کہ کیا خدا صرف اچھائی کی تخلیق کرتا ہے؟ اگر وہ صرف اچھائی کو تخلیق کرتا ہے، تو برائی کہاں سے آئی؟ کتاب سے پیراگراف ہے:

So the good is not the cause of everything but only of state of well-being and not of evil, most certainly agreed. Then God being good can not be responsible for everything as is commonly said but for only a small part of human life. For the greater part of which He has no responsibility, for we have a far smaller share of good than of evil. And well, good must be hold to be sole-cause of good. We must look for some other factors, others than good as a cause of the evil.

بہر حال یہ سوال اہم ہیں کہ خدا خیر اور شر کو پیدا کرتا ہے؟ اگر صرف خیر کو پیدا کرتا ہے تو شر کہاں سے آیا؟ یہ سوال غور طلب ہیں۔

زرتشت کی مذہبی دانائی

(زرتشت ازم)

آج ہمارا موضوعِ گفتگو Zarathustra کی کتاب The Gathas ہے،جو کہ ان کے روحانی تجربات پر مشتمل ہے۔

ڈاکٹر خالد سہیل:

ہم نے 'سچائی کی تلاش میں' میں چار روایات کی بات کی ہے،پہلے ہم چین گئے، کنفیوشس اور لاوزی کی بات کی جو کہ خالصتاً سیکولر تھے۔ دوسری روایت بدھا اور مہاویرا کی ہے،انہوں نے روحانیت کا درس دیا۔ تیسری روایت یونانی فلسفیوں کی تھی، جنہوں نے سائنس اور فلسفے کی بنیاد رکھی۔ چوتھی روایت زرتشت کی ہے، جنہیں مشرقِ وسطیٰ کے مذہبی فلسفے کا باوا آدم کہا جاتا ہے۔ان کے پیروکار پارسی اور آتش پرست کہلاتے ہیں۔ ڈاکٹر صاحب !زرتشت کے عہد کے بارے میں بتائیے۔

ڈاکٹر بلند اقبال:

یہ 3500 سال پرانی بات ہے،جسے کانسی کے دور(Copper Age)سے تعبیر کیا جاتا ہے۔اس دور کو سمجھنے کے لیے ابنِ خلدون کا سہارا لیتے ہیں۔ ابنِ خلدون نے پری اسلامک ہسٹری میں پیٹرنز آف ہسٹری(Patterns of History)بیان کئے ہیں، جن کے مطابق تاریخ تین سے چار مراحل میں چلتی ہے۔

1-Conquest2-Consideration3-Expansion4-Dis-Integration

ہم پتھر کے دور(Stone Age)، کھیتی باڑی کے زمانے(Farm Age)اور کاپر کے

دور(Copper Age) سے ہوتے ہوئے زرتشت کے وقت تک آتے ہیں۔ قدیم ایران میں ساتویں صدی تک زرتشت مذہب موجود تھا۔ کسی بھی دور کا آغاز یوں ہوتا ہے کہ کسان ہوتے ہیں جو زراعت کا نظام قائم کرتے ہیں اور یوں اُن کے قبائل مل کر گاوں بناتے ہیں پھر باہر سے حملہ آور آکر قبضہ کر لیتے اور یوں کوئی بڑی ریاست آکر اس کو اپنے حصے میں شامل کر لیتی ہے۔ ایران کے ساتھ بھی ایسا ہی ہوا تھا۔ آرچیمنڈ ایمپائر جو کہ 550 قبل مسیح میں تھی اور یوں بات سیزیرین ایمپائر تک چلی آتی ہے جو پھر ساتویں صدی تک قائم رہتی ہے۔ اس دوران ہمیں مختلف سلطنتوں کا عروج و زوال نظر آتا ہے۔ اس کے بعد اسلامی دور کا آغاز ہوتا ہے، جو اس قدر وسیع ہوتی چلی جاتی ہے کہ موجودہ پاکستان، یونان اور مصر تک اس کے زیرِ فرمان ہو جاتے ہیں۔ اسی طرح دریائے نیل، دریائے سندھ اور ہنگو ہُو کی وادی (چینی علاقہ) بھی اسی کے اندر آتے تھے۔ کہا جاتا ہے کہ زرتشت ایرانی شہر ”یزد“ میں پیدا ہوئے مگر کہیں یہ بھی ذکر ملتا ہے کہ وہ قازقستان میں پیدا ہوئے تھے بہر حال 3500 سال پہلے کا یہ وہ عہد تھا، جس میں زرتشت پیدا ہوئے۔

ڈاکٹر خالد سہیل:

جب میں ایران میں تھا تو میں نے ان کا شہر ”یزد“ دیکھا تھا، اگرچہ میری رہائش ہمدان شہر میں تھی۔ ان کے حالات زندگی پر بات کریں تو زرتشت کو بچپن سے ہی مذہب، فلسفے اور روحانیت میں دلچسپی تھی۔ پندرہ سال کی عمر میں مقامی مبلغ بن گئے۔ تیس سال کی عمر میں ان کو ’الہام‘ ہوا۔ انہوں نے خدا کو ”آہورامزدا“ god of wisdom کا نام دیا، اس کے مقابلے میں ایک اینگرو مینیو یعنی Evil کا تصور بھی دیا۔ علم کے لحاظ سے بھی کہا کہ ایک علم ”آشا“ ہے جو کہ سچائی ہے، دوسرا علم ”دروج“ ہے جو کہ جھوٹ ہے۔ میرے خیال میں دروج، دروغ کی ہی بدلی ہوئی صورت ہے۔ بہر حال تیس سال کی عمر میں انہیں روحانی تجربہ حاصل ہوا۔ انہوں نے اپنا پیغام دیا اور آہستہ آہستہ ان کا پیغام تحریک بن گیا۔ زرتشت کے بارے میں آپ کا کیا خیال ہے؟

ڈاکٹر بلند اقبال:

The Gathas کے شروع کے کچھ حصے ان سے منسوب ہیں، بعد کے بیشتر مذہبی

قوانین صدیوں میں رفتہ رفتہ شامل کئے گئے۔ کتاب کے شروع میں گو کہ ان کی کہی نظمیں ہیں، مگر جوان کی زندگی کے بارے میں تاثر ملتا ہے، وہ یہ ہے کہ انہوں نے کبھی بھی یہ واضح طور پر نہیں کہا کہ انہیں الہام ہوا۔ لیکن یہ بات واضح ہے کہ وہ مبلغ تھے، انہیں مذہب میں دل چسپی تھی۔ ان کے والد کا نام Pourusaspa اور والدہ کا نام Doghdova ہے۔ یہ بات ان سے منسوب ہے کہ انہیں اپنی والدہ سے Divine Glory ملی۔ یہ عمومی بات ہے کہ جب بھی کوئی بڑا ذہن رکھنے والا شخص اپنا پیغام دیتا ہے، تو لوگ اس کے خلاف ہو جاتے ہیں۔ ایسا ہی زرتشت کے ساتھ ہوا کہ جب انہوں نے اپنا پیغام دیا تو لوگ ان کے سخت خلاف ہو گئے۔

انہوں نے کہا کہ یہ سچائی کا راستہ ہے، یہ نیکی کا راستہ ہے۔ تم جن لوگوں کو مان رہے ہو، وہ سب جھوٹے ہیں۔ یہ جو مویشیوں کو قربان کر رہے ہیں، ان کے ساتھ برا برتاؤ کر رہے ہیں، یہ حقیقت میں کائنات کے ساتھ برا رویہ رکھے ہوئے ہیں۔ یہ حقیقی خدا نہیں ہیں۔ انہوں نے ایک آفاقی خدا کا تصور دیا۔ نتیجتاً لوگ ان کے خلاف ہو گئے۔ اور پھر زرتشت مشرقی ایران ان چلے گئے، وہاں جانے کے بعد انہوں نے اپنا پیغام پھیلایا۔ وشتاسپا، جو وہاں کا بادشاہ تھا، ان کے پیغام سے خاصا متاثر ہوا۔ یوں زرتشت تھوڑے مضبوط ہوئے اور ان کا پیغام پھیلنا شروع ہوا۔ بدقسمتی سے زرتشت ایک لڑائی کے دوران مارے گئے، یوں ان کی زندگی کا چراغ بجھ گیا۔ مگر ان کا مذہب اس ریاست میں خاصا مستحکم ہو گیا تھا۔

ڈاکٹر خالد سہیل:

یہ ان کی کہی ہوئی نظم ہے:

O seakers of knowledge! Now I tell you words and reveal teachings, no one has ever heard before.

زرتشت یہ دعویٰ کر رہے ہیں کہ یہ علم ان سے پہلے نہیں آیا۔ یہ خود کو پہلا پیغمبر کہہ رہے ہیں کہ جو ان پر الہام ہوا، وہ پہلے نہیں ہوا۔ انہوں نے ایک نیا مذہب، نئی تحریک اور نیا فلسفہ پیش کیا اور آگے بڑھایا۔ ان کی فلاسفی کے ان حصوں کے بارے میں بتائیں جو آپ کی دل چسپی کا باعث بنے۔

ڈاکٹر بلند اقبال:

اس دور میں مختلف خداؤں کا تصور موجود تھا، لیکن انہوں نے آہورامزدا کا تصور دیا۔ اسی لیے انہیں مونوتھیسزم کا بانی کہا جاتا ہے۔ انہوں نے کہا کہ آہورامزدا Illuminating Wisdom ہے جو کہ ساری کائنات میں پھیلی ہوئی ہے۔ یہ ہی صحیح ہے، جو کہ ہر جگہ ہے، انہوں نے اسے غلط سے تعبیر نہیں کیا۔ اینگرا مینیو ہے جو کہ غلط ہے، دروغ ہے۔ جب کہ آہورامزدا آشا ہے جو کہ روشنی ہے۔ یہی آشا اور روشنی آگ سے ملتی ہے۔ پارسی کہتے ہیں کہ ہم آتش پرست نہیں ہیں، بلکہ ہم اس دانائی کی پرستش کرتے ہیں، جو آگ کے پیچھے ہے۔ کیوں کہ آگ زندگی کی علامت ہے، روشنی کی علامت ہے۔ تاریکی اور روشنی، آشا اور دروغ، یہ ان کے ہاں Dualism ہے۔ یہی بات بعد میں افلاطون بھی کرتا ہے۔

ڈاکٹر خالد سہیل:

یہ ان کے گانے کا حصہ ہے جو کہ ان کی فلاسفی کا پہلو بھی ہے۔

Ahoramazda has set the principles of existence in such a way that happiness is for those one who make others happy.

خدمتِ خلق اور لوگوں کی خوشی میں شریک ہونا عبادات سے یکسر مختلف عمل ہے۔ لوگوں کے ذہن میں ہے کہ یہ آتش پرست ہیں، ان کی عبادت گاہیں ہیں، ان کے بھی عبادات ہیں جیسے روزہ رکھنا وغیرہ۔ آپ ان کے عبادات کے طریقوں کے متعلق بتائیں۔

ڈاکٹر بلند اقبال:

مزے کی بات یہ ہے کہ ان کے ہاں کوئی واضح اتھارٹی نہیں ملتی، نہ ہی انہوں نے دعا کا طریقہ بتایا۔ ان سے پہلے جو مذاہب تھے وہ Tribal تھے، یعنی کہ مذہب قبیلے سے ہو کر خاندان تک آتا اور خاندان سے فردِ واحد تک۔ لیکن انہوں نے فردِ واحد کو پہلے مخاطب کیا کہ تمہیں پہچاننا ہو گا کہ سچائی کیا ہے؟ برائی کیا ہے؟ ان کے پاس مذہب کے عمومی طریقے ویسے نہیں ملتے جیسا کہ ابراہیمی مذہب بعد کے ادوار میں نماز، روزے اور حج یا کسی بڑی چھوٹی عبادتوں کی شکل میں یہودیت سے عیسائیت اور پھر اسلام میں نظر آتے ہیں۔ اگر ان کے مذہب کے عناصر کی بات کریں تو ان کے آتش کدے ہیں، یہ عبادت کے لیے وہیں جا سکتے ہیں۔ آگ محض ایک

استعارے کے طور پر ملتی ہے۔ اب ان کے پچیس لاکھ کے قریب پیروکار رہ گئے ہیں۔ زیادہ تر انڈیا میں ہیں، جو پارسی کہلاتے ہیں۔ جو ایران میں ہیں، وہ جبار کہلاتے ہیں۔ یہ مذہب رفتہ رفتہ ختم ہو رہا ہے کیوں کہ وہ تبلیغ کے پابند نہیں ہیں۔ ان کے پیروکار بھی کلاسیفائیڈ نوعیت کے ہیں جو مختلف مذہبی باڈرز کا احاطہ کرتے ہیں مثلاً کچھ عالم زرتشت کے سارے فلسفے پر بات کر سکتے ہیں، کچھ Outer Temple پر اور کچھ Inner Temple پر بات کر سکتے ہیں۔ مذہب کے ختم ہونے کی ایک وجہ معاشرتی بھی ہے کہ اس کے ماننے والے صرف آپس میں ہی شادی کر سکتے ہیں اور جیسا کہ میں نے کہا کہ ان کے یہاں تبلیغ کا تصور بھی نہیں ہے۔ اب اس کی کچھ فلاسفی پر بھی بات کر لیتے ہیں ڈاکٹر صاحب۔ آپ اس بارے میں کچھ فرمائیں۔

ڈاکٹر خالد سہیل:

انہوں نے "پیرِ مغاں" کا لفظ استعمال کیا جو کہ آہورامزدا اور ان کے فلسفے سے جُڑت رکھتا ہے۔

O Ahoramazda! Come to us now as we turn to you for love and goodness. And tell us when will you acknowledge with your keenness of perception the Assembly of Magi.

خسرو خزاعی صاحب "Assembly of Magi" کے بارے میں لکھتے ہیں کہ 300 years later one of the greatest Persian poet Hafiz, the 14th century praised as much as he quote with infinite veneration 'Peer-e-Mughan'

حافظ کی شاعری میں پیرِ مغاں کا تصور آیا، وہ قطعہ سناتا ہوں:

If in the Assembly of Magi, they cherish me. It is because the fire that never dies, burns in my heart. The master of Magi recites the words of wisdom but you O fanatic! I regret I dont believe you as long as the treven and wine exist, I shall say the praise of the master of Magi

حافظ نے شاعرانہ قوت سے شراب اور خمار اور پیرِ مغاں کو آپس میں ساتھ جوڑا ہے، یہ ایک علامتی پہلو ہے۔ بہرحال زرتشت کے فلسفے میں گہری دانائی موجود ہے، ان کے

فلسفے میں آپ کو کیا چیز متاثر کن لگی؟

ڈاکٹر بلند اقبال:

ان کے پاس سے جو علاماتی تصورات ملے، وہ بدقسمتی سے ابراہیمی مذہب میں پرسنیفائی صورت اختیار کر گئے۔ زرتشت کہتے ہیں کہ دانائی آگ کی صورت میں ہے جس کے اندر ہی نیکی ہے۔ لالچ اور خوف جو بعد ازاں جنت و جہنم کی صورت پر سینفائی ہوئے وہ بادلوں کی طرح ہیں، جو آپ کو اصل نیکی کی سچائیوں سے دور کرتے اسی لیے ان جذبوں (لالچ و خوف) سے دور رہو۔ نیز یہ کہتے ہیں کہ Enlightenment یہ ہے کہ آپ کے پاس Free Will ہو۔ یہی بات سقراط نے کہی تھی:

You are able to analyse to examine your life, you have to examine

that religion what you are getting behind۔

لیکن جب اس کی پرسینی فکیشن ہوئی تو ایک الگ شکل میں بدل گئی۔ مذہب بقول کیسے عبادتوں میں بھیک کی شکل اختیار کر گیا۔ مجھے یوں بھی لگا کہ وہاں میسنجر کو جو بعد میں مبلغ ملے، وہ بھی کسی طور ان کی فلاسفی کے لیے دشمن ہی ثابت ہوئے۔ کیوں کہ انہوں نے میسنجر کے پیغام کو بگاڑ دیا۔ ان کے پیرو کار بھکاریوں کی طرح ہیں، کہ صرف یہی کہتے رہتے ہیں کہ یا اللہ! ہمیں جنت میں داخل کر۔ یا اللہ! ہمارے بچوں کو زندگی دے۔ یہ سوائے لالچ یا مانگنے کے اور خوف یا جہنم کی سزا کے ڈر کے کسی اور مذہبی رشتے میں نہیں رہے ہیں۔ زرتشت کہتا ہے کہ تمہیں یہ سب نہیں کرنا ہے۔ زرتشت کا فلسفہ ایک گہر افلسفہ ہے۔ انہوں نے Praying Technolog نہیں اپنائی، جو کہ بعد میں ابراہیمی مذاہب نے اپنائی۔

ڈاکٹر خالد سہیل:

بہر حال یہ آپ کا نقطہ نظر ہے۔ زرتشت کا فلسفہ مشرقِ وسطیٰ میں گیا، یہ کتنا پھیلا اور کتنا کم ہوا، یہ ایک الگ موضوع ہے۔

زرتشت کے ہاں خوشی کا تصور یہ ہے کہ

Zarathustra was born with a smile, lived with a smile and died with a smile.

یہ سوال اہم ہے کہ خوشی کیسے حاصل کی جائے؟ زرتشت کہتے ہیں کہ تم زندگی کے ساتھ جڑے رہو، تمہیں خوشی حاصل ہو گی۔ یہ آپ کی اندرونی سچائی ہے کہ آپ کے پاس Free Will موجود ہے کہ آپ نیکی اور بدی میں سے جو چاہیں، اختیار کر لیں۔ اگر آپ نیکی کا انتخاب کریں گے تو آپ کی زندگی میں سکون اور خوشی در آئے گی۔ اگر آپ بدی کو اختیار کریں گے تو سکون اور خوشی سے محروم رہیں گے۔

ڈاکٹر بلند اقبال:

یہ ان کے فلسفے کے تین بنیادی نکات ہیں کہ Good Thought, Good Word,

Good Deed

ان کی ایک نظم کا اردو ترجمہ یہ ہے کہ ''جس خوشی کا تو نے وعدہ کیا تھا، وہ تیری باطنی آگ اور نیکی کے ذریعے حاصل ہو سکتی ہے''۔ یعنی کہ آگ نیکی ہے جو انسان کے اندر جل رہی ہے۔ زرتشت چاہتے ہیں کہ تم اس آگ سے مل جاؤ۔

ڈاکٹر خالد سہیل:

Free Choice کے بارے میں ان کی ایک نظم ہے:

O Ahoramzda! I know that happiness and serenity come from you. The creative wisdom comes from you. You bestowed upon men and women freedom of choice. So, they could choose their rightest leader and reject the corrupt leaders.

نطشے جب آیا تو دیگر مذاہب کو چیلنج کرنے کی بجائے زرتشت کے پاس چلا گیا۔ اس کی کتاب Thus Spoke Zarathustra اسی سے متعلق ہے۔ نطشے سمجھتے تھے کہ مشرقِ وسطیٰ کے مذہبی فلسفے کے پیچھے زرتشت ہی براجمان ہیں۔ ہزاروں سال تک زرتشت کی روایت ایران اور مشرقِ وسطیٰ میں عروج پر رہی، لیکن تبلیغ نہ ہونے کے باعث یہ روایت آہستہ آہستہ معدوم ہوتی چلی گئی۔

مہاتما بدھا کی دانائی

(بدھا ازم)

آج ہمارا موضوعِ گفتگو Dhammapada کتاب ہے، جو بدھا کے اقوال پر مشتمل ہے۔

ڈاکٹر خالد سہیل:

اس سے پہلے ہم ہرمن ہیسے کے ناول سدھارتھا پر بات کر چکے ہیں، جس میں بدھا کا حوالہ موجود تھا۔ لیکن وہ ایک ناول تھا۔ آج ہم بدھ مت کے بانی سدھارتھا المعروف گوتم بدھ کی زندگی، سوچ اور ان کے فلسفے پر بات کرتے ہیں۔ یہ ایسے نابغہ روزگار فرد کہ جن کی مقبولیت وقت کے ساتھ بڑھتی جا رہی ہے۔ آپ کا ان کی سوچ اور فلسفے کے بارے میں عمومی تاثر کیا ہے؟

ڈاکٹر بلند اقبال:

بدھا نے مجھے بہت متاثر کیا ہے۔ اس کی وجہ لگتا ہے کہ بدھا 600 قبل مسیح کا فرد نہیں، بلکہ اکیسویں صدی کا فرد ہے۔ بہت ہی جدید ذہنیت کا مالک اور پریکٹیکل انسان ہے۔ یہ عام انسان کی طرح رہا، لیکن پھر بھی اپنے فلسفے کے ذریعے روحانیت کی معراج تک جا پہنچا۔ آنے والے وقت میں دنیاوی حالات جیسے بھی رخ بدلیں، ان کا فلسفہ ہر جگہ پہنچ جائے گا کیوں کہ ان کا نقطہ نظر خاصا وسیع نظر آتا ہے۔ ہرمن ہیسے کے سدھارتھا اور اس سدھارتھا میں فرق یہ ہے کہ وہ ناول میں گاؤں سے شہر آتے ہیں جب کہ بدھا کی زندگی میں ایسا کچھ نہیں ہوا تھا، اگر ان کی زندگی کی بات کریں تو وہ نیپال کے ایک علاقے میں 600 قبل مسیح میں پیدا ہوئے۔ وہ ابھی چھوٹے ہی تھے کہ زندگی کی مشکلات سے آشنا ہو گئے، حالاں کہ ان

کے والد ایسا نہیں چاہتے تھے۔ ان کے والد اپنے علاقے کے بادشاہ تھے اور چاہتے تھے کہ سدھارتھا ان سے بھی اچھا بادشاہ ثابت ہو۔ مگر انہوں نے مشکلات کا مشاہدہ کر لیا، کسی کو بوڑھا ہوتے ہوئے دیکھ لیا، کسی کو بیمار ہوتے ہوئے اور کسی کو مرتے دیکھا۔ اس کے بعد ان کے ذہن میں دانشمندانہ خیال آیا کہ زندگی کی حقیقت کچھ اور ہے۔ 29 سال کی عمر میں گھر چھوڑ کر چلے گئے اور ایک درخت کے نیچے جا کر بیٹھ گئے۔ 6 سال تک وہیں بیٹھے رہے۔ 35 سال کی عمر میں انہیں روشنی ملی کہ Enlightenment کا ایک راستہ ہے۔ مذہبی نقطہ نظر سے دیکھیں تو یہ چھ سال کا عرصہ ان کے غور و فکر کا دور تھا، اس دور کے بعد ہی انہیں نروانا حاصل ہوا۔ اپنی زندگی کے بقیہ 45 سال میں انہوں نے اپنے پیغام کو مختلف علاقوں میں پھیلایا۔ ان کے ماننے والے کروڑوں کی تعداد میں ہوئے۔ ان کا بنیادی فلسفہ بظاہر تو بڑا آسان نظر آتا ہے، لیکن حقیقتاً یا عملی اعتبار سے بڑا ہی مشکل اور گھمبیر ہے۔ انہوں نے کہا کہ Four Noble Truths ہونے چاہییں، اس کے بعد Eight Noble Pathways میں جانا ضروری ہے۔ جب آپ اس سارے عمل سے گزر جائیں گے تو نروانا حاصل کر لیں گے۔

ڈاکٹر خالد سہیل:

ہم ان کے اقوال کو بھی ساتھ ساتھ لیے چلتے ہیں۔ مجھے ان کی یہ بات بہت اچھی لگی کہ وہ کہتے ہیں:

"کسی بات کو صرف اس لیے نہ مانو کہ وہ کسی دانا انسان نے کہی ہے، کسی بات کو صرف اس لیے نہ مانو کہ اسے سب مانتے ہیں، کسی بات کو صرف اس لیے نہ مانو کہ وہ کسی مقدس کتاب میں لکھی گئی ہے، کسی بات کو صرف اس لیے نہ مانو کہ کوئی اسے مانتا ہے۔ صرف اس بات کو مانو جسے تم سچ سمجھتے ہو۔ بدھا کا کہنا تھا کہ انسان کا اپنا تجربہ اس کا سب سے بڑا استاد ہے"۔

یعنی کہ بدھا چاہتے ہیں کہ دوسروں سے رہنمائی لینے کی بجائے انسان کو اپنے ضمیر اور تجربے سے رہنمائی حاصل کرنی چاہیئے۔ انسان کو سوچ کے ارتقا کا سفر جو کہ اکیسویں صدی میں بھی جاری ہے، بدھا اس پر بہت پہلے بات کر چکے ہیں۔ وہ چاہتے ہیں کہ انسان اپنی سوچ اور شخصیت پر انحصار کرے اور سچ اس کے اندر سے پھوٹے، کہیں باہر سے نہ آئے۔ ان کے

Four Noble Truths کے بارے میں بتائیں۔

ڈاکٹر بلند اقبال:

ان کے سامنے Existential Crisis تھا۔ یہ سوال ان کے سامنے تھے کہ ہم کہاں سے آئے ہیں؟ یہاں کیوں ہیں؟ کہاں چلے جائیں گے؟ ان سوالات کے بارے میں سوچنا ضروری ہے۔ بہر حال یہ سوال ابھی بھی سوال ہی ہیں۔ بدھا کہتے ہیں کہ ہم آتے کہاں سے ہیں؟ یہ تو تم جان لو گے لیکن جہاں تم ہو، یہ ایک Crisis ہے۔ ان کا پہلا Truth یہ ہے:

1- Life is suffering

وہ کہتے ہیں کہ زندگی میں بہت سے مراحل ایسے ہیں کہ جب تمہیں لگے گا کہ تم ذہنی و جسمانی لحاظ سے مشکل میں گھرے ہوئے ہو۔

اب سوال یہ ہے کہ یہ مشکلات کیوں آتی ہیں؟ اس کا جواب دیتے ہوئے کہتے ہیں:

2- It comes from desires

یعنی خواہشات، مشکلات لاتی ہیں، یہ ان کا دوسرا Truth ہے۔

پھر وہ کہتے ہیں کہ خواہشات کو ختم کر دو۔

3- Cascetim of the desires

یہ ان کا تیسرا Truth ہے۔

4- وہ کہتے ہیں کہ Eight Noble Pathways دے رہا ہوں، ان پر عمل کر لو تو نروانا حاصل کر لو گے۔ یہ ان کا چوتھا Truth ہے۔

ڈاکٹر خالد سہیل:

ان کے فلسفے کو نفسیات سے جوڑیں تو میرے خیال میں ان کی مقبولیت کی وجہ یہ ہے کہ انہوں نے چند نفسیاتی حقائق سے پردہ اٹھایا ہے۔ کتاب سے ایک پیراگراف ہے:

Our life is shaped by our mind. We become what we think. Suffering follows an evil thought as the wheels of a cart follows the oxen that draw it.

مزید کہتے ہیں:

Our life is shaped by our mind. We become what we think.

102

Joy follows a pure thought like a shadow that never leaves.

برے خیالات آپ کے الفاظ، سوچ اور رویے پر برے اثرات ڈالتے ہیں اور اچھے خیالات آپ کے الفاظ، سوچ اور رویے پر خوش گوار اثرات مرتب کرتے ہیں۔ میرے نزدیک انسانی سوچ کی دریافت بدھا کی بہت بڑی دریافت ہے، جس پر ہم آج بھی بات کر رہے ہیں۔ بہر حال آپ ان کے Noble Pathways 8 کے بارے میں بتائیں۔

ڈاکٹر بلند اقبال: یہ تین اہم نکات ہیں، ان کے اندر سے ہی آٹھ طریقے نکلتے ہیں۔

1-Wisdom 2-MORALITY 3-Meditation

Wisdom میں ہمارے پاس Right Thought کے ساتھ ساتھ Right Understanding ہونی چاہیے۔

Morality میں Right Speech, Right Action اور Right Lifehood ہونی چاہیے۔

Meditation میں Right Efforts, Right Mindfulness اور Right Concentration ہونی چاہیے۔

یہ آٹھ نکات ہیں جن کے ذریعے آپ نروانا تک پہنچ سکتے ہیں۔

ڈاکٹر خالد سہیل: ان کے یہ آٹھ نکات نروانا حاصل کرنے کے مراحل ہیں۔ آپ نے Meditation کی بات کی، اسی حوالے سے کتاب کا پیرا گراف سناتا ہوں۔

Hard it is to train the mind which goes where it likes and does what it wants. But a trained mind brings health and happiness, the wise men direct their thought certainly elusive where ever they choose a trained mind, choose health and happiness.

یعنی کہ آپ اپنے دماغ پر قابو رکھیں، آپ کے خیالات آپ پر حاوی نہ ہوں۔ مجھے بدھا کی فلاسفی میں Right Speech کا عنصر اہم لگا، ان کے اس تصور کی وضاحت کریں۔

ڈاکٹر بلند اقبال:

بدھا کا یہ بنیادی خیال تھا کہ اخلاقی لحاظ سے مضبوط معاشرہ قائم کرنا ہے۔ Right Speech کا مطلب یہ ہے کہ تمہارے الفاظ سے کسی کو تکلیف نہ پہنچے، یعنی کہ کوئی غلط لفظ زبان

پر نہ لاؤ۔ معاشرے میں رہتے ہوئے خود غرض نہ بنو بلکہ دوسروں کی بھلائی کرنے والے بنو۔ Right Action کا مطلب یہ ہے کہ خواہشات کے حصول کے لیے اندھا دھند تگ و دو میں زندگی نہ گزارو۔ زندگی میں حد سے زیادہ مصروف ہونا خواہشات کو جنم دیتا ہے۔ بدھا خواہشات سے انسان کو دور لے کر جا رہے ہیں۔ اگرچہ ان کا فلسفہ بظاہر آسان نظر آتا ہے، مگر اس پر عمل پیرا ہونے کے لیے اچھی خاصی محنت کی ضرورت ہے۔

ڈاکٹر خالد سہیل:

Morality کا ایک پہلو تو یہ ہے کہ آپ حریص نہ بنیں، کم چیزوں پر قانع رہیں۔ اگر چیزوں سے لگاؤ نہیں ہو گا، تو ان کے کھو جانے پر غم بھی نہیں ہو گا۔ دوسرا پہلو یہ ہے کہ وہ کہتے ہیں:

For hatred can never put an end to hatred. Love can alone. This is an unalterable law.

جب کوئی آپ پر ظلم کرتا ہے، تو آپ اس سے بدلہ لینا چاہتے ہیں۔ یہ ایک عمومی بات ہے، لیکن بدھا کہہ رہے ہیں کہ اس طرح آپ Cycle of Revenge میں داخل ہو جائیں گے، جو کہ چلتا رہے گا۔ جنگ تبھی ختم ہو گی جب دونوں فریق جیتیں گے۔ اگر ایک فریق جیت گیا اور دوسرا ہار گیا، تو ہارنے والے فریق کی اگلی نسلیں بدلہ لینے آئیں گی۔ یوں یہ سلسلہ جاری و ساری رہے گا۔ محبت اور رحم کا جذبہ نفرت اور بدلے کو ختم کر دیتا ہے۔ بدھا کے فلسفے کے مطابق Noble Truth Eight سے گزر کر آپ کو دانائی اور نروانا حاصل ہو گا۔ ان کے ہاں نروانا کا کیا تصور ہے؟

ڈاکٹر بلند اقبال:

ایک بڑا فلسفہ ذہانت کی تمام منازل کو چھو کر گزرتا ہے۔ اگر تو بدھا کا فلسفہ آپ کو صرف Re-Birth کے عمل سے گزار رہا ہے، تو یہ فلسفے کے محدود ہونے کی نشانی ہے۔ مگر ان کا فلسفہ بہت اعلیٰ منزل پر ہے، آپ Biological Phenomenon سے نکل کر Metaphorical Phenomenon میں چلے جاتے ہیں۔ یعنی کہ دریا قطرے سے مل جائے یا قطرہ دریا سے مل جائے، ایک ہی بات ہے۔ بدھا کا Re-Birth کا تصور بھی چار مراحل پر

مشتمل ہے۔

Stream Enterer   1-

یعنی کہ آپ کو آگہی مل گئی ہے کہ آپ آزادی کی طرف جا رہے ہیں، زندگی کی مشکلات سے نکلنا چاہتے ہیں، تو آپ اس مرحلے میں ہیں۔

Once returne   2-

یعنی کہ اگر تم مر گئے تو تم ایک بار مزید زندگی کی طرف پلٹو گے۔

Non returner   3-

یعنی کہ اگر تم نے زندگی میں بہت زیادہ اچھے اعمال کر لیے، تو تم دوبارہ واپس نہیں آؤ گے۔

Arahant   4-

یعنی کہ اب تم دانائی کا حصہ بن جاؤ گے۔ کہا جاتا ہے کہ بدھا کو بھی Arahant نصیب ہوا تھا۔

ڈاکٹر خالد سہیل: اس مرحلے پر فزیکل اور میٹا فزیکل آپس میں مل جاتے ہیں۔ یہ سوال اہم ہے کہ جسے نروان مل گیا، اس کی شخصیت کس طرح کی ہے؟ کتاب کا پیرا گراف ہے:

Injuring no one self-controlled, the wise enter the state of peace beyond all sorrows. Those who are vigilant who turned their minds day and night and strive continuely for Nirvana, enter the state of peace beyond all selfish passions.

نروانا کی تلاش کے دوران آپ آہستہ آہستہ اپنے اندر ساری خوبیاں پیدا کر رہے ہیں۔ جب آپ کسی ایسے شخص کو دیکھتے ہیں، جو نروانا حاصل کرنے کے قریب ہے، تو آپ کو اندازہ ہوتا ہے کہ اس کے اندر خصوصیات کیسے پیدا ہوئیں؟ کسی نے صوفی کی تعریف یوں کی ہے کہ اس کی موجودگی میں آپ خود کو پرسکون اور پر امن محسوس کریں۔ جو عام روایتی مذہبی افراد ہیں وہ آپ کو طرح طرح کی باتوں میں الجھا دیتے ہیں، جب کہ صوفی ایسا نہیں کرتا۔

اب تک ہم جتنے فلسفوں پر بات کر چکے ہیں، ان میں نروانا، دانائی اور امن و سکون کے پہلو نمایاں تھے۔ آپ نے ان سے امن و سکون کے متعلق کیا سیکھا؟

ڈاکٹر بلند اقبال:

یہ بات اہم ہے کہ آپ کس مرحلے پر محسوس کرتے ہیں کہ آپ کی زندگی میں تناؤ

نہیں رہا۔ آپ محسوس کرتے ہیں کہ آپ اپنی بات آزادی سے کہہ سکتے ہیں۔ آپ کے الفاظ اور خیالات کا تعلق کم سے کم ہو، تبھی آپ خود کو پرامن اور پر سکون محسوس کرتے ہیں۔ اگر آپ ایمان دار ہیں تو آپ کوئی بھی بات جو سچ ہو، وہ آسانی سے کہہ لیتے ہیں، چاہے وہ کسی کو پسند آئے یا نہ آئے۔ لیکن آپ پر سکون ہیں کیوں کہ آپ نے سچ بولا ہے۔ بدھا کے فلسفے میں انسان کے رویے اور کردار کو بہتر بنانے پر زور زیادہ ہے، عبادت گاہوں کا تصور نہیں ہے۔ وہ کہتے ہیں کہ اپنی ذات میں جھانکو، کسی کی پیروی مت کرو۔ اس فلسفے میں کوئی دباؤ نہیں ہے۔ اس فلسفے کے مطابق یہ ہے کہ اگر میں نے اچھا کام نہیں کیا تو میں Once returner کے مرحلے میں چلا جاؤں گا۔ اگر میں نے اچھا کام کیا ہے تو میں Non returner میں چلا جاؤں گا۔ یہ سب مثبت پہلو ہیں۔ لیکن اس فلسفے کا ایک منفی پہلو بھی نظر آتا ہے، وہ یہ کہ بدھا ہمیں دنیا سے دور کر رہے ہیں، آپ کی کیا رائے ہے؟

ڈاکٹر خالد سہیل:

اس کے دو پہلو ہیں، ایک تو یہ کہ آپ اپنی ذات کی شناخت کے لیے دنیا سے دور ہوئے ہیں، تو یہ مثبت پہلو ہے۔ دوسرا پہلو یہ ہے کہ زندگی سے فراریت اختیار کر لیں، اگر تو یہ مختصر عرصہ کے لیے ہے یعنی چند دن، چند ہفتے یا چند ماہ تک کے لیے ہو، تو کوئی حرج نہیں۔ یہ بھی مثبت عمل ہے۔ اگر زیادہ عرصہ کے لیے ہو، تو یہ غلط ہے۔ یہ میری ذاتی رائے ہے، بہر حال ہر شخص اپنا راستہ اختیار کرنے میں آزاد ہے۔ بدھا کا فلسفہ نروانا کا فلسفہ ہے، اگر ہم خواہشات سے فاصلہ رکھیں گے، تو مایوسی سے بھی دور رہیں گے۔ بدھا نے انسانیت کو اپنے فلسفے کی صورت میں بہت بڑا تحفہ دیا، جس سے ہم آج بھی سیکھ رہے ہیں۔

بھگوت گیتا کی دانائی

(ہندو ازم)

خواتین و حضرات بلند اقبال اور خالد سہیل آپ کی خدمت میں ”دانائی کی تلاش میں“ کے تیرویں پروگرام کے ساتھ حاضر ہیں۔ آج کا پروگرام بھگوت گیتا کے حوالہ سے ہے۔ کہا یہ جاتا ہے کہ یہ رزمیہ نظموں کی صورت میں ایک اعلٰی شاہکار ہے۔ یہ ایک قسم کا لارڈ کرشنا اور پرنس ارجن کے درمیان ایک ڈائیلاگ ہے۔ اس گفتگو میں لارڈ کرشنا پرنس ارجن کو جنگ کے اصول سمجھا رہے ہیں اب سوال یہ پیدا ہوتا ہے کہ یہ ایک طرح سے میدان جنگ سے تعلق رکھتی ہے یا اس کا کوئی استعاراتی تصور مراد لیا جاتا ہے اس میں یہ بتانے کی کوشش کی گئی ہے کہ زندگی بھی جنگ کی طرح کی ہوتی ہے جسے ہم سب مل کر لڑتے ہیں۔

بلند اقبال:

ہندو مذہب دنیا کا تیسرا بڑا مذہب ہے۔ آبادی کے لحاظ سے سب سے بڑا مذہب عیسائیت ہے اور دوسرا بڑا مذہب اسلام ہے۔ ہندو ازم ایک پورے کلچر کا نام ہے یہ کوئی مذہب نہیں ہے بلکہ یہ ایک بڑی آئیڈیالوجی اور تصور حیات ہے۔ اس کے پیرو کار ایک بلین سے زیادہ ہے۔ اور زیادہ اکثریت ہندوستان میں پائی جاتی ہے۔ یہ دنیا کا قدیم ترین مذہب ہے ہم خود یعنی پاکستان، ہندوستان، بنگلہ دیش اور نیپال یہ سارے کا سارا اس تہذیب کا حصہ ہے جسے ہم انڈین تہذیب کہتے ہیں۔ یہ ایک بہت بڑی تہذیب تھی اس کے ساؤتھ میں سری لنکا، نارتھ میں ہمالیہ پہاڑ، ایسٹ میں خلیج بنگال اور اس کے ویسٹ میں بحیرہ عرب تھا۔ یہ تہذیب اتنی زیادہ مضبوط تھی کہ ان کے شہروں کی آبادی 80 ہزار سے زیادہ لوگوں پر

مشتمل تھی۔ یہاں کی تہذیب کو ویدک تہذیب کے نام سے جانا جاتا ہے۔ ہندوازم میں کثیر الخدا (multiple god) کا تصور موجود نہیں ہے۔ یہ واحد خدا (monotheistic god) مذہب ہے۔ یہ ایک کائنات، خدا اور کاسموس کا تصور دیتا ہے۔ ان کے اندر سپریم پاور ایک ہی ہے۔ یہ دنیا کا واحد مذہب ہے جس میں دیوی اور دیوتاوں کا تصور ملتا ہے۔ اگر ہم اس کے مذہبی مسودات کو دیکھیں تو ہم اس کو دو حصوں میں تقسیم کر سکتے ہیں۔

1۔ پرائمری مسودات (Primary scriptures)

2۔ سیکنڈری مسودات (Secondary scriptures)

بنیادی سوالات کو ہم ویدک کہتے ہیں اس میں مزید چار بڑے ویدک بھی شامل ہیں۔ سیکنڈری مسودات کو مقدس روح نے نئے سرے سے لکھا ہے۔ دراصل یہ وہ مذہبی تحریریں ہیں جو بعد میں سینہ بہ سینہ منتقل ہوتی رہی ہیں۔ اس میں پہلی کا نام مہابھارت اور دوسری کا نام رامائن ہے۔

خالد سہیل:

موہن داس گاندھی ان مسودات کو روحانی لغت (Spiritual dictionary) کہتے تھے۔ اس کا ماحصل یہ ہے کہ آپ ایک آدرش کے ساتھ زندہ رہتے ہیں اور اس کے ساتھ ایک ہم آہنگی پیدا کرتے ہیں۔ ہندوازم کے اندر (Reincarnation) کا تصور پایا جاتا ہے یعنی انسانی روح بار بار جنم لیتی ہے اور جب اس روح کو نروانا حاصل ہو جاتا ہے تو وہ روح کل کا حصہ بن جاتی ہے۔

بلند اقبال:

یہ صدیوں پر محیط باتیں ہیں، دنیا میں جتنے بھی مذاہب آئے ہیں حقیقت میں وہ ایک دوسرے سے جڑے ہوئے ہیں۔ یہ انسانی سوچ کا ایک مذہبی سفر ہے۔ وید اس کو عملی طور پر اپنانے کے لیے آپ کا برہمن ہونا ضروری ہے۔ ہندوازم کی مسودات اٹھارہ کہانیوں پر مبنی ایک پیکج ہے جو کہ دیوی دیوتاؤں کے بارے میں ہے یہاں پر ہندوازم مذہبی طور پر دو طبقات پیدا کر رہا ہے۔

اعلیٰ طبقہ (ii) ادنیٰ طبقہ

یہ ایسی باتیں ہیں جو ہندوازم کے لیے سوالیہ نشان ہیں۔

خالد سہیل:

میں جب مطالعہ کر رہا تھا تو مجھے ایسے محسوس ہوا کہ جیسے اس فلسفے میں دکھ اور سُکھ دونوں سے ایک فاصلہ پر رہنے کی تلقین کی گئی ہے۔ اگر نفسیاتی زبان میں اس بات کو ایک جملہ میں کہا جائے تو دانا شخص وہ ہوتا ہے جو Rmotionally overreact نہیں کرتا بلکہ اپنی خواہشات اور تصورات میں ایک توازن اور معاملہ فہمی پر زیادہ توجہ دیتا ہے۔

بلند اقبال:

اس فلسفے کے اندر (اوم) کا تصور پایا جاتا ہے یعنی یہ لفظ Self Consciousness کی نشاندہی کرتا ہے۔ اس عمل میں یوگا کے ذریعے سے سانس کو اندر لے کر جایا جاتا ہے اور پھر آہستہ آہستہ خارج کر دیا جاتا ہے یعنی آپ ساری کائنات کو اپنے اندر اتارنے کا جذبہ رکھتے ہیں۔

خالد سہیل:

انڈین فلسفے میں جو چیز مجھے واضح طور پر نظر آئی وہ Compassion کا عنصر ہے۔ یہ عنصر آپ کی شخصیت میں نکھار پیدا کرتا ہے۔ جیسا کہ کنفیوشس نے کہا تھا کہ ”دوسروں کے ساتھ ویسا ہی سلوک کرو جیسا کہ تم اپنے ساتھ چاہتے ہو“۔

بلند اقبال:

ذات پات کے نظام سے قطع نظر ہندوازم کا فلسفہ بہت بڑا ہے مگر اس کے اندر وہی قصے کہانیاں ہیں جو باقی دوسرے مذاہب میں بھی موجود ہے۔ اگر ہم رامائن یا مہابھارت کا جائزہ لیں تو ہمیں یہ پتا چلتا ہے کہ اس کی کہانیاں اور کردار انسانی ہے یعنی رام کہنے کو اوتار ہے وشنو دیوتا کا، مگر ان کے کردار انسان کے روپ میں ڈھالے گئے ہیں۔

خالد سہیل:

دنیا میں جتنا بھی متھالوجیکل (Mythlogical) فلسفہ پایا جاتا ہے اس میں توجہ انسان کی طرف مرکوز کی جاتی ہے۔ مڈل ایسٹرن مذاہب میں لوگوں کو سماجی اور اخلاقی طور پر کنٹرول کرنے کا تصور پایا جاتا ہے جبکہ انڈین فلاسفی میں ایسا کوئی تصور موجود نہیں ہے۔

مہاویر اکی دانائی

(جین ازم)

خواتین و حضرات بلند اقبال اور خالد سہیل آپ کی خدمت میں ”دانائی کی تلاش میں“ کی چودھویں قسط لے کر حاضر ہوئے ہیں۔ آج کا پروگرام ancient wisdom کی سیریز کا آخری پروگرام ہو گا۔ آج کے پروگرام کے لیے جس شخصیت کا ہم نے انتخاب کیا ہے اس کا نام مہاویر ااور ان کی کتاب کا نام Prince of Peace ہے۔ مہاویر اکا تعلق بھی ہندوستان سے تھا۔ موہن داس گاندھی بھی مہاویر اکے فلسفے کے پیروکار تھے۔

بلند اقبال:

مہاویر اکے دور اور تصورات میں بھگوان کا تصور نظر نہیں آتا انہوں نے انسانی روح کے اوپر اپنی توجہ مرکوز کی ہے۔ ان کا ماننا ہے کہ یہ کائنات کسی بھگوان نے نہیں بنائی بلکہ یہ کائنات شروع سے ہے اور قائم رہے گی۔ جب ہم بدھا کو دیکھتے ہیں تو انہوں نے بھی خدا اور روح دونوں کو ایک طرف کر دیا اور کہا کہ جو کچھ بھی ہے وہ صرف انسانی بدن ہے اور اسی پر محنت کرنی چاہیے اور خود کو ایک Awakening Human Being میں تبدیل کرنا چاہیے۔ ڈاکٹر صاحب مہاویر انے مجھے بہت بہت متاثر کیا ہے ان کی زندگی بہت ڈرامائی قسم کی تھی۔ 99 قبل مسیح میں پیدا ہوئے اور تقریباً 72 سال کی عمر پائی۔ بدھا اور مہاویر ادونوں ہی راجہ کے بیٹے تھے جب مہاویر اکی عمر اٹھائیس سال ہوئی تو اس کے والدین انتقال کر گئے اور مزے کی بات یہ ہے کہ ان کے والد کا نام سدھار تھا ہے جو کہ بدھا کا اصل نام تھا۔ والد کے بعد انہوں نے اپنے بھائی کو راجہ بنایا اور خود جنگلوں میں چلے گئے تا کہ روحانی بیداری حاصل

کر سکیں۔ انہوں نے تقریباً ساڑھے بارہ سال جنگل میں ایک Deep Meditation کی اور اپنے ذہن کو علم کی روشنی سے منور کیا۔

خالد سہیل:

مہاویرا کی پیدائش سے پہلے ان کی والدہ کو مختلف قسم کے خواب آتے تھے ان خوابوں سے یہ ظاہر ہوتا کہ آنے والا بچہ کوئی عام بچہ نہیں ہے بلکہ خاص ہے جو کہ روحانیت اور فلسفہ سے بھرپور ہے۔ بلند اقبال آپ ہمیں ذرا ان کے بچپن کے بارے میں کچھ بتائیں۔

بلند اقبال:

جب ساڑھے بارہ سال کی ریاضت کے بعد وہ بیداری والے مرحلے میں داخل ہوئے تو یہ جنگل سے اٹھ کر ایک دریا کے کنارے آ کر بیٹھ گئے اور ایک درخت کے نیچے بیٹھے بیٹھے سو گئے۔ انہوں نے خواب میں دیکھا کہ ایک شیر کو انہوں نے پچھاڑ دیا۔ اس خواب کا میٹافوریکل مطلب یہ تھا کہ انہوں نے خود کو دنیا سے الگ کر لیا ہے۔ اس کے بعد انہوں نے ایک پرندہ دیکھا جس کے سفید پَر ہیں اور وہ مہاویرا کا پیچھا کر رہا ہے۔ اس خواب کا مطلب تھا کہ وہ بالکل Pure ہو گئے ہیں۔ پھر انہوں نے ایک اور خواب دیکھا جس میں مختلف رنگوں کا ایک پرندہ ہے اس خواب کا مطلب ہے کہ اسے مختلف طرح کا علم حاصل ہو گا۔

خالد سہیل:

مہاویرا کے اندر بچپن سے ہی ایک بہادر پن تھا جیسا کہ ان کے نام سے ظاہر ہے ویرا کا مطلب بہادر اور مہاویرا بہت بہادر۔ ان کے فلسفے کی بہت ساری چیزیں بہت عام ہے۔

بلند اقبال:

زندگی کے بارے میں وہ کہتے ہیں کہ یہ ایک روح ہے۔ ان کی نظر میں روح ایک طرح سے Consciousness, Knowledge اور Perception کا نام ہے۔ دوسرا اصول ان کی نظر میں Non Life Element کا ہے جس میں ٹائم، اسپیس اور مادہ ہے اور اسی نے ہی کائنات کو بھر رکھا ہے۔ وہ کہتے ہیں کہ اس کائنات کو کسی نے بھی نہیں بنایا یہ ہمیشہ سے ہے اور ہمیشہ رہے گی۔ جہاں تک انسان کی اخلاقیات کا تعلق ہے اسے وہ "موکشہ" کا نام دیتے ہیں۔ جب آپ ریاضت کر کے اس مقام تک پہنچیں گے تو خود بخود آپ کائنات یا بھگوان

111

میں ڈھل جائیں گے۔

خالد سہیل:

آج ہم مہاویرا کی Prince of Peace پر بات کر رہے ہیں ۔ان کے پیروکاروں کو ہم جین کے نام سے جانتے ہیں۔ہم کائنات کے بارے میں مہاویرا کے تصورات اور فلسفے کو جاننے کی کوشش کر رہے ہیں۔

بلند اقبال:

ٹائم کے حوالے سے مہاویرا کہتے ہیں کہ یہ لاکھوں اور کروڑوں سالوں میں تقسیم ہوتا ہے ان کا کہنا ہے پوری کائنات ٹائم کے اندر بند ہے۔اور یہ بات حقیقت پر بھی مبنی ہے ہم بنیادی طور پر ٹائم اور اسپیس کی ہی پیداوار ہیں۔ان کا کہنا ہے ٹائم کی دو اقسام ہیں۔

اوتر سرپنی (Ascending Time)

اواسرپنی (Descending Time)

اواسرپنی کو وہ بُرے وقت سے تشبیہ دیتے ہیں۔اس وقت دنیا میں ایک طرح کی بُرائی چھائی ہوئی ہے یا اخلاقی طور پر لوگ اچھے نہیں ہیں۔بدقسمتی سے ہم جس دور میں پیدا ہوئے ہیں وہ Descending time کا حصہ ہے لیکن جب اس کا چکر پورا ہو جائے گا تو پھر اوتر سرپنی کا ظہور ہو گا۔اس دور میں انسان نیک ہوں گے اور خوش و خرم زندگی گزاریں گے۔

خالد سہیل:

کہتے ہیں کہ جین ازم کے چھ (6) بنیادی اصول ہیں

1. Non violence 2. Non stealing 3. Chastity

4. Non sexuality 5. Non attachment 6. Truthfulness

جس طرح موسٰی نے دس احکامات پیش کیے تھے اسی طرح مہاویرا نے چھ اصول پیش کیے تھے۔

بلند اقبال:

جین ازم کے اندر بھی دو فرقے ہیں ان میں ایک فرقہ کپڑے بالکل نہیں پہنتا جبکہ دوسرے فرقے کے لوگ سفید کپڑے پہنتے ہیں۔

خالد سہیل:

مجھے ایسا لگتا ہے کہ جین ازم بھی انسان کی برتری پر یقین رکھتا ہے ان کا ایک قول ہے جو کہ بہت مشہور ہوا ہے۔ وہ کہتے ہیں کہ "میرے سب دوست ہیں اور دشمن کوئی بھی نہیں ہے" اس قول میں آپ دیکھ سکتے ہیں کہ اس کے اندر انسانیت کا فلسفہ چھپا ہوا ہے۔

مزید چند مشہور اقوال درج ذیل ہیں

"اپنی زندگی کی طرح دوسروں کی زندگی کا بھی احترام کرو اور ہر جاندار کو اپنی جان عزیز ہے"

"ایک اچھی بات اس وقت تک کرتے رہو جب تک وہ تمہاری شخصیت کا حصہ نہ بن جائے"

"کسی انسان کو اس کی مزدوری سے محروم نہ کرو۔"

"ہمیں زمین، ہوا، آگ، پانی اور نباتات کا احترام کرنا چاہیے کیونکہ ان سے ہمارا اٹوٹ رشتہ ہے"

ان اقوال کو پڑھ کر مجھے محسوس ہوا کہ مہاویرا ایک بہت بڑے انسان تھے۔

بلند اقبال صاحب آپ جین ازم کو اکیسویں صدی میں کیسے دیکھتے ہیں۔

بلند اقبال:

ڈاکٹر صاحب یہ بڑے حوصلے اور دیدہ دلیری کی باتیں ہیں کہ ایک آدمی بادشاہ کے گھر میں پیدا ہوتا ہے اور کپڑے اتار کر نروانا حاصل کرنے کے لیے جنگلوں میں چلا جاتا ہے۔ ساڑھے بارہ سال کے غور و فکر کے بعد وہ لوگوں میں آ کر اپنی بصیرت کو تقسیم کرنے لگ جاتا ہے۔

خالد سہیل:

جب مہاویرا کے دنیا سے جانے کا وقت قریب آیا تو انہوں نے اپنے پیروکاروں سے خطاب کرتے ہوئے کچھ وعظ و نصیحت کی اور کہا کہ مجھ سے محبت کرنے کی بجائے میری تعلیمات سے محبت کرو کیونکہ وہ تمہاری زندگی میں تمہیں مدد دیں گی۔

113

عہد قدیم کی دانائی پر ایک مجموعی نظر

خواتین و حضرات بلند اقبال اور خالد سہیل آپ کی خدمت میں "دانائی کی تلاش میں" کے پندرہویں پروگرام کے ساتھ حاضر ہیں ۔ یہ قسط باقی پروگرام سے ذرا مختلف ہے۔ ہم نے جب یہ سلسلہ شروع کیا تھا تو پانچ سوال آپ کے سامنے رکھے تھے۔

1. سچ کیا ہے؟

2. دانائی کس کو کہتے ہیں؟

3. ساری دنیا کے انسان اتنے دُکھی کیوں ہیں؟

4. انسان اپنے دکھوں کو سکھوں میں کیسے تبدیل کر سکتے ہیں؟

5. انسان اس کرۂ ارض پر ایک پُر امن معاشرہ کیسے قائم کر سکتے ہیں؟

ہم دونوں نے 500 قبل مسیح یعنی Ancient wisdom کے دور کا جائزہ لیا تھا اور چار ثقافتوں یا روایات پر گفتگو کی تھی اس دور کے فلاسفرز اور ان کے خیالات پر گفتگو کی تھی۔ ہم نے چار روایات کا جائزہ لیا تھا۔

1. چینی روایات 2. انڈین روایات 3. ایرانی روایات 4. یونانی روایات

ان 14 پروگرامز میں ہم نے مختلف قسم کی کتابوں پر سیر حاصل گفتگو کی تھی ۔ آج کے پروگرام میں ہم ان پروگرامز کا خلاصہ پیش کریں گے اور جائزہ لینے کی کوشش کریں گے کہ آج کا انسان ان ماضی کے فلسفیوں سے کیا سیکھ سکتا ہے۔

بلند اقبال:

آج کے دور کا انسان کل کے انسان سے یقیناً مختلف ہے ۔ آج کا انسان خود کو ایک

بائیولوجیکل اور سائیکلوجیکل انسان کی حیثیت سے جانتا ہے۔میں کیا ہوں؟حقیقت میں میرا وجود ایک ٹرائی اینگل ہے ۔میرے اس ٹرائی اینگل کے ایک کونے پر میرا ذہن (Mind) ہے ،دوسرے کونے پر ذہانت(Intelect) اور تیسرے کونے پر میری خودی (Ego) ہے۔اس ٹرائی اینگل میں ٹائم اور اسپیس کے لحاظ سے میرا وجود سمایا ہوا ہے۔میرا جنم علم سے ہوا جس نے مجھے بصیرت دی پھر اسی طرح اس تسلسل نے مجھے Revelation نواز دی ، جس سے مجھے Existence ملی،اور پھر Silence دی اور یوں Silence نے میرا تعلق زندگی سے جوڑ دیا اور پھر زندگی مجھے موت تک لے گئی اور پھر میرا دوبارہ جنم ہو گیا۔اس سارے فلسفہِ تسلسل پر جب میں غور کرتا ہوں تو مجھے بنیادی طور دو سطحوں پر انسان کی آگہی کا سفر ملتا ہے Internal Awareness اور External Awareness Internal grounds پر مجھے مذہب نظر آتا ہے اگر میں قدیم دور سے اپنے آپ کو دیکھوں تو مجھے اپنے درمیان مذہبی فلاسفی نظر آتی ہے اور یہی مذہبی فلاسفی ایک ڈائنامکس کی شکل میں میرے اندر آج بھی کہیں موجود ہے جو کہ مجھے اپنی باہر والی دنیا کے ساتھ جوڑ رہی ہے۔اسی سوشل ڈائنامکس کو یوں میں اپنی خودی یعنی (ego)ساتھ جوڑتا ہوں اور یوں اس فلسفے کے ذریعے میرا شعور کی نئی منزلوں کی طرف سفر بڑھتا ہے۔

خالد سہیل :

ایک روح کا تصور پہلے تھا اور ایک روح کا تصور آج ہے۔قدیم دانائی کے حوالے سے بلند اقبال آپ کیا سمجھتے ہیں کہ اس قدیم بصیرت میں روح کا کیا تصور تھا؟

بلند اقبال :

اگر ہم قدیم بصیرت میں روح کی جڑیں تلاش کرنا چاہیں تو پھر ہمیں دوبارہ مذہبی فلسفے کو دیکھنا پڑے گا۔650 قبل مسیح میں ہندو مذہب ہمارے سامنے آتا ہے جس میں انہوں نے بھگوان کا تصور دیا تھا اور پھر یہی تصور ہمیں زرتشت فلسفے میں بھی نظر آتا ہے اور اس کے ساتھ ساتھ ایرانی اور مڈل ایسٹ مذاہب میں بھی نظر آتا ہے ۔مگر میں چونکہ آج کا انسان ہوں میری نظر میں روح ایک سوشل ڈائنامکس کا نام ہے اور وہ میری اندرونی بصیرت ہے جسے ہم ذہن بھی کہہ سکتے ہیں اور یہی ذہن مجھے بیرونی دنیا سے جوڑ رہا ہے۔

خالد سہیل:

جب ہم نے ایرانی روایت زرتشت کی بات کی تھی تو مجھے یوں محسوس ہوتا ہے کہ زرتشت پہلا فلسفی ہے جس نے کہا تھا کہ ایک خدا "آہورامزدا" کی صورت میں موجود ہے۔ اسی فلسفے نے نیکی اور بدی کے تصورات بھی دیے اور انسان کو دونوں راستوں کو چننے کی آزادی بھی دی۔ اس کے علاوہ اس فلسفے نے حیات بعدالموت کا تصور بھی دیا تھا اور یہ بتلایا تھا کہ موت کے وقت روح جسم سے نکل جاتی ہے اور پھر یہ عالم ارواح میں سینکڑوں سال انتظار کرتی ہے اس کے علاوہ یوم حساب کا تصور بھی دیا اور یہی تصور باقی مذاہب میں بھی ہے۔ قیامت کے دن روح پھر دوبارہ اسی جسم میں داخل کر دی جائے گی اور اس کا حساب کتاب ہو گا۔ سائیکولوجیکل بنیادوں پر مجھے لگتا ہے کہ جب انہوں نے دنیا میں ظلم و ستم دیکھا ہو گا تو شاید اسی وجہ سے انہوں نے یہ تصور قائم کر لیا ہو گا۔ بدھ ازم میں اس کا تصور مختلف ہے وہ Reincarnation کے تصور پر یقین رکھتے ہیں اور کہتے ہیں کہ روح بار بار دنیا میں آتی ہے۔ بلند اقبال یہ جو دو الگ الگ تصورات ہیں آپ ان کو کس نظر سے دیکھتے ہیں؟

بلند اقبال:

اس تصور کو سمجھنے کے لیے ہمیں جغرافیہ اور زمانے کو دیکھنا ہو گا۔ ایک تصور ہمیں ہندوستان سے مل رہا ہے اور اس کے جغرافیائی حالات بالکل ہی مختلف ہیں۔ اسی طرح ہمیں کچھ تصورات عرب اور ایران سے ملتے ہیں۔ یہ بھی ممکن ہو سکتا ہے کہ یہ سوچنے اور سمجھنے کے مختلف انداز از ہوں۔ ہمیں یہ سوچنا پڑے گا کہ انسانی سوچ اتنی ہی سطحی ہے کہ وہ جنت دوزخ، گناہ ثواب اور جزا و سزا کے تسلسل میں پھنسی ہوئی ہے اور شاید اسی وجہ سے انہوں نے ان فلسفوں کو اپنا لیا۔ اگر ہم بدھا ازم، جین ازم یا ہندو ازم کے فلسفے کو دیکھیں تو ان کا فلسفہ کہتا ہے کہ خود کو دنیا سے آزاد کر لو اور خواہشات کو ترک کر دو۔ جبکہ مڈل ایسٹ مذاہب میں ہمیں دوسرا تصور ملتا ہے کہ اچھائی کرو اور بُرائی سے بچ جاو تا کہ ہم تم کو وہ تمام دنیاوی نعمتوں سے نواز دیں جن کو تم نے تابعداری اور فرمابرداری میں ترک کیا تھا۔

خالد سہیل:

قدیم فلسفے میں سائیکی کا مطلب روح کیا جاتا تھا لیکن جب سیکولر فلاسفی فرائیڈ کی

صورت میں سامنے آئی تو سائیکی کا مطلب مائنڈ لیا جانے لگا۔ سیکولر فلسفی کہتے ہیں کہ یہ جو ذہن ہے وہ آپ کی فزیکل باڈی کے ساتھ جڑا ہوا ہے۔ جب تک آپ زندہ ہیں تو یہ سب عناصر آپ کے ساتھ ہیں، جب آپ کی فزیکل ڈیتھ ہوتی ہے تو یہ تمام عناصر بھی بالکل ختم ہو جاتے ہیں اور شخصی وجود ختم ہو جاتا ہے۔ آج کا جدید انسان وہ تمام قدیمی تصورات کو اب رد کر چکا ہے۔ جسم دماغ اور ذہن کا یہ جو تصور ہے یہ میری نظر میں ایک سیکولر تصور ہے۔

بلند اقبال:

سوشل ڈائنامکس ایک انسانی وجود کو برقرار رکھنے میں مددگار ثابت ہوتے ہیں۔ سماج میں رہنے کی وجہ سے میرے اندر غصہ، پیار اور ڈپریشن کے عناصر پیدا ہوتے ہیں جنہیں ختم اور برقرار رکھنے کے لیے مجھے وہ فلسفہ درکار ہے جو مجھے فائن آرٹ یا مذہب سے مل رہا ہے اور یہی راستہ ہی میرے حیات کو برقرار رکھ سکتا ہے۔ انسانی پریشانیاں انفرادی بھی ہوتی ہیں اور سماجی بھی چونکہ انسان کی بے شمار ضرورتیں پوری نہیں ہوتی تو پریشانیاں شروع ہو جاتی ہیں۔ کچھ چیزیں ہمارے کنٹرول سے باہر ہوتی ہیں جیسا کہ بوڑھا ہو جانا، بیمار ہو جانا یا کسی حادثے کا شکار ہو جانا اس قسم کے مراحل میں زندگی کی چاشنی ختم ہو جاتی ہے۔ ان پریشانیوں سے بچنے کے لیے ہمیں ان مذہبی اور غیر مذہبی فلسفیوں نے مختلف طریقے بتائے ہیں۔

خالد سہیل:

اگر ہم مذہبی فلسفے کو دیکھتے ہیں تو ہمیں ان میں خدا، پیغمبر اور مقدس مسودات کی صورت میں ایک پورا پیکیج نظر آتا ہے۔ مذہبی فلاسفر انسانی دکھوں کے بارے میں کہتے ہیں کہ یہ دکھ اس لیے پیدا ہوتے ہیں کیونکہ ہم اپنے مذہبی اصولوں سے روگردانی کرنے لگ پڑتے ہیں۔ مگر دوسری طرف بدھا، جین اور مہاویرا کے تصورات میں ہمیں اس قسم کا پیکیج نظر نہیں آتا۔ وہ کہتے ہیں کہ جب ہم دنیاوی چیزوں سے دلی طور پر وابستگی قائم کر لیتے ہیں تو پھر ہمارے دکھ شروع ہو جاتے ہیں۔ جبکہ سیکولر روایت کہتی ہے کہ دکھوں میں مذہب اور خدا کا کوئی کردار نہیں ہے بلکہ ہمیں اپنے معروضی حالات پر نظر رکھنی چاہیے۔ جیسا کہ بقراط نے کہا تھا کہ جب انسانی جسم بیمار ہوتا ہے تو اس کی چند فزیکل وجوہات ہوتی ہیں۔ انہوں نے بتایا تھا کہ لوگوں کو لمبی واک کرنی چاہیے، پانی زیادہ پیا جائے، متوازن غذا کھائی جائے اور ایک اچھی اور گہری نیند لی جائے۔ یہ

وہ قدرتی طریقے ہیں جن سے ہم خوش اور صحت مند رہ سکتے ہیں۔

بلند اقبال:

مجھے اپنے اندرونی مسائل کے حل کے لیے یا اس پورے بحران کو سمجھنے کے لیے کچھ تصورات ملتے ہیں جو کہ مذہبی اور غیر مذہبی دونوں ہیں۔ جیسا کہ مہاویرا، کبیر داس، بدھا اور کنفیوشس وغیرہ کی تعلیمات کی صورت میں۔ کیونکہ یہ وہ لوگ ہیں جو مذہب کے حوالہ سے بات نہیں کرتے اور ہمیں سوشل ڈائنامکس سے جوڑ دیتے ہیں۔ کبیر داس ہمارے اندر کی کشمکش کو حل کرنے کی کوشش کرتا ہے جسے مذہب کا انجمادی تصور حل نہیں کر پاتا ہے۔ ٹیگور ہم کو پوری کائنات کے ساتھ جوڑتا ہے اور لاؤزی ہمیں پھول کی طرح خوبصورت اور درخت کی طرح تناور ہونے کا کہتا ہے۔ یہ وہ لوگ ہیں جو ہمیں اندر سے باہر کی طرف لے جاتے ہیں۔

خالد سہیل:

مذہبی طور پر مذہب نے انسان کی شخصیت کو پروان چڑھانے کی کوشش کی اور اس کو اخلاقیات کے اصول دیے مگر اس کے برعکس آج کے جدید فلسفے نے ان تمام کرداروں کو انسانی دماغ اور کریکٹر کے ساتھ جوڑنے کی کوشش کی ہے۔ یہ سینکڑوں سالوں کی کاوشوں کا نتیجہ ہے کہ آج روح دماغ میں تبدیل ہو گئی ہے اور کریکٹر پر سنلیٹی میں بدل گیا ہے۔

عہد قدیم کی دانائی پر ایک مجموعی نظر

(حصہ دوم)

خواتین و حضرات بلند اقبال اور خالد سہیل آپ کی خدمت میں "دانائی کی تلاش میں" کے سولہویں پروگرام کے ساتھ حاضر ہوئے ہیں۔ اس سے پہلے ہم اس پروگرام کا حصہ اول کر چکے ہیں جس میں ایرانی روایت، چینی روایت، انڈین روایت اور یونانی روایت کے حوالہ سے گفتگو کی تھی۔ ہم نے روح کی بات کی تھی کہ صدیوں پہلے روح کا تصور کیسا تھا اور اب موجودہ دور میں کیسا ہے۔ روح کا جسم کے ساتھ کیا تعلق ہے؟ کیا روح جسم سے علیحدہ زندہ رہتی ہے یا کہ اسی جسم کا حصہ ہے۔ دوسری گفتگو انسانی دکھوں اور پریشانیوں کے حوالہ سے کی تھی کہ انسان اتنا دکھی کیوں ہے۔ کیا اس لیے دکھی ہے کہ وہ خدا اور مذہب کو نہیں مانتا یا وہ حد سے زیادہ مادی ضروریات کے ساتھ جڑا ہوا ہے یا اس وجہ سے کہ وہ قوانینِ فطرت کی پیروی نہیں کرتا۔ یہ مختلف تصورات ہیں جن کے حوالے سے یہ گفتگو کا عمل جاری ہے۔ آج سے ہزاروں سال پہلے بہت سارے بزرگ اور دانشوروں نے سماج کو کچھ خیالات دیے تھے اور ہم یہ جاننے کی کوشش کر رہے ہیں کہ آج کے انسان کو ان سے کیا فائدہ حاصل ہو سکتا ہے۔

بلند اقبال:

اندرونی آگہی کے لیے جو اصول ہمیں مذاہب نے دیے ہیں چاہے وہ ہندو ازم ہو، بدھ ازم ہو یا مڈل دور کے مذاہب ہوں یہ سب ہمیں ایک مخصوص سمت میں لے کر گئے۔ یہ سوشل سچائیاں اس طرح سے فروغ نہ پا سکیں جس طرح کہ یونانی فلسفے میں فروغ پائیں۔ کچھ

119

مذاہب ایسے بھی تھے جو پوری طرح سے مذاہب نہیں تھے مگر وہ انسانی نفسیات کے زیادہ قریب تھے۔انہوں نے خدا اور روح کا بوجھ نہیں اٹھایا اور انسان کو براہ راست فطرت سے جوڑ دیا۔جیسا کہ لاؤزی نے کہا تھا کہ اگر تمہیں سچائی کے راستے کا انتخاب کرنا ہے تو تمہیں فطرت کے ساتھ اپنا تعلق استوار کرنا پڑے گا اور بالکل اسی طرح سے کنفیوشس نے بھی ہمیں سیاسی اور سماجی سطح پر جوڑنے کی کوشش کی۔

خالد سہیل :

میری نظر میں فطرت کے دو حوالے ہیں، جیسا کہ تاؤ نے کہا تھا کہ فطرت کی پیروی کرو۔اب فطرت کے اندر کیا چیز نمایاں ہوتی ہے ،فطرت کے اندر ایک طرح کا آہنگ (Rythm) ہوتا ہے اگر انسان فطرت کے ساتھ جڑ جائے تو وہ زیادہ سکھی رہے گا۔ جبکہ دوسری طرف یونانی مفکرین نے فطرت کو الگ تھلگ انداز سے دیکھا اور انہوں نے فطرت کو اپنی ذات کے ساتھ نہیں جوڑا بلکہ ایک معروضی شکل میں دیکھا۔ یونانی مفکرین نے قوانین فطرت کو جاننے کی سعی کی۔

بلند اقبال:

مجھے لگتا ہے کہ یہ فلسفے ہمیں دنیا سے الگ تھلگ کر رہے ہیں اور ایک طرح سے ہمیں جنگل کی طرف لے جا رہے ہیں ۔ یہ ایک بڑا سوال بن جاتا ہے کہ ایسا ممکن نہیں کیونکہ بہر حال انسان کو دنیا میں رہ کر ہی زندگی گزارنی ہے۔ جیسا کہ ہم نے سدھارتھ میں پڑھا تھا کہ سماناسے تم دنیا میں نہیں آؤ گے تو تمہیں ایک طرح سے حتمی آگہی ملے گی لیکن تاؤ ازم کا جو راستہ ہے وہ بہت ہی معیاری ہے کیونکہ وہ آپ کے اندر کو دریافت کرنے کی ایک کوشش ہے۔ وہ فلسفہ یہ بتانے کی کوشش کر رہا ہے کہ تم اخلاقی اقدار بغیر خدا اور بغیر روح کے تصور کے خود بھی بنا سکتے ہو۔ انہوں نے جنت دوزخ کا کوئی تصور نہیں دیا۔ انہوں نے کوئی مندر مسجد نہیں بنائی ۔ انہوں نے صرف چند نظمیں دیں کہ ان کو پڑھ لو اور غور کر لو ۔ اس کے اندر شعریت اور محبت کا سفر ہے۔

خالد سہیل:

برٹرینڈرسل کہتے ہیں کہ فلسفہ ، مذہب اور سائنس کے درمیان ایک پُل کا کام

سر انجام دیتا ہے ۔مذہب ایک طرح سے میتھالوجیکل (Mythlogical) بات کرتا ہے جبکہ سائنس مشاہدہ کی بات کرتی ہے۔

بلند اقبال:

ڈاکٹر صاحب ،ہم نے Dogma سے Definite کی طرف سفر کیا ہے اور تمام چیزوں کو منطق کے ذریعے ہی دریافت کیا ہے۔ آج کی زندگی مذاہب کی بنیادوں پر نہیں بلکہ یہ سائنس اور منطق کی بنیاد پر کھڑی ہے ۔ہم مریخ پر پہنچ چکے ہیں۔ ہم دیکھتے ہیں یونانی فلسفہ ایک طرح سے اپنی ایک منفرد پہچان رکھتا ہے اور یہ کسی بھی طرح سے انڈیا اور چائنہ کے فلسفے سے جڑتا نظر نہیں آتا۔ان کے فلسفوں نے کہا کہ خدا بے شکل ہے جبکہ یونانی فلسفہ نے کہا کہ وہ بے شکل چیز موجود بھی ہے جو ڈی این اے اور آر این اے کی صورت میں موجود ہے۔

خالد سہیل:

ایک طرف Revelation ہے اور دوسری طرف Reason ہے اور حقائق یہ بتا رہے ہیں کہ قصے کہانیوں پر سائنس غالب آرہی ہے ۔ یہ بالکل اسی طرح ہے جیسا کہ آپ پہلے مختلف چیزوں پر ایمان لے آئے اور پھر اس کے بعد آپ نے اپنے تجربے اور مشاہدے کی بنیاد پر حقائق کو تلاش کیا۔

بلند اقبال:

جب بہت سارے خداؤں کے تصور سے نکال کر زر تشت ایک خدا کے تصور پر لے کر آیا تو پھر یہ سلسلہ کمیونٹی یا قبائل سے نکل کر فیملی یا خاندان اور پھر فرد واحد میں اُتر گیا۔ چونکہ بے شمار خداؤں کا تصور قبائل سے آیا تھا مگر جب زر تشت کی طرف سے ایک خدا کا تصور سامنے آیا تو اس کے ساتھ ہی انفرادی تصور بھی سامنے آگیا لیکن دوسری طرف یونانی فلسفہ ہمیں دوبارہ فرد سے نکال کر معاشرے کے ساتھ جوڑ گیا۔

خالد سہیل:

افلاطون چونکہ سقراط کا شاگرد تھا اور سقراط کو زہر کا پیالہ پینا پڑا،اس کی بنیادی وجہ یہ تھی کہ یہ خداؤں کا منکر تھا اور دہریت پر یقین رکھتا تھا۔ دوسرا الزام یہ تھا کہ وہ نوجوانوں کو گمراہ کرتا ہے ،سڑک یا شاہراؤں پر کھڑا ہو کر مختلف قسم کے سوالات پوچھتا ہے جس کے

نتیجے میں اسے کہا گیا کہ زہر کا پیالہ پی لو یا شہر بدر ہو جاؤ۔ اس سارے واقعہ کا اثر افلاطون نے یوں لیا کہ وہ پہلے شہر چھوڑ کر چلا گیا اور پھر دوبارہ واپس آ کر اکیڈمی بنائی اور ایک اعلیٰ ترین کتاب لکھی۔ اس کتاب میں وہ جمہوریت کو کچھ زیادہ قدر کی نگاہ سے نہیں دیکھتا کیونکہ اس کا ماننا ہے کہ Mob psychology میں زیادہ گہرائی نہیں ہوتی یا ان کے فیصلوں میں زیادہ دانائی نظر نہیں آئے گی۔ اس ساری صورتحال میں افلاطون نے ایک ایسے راہنما یا لیڈر کا تصور دیا کہ جسے ایک ہی وقت میں فلسفی اور سیاستدان ہونا چاہیے۔

بلند اقبال:

افلاطون بہت ہی گہر انسان تھا اس نے روح اور بصیرت کو تین درجات میں تقسیم کیا تھا۔

1. Appetizer 2. Spiritual 3. Rational

وہ کہتے ہیں کہ حاکم کو Rational یا فلاسفر ہونا چاہیے، سپاہی کو Spiritual اور لیبر کلاس کا تعلق Appetizer سے ہے۔

خالد سہیل:

افلاطون نے جو انسانی نفسیات کے تین درجات بتائے ہیں وہ اسے فرائیڈ کے تصورات کے ساتھ جوڑتے ہیں۔ فرائیڈ نے بھی انسانی نفسیات کے تین درجے بتائے تھے۔

1. Identification(Id) 2. Ego 3. Super ego

اس کے ساتھ ساتھ مختلف پرسنلٹی ڈس آرڈرز کی بات بھی کی تھی۔ افلاطون کی Republic کے اندر انصاف کی بات کی گئی ہے کہ انصاف کیا ہوتا ہے اور ایک منصف انسان کون ہوتا ہے۔

بلند اقبال:

سچائی کو پانے کے لیے سر پر کیپ کنفیوشس کی ہونی چاہیے، لباس لاؤزی کا ہونا چاہیے اور جوتا بدھا کا ہونا چاہیے۔ آپ کے اندر کی سچائی جس کا تعلق چاہے مذہبی ہو، غیر مذہبی، روحانی یا غیر روحانی ہو، جس قسم کی بھی ہو، اس سچائی کا آپ کی باہر والی سچائی کے ساتھ ملنا بہت ضروری ہے اسی صورت میں ہی زندگی کے صحیح معنی پیدا ہوں گے۔

خالد سہیل:

میرے لیے دلچسپ بات یہ ہے کہ 500 قبل مسیح کے یہ لوگ جن میں کنفیوشس لاوزی، بدھا، مہاویرا، سقراط، ارسطو، افلاطون اور زرتشت ان سب لوگوں نے اپنے سماجوں کا بڑی گہرائی سے جائزہ لے کر اپنی بصیرتوں کو آنے والے لوگوں کے لیے ایک راستے کا تعین کیا۔ انسانی شعور کے ارتقا میں ان لوگوں کا تسلسل ایک طرح سے آگہی کی ایک چھلانگ ہے۔

بلند اقبال:

نویں سے تیرہویں عیسوی صدی تک جو مسلم مفکرین تھے وہ سب یونانی فلسفہ سے بہت متاثر تھے اور اسی وجہ سے انہوں نے ہمیں یونانی فلسفے سے متعارف بھی کروایا تھا۔ اس کے بعد کے 300 سال کو ہم تاریک دور کہتے ہیں۔ پندرہویں صدی کے بعد ہم دیکھتے ہیں کہ پورے کا پورا یورپ یکسر ہی تبدیل ہو جاتا ہے اور آج سب کچھ مغرب میں موجود ہے اور پوری دنیا کی مذہبی کلاس ان کی پیروی کر رہی ہے۔ اس کی بنیادی وجہ یہ ہے کہ جو کچھ نویں سے تیرہویں صدی میں ہم نے کیا تھا اس سے ہم پیچھے ہٹ گئے اور راہِ فرار اختیار کر لی۔ یہ سب کچھ ہمیں پڑھ کر ہی پتا چلا کہ یورپ کے حصے میں صرف 300 سال کا دور آیا جبکہ ہم آج بھی تاریکی میں ہیں۔

قرون وسطیٰ میں دانائی کا سفر

ال کندی اور الرازی کی دانائی

خواتین و حضرات بلند اقبال اور خالد سہیل آپ کی خدمت میں "دانائی کی تلاش میں" کی ستر ہویں قسط کے ساتھ حاضر ہیں۔ آج ہم دو فلسفیوں پر بات کریں گے: الکندی اور الرازی۔ یہ الکندی اتنے بڑے فلسفی تھے کہ جیسے آج مغربی فلسفے کو ڈیکارٹ کے نام سے جانا جاتا ہے، اسی طرح انہیں اسلامک فلسفے میں وہی اہمیت حاصل ہے۔ میں ڈاکٹر بلند اقبال سے گزارش کروں گا کہ وہ ہمیں ان فلسفیوں کے عہد کے بارے میں بتائیں۔

ڈاکٹر بلند اقبال:

اس دور کو جاننے کے لیے ہمیں دو چیزوں پر اپنی توجہ مرکوز کرنا ہو گی۔ ہمیں یہ جائزہ لینا پڑے گا کہ اس وقت کے سیاسی حالات کیا تھے؟ تقریباً سات سو سال تک فارس کی ریاست جسے ہم آج ایران کہتے ہیں اور اس کے ساتھ بازنطینی سلطنت۔ ان دونوں سلطنتوں کے درمیان ایک طویل جنگ چل رہی تھی، جس کے نتیجے میں یہ ریاستیں بہت کمزور ہو چکی تھیں۔ جب کہ دوسری طرف ایک نئی تبدیلی پورے عرب میں رونما ہو رہی تھی۔ نبی کریم صلی اللہ علیہ وآلہ وسلم 570ء میں پیدا ہوئے اور ان کی پیدائش کے بعد تک کے تمام واقعات اور 632ء میں آپ صلی اللہ علیہ وآلہ وسلم وصال فرما گئے۔ 632ء کے بعد ایک دور خلفاء راشدین کا شروع ہو جاتا ہے جو تقریباً 29 برس تک چلتا ہے۔ اس کے بعد بنو امیہ کا دور شروع ہو جاتا ہے جو کہ تقریباً سو سال تک چلتا ہے، اسی دور میں واقعہ کربلا رونما ہوتا ہے۔ بنو امیہ کے دور کے بعد ہم 750 عیسوی میں داخل ہو جاتے ہیں، یہاں سے پھر گولڈن

ایج (Golden Age) کا آغاز ہو جاتا ہے۔ یہ وہ دور ہے جسے ہم خلافتِ عباسی کہتے ہیں۔ یہ تقریباً پانچ سو سال کا تسلسل ہوتا ہے جو کہ 1258ء میں تاراجِ بغداد پر جا کر اختتام پذیر ہوتا ہے۔ منگولوں کا حملہ تقریباً تیرہ روز تک جاری رہتا ہے، مگر یہ مسلمانوں کی علمی اور ثقافتی سطح کو نیست و نابود کر دیتا ہے اور دریائے ٹائیگرس کتابوں کی سیاہی سے بالکل سیاہ ہو جاتا ہے۔ اس کے بعد مملوک اور فاطمی کا دور چلتے ہوئے سلطنتِ عثمانیہ تک آ جاتا ہے۔ لیکن ہمارا آج کا موضوعِ گفتگو وہ گولڈن دور خلافتِ عباسی ہے، جس میں بڑے بڑے سکالرز پیدا ہوئے۔

ڈاکٹر خالد سہیل:

جب میں ان شخصیات اور ان کے دور کا مطالعہ کر رہا تھا تو اس دور میں مجھے دو گروہ نظر آئے ایک کا نام معتزلہ اور دوسرے کا نام اشعری ہے۔ ان کو جبری اور قدری کے نام سے بھی جانا جاتا ہے۔ جبری مکتبہ فکر کا تصور ہے کہ انسان مجبور محض ہے اور خدا جو چاہتا ہے وہی کچھ ہوتا ہے اور انسان اپنی حیثیت میں بالکل بھی آزاد نہیں ہے جب کہ دوسری طرف قدری کہتے تھے کہ انسان مجبور محض نہیں ہے بلکہ اپنے فیصلے آزادانہ طریقے سے کر سکتا ہے۔ دلچسپ بات یہ ہے کہ بہت سارے خلفا ظلم و جبر کرتے تھے اور وہ یہ سمجھتے تھے کہ یہ سب خدا کی مرضی میں شامل ہے۔ قدری مکتبہ فکر نے ان خلفا کو چیلنج کیا۔ اس دور میں خلیفہ عبد الملک تھے جنہیں معتزلہ کے بانی معبد جہنی نے چیلنج کیا تھا، ان کی اس جرأت پر انہیں 699ء میں قتل کر دیا گیا تھا۔ اسی طرح خلیفہ ہاشم بن ملک کے دور میں معتزلہ کے بانی رکن دمشقی کو بھی 723ء میں قتل کر دیا گیا۔ یہ سب بتانے کا مقصد یہ ہے کہ جنہوں نے بھی اس دور کو چیلنج کیا تھا ان کے ساتھ بہت ہی بے رحمانہ برتاؤ کیا گیا تھا۔ یہ وہ لوگ تھے جنہوں نے کہا تھا کہ قرآنی آیات کا ترجمہ Metaphorical Form میں کیا جانا چاہیے۔ اس کے مقابلے میں جو اشعری تھے، وہ کہتے تھے کہ قرآنی آیات کی Literal Interpretation ہونی چاہیے۔ یہ تسلسل آج کے دور میں بھی ہمیں دیکھنے کو ملتا ہے۔

بلند اقبال صاحب! آپ اس دور کے حوالے سے کچھ مزید کہنا چاہیں گے؟

ڈاکٹر بلند اقبال:

حسن بصری کے حوالے سے ایک مشہور واقعہ ہے۔ واصل بن عطاء جو کہ حسن بصری

کا پیرو کار تھا۔اس نے ایک مجلس میں سوال اٹھایا تھا کہ اگر ایک مسلمان کسی کا قتل کر دیتا ہے تو وہ مسلمان رہے گا یا نہیں؟ حسن بصری نے جواب دیا کہ اس نے گناہ ضرور کیا ہے، مگر وہ مسلمان ہی رہے گا۔ مگر واصل بن عطاء نے یہ کہا تھا کہ قتل کرنے والا نہ تو ایمان والا ہے اور نہ ہی غیر ایمان والا۔اس طرح سے ایک نیا سوچنے والا طبقہ (سکول آف تھاٹ) قائم ہو گیا تھا۔ معتزلہ فرقہ پانچ باتوں پر یقین رکھتا تھا:

Unity of God or Monotheism.

Divine Justice and Unity.

The inevitability of the threats and promises of God (or "the warning and the promise")

The intermediary position (i.e. Muslims who die without repentance after committing a grave sin are neither mu'mineen (believers), nor kuffar (non-believers), but in an intermediate position.

The injunction of right, and the prohibition of wrong.

ڈاکٹر خالد سہیل:

الکندی 801ء میں پیدا ہوئے اور 873ء میں انتقال کر گئے۔ انہوں نے تقریباً بہتر سال عمر پائی۔ ان کو بنیادی فلسفے کا ایک طرح سے امام مانا جاتا ہے۔ یہ وہ پہلے فلسفی تھے جنہوں نے یونانی مفکرین کا عربی میں ترجمہ کرنا شروع کیا۔ ایک طرح سے انہوں نے ایک پل کا کام کیا یعنی یونانی فلسفے کو عربی فلسفے میں متعارف کروایا اور انہی تراجم کی بنیاد پر مغرب نے یونانی فلسفے کو سمجھا اور جانا۔ یہ ڈاکٹر اور طبیب بھی تھے۔

ڈاکٹر صاحب! آپ الکندی کے بارے میں کیا کہنا چاہیں گے؟

ڈاکٹر بلند اقبال:

یہ کوفہ میں پیدا ہوئے ان کے والد کوفہ کے گورنر تھے۔ انہوں نے ابتدائی تعلیم بغداد میں حاصل کی۔ مامون الرشید کا پورا دور ان کی آنکھوں کے سامنے گزرا۔ الکندی معتزلہ گروہ سے تعلق رکھتے تھے۔ خلیفہ المتوکل ان سے زیادہ خوش نہیں تھے، متوکل کے دور میں انہیں مارا پیٹا گیا اور ان کی کافی ساری کتابیں بھی جلا دی گئیں تھیں۔ان کی کچھ کتابیں

129

تو متوکل نے جلا دیں اور کچھ کتابیں منگولوں نے سمندر برد کر دیں۔

ڈاکٹر خالد سہیل:

ان کا تصور تھا کہ کائنات خدا نے بنائی ہے اور سائنسدان قوانین فطرت سے کائنات کے رازوں کو ڈھونڈھنے کی کوشش کرتا ہے۔ خدا نے یہ کائنات اس طرح بنائی جیسا کہ سورج کی روشنی۔ ہم اس روشنی کے ذریعے خدا کو جانیں گے اور سائنس کے ذریعے سے ہم مذہب اور کائنات کو جانیں گے۔ یہ الرازی کے مقابلے میں کافی نرم مزاج تھے۔ الکندی نے جالینوس اور بقراط کی روایت کو آگے بڑھایا اور ان سے ایک رشتہ جوڑنے کی کوشش کرتے ہوئے واضح کرنے کی کوشش کی کہ کس طرح مسلمان ان سے فیض حاصل کر سکتے ہیں۔

ڈاکٹر صاحب! آپ الکندی کو بطور فزیشن کس نظر سے دیکھتے ہیں۔

ڈاکٹر بلند اقبال:

انہیں ہم Father of Philosophy in Arabic World کہہ سکتے ہیں۔ انہوں نے تقریباً 250 سے زیادہ کتب لکھیں، لیکن ادویات پر ان کی بے شمار کتابیں ہیں۔ یہ جو اس کیل کا تصور ہے وہ الکندی کا ہی دیا ہوا ہے، اس کے علاوہ انہوں نے انڈین ریاضی کا ترجمہ کیا۔

ڈاکٹر خالد سہیل:

یہ ایک بہت بڑے ذہن کے مالک تھے، ان کو مغرب میں Renaissance Man کے نام سے جانا جاتا ہے۔ الرازی 854ء میں پیدا ہوئے اور 902ء میں انتقال کر گئے۔ انہوں نے بغداد میں تعلیم حاصل کی۔ انہوں نے بھی مذہب کو چیلنج کیا تھا اور طب میں بھی انہوں نے کافی کام کیا تھا۔ الرازی نے خاص طور پر بچوں کی بیماریاں جیسے چیچک اور خسرہ وغیرہ پر بہت کام کیا تھا۔

ڈاکٹر بلند اقبال:

الرازی ماہر چشم بھی تھے بلکہ دماغی امراض خصوصاً گردن توڑ بخار پر کافی تحقیقی کام کیا۔ طب کے علاوہ وہ ماہر کیمیا بھی تھے انہوں نے تیزاب کا ابتدائی تصور دیا تھا بلکہ سلفیورک ایسڈ انہوں نے ہی ایجاد کیا تھا۔ صرف نامیاتی و غیر نامیاتی کیمیا پر بلکہ بچوں کی بیماریوں پر پہلا ضخیم کام انہیں کا تھا۔ اسی طرح ادویات پر ان کا خاصا کام ملتا ہے مختلف نئی دوائیں بھی

ایجاد کی اور ایسے آلات بھی جو فارمیسی کے حوالے سے اہم تھے۔

ڈاکٹر خالد سہیل:

یہ عالی دماغوں کی کرامت ہوتی ہے کہ وہ اپنے عہد میں ایسی چیزیں دریافت کرتے ہیں، جو باقی لوگوں کی نظروں سے اوجھل ہوتی ہیں۔ انہوں نے جالینوس کی بے شمار کتابوں کا ترجمہ کیا اور اسی وجہ سے ان کی کتابیں چین تک پہنچیں۔ اس دور میں بہت سے لوگ بغداد کی طرف آ رہے تھے اور بغداد کا علم ان طالب علموں کی وجہ سے پوری دنیا میں پھیل رہا تھا۔

ڈاکٹر بلند اقبال:

یہ الکندی سے تقریباً 53 سال چھوٹے تھے۔ اس وقت کے خلیفہ منصور ابن اسحاق ان پر کافی مہربان تھے اور وہ چاہتے تھے کہ الرازی اپنی علمی خدمات کو جاری و ساری رکھیں۔ مریضوں کا بہت زیادہ خیال رکھتے تھے اور عموماً غریبوں کا علاج مفت کرتے تھے۔ Medical Ethics پر انہوں نے بے شمار کتابیں لکھیں۔

ڈاکٹر خالد سہیل:

یہ الکندی کے مقابلے میں زیادہ روایت کو چیلنج کرنے والے آدمی تھے۔ انہوں نے کہا تھا کہ اگر Reason or Religion میں کوئی تضاد پایا جائے تو ہمیں Reason کو ترجیح دینی چاہیے کیوں کہ مذہبی تصورات ایک طرح سے الہامی ہوتے ہیں۔

ڈاکٹر بلند اقبال:

الرازی کی کتابیں زیادہ تر Heretical کے زمرے میں آتی ہیں۔ ان کی ایک کتاب کا نام ضیاء النبوت ہے جس میں انہوں نے مذہب پر سوال اٹھائے ہیں۔ ان کی بے شمار کتابیں ہیں جن میں انہوں نے مذہب کو کھلم کھلا چیلنج کیا اور اپنی کتابوں کی وجہ سے وہ زیر عتاب بھی رہے۔

ڈاکٹر خالد سہیل:

الکندی کہتے ہیں کہ مذہب اور سائنس میں کوئی تضاد نہیں ہے۔ کائنات خالق کی تخلیق ہے اور سائنس قوانین فطرت کو دریافت کرنے کا آلہ ہے۔ یہ اسکالرز ایک ایسے دور سے تعلق رکھتے ہیں کہ جس میں ایک طرح سے ایک آزاد سوچ فروغ پا رہی ہے۔

ڈاکٹر صاحب! آپ اس سارے عمل کو کس نقطہ نگاہ سے دیکھتے ہیں؟

ڈاکٹر بلند اقبال:

جب کائنات میں بڑی طاقتیں حکمرانی کرتی ہیں تو اپنے ساتھ ایک سماجی اور ثقافتی نظام کو فروغ دیتی ہیں۔اس دور میں عرب طاقت ور ضرور تھے مگر علمی اعتبار سے فارس سے بہت پیچھے تھے۔فارسی کلچر نے الرازی کو اپنالیا۔اگر ہم گولڈن ایج کی کامیابی کا جائزہ لیں تو وہ دور ثقافتی بنیادوں پر بہت وسیع نظر آتا ہے اور اس وجہ سے اس دور میں The House of Wisdom قائم ہو گیا تھا۔اس لیے ہم دیکھتے ہیں کہ مامون الرشید اور ہارون الرشید کے ڈاکٹرز میں یہودی،عیسائی اور دوسرے مذاہب کے طبیب شامل تھے۔

ال فارابی اور بو علی سینا کی دانائی

خواتین و حضرات! بلند اقبال اور خالد سہیل آپ کی خدمت میں ”دانائی کی تلاش“ کے اٹھارویں پروگرام کو لے کر حاضر خدمت ہوئے ہیں۔ آج کے پروگرام میں ہم الفارابی اور بو علی سینا پر گفتگو کریں گے۔ مسلمان اس دور کو گولڈن دور کہتے ہیں اور ہمیں آج سوچنا ہے کہ ان چار پانچ صدیوں میں ایسی کیا خاص بات تھی کہ جس کی وجہ سے مسلمانوں کو عروج حاصل ہوا تھا؟ آخر کیا وجہ تھی کہ انہوں نے ایک بڑا عرصے تک قوموں کی امامت کی تھی اور آج بھی مغرب بو علی سینا جیسے لوگوں کی بڑی قدر کرتا ہے۔ بلند اقبال صاحب! عباسی دور میں ایسی کیا خاص بات تھی کہ اس دور میں فارابی اور بو علی سینا جیسے دانش ور پیدا ہوئے؟

ڈاکٹر بلند اقبال:

ڈاکٹر صاحب! چونکہ آج ہم اکیسویں صدی میں جی رہے ہیں اس وجہ سے ہمیں اتفاق سے ایک فطری موقع دستیاب ہو گیا ہے کہ ہم آج سے قبل کے ادوار پر ایک غیر جانبدارانہ تجزیاتی نظر ڈال سکتے ہیں۔ اگر ہم نبی کریم صلی اللہ علیہ وآلہ وسلم کے دور سے کافی پیچھے جا کر حالات کا جائزہ لیں تو ہمیں نظر آئے گا کہ عموماً عرب جزائر میں جہالت یا معاشرتی لا علمی کا دور دورہ تھا۔ وہاں پر سراسر قبائلی معاشرہ اور فکر رائج تھی جو ارد گرد کی بڑی ترقی یافتہ ریاستوں کے درمیان نظر انداز ہونے کے لائق تھی۔۔۔ یہاں کے لوگ چھوٹے بڑے قبائل میں تقسیم ہیں۔ سارے کا سارا کلچر ابھی تک Oral تھا، کچھ بھی تحریر کا حصہ نہیں تھا اور نہ ہی عموماً اس دور کی ریاست یا قبائل کی زندگی کی مختلف رسوم و رواج کے بارے میں کوئی بڑی کتاب یا تحریر کی صورت میں دستیاب تھا۔ جو کچھ بھی ہے وہ آج بھی

مذہب مذہبی حوالوں کی صورت موجود ہے جن میں وہاں کی چیدہ چیدہ برائیوں کا تذکرہ کر دیا گیا ہے یعنی محض ایک ہی جملہ کہ 'وہ ایک ایسا تباہ حال معاشرہ تھا جو کہ نہایت ہی برے حالات سے گزر رہا تھا' اور مذہب نے ان کے حالات بہتر کر دیے وغیرہ۔ مگر یہ بات طے ہے کہ اس معاشرے کے ارد گرد جو علاقے تھے وہ کافی حد تک Established تھے۔ ایک طرف تو Persian Empire تھی اور دوسری طرف بازنطینی سلطنت۔ یہ تمام سلطنتیں ثقافتی بنیادوں پر علمی و ثقافتی اعتبار سے طاقتور اور دولت مند بھی تھیں۔ مگر پھر اس حجاز کے علاقے میں نبی کریم صلی اللہ علیہ وآلہ وسلم جیسی ہستی کا جنم ہوتا ہے، اور یوں تاریخ کے ایک نئے عہد کا آغاز ہوتا ہے۔ اور پھر ان کی رحلت کے بعد خلافت، بادشاہت یا ملوکیت کا ایک سلسلہ شروع ہو جاتا ہے اور یہ تسلسل چلتے چلتے عباسی دور تک آ جاتا ہے۔ 751ء میں ایک بہت بڑی تبدیلی اور سامنے آتی ہے، کاغذ چین میں ایجاد ہو کر ثمر قند کے راستے سے بغداد پہنچتا ہے۔ یہ اس دور کی ایک بہت بڑی سماجی کامیابی کا سبب بنتا ہے۔ کتابت کا آغاز عرب دنیا میں جب ہوتا ہے تو لاتعداد کتابیں لکھی جاتی ہیں۔ یہی نہیں خود بغداد میں ارد گرد کی سلطنتوں سے کتابیں پہنچنے لگتی ہیں، ان کا عربی زبان میں ترجمہ شروع ہوتا ہے اور ایک علمی سیلاب پورے معاشرے کو لپیٹ میں لے لیتا ہے یوں بھی 762ء میں مامون الرشید نے بغداد کو ثقافتی بنیادوں پر بہت مضبوط کر دیا تھا۔ اس طرح بغداد علم کا مرکز بن جاتا ہے اور House of Wisdom کا جنم ہو جاتا ہے۔

ڈاکٹر خالد سہیل:

الفارابی 872ء میں پیدا ہوئے۔ بعض لوگوں کا خیال ہے کہ ان کی پیدائش ایران کے علاقے خراسان میں ہوئی اور بعض کا خیال ہے کہ یہ قازقستان میں پیدا ہوئے۔ لیکن ان کی تعلیم کا عمل بغداد میں ہوا اور دل چسپی کی بات یہ ہے کہ ان کے ایک استاد عیسائی بھی تھے۔ الفارابی سیکنڈ ماسٹر کہلاتے ہیں، کیوں کہ یہ ارسطو کے شاگرد تھے اور ان سے کافی متاثر تھے اور انہوں نے ہی ارسطو کو متعارف کروایا۔ یہ جو سلسلہ سقراط، بقراط اور افلاطون کا تھا۔ ان کو عربی زبان میں منتقل کرنے کا فریضہ الفارابی نے بڑے ہی احسن انداز سے نبھایا۔

ڈاکٹر صاحب! آپ تراجم کے عمل کو کیسے دیکھتے ہیں؟

ڈاکٹر بلند اقبال:

کیوں کہ اس دور میں تین مکتبہ فکر قائم ہو چکے تھے۔ اشعری، معتزلہ اور روایتی سوچ رکھنے والوں کا گروہ۔ معتزلہ مکتبہ فکر کافی حد تک غالب تھا، کیوں کہ خلیفہ ہارون الرشید اور مامون الرشید اس کی سرپرستی کر رہے تھے، یہی فکر ہمیں تراجم میں بھی نظر آتی ہے۔

ڈاکٹر خالد سہیل:

الفارابی کی سب سے دل چسپ بات یہ ہے کہ یہ ریاضی کے علاوہ موسیقی سے بھی کافی شغف رکھتے تھے اور انہوں نے موسیقی کے حوالے سے ایک کتاب بھی لکھی تھی۔ انہوں نے Music Therapy کو بھی متعارف کروایا تھا۔ ان کا تصور تھا کہ میوزک انسانی ذہن و روح میں ایک سکون کا عمل پیدا اکرتا ہے۔ ان کو ہم Renaissance Man اسی لیے کہتے ہیں کیوں کہ یہ مصنف، فلسفی، ریاضی دان ہونے کے ساتھ ساتھ موسیقی کے بھی حامی تھے۔ ان کے سکول آف تھاٹ کو بعض لوگ Farabism بھی کہتے ہیں، کیوں کہ یہ بطور شخصیت خاصے متحرک انسان تھے۔

ڈاکٹر صاحب! آپ الفارابی کی مزید کن باتوں سے متاثر ہوئے؟

ڈاکٹر بلند اقبال:

الفارابی کا ذہن مذہبی بھی تھا اور وہ ریاست مدینہ کا نظام حکومت چاہتے تھے، انہوں نے One Concept پر بھی کافی سیر حاصل گفتگو کی۔ ان کی نظر میں یہ Self Contemplatory Phenomenon ہے اور اس تصور کو انہوں نے خدا کے ساتھ ملایا ہے۔ یہ مظہر ان کی نظر میں خالص فکر اور ذہن ہے، یہ ہمیشہ سے ہے اور ہمیشہ رہے گی۔ یہ Self Contemplation سے Second Intellect میں تبدیل ہو جاتی ہے۔ یہ عمل کے ذریعے سے چلتا ہے اس کے پیچھے کوئی طاقت نہیں ہے یہ ایک Self propagatory phenomenon ہے۔ جو یوں یہ سلسلہ Third intellect میں چلا جاتا ہے یعنی یہ ایک Transcendence کا عمل ہے جو سمجھ سے بالاتر بھی ہے مگر وہ فرماتے ہیں کہ یہی مظہر قریباً دس بار تک چلتا ہے اور یوں Reality کی تشکیل ہوتی ہے تو مختصر ہم الفارابی کا کاسمولوجیکل اور میٹیریل تصور حیات یوں تقسیم کر سکتے ہیں:

135

(1) the First Existent or First Cause, (2) the second intellects, (3) the active (or agent) intellect, (4) the soul, (5) form, and (6) matter

بالکل اسی طرح کائنات کی ساخت کے حوالے سے بھی ان کا تصور اعلیٰ سے ادنیٰ کی سمت میں کچھ یوں بیان ہوتا ہے: انہوں نے ارسطوانہ اور پلوٹو کی فکر کے امتزاج سے ایک نئی تخلیقی دنیا سے کائنات کا تصور دیا۔

(1) Celestial bodies, (2) Rational animals, (3) Non-rational animals, (4) Plants, (5) Minerals, and (6) the four elements

ڈاکٹر خالد سہیل:

الفارابی کافی حد تک Metaphorical Form میں بھی باتیں کرتے ہیں۔ جیسا کہ مذہبی مسودات ہیں، ان کی بعض لوگوں نے Literal Interpretation کی ہے اور بعض لوگوں نے Metaphorical Interpretation کی ہے۔ اشعری اور معتزلہ کا جو جھگڑا تھا، وہ بھی بنیادی طور پر تشریحات ہی کا تھا۔ فارابی عملی آدمی تھے اور وہ ایسے فلسفیوں سے کبھی متاثر نہیں ہوتے تھے جو ہمیشہ Fantasy World میں رہتے ہیں، وہ اسی فلسفے کو ترجیح دیتے تھے جو کہ عملی زندگی میں بھی کارآمد ہو۔ جو فلسفی ہمیشہ صرف سوچ میں ہی مگن رہتے تھے، فارابی ان کو Futile Thinker کہتے تھے۔

ڈاکٹر بلند اقبال:

ہم آج کی جدید دنیا میں ذہن اور روح کو ایک ہی سمجھتے ہیں، بالکل یہی تصور یونانی فلسفیوں کا بھی تھا۔ جب دوسری طرف مسلم سکالرز ذہن اور روح کو الگ الگ نظر سے دیکھتے ہیں، فارابی کے پاس سے ہمیں روح کے کردار ملتے ہیں:

1- Rational or Reason Character -2 Appetizer Character -3 Sensory Character - 4-Imaginative Character

فارابی کی نظر میں یہی چار کردار انسانوں کو جانوروں سے ممتاز کرتے ہیں۔

ڈاکٹر خالد سہیل:

ہم اب بو علی سینا کے حوالے سے کچھ گفتگو کرتے ہیں، خاص طور پر ان کی کتابیں

Canon of Medicine اور The Book of Healing کئی صدیوں تک پوری دنیا میں ایک نصابی کتاب کے طور پر پڑھائی جاتی رہی ہیں۔ بو علی سینا کو مغرب نے بھی بہت عزت دی ہے۔ یہ صرف فزیشن ہی نہیں تھے، بلکہ فلسفی، سائیکالوجسٹ اور سائنس دان بھی تھے۔

ڈاکٹر صاحب! بو علی سینا کا روح کے بارے میں کیا تصور تھا؟

ڈاکٹر بلند اقبال:

بو علی سینا بھی ارسطو کے فلسفے سے متاثر تھے۔ ان کا ماننا تھا کہ روح جسم سے الگ چیز ہے۔ ان کی ایک دلیل Floating Man Argument کے نام سے مشہور ہے، وہ اس کی تشریح یوں کرتے ہیں کہ اگر ایک آدمی خلا میں چلا جائے اور پھر اس کی تمام حسیات ختم ہو جائیں، پھر بھی اکیلی روح خود کو Perceive کر سکتی ہے، وہ بھی بغیر جسم کے احساس کے یعنی وہ جسم کو روح سے الگ سمجھتے تھے۔ ان کا Existence & Soul کا تصور ارسطو کے Substance & Form کے تقابل میں ہی پیش کیا گیا ہے۔

ڈاکٹر خالد سہیل:

ان کی ایک کتاب ہے، کتاب النفس کے نام سے۔ اس کتاب میں انہوں نے کہا کہ یہ جو تصور ہے I am، جیسا کہ مغربی مفکرین کہتے ہیں I Think, Therefore I am، جیسا کہ بو علی سینا کے تصور میں یہ خود کو I am کہتے ہیں، یہ اس بات کا ثبوت ہے کہ ہمارے اندر روح موجود ہے اور وہ جو "میں" ہے، وہ حقیقت میں روح کا پرتو ہے اور اس کا تعلق خدا اور مذہب کے ساتھ بنتا ہے۔ اسی لیے میری نظر میں بو علی سینا اور الفارابی کے خیالات مغربی مفکرین سے بالکل مختلف ہیں۔

ڈاکٹر صاحب! آپ بو علی سینا کی کس بات سے متاثر ہوئے؟

ڈاکٹر بلند اقبال:

ان کی نظر میں Existence & Essence کو ملانے والی ایک طاقت ہے جو کہ بے شکل ہے اور وہی خدا ہے۔ یہ جو ملانے والی طاقت کا تصور ہمیں بو علی سینا کے یہاں ملتا ہے جبکہ ارسطو نے Substance & Form کو جوڑنے کے حوالے سے کوئی بات نہیں کہی کیونکہ وہاں مذہبی فکر نہیں تھی۔

ڈاکٹر خالد سہیل:

ژاں پال سارتر جو وجودیت کے فلسفی تھے۔ اس فلسفے کی بنیادی قدر یہ ہے کہ وہ کہتے ہیں کہ Existence precedes essence اُن کا خیال ہے کہ چیزیں پہلے سے موجود ہوتی ہیں، پہلے Existence ہوتی ہے، اس کے بعد ہم اس کو ایک معنی عطا کرتے ہیں۔ جب کہ مذہبی سوچ والے کہتے ہیں کہ Essence پہلے سے آسمانی مسودات کی صورت میں موجود ہے، اسی لیے یہ جو مسلم فلسفی ہیں یہ Essence کو زیادہ ترجیح دیتے ہیں۔ بو علی سینا کا جو سب سے بڑا کارنامہ ہے، وہ یہ ہے کہ انہوں نے Canon of Medicine کے حوالے سے کتاب لکھی، اس میں انہوں نے تمام میڈیسین کی روایات کو اکٹھا کر دیا۔ یہ ایک قسم کا طب کا انسائیکلو پیڈیا تھا۔ اس کے علاوہ انہوں نے Humour Theory پیش کی تھی۔

ڈاکٹر بلند اقبال:

بو علی سینا کو ہم Hellenistic Islamic Philosopher کہتے ہیں کیونکہ ان کا تعلق اُس علمی روایت سے ملتا ہے جس نے یونانی افکار Neoplatonism اور Aristotelianism کو مسلم فکر سے جوڑ کر ایک نئی جہت پیدا کی تھی۔ خصوصاً انہوں نے قرآن کے فلسفہ کلام کو بحث کیا تھا۔ ان کا وجودیت کا فلسفی کائناتی تصور سے Necessity اور Contingency اور پھر Existence اور Essence کے تصور میں ایک نئے معنی پروتا ہوا ملتا ہے۔ وہ کہتے ہیں Essence یا ماہیا دراصل وجود یا Existence سے پہلے Independent تخلیق پاتی ہے ان کی کتاب ابن سینا کی میٹافزکس میں ایک جملہ ہے:

There must be an essence for any contingent being, such that its accident is accidental.

بو علی سینا نے Being کے تصور پر تین لیول کی Modalities کا ذکر کیا ہے:

1-Necessity 2-Contingency 3-Imessibility

ان کے خیال میں Contingent اشیا ممکن نہیں جیسا کہ اسوائر سرکل بیک وقت ممکن نہیں ہے لیکن ہم انہیں Actual یا Nerely Potential میں مزید تقسیم کر سکتے ہیں۔

بہر حال یہ ایک طویل فلسفہ ہے جو بحث کے لیے وقت کی گنجائش کا طلب گار ہے۔

ڈاکٹر خالد سہیل:

اس بات کو کچھ اس انداز سے سمجھنے کی کوشش کرتے ہیں کہ ایک شعر ہوتا ہے اور ایک شعریت ہوتی ہے۔ ان فلسفیوں نے اس کائنات کی ماہیئت کو ڈھونڈھنے کی کوشش کی ہے اور اس کا خدا اور مذہب کے ساتھ کیا تعلق ہے؟

ڈاکٹر بلند اقبال:

سوچنے اور سمجھنے کی بات یہ ہے کہ یہ اسلامی فلسفی ہیں یا مذہبی فلسفی؟ یہ دو مختلف باتیں ہیں کیوں کہ اسلامی سکالرز کے مختلف معنی ہوتے ہیں۔ مجھے ان اسلامک مفکرین میں کہیں بھی اسلامی فکر کی بات نظر نہیں آتی، ہاں یہ ضرور ہے کہ انہوں نے خدا کے تصور کو محفوظ بنانے کی کوشش ضرور کی۔

ڈاکٹر خالد سہیل:

یہ دانش ور صرف علم الکلام کی بات نہیں کرتے، بلکہ اس کے ساتھ ساتھ سائنس، طب اور سائیکالوجی کے حوالے سے بھی ان کی خدمات ہیں۔ میری نظر میں ان کی خدمات سارے عالم کے لیے تھیں۔

غزالی اور ابن الرشد کی دانائی

خواتین و حضرات بلند اقبال اور خالد سہیل آپ کی خدمت میں "دانائی کی تلاش" کے انیسویں پروگرام کے ساتھ حاضر خدمت ہیں۔ آج کے پروگرام میں ہم غزالی اور ابن رشد کے حوالے سے گفتگو کریں گے۔ ہم غزالی کی کتاب Path to Sufism پر بات کریں گے اور دوسری کتاب ابن رشد و فلسفہ ابن رشد پر بھی بات کریں گے۔ یہ دونوں شخصیات اس حوالے سے کافی معتبر ہیں کہ ان سے پہلے جو دو روایات ساتھ ساتھ چل رہی تھی روحانی اور سائنسی تسلسل کے حوالے سے، ان دو شخصیات کے دور میں ان روایات کو ایک طرح سے عروج ملا اور اس کے بعد کچھ فیصلے ہوئے جنہوں نے مسلم فلسفے کو خاصا متاثر کیا۔

ڈاکٹر صاحب! آپ ہمیں گیارہویں اور بارہویں صدی کے حوالے سے کچھ بتائیں؟

ڈاکٹر بلند اقبال:

یہ دونوں شخصیات اس دور سے تعلق رکھتی ہیں کہ جب مسلمان عروج حاصل کرنے کے بعد رو بہ زوال تھے۔ کیوں کہ عباسی 750ء میں آئے تھے، کہا جاتا ہے کہ وہ 1258ء تک بر سر اقتدار رہے، جب کہ اگر غور سے جائزہ لیا جائے تو ٹوٹ پھوٹ کا عمل 860ء سے شروع ہو چکا تھا۔ یعنی قریباً سو سال کے بعد سے ہی ان کی سلطنت آہستہ آہستہ ٹوٹنا شروع ہو چکی تھی اور خود مختار باڈیز بننا شروع ہو گئی تھیں۔ اسی دور میں ہمیں غزالی کا نام نظر آتا ہے اور اس کے ساتھ ساتھ ابن رشد کا بھی۔

ڈاکٹر خالد سہیل:

اس دور میں لوگوں کی ایک غالب اکثریت غزالی کو بہت پسند کرتی تھی اور انہوں

نے غزالی کو حجۃ الاسلام کا لقب بھی عطا کیا۔ جب کہ دوسرا گروہ ان کے بہت سخت خلاف تھا۔ اس گروہ کا یہ کہنا تھا کہ غزالی نے مسلمانوں کے زوال میں بہت اہم کردار ادا کیا۔ بلکہ پاکستانی سائنس دان پروفیسر ہود بھائی نے اس حوالے سے اپنی کتاب میں کافی کچھ لکھا ہے۔ اس لیے غزالی کی شخصیت کو کافی حد تک متنازعہ سمجھا جاتا ہے۔

ڈاکٹر بلند اقبال:

یہ ایران کے ایک علاقہ Tous میں پیدا ہوئے۔ یہ 1058ء میں پیدا ہوئے اور بہت ہی تھوڑی عمر 53 سال تک بقید حیات رہے۔ یہ بہت ہی غریب خاندان سے تعلق رکھتے تھے۔

ڈاکٹر خالد سہیل:

بغداد میں بطور معلم انہوں نے کافی عرصہ تک پڑھایا۔ انہوں نے Goals of Philosophy کے نام سے کتاب بھی لکھی۔ اس کے بعد ان کی زندگی میں ایک Spiritual Crisis آتا ہے، جس کی وجہ سے ان کی زندگی کا سفر ایک نئے راستے کی جانب مڑ جاتا ہے۔ جب ان کا نروس بریک ڈاؤن ہوا تو وہ بہت ہی ڈپریشن کے دور میں داخل ہو گئے، اس کے بعد وہ شہر چھوڑ کر چلے گئے۔ کافی عرصہ منظر عام سے دور رہنے کے بعد واپس آئے اور فلسفے کو ہمیشہ ہمیشہ کے لیے خیر باد کہہ دیا اور روحانیت کے دائرے میں داخل ہو گئے۔

ڈاکٹر صاحب! آپ غزالی کی زندگی کے نشیب و فراز کو کس نظر سے دیکھتے ہیں؟

ڈاکٹر بلند اقبال:

انہوں نے ابن سینا اور الفارابی پر بھی کافی تنقید کی اور کہا کہ یونانی فلسفے کا اسلامی فلسفے میں مل جانا بالکل ہی غیر عقلی بات ہے۔ اسی وجہ سے ان کی ایک کتاب سامنے آئی جس کا نام Incoherence of Philosophy ہے۔ اس کتاب میں انہوں نے فلسفیوں کو مکمل طور پر رد کر دیا۔ ان کا تصور تھا کہ جو ارسطو اور افلاطون کی طرف سے Essence اور Existence کا تصور آ رہا ہے یہ بالکل ہی غلط ہے اور یکسر غلط سمت میں ہے۔

ڈاکٹر خالد سہیل:

جب میں نے ان کی آٹو بایوگرافی پڑھی تو مجھے پتہ چلا کہ انہوں نے کہا کہ علم تین

طرح کا ہوتا ہے:Sensory Truth جو کہ عوام سے تعلق رکھتا ہے،دوسرا Rational Truth جو کہ فلسفیوں سے تعلق رکھتا ہے،تیسرا Mystical Truth جو صوفی اور پیغمبروں کا ہے۔ روحانی تجربے کے بعد وہ مسلمانوں سے کچھ اس طرح سے مخاطب ہوتے ہیں کہ مسلمانوں کو Rational Truth سے کنارا کر لینا چاہیے اور Mystical Truth کو اپنا لینا چاہیے۔ آپ Reason کو چھوڑ کر Revelation کو اپنالیں اور اس کے بعد آپ فلسفے کو ترک کرکے Prophecy کو اختیار کرلیں۔

ڈاکٹر صاحب! آپ کچھ کہنا چاہیں گے؟

ڈاکٹر بلند اقبال:

Incoherence of Philosophy کے اندر جو انہوں نے سوال اٹھائے تھے وہ بہت اہم ہیں۔ وہ دنیا کی ابدی شکل پر غور کرتے ہیں۔ وہ جاننا چاہتے ہیں کہ خدا کی کائنات پر کتنی دسترس ہے؟اور Essence or Existence کے درمیان کیا فرق ہے؟ایک خدا کے تصور میں اور دو خدا کے تصور میں کیا فرق ہے؟ان کی کتاب کے بیس ابواب ہیں اور تقریباًسترہ ابواب میں انہوں نے یونانی فلسفے کو یکسر رد کیا ہے۔

ڈاکٹر خالد سہیل:

کہا جاتا ہے کہ عیسائیوں میں سائنس جیت گئی اور مسلمانوں میں خدا جیت گیا۔

ڈاکٹر بلند اقبال:

جی لگتا تو کچھ ایسا ہی ہے ۔ اچھا ڈاکٹر صاحب!اب ہمیں ابن رشد کی طرف آنا چاہیے۔ غزالی کی وفات کے 25 برس بعد ابن رشد پیدا ہوئے۔ابن رشد 1126ء میں پیدا ہوئے اور بہتر سال عمر پائی۔ ابن رشد، غزالی کے مقابلے میں زیادہ Multi Dimensional تھے،ان کی نظر سائنس،طب،ریاضی اور فلسفے پر بھی تھی، قریباًاسّی کتابیں لکھیں۔ابن رشد نے غزالی کے مقابلہ میں ایک معروف ترین کتاب لکھی تھی جس کا نام The Incoherence of Incoherence ہے، جس میں انہوں نے غزالی کے فلسفے کو بالکل رد کر دیا۔ابن رشد نے نہ صرف غزالی پر تنقید کی بلکہ ابن سینا اور فارابی پر بھی تنقید کی،چوں کہ بو علی سینا نے ارسطو اور افلاطون کے فلسفے کو ایک ساتھ جوڑ دیا، حالاں کہ ارسطو نے افلاطون

کے فلسفے پر کافی حد تک تنقید کی ہے۔ ارسطو کے مطابق Essence پہلے ہے اور Reality بعد میں ہے۔

ڈاکٹر خالد سہیل:

غزالی کی سوچ کا اثر مسلمانوں کے اوپر زیادہ پڑا جب کہ دوسری طرف ابن رشد مغربی فلسفے کا ہیرو ثابت ہوا۔ اس لیے مسلمانوں کی غالب اکثریت غزالی کی پیروکار بن گئی جب کہ ایک تھوڑی سی اقلیت کے حصے میں ابن رشد آگیا۔ اب یہاں یہ معاملہ تھوڑا سا گنجلک ہو گیا ہے، ایک طرف ارسطو، سقراط اور افلاطون ہیں، جب کہ دوسری طرف ان کے مسودات کی تشریح فارابی اور بو علی سینا نے کی۔ غزالی نے ان سب کو چیلنج کر دیا اور رشد کے مطابق غزالی نے ان یونانی فلسفیوں کو درست طور پر سمجھا نہیں۔

ڈاکٹر صاحب! آپ اس حوالے سے کیا سمجھتے ہیں؟

ڈاکٹر بلند اقبال:

ابن رشد کا نام تاریخ میں اس لیے زندہ ہے کہ انہوں نے ارسطو کے فلسفے پر کافی کام کیا تھا، بصورت دیگر ارسطو کی محنت کے غارت ہونے کے امکانات تھے۔ ابن رشد نے ارسطو کی ایک ایک سطر کی تہہ کو کھولا اور بڑے ہی عالمانہ انداز میں اس کی وضاحت کی۔ حالاں کہ تاراج بغداد کے واقعہ میں منگولوں نے بہت سارا علم جو کہ کتابوں کی صورت میں محفوظ تھا، وہ سمندر برد کر دیا تھا۔ مگر ابن رشد کی وجہ سے بہت سارا کام تراجم کی صورت میں یورپ تک پہنچ گیا اور یوں تین سو کے بعد اس فلسفے کا دوبارہ جنم ہوتا ہے جس سے پھر مغرب مستفید ہو جاتا ہے جب کہ مشرق محروم ہو جاتا ہے۔ سلطنت عثمانیہ کے زوال تک ہمیں مسلمانوں کا کوئی قابل ذکر کام فلسفے کے حوالے سے نظر نہیں آتا جب کہ دوسری طرف پندرہویں صدی سے لے کے موجودہ اکیسویں صدی تک یورپ تحقیقات کی دولت سے مالامال ہو چکا ہے اور یہ سارے کا سارا ترقی کا سہرا یونانی فلسفے کے ماتھے پر سجتا ہے۔

ڈاکٹر خالد سہیل:

غزالی نے ایک دفعہ کہا تھا کہ اگر آپ سائنس اور ریاضی کو پڑھیں گے تو آپ لازمی طور پر دہریہ بن جائیں گے اور سائنسی سوچ مذہب اور خدا سے بہت دور لے جاتی ہے۔ غزالی

143

نے یہاں تک کہا کہ جو کچھ دنیا میں رونما ہو رہا ہے وہ خدا کی مرضی اور منشا سے ہی ہو رہا ہے۔ انہوں نے خدا کی مرضی کو Laws of Nature سے ایک طرح سے الگ کر دیا تھا اور Rational Thinking کو مسترد کر کے ایک Religious Truth کی بنیاد رکھی۔

ڈاکٹر بلند اقبال:

غزالی کا بالکل یہی تصور تھا کہ سب کچھ کائناتی عمل خدائے واحد کی مرضی سے چل رہا ہے۔ اس حوالے سے انہوں نے روئی اور آگ کا تصور دیا تھا کہ جیسے ہی روئی آگ کے قریب آتی ہے تو وہ خود بخود جل جاتی ہے مگر اس عمل کے پیچھے بھی خدا کی مرضی شامل ہے۔ جب کہ دوسری طرف ابن رشد کا کہنا ہے کہ سب کچھ قوانین فطرت کے تحت رونما ہوتا ہے۔ مگر قابل غور بات یہ ہے کہ ابن رشد نے خدا کا انکار بالکل بھی نہیں کیا اور کہا کہ یونانی فلسفہ بھی خدا کے وجود کے اثرات دکھا رہا ہے۔

ڈاکٹر خالد سہیل:

کئی طرح کی سوچیں پروان چڑھی ہیں۔ ایک سوچ یہ ہے کہ قوانین فطرت موجود ہیں اور ہمیں خدا کی ضرورت نہیں ہے۔ دوسری سوچ یہ ہے کہ قوانین فطرت کو بھی خدا نے بنایا ہے اور وہ اس سے انحراف نہیں کرتا۔ اب بعض عیسائیوں کا تصور ہے کہ کائنات چھ دنوں میں تشکیل پائی ہے جب کہ عیسائیوں میں ہی دوسرا گروہ بھی پایا جاتا ہے جو کہتا ہے کہ ارتقا کا عمل خدا کا ہی بنایا ہے اور کائناتی تسلسل بھی اسی ارتقا کا ثمر ہے۔ مجھے ایسے لگتا ہے کہ مسلمان فلسفیوں میں بھی ایک گروہ ایسا پایا جاتا ہے جو کہتا ہے کہ قوانین فطرت کو ماننے کے بعد ہمیں خدا کا انکار کرنے کی ضرورت نہیں ہے۔ ان کا کہنا ہے کہ یہ کائنات و قوانین خدا نے ہی بنائے ہیں اور انہی دائرہ کار میں چل رہے ہیں۔ کیوں کہ مسلمانوں میں بھی دو گروہ پیدا ہو گئے تھے، معتزلہ اور اشعری۔ غزالی اشعری خیالات کو جاننے والے تھے جب کہ ابن رشد معتزلہ خیالات کو مانتے تھے۔

ڈاکٹر صاحب! کیا آپ غزالی کو اسلامی فلسفی سمجھتے ہیں؟

ڈاکٹر بلند اقبال:

بالکل غزالی کا نام اسلامی فلسفیوں کی فہرست میں سر فہرست شمار ہوتا ہے۔ اگر ہم

ان فلسفیوں کی زندگیوں کا جائزہ لیں تو ان کی زندگی میں بھی بہت سے بحران آئے، جیسا کہ بہت سے خلفا نے بہت سے ان فلسفیوں کی کتابیں تک جلا دی تھیں جن کا تعلق معتزلہ فکر سے تھا۔

ڈاکٹر خالد سہیل:

غزالی کا جھکاؤ روحانیت کی طرف ہے، جب کہ ابن رشد کا جھکاؤ سائنس اور فلسفے کی طرف ہے۔ اگرچہ دونوں خدا کا انکار نہیں کرتے تھے مگر دونوں کی سوچ میں فرق بہت واضح ہے۔

ابن تیمیہ اور سید قطب کی دانائی

(شدت پسندانہ مذہبی فکر)

خواتین و حضرات بلند اقبال اور خالد سہیل آپ کی خدمت میں ”دانائی کی تلاش“ کے بیسویں پروگرام کے ساتھ حاضر ہیں۔ آپ جانتے ہیں کہ ہم دونوں حبیب، طبیب اور طالب علم ہیں۔ ہم دونوں کچھ مطالعہ کرتے ہیں اور کچھ تبادلہ خیال کرنے کے بعد جو کچھ ہم سیکھتے ہیں وہ آپ کے ساتھ بھی شیئر کرنے کی کوشش کرتے ہیں۔ آج ہم Fundamentalist Tradition کی بات کریں گے اور اس کے لیے آج ہم نے ابن تیمیہ اور سید قطب کو چنا ہے۔

ڈاکٹر صاحب! آپ ہمیں ابن تیمیہ کے بارے میں کچھ بتائیں؟

ڈاکٹر بلند اقبال:

ابن تیمیہ حران کے علاقے میں پیدا ہوئے، ان کی زیادہ تر زندگی شام میں گزری اور یہ دور مملوک آف مصر کا دور تھا۔ نبی پاک صلی اللہ علیہ وآلہ وسلم کی پیدائش سے پہلے یہ سارا علاقہ بازنطینی ایمپائر کہلاتا تھا۔ نبی کریم صلی اللہ علیہ وآلہ وسلم کے بعد خلفاء راشدین کا دور آیا، پھر بنو امیہ اور اس کے بعد عباسی اور اسی تسلسل میں فاطمی اور مملوک آئے۔ مملوک تقریباً پانچ سو سال تک رہے اور قریباً 1512ء کے بعد زوال پذیر ہو گئے اور پھر سلطنت عثمانیہ کا آغاز ہو جاتا ہے۔ عباسی سلطنت جوں جوں پھیلتی جا رہی تھی، اس میں بے شمار لوگ شامل ہوتے جا رہے تھے۔ غلاموں کی خرید و فروخت بھی عروج پر تھی۔ یہ مملوک بنیادی طور پر وہی ترک تھے جو سیاسی طور پر بہت طاقت ور تھے۔ ابن تیمیہ 1262ء میں پیدا ہوئے اور ان کی پیدائش سے کچھ ہی عرصہ پہلے Seige of Baghdad کا واقعہ ہوا یعنی منگول

آگئے۔ابن تیمیہ جس خاندان میں پیدا ہوئے وہ بنیادی طور پر بہت ہی پڑھے لکھے لوگوں کا
خاندان تھا۔ان کے والد بہت بڑے عالم تھے اور ایک مدرسے میں پڑھاتے بھی تھے۔
ڈاکٹر خالد سہیل:

ابن تیمیہ کے والد ایک مفتی سکالر تھے اور یہ حنبلی نقطہ نظر سے تعلق رکھتے تھے۔
1284ء میں ابن تیمیہ کے والد انتقال کر گئے اور پھر اس کے بعد انہوں نے اپنے والد کی
جانشینی اختیار کی۔ انہوں نے 1293ء میں ایک عیسائی پادری کے خلاف فتویٰ دیا۔ اس پادری
نے مذہب کے حوالے سے کچھ گستاخانہ بات کہی تھی اور ابن تیمیہ نے فتویٰ دیا کہ اس عیسائی
پادری کو قتل کر دیا جائے۔ اس فتویٰ کی وجہ سے اس پورے علاقے میں کشیدگی پھیل گئی۔
اس وقت کے گورنر نے عیسائی پادری کو کہا کہ تم مسلمان ہو جاؤ، وہ پادری مسلمان ہو گیا۔ مگر
ابن تیمیہ نے اپنا فتویٰ واپس نہیں لیا۔ اس ساری صورت حال میں ابن تیمیہ کو گرفتار کر لیا
گیا۔ جیل جانے کے بعد ان کے رویہ میں نرمی کی بجائے اور زیادہ شدت پیدا ہو گئی۔
ڈاکٹر صاحب! آپ کا ان کے اس رویے کے بارے میں کیا خیال ہے؟
ڈاکٹر بلند اقبال:

انتیس سال کی عمر میں ابن تیمیہ نے حج کیا اور سب سے دلچسپ بات یہ ہے کہ انہوں
نے شادی بھی نہیں کی تھی۔ حج سے واپسی پر انہوں نے مناسک حج کے نام سے ایک کتاب
لکھی اور انہوں نے اس کتاب میں حج کے دوران حجاز میں جو کچھ دیکھا، ان تمام اعمال کو
بدعات کے ساتھ جوڑ دیا۔ انہوں نے اہل تشیع کے خلاف بھی فتوے دیے تھے۔ انہوں نے
چنگیز خان کے پوتے غذام خان کے خلاف بھی فتویٰ دیا تھا۔ جہاد کا پورا تصور ہمیں ابن تیمیہ
کے تصورات میں واضح طور پر نظر آتا ہے۔
ڈاکٹر خالد سہیل:

ان تمام فتاویٰ کے بعد ان کی شخصیت متنازعہ بن چکی تھی۔ ڈاکٹر صاحب! آپ یہ
بتائیں کہ یہ جو جہادی سلسلہ ابن تیمیہ سے شروع ہوا اور پھر بعد میں ان کے اثرات کو سید
قطب، حسن البنا اور اسامہ بن لادن نے بھی قبول کیا۔ وہ سب اثرات کیا تھے؟

ڈاکٹر بلند اقبال:

ہم یہاں تھوڑا سا ان کے تصورات کے حوالے سے گفتگو کر لیں۔ خدا کے بارے میں ان کا تصور ہے کہ جو کچھ قرآن میں ہے وہی حرف آخر ہے۔ اس کے مقابلے میں وہ تمام قسم کی تفسیر و تشریح اور استعاراتی باتوں کو رد کر دیتے ہیں۔ توحید کے حوالے سے وہ کہتے ہیں کہ سب کچھ اللہ کے ہاتھ میں ہے اور صرف اور صرف وہی عبادت کے لائق ہے۔ اسمائے صفت کے حوالے سے بھی وہ واضح طور پر کہتے ہیں کہ جو صفات اللہ تعالیٰ کے ساتھ منسوب ہیں، ان میں کوئی دوسرا شریک نہیں ہو سکتا۔ جہنم کی آگ کا تصور ایک سزا کے طور پر ہے، اپنے اپنے گناہوں کے حساب سے جہنم میں جلنا ہو گا۔ ذرائع علم وہ صرف قرآن، سنت، اجماع اور قیاس کو سمجھتے ہیں۔ مزارات کے قائل نہیں تھے، حتیٰ کہ وہ نبی کریم صلی اللہ علیہ وآلہ وسلم کے مزار کے بھی قائل نہیں تھے۔ وہ شیعوں اور ان کے ماتم کرنے کے عمل کے بھی سخت خلاف تھے۔

ڈاکٹر خالد سہیل:

سید قطب 1906ء میں پیدا ہوئے اور ابتدائی طور پر کافی ماڈرن قسم کے انسان تھے۔ امریکہ آنے سے پہلے انہوں نے کمیونزم کے خلاف بھی لکھا تھا۔ امریکہ آ کر چند سال گزارنے کے بعد ان کے خیالات میں سرمایہ دارانہ نظام اور استعماریت کے خلاف کافی شدت آ گئی تھی۔ انہوں نے بہت ساری کتابیں لکھیں۔ Mile Stone نامی کتاب انہوں نے جیل میں لکھی۔ اس کتاب نے شدت پسندی کے حوالے سے ایک بائبل کا کام کیا۔ میرے خیال میں جمال عبدالناصر کے ساتھ ان کا ایک خاص تعلق رہا ہے۔

ڈاکٹر صاحب! آپ اس حوالے سے کیا کہنا چاہیں گے؟

ڈاکٹر بلند اقبال:

جب میں سید قطب کو پڑھ رہا تھا تو مجھے مودودی یاد آ گئے۔ مودودی کے خیالات کے اثرات ہمیں بھارت، پاکستان اور بنگلہ دیش میں کافی حد تک نظر آتے ہیں۔ سید قطب نے مصر میں اسلامک برادر ہوڈ کے لیے کام کیا۔ اس کا سرا جا کر عبدالوہاب سے جا ملتا ہے اور عبدالوہاب کا سلسلہ ابن تیمیہ سے جا ملتا ہے۔ کہنے کا مطلب یہ ہے کہ یہ تینوں ہی ایک ڈور سے بندھے ہوئے ہیں۔ انہی کے دور میں عرب اسرائیل جنگ ہوئی تھی۔

ڈاکٹر خالد سہیل:

ابن تیمیہ نے بھی شریعت کی بات کی تھی اور سید قطب نے بھی واضح طور پر شریعت ہی کی بات کی نہ کہ طریقت اور معرفت کی۔ ان کے تصورات میں ایک خاص طرح کی نفرت کا عنصر پایا جاتا ہے۔

ڈاکٹر صاحب! آپ کیا کہنا چاہیں گے؟

ڈاکٹر بلند اقبال:

حیران کن اور دلچسپ بات یہ ہے کہ ابن تیمیہ نے بھی شادی نہیں کی اور سید قطب نے بھی نہیں کی۔

ڈاکٹر خالد سہیل:

انہوں نے بچوں کے حوالے سے چند جملے لکھے ہیں جن سے ان کی سوچ کی عکاسی ہوتی ہے۔ وہ لکھتے ہیں:

Let us instead plant the seeds of hatred, disgust and revenge in the souls of these children. Let us teach these children from the time their nails are soft. The white man is the enemy of humanity and they should destroy him at the first opportunity.

اس شدت پسندانہ سوچ نے مسلمانوں کے ذہنوں کو کافی حد تک متاثر کیا۔ میری نظر میں یہ جو شدت پسندانہ لہر پروان چڑھی ہے، اس میں سید قطب کا بھرپور کردار ہے۔ 29 اگست 1966ء کو سید قطب کو پھانسی دے دی گئی۔ ان کو باقاعدہ موقع دیا گیا کہ اگر وہ چاہیں تو معافی مانگ لیں، مگر انہوں نے معافی نہیں مانگی۔

ڈاکٹر صاحب! مجموعی طور پر آپ ان شخصیات کے حوالے سے کیا بتانا چاہیں گے؟

ڈاکٹر بلند اقبال:

ان کے اثرات ہمیں آنے والے وقت میں مزید بھی نظر آئیں گے، کیوں کہ اب مذہب ایک پولیٹیکل فیکٹر کے طور پر استعمال کیا جا رہا ہے اور یہ Negative Vibration کے طور پر آگے پھیلتی رہے گی۔ اس کی وجہ یہ ہے کہ اس قبیل کے 'دانش ور' بہت سطحی قسم کے ہوتے ہیں اور نفرت محبت کی نسبت زیادہ تیزی سے پھیلتی ہے۔

149

جلال الدین رومی کی دانائی

(صوفیانہ مذہبی فکر)

خواتین و حضرات بلند اقبال اور خالد سہیل آپ کی خدمت میں (In search of wisdom) دانائی کی تلاش کے 21 ویں پروگرام کو لے کر حاضر ہوئے ہیں اور یہ مسلم فلاسفرز کی پانچویں قسط ہے۔ آج کے پروگرام میں ہم روحانی روایت پر بات کریں گے اور خاص طور پر ہم نے آج جلال الدین رومی کو چنا ہے۔

بلند اقبال صاحب آپ کا شریعت، طریقت اور تصوف کے بارے میں کیا خیال ہے؟

بلند اقبال:

ڈاکٹر صاحب موضوع بہت بڑا ہے جب میں تصوف کے بارے میں پڑھ رہا تھا تو مجھے یہ سمجھ میں آیا کہ عمومی طور پر ہم لوگوں کا خیال یہ ہے کہ تصوف و طریقت سے مراد اللہ سے لو لگانا اور اس کی عبادت کرنا ہے بعض اولیاء کا یہ بھی خیال ہے کہ قرآن کے ظاہری معنی کچھ اور بنتے ہیں اور باطنی معنی کچھ اور بنتے ہیں۔ باطنی معنوں تک پہنچنے کے لیے تصوف و طریقت کا راستہ ہوتا ہے۔ اسی حوالہ سے مذہب اسلام بھی ظاہری و باطنی معنی کے لحاظ سے ایک دوسری شکل اختیار کر گیا اور مجھے اس کا ایک ٹرائی اینگل بنتا ہوا محسوس ہوا۔ مثلاً ایک طرف جسم ہے، دوسری طرف روح اور تیسری طرف Intellect یعنی ذہن یا ذہانت ہے۔ دوسرا ٹرائی اینگل اس کے سوشل، پولیٹیکل اور تاریخی Dynamics کو ظاہر کرتا ہے۔ ان دونوں ٹرائی اینگلز کو جانچنے کے لیے ہمیں ایک بار پھر تاریخ میں جانا پڑے گا۔ جب نبی کریم ﷺ نے اپنی تعلیمات کو پھیلانا چاہا تو انہوں نے حضرت ابو بکر اور حضرت علی کو چُنا اور یوں یہ

150

تسلسل آگے بڑھتے ہوئے ابو بکر صدیق کے واسطے سے حضرت سلیمان فارسی سے جا ملتا ہے۔ دوسری طرف حضرت علی کے توسط سے حسن بصری فیض یاب ہوتے نظر آتے ہیں۔ اس طرح سے یہ سلسلہ اپنی برانچ اور سب برانچ کے ذریعے سے آگے بڑھتا ہے۔ اس کے بعد سنی اسلام کی صورت میں یہ سلسلہ حنفی، شافعی، مالکی اور حنبلی تسلسل میں نظر آتا ہے۔ خصوصاً حنفی مسلک ہمیں زیادہ پاکستان اور ہندوستان میں دیوبندی اور بریلوی شاخ کی صورت میں نظر آتا ہے اور شافعی نقطہ نظر ہمیں زیادہ تر عرب سلطنتوں میں نظر آتا ہے۔ ہم اب پہلے ٹرائی اینگل کی بات کرتے ہیں یعنی ایک حصہ جو جسم کا تھا وہ ظاہری اسلام کا ہے جس کی شبیہ ہمیں جنگی مسلک میں نظر آتی ہے جب کہ دوسرا راستہ روحانیت، معرفت یا طریقت کی طرف جاتا ہے اور تیسرا راستہ فلسفے کا ہے۔

خالد سہیل:

جب میں ایک زمانے میں تصوف اور صوفی شاعری کو پڑھ رہا تھا تو مجھے یہ سمجھ آئی تھی کہ مسلم طریقت یا مسلم صوفی زیادہ تر شریعت کے اندر رہ کر ہی روحانیت کے راستے پر چلتے ہیں جبکہ ہندو روایت اس سے بالکل مختلف ہے۔ یہ لوگ آرگنائزڈ مذہب کے دائرہ کار سے باہر نکل کر روح کل، خدا یا وحدانیت سے جڑنے کی کوشش کرتے ہیں، مجھے ان دونوں روحانی روایات میں بنیادی فرق محسوس ہوا ہے۔ جب شاعری کی بات ہوتی ہے تو اس میں آرٹ کا عنصر بھی شامل ہو جاتا ہے جب کوئی صوفی، شاعری میں اپنا مدعا بیان کرتا ہے تو اس کا پیرایہ مختلف ہو جاتا ہے۔ رومی 1207 میں پیدا ہوئے اور 1273 میں انتقال کر گئے تھے۔ بلند اقبال صاحب یہ جو منگولوں نے 1258 میں اسلامی تہذیب پر بہت بڑا حملہ کیا تھا یہ سب کچھ رومی کی زندگی میں ہی رونما ہوا تھا اس حوالے سے ہمیں کچھ بتائیے۔

بلند اقبال:

یہ وہ دور تھا جسے اسلامک گولڈن ایج کہا جاتا ہے۔ خلفائے راشدین کے بعد سے اسلام میں زیادہ تر بادشاہت کا تصور ہی چلتا رہا اور موروثی سیاست کا دور دورہ رہا۔ اسلام کافی جگہ پھیل چکا تھا مثلاً تاجکستان، ازبکستان، ہندوستان، پاکستان، ایران، عراق، ترکی اور شام جیسے علاقے بھی شامل ہوتے چلے گئے اور ان ممالک میں جتنے بھی اور مذاہب کے ماننے

والے تھے،وہ بھی مذہب اسلام میں داخل ہوتے چلے گئے۔ لیکن یہاں ایک فطری سوال تو پیدا ہوتا ہے کہ آیا جو ریاستیں اسلام میں داخل ہو رہی تھیں،وہ واقعی اپنی خوشی سے داخل ہو رہی تھیں، یا زور زبردستی اور خوف سے؟ مگر جب ہم رومی کی زندگی کا جائزہ لیتے ہیں تو ہمیں پتہ چلتا ہے وہ افغانستان کے ایک علاقے میں پیدا ہوئے تھے۔ اچھا جب منگول حملہ آور ہو رہے تھے تو بہت سے علاقوں کے لوگ ہجرت کرنے پر مجبور ہوئے تھے۔ رومی ایک امیر کبیر خاندان سے تعلق رکھتے تھے۔ ان کے والد بہت بڑے مذہبی عالم تھے۔ ان کا خاندان بھی ہجرت کرکے نیشاپور پہنچ جاتا ہے۔ رومی کے والد یہاں فرید الدین عطار سے ملتے ہیں تو وہ رومی کی طرف دیکھ کر یہ مشہور جملہ کہتے ہیں کہ Here you see the sea behind the ocean حالانکہ اس وقت رومی کی عمر صرف 9 سال تھی۔ اس کے بعد یہ ترکی کی روانہ ہو جاتے ہیں۔ یہ ترکی کے اس علاقے میں آ جاتے ہیں جسے اس وقت روم کہا جاتا تھا۔ یہاں آ کر رومی بس جاتے ہیں اور پھر وقت گزرتا ہے اور رومی ایک بڑے عالم کی شکل میں نمایاں ہوتے ہیں۔

خالد سہیل:

میں یہاں تھوڑا سا ان کی شاعری اور شمس تبریز کے ساتھ وابستگی پر توجہ مرکوز کرنا چاہوں گا۔ رومی کی 1244 میں شمس تبریز کے ساتھ ملاقات ہوئی اور رومی کی ان کے ساتھ وابستگی 1248 یعنی چار سال تک قائم رہی۔ یہ رشتہ تصوف کی دنیا میں کافی مقبول بھی ہوا اور متنازعہ بھی رہا۔ اس تعلق میں کافی حد تک پر اسراریت پائی جاتی ہے۔ یہاں تک کہ رومی نے اپنے ایک کلام کا نام دیوانِ شمس تبریز کے نام پر رکھا۔ کہا جاتا ہے کہ شمس تبریز ان کی روح کے اندر حلول کر گئے تھے۔ بلند اقبال صاحب آپ اس روحانی تعلق کو کس نظر سے دیکھتے ہیں؟

بلند اقبال:

تاریخی حوالہ سے اگر دیکھا جائے تو رومی مقبول تو بہت ہوئے،نہ صرف اپنے دور میں بلکہ آنے والے ادوار میں بھی کبھی ان کی شہرت میں کمی نہیں آئی حتی کہ بیسویں صدی تک۔ دیکھیے نا آج امریکہ میں بھی ان کی کتب کافی بکتی رہتی ہیں۔ رومی اور تبریز کے ملاپ کے حوالہ سے بہت ساری کہانیاں مقبول عام ہیں۔ کہا جاتا ہے کہ رومی ایک امیر کبیر کلاس سے تعلق رکھتے تھے جبکہ شمس تبریز بہت ہی چھوٹے یا غریب خاندان سے تعلق رکھتے تھے

اور تبریز کے حلقے میں لوگ ان کو Bird کے نام سے پکارتے تھے کیونکہ ان کو گھومنے پھرنے کا بہت شوق تھا۔ شمس تبریز نے رومی کو مجبور کیا کہ وہ طریقت کے راستے پہ چلے، اسلام کے ظاہری معنی حاصل کرنے کی بجائے باطنی معنی ڈھونڈنے کی کوشش کرے۔ تبریز رومی سے مخاطب ہوتے ہیں کہ آؤ میں تمہیں بتاؤں کہ محبت کے حقیقی معانی کیا ہیں۔ ان کے درمیان عمروں کا بھی بہت فرق تھا۔ رومی کی عمر تقریباً 40 سال تھی جبکہ شمس کی عمر 60 سال کے قریب تھی۔ لیکن میری نظر میں دونوں کی وابستگی ایک Metaphorical Form میں بھی ہے کیونکہ تبریز نے رومی کو دریافت کر کے ایک بڑی شخصیت کے روپ میں ڈھال دیا اور پھر رومی نے اپنے کلام کے ذریعے سے فارسی کا ایک قرآن لکھ دیا۔

خالد سہیل:

بہت سارے لوگ طریقت کے راستے پر چلتے ہیں مگر رومی ایک شاعر بن کر ابھرے اور پھر مثنوی لکھی جس میں ہزاروں اشعار ہیں۔ انہوں نے اپنے کینوس کو کافی بڑا کیا اور محبت و عشق کو کافی بڑے معنی عطا کیے۔

بلند اقبال:

رومی کی شاعری میں جو سب سے بڑی بات ہے وہ یہ ہے کہ ان کی شاعری اس وقت کے کلچر کی نمائندگی کرتی ہے۔ رومی نے خود کو کبھی صوفی بھی نہیں کہا اور نہ ہی کبھی انہوں نے خود کو کسی خاص نسل یا کلچر سے جوڑا کیونکہ ان کی شاعری میں کچھ خاص فیکٹر ہیں جو آفاقی درجہ رکھتے ہیں۔ مثلاً دل کا درد ہے اپنے محبوب کے لیے وہ ایک کامن فیکٹر ہے جو کہ ہمیں آفاقی صورت میں نظر آتا ہے۔ اس کے بعد (Drunkenness) کا عنصر ہے جو کہ اس بات کی طرف اشارہ کرتا ہے کہ وہ اپنے محبوب کی یاد میں کھویا ہوا ہے، رچا بسا ہوا ہے۔ اسی طرح تیسرا فیکٹر Sorrowness کا ہے کہ محبوب تو مجھے نہیں ملا مگر تیرا دیا ہوا درد میرے ساتھ ہے جو دل کی صورت میرا حصہ ہے اور میرے لیے بہت قیمتی ہے۔ چوتھا فیکٹر (Loneliness) کا ہے۔ یہ تنہائی کبھی آپ کا ساتھ نہیں چھوڑتی کیونکہ وہ ذات سے خدا کی طرف کا اشارہ ہے۔ یہ تمام یونیورسل فیکٹر رومی کی نازک سی معنویت میں اُسے کس خوبصورتی سے زندہ رکھے ہوئے ہیں۔

خالد سہیل:

ان کا ایک حوالہ یہ بھی ہے کہ رومی جب صلاح الدین سے ملے جو کہ برہان الدین کے شاگرد تھے تو ان سب نے مل کر نا چنا شروع کیا اس ڈانس کو ہم Whirling dervaish کے نام سے جانتے ہیں۔ رومی خود بھی موسیقی بجاتے تھے۔ 2007 میں یونیسکو نے رومی ڈے منایا۔ 30 دسمبر 2007ء کے دن کو ترکی میں 800th birthday رومی کے حوالے سے منایا گیا۔ غالب کا بھی ایک بڑا نام ہے لیکن رومی اس وقت غالب سے بھی زیادہ مشہور ہیں۔

بلند اقبال صاحب رومی کی اہمیت آج کے دور میں آپ کو کیسی محسوس ہوتی ہے۔

بلند اقبال:

ڈاکٹر صاحب جب آپ کلچرل، جیوگرافیکل اقدار سے آزاد ہو جائیں، جب مذہب کے روایتی حصہ سے آگے نکل جائیں، جب ظاہر سے باطن کا سفر شروع ہو جائے اور جب طریقت سے معرفت کی طرف چلے جائیں تو پھر آپ پوری دنیا میں سرائیت کر جاتے ہیں۔ یعنی اگر رومی چرچ میں ہیں تو ہو سکتا ہے آپ کو نائٹ کلب میں بھی نظر آجائے۔ یہ ہی روحانیت کی اصل ڈائنامیکس ہے۔

خالد سہیل:

مجھے ان کی سب سے اچھی بات جو لگی وہ میں شیئر کرنا چاہوں گا۔ انہوں نے کہا تھا۔

When we are dead, seek not our tomb in the earth but find it in the hearts of men.

یعنی ہم لوگ آپ کو قبروں میں نہیں ملیں گے بلکہ لوگوں کے دلوں میں ملیں گے۔ یہ ہی وہ لوگ تھے جنہوں نے Diversity میں Unity کو تلاش کر کیا تھا۔

علامہ اقبال: اسلام میں مذہبی فکر کی تشکیل نو

(فلسفیانہ مذہبی فکر)

خواتین و حضرات بلند اقبال اور خالد سہیل آپ کی خدمت میں (In search of Wisdom) دانائی کی تلاش کا 22واں پروگرام لے کر حاضر ہوئے ہیں۔ اس سے پہلے ہم مسلم فلاسفرز پر ایک سیریز کر چکے ہیں۔ ہم نے مسلم فلاسفرز کو تین حصوں میں بانٹا تھا تا کہ آپ ان فلاسفرز کی روایت سے سیر حاصل فیض حاصل کر سکیں۔ پہلی روایت جو کہ (Fundamentalist) روایت تھی جس میں ہم نے ابن تیمیہ، سید قطب پر گفتگو کی تھی۔ دوسری روایت جو کہ (Spiritual) روایت تھی جس میں ہم نے جلال الدین رومی کو چنا تھا اور آج ہم فلاسفیکل روایت پر بات کریں گے۔ ویسے تو اس میں سر سید احمد خان، غلام احمد پرویز اور ابو الکلام آزاد بھی آ سکتے ہیں لیکن ہم نے آج کے پروگرام میں علامہ اقبال کو چنا ہے اور خاص طور پر ان کی کتاب In Islam The Reconstruction of religious Thought پر بات کریں گے جو ان کے لیکچرز کا مجموعہ ہے ہم اس کتاب سے ان کی مذہبی فلاسفی کو سمجھنے کی کوشش کریں گے۔

میں بلند اقبال سے پوچھنا چاہوں گا کہ 19 ویں اور 20 ویں صدی میں مسلمانوں کا سماجی سیاسی اور مذہبی پس منظر کیسا تھا۔

بلند اقبال:

انسانی تاریخ میں 20 ویں صدی کو خون ریزی کی صدی کے طور پر یاد رکھا جائے گا۔ 1914 سے 1918 تک پہلی عالمی جنگ ہوئی تھی جس میں 15 سے 22 ملین لوگ مر گئے تھے

اور ایک بڑی تعداد (Genocide) بھی ہوئی تھی اس جنگ کے اثرات اس دور کے سیاسی منظر نامہ پر نمودار ہونا شروع ہو گئے تھے۔ سیاسی طور پر بڑی بڑی سلطنتیں زوال پذیر ہو رہی تھیں اور پھر 1917 میں روسی انقلاب آ گیا تھا۔ دوسری طرف بہت ساری تحریکیں سرمایہ دارانہ نظام کے خلاف، فاشزم کے خلاف اور کالونیل ازم کے خلاف چل رہی تھیں۔ ہندوستان میں 1857 کی جنگ آزادی ہو چکی تھی اور مسلمانوں میں اس وقت ایک انقلابی تبدیلی کا عمل چل رہا تھا۔ گاندھی کی موجودگی میں ہندو اور مسلمانوں کو متحد کیے جانے کی باتیں ہو رہی تھیں لیکن مسلمان ان حالات میں یکسر طور پر تنہا ہوتے جا رہے تھے۔ چونکہ جنگ آزادی میں مسلمانوں کو شکست ہو چکی تھی اور دوسری طرف ان کا خیال یہ تھا کہ اگر ہندوستان میں جمہوریت آئی ہے تو وہ اقلیت بن جائیں گے۔ سب سے اہم بات یہ تھی کہ سلطنت عثمانیہ بھی زوال پذیر ہو چکی تھی۔ دوسری طرف مغربی دنیا میں بہت ساری سائنسی تبدیلیاں بھی رونما ہو رہی تھیں۔ 1920 میں آئن سٹائن کی تھیوری سامنے آ چکی تھی۔ اب اس سارے تناظر میں اقبال جیسا آدمی سامنے آ رہا ہے جس نے مشرقی اور مغربی فلسفے کو بھی پڑھا ہوا ہے اور مذہبی تصورات سے بھی پوری طرح آگاہی رکھتا ہے۔

خالد سہیل:

علامہ اقبال 1877 کو سیالکوٹ میں پیدا ہوئے، 1895 میں لاہور آئے۔ 1911 میں ان کا کلام شکوہ اور جواب شکوہ منظر عام پر آیا اور 1938 میں انتقال کر گئے۔ شاعری کے علاوہ انہوں نے اپنے خیالات کو فلسفیانہ انداز میں بھی پیش کرنے کی سعی کی۔ بلند اقبال صاحب آپ نے یہ کتاب پڑھی تو آپ کا مجموعی تاثر کیا بنا؟

بلند اقبال:

مجموعی طور اس کتاب میں سات لیکچرز ہیں۔ چھ لیکچرز انہوں نے ہندوستان میں دیے تھے اور ساتواں لیکچر اقبال نے لندن میں دیا۔ انہوں نے بنیادی طور پر کوشش کی کہ اسلامی فلسفے کو بنیاد بنا کر کائنات اور خدا کی تشریح کی جائے۔ پہلے لیکچر میں وہ یہ بتانے کی کوشش کرتے ہیں کہ علم اور مذہبی تجربے کا ہم کس طرح سے موازنہ کر سکتے ہیں اور پھر اس تجربے کو وہ فلسفیانہ انداز میں دیکھنے کی کوشش کرتے ہیں اور بات کو مزید آگے بڑھاتے

ہوئے وہ مذہبی تجربات کو اسلام کے دائرہ میں لے آتے ہیں اور پھر وہاں پر آکر وہ خدا کے تصور کو جانچنے کی کوشش کرتے ہیں۔ چوتھے لیکچرز میں انہوں نے اس سارے منظر نامے کے انفرادی معنی تخلیق کیے۔ 5 ویں لیکچر میں وہ واضح کرنے کی کوشش کرتے ہیں کہ اسلامک سوسائٹی کی روح کیا ہونی چاہیے۔ چھٹے لیکچر میں وہ ان سب باتوں کا نتیجہ اخذ کرتے ہیں۔ ساتواں لیکچر انہوں نے لندن میں دیا تھا اور اس کے اندر وہ مذہب کے مکمل کردار کی بات کرتے ہیں۔

خالد سہیل:

بلند اقبال صاحب جب میں نے ان لیکچرز کا مطالعہ کیا تو مجھے یہ محسوس ہوا کہ وہ تمام باتوں کو مذہب کے دائرہ کار میں لا کر دیکھنے اور سمجھانے کی کوشش کرتے ہیں۔ مجھے ان کے پہلے لیکچر سے یہ پتہ چلا کہ انہوں نے یہ بتانے کی کوشش کی ہے کہ مذہب کی اہمیت شاعری سے زیادہ ہے اور اس کے جواز میں وہ یہ کہتے ہیں کہ شاعری ایک فرد کی ذاتی سوچ ہوتی ہے جبکہ مذہب پوری ثقافت کو متاثر کرتا ہے۔ آگے چل کر وہ مزید کہتے ہیں کہ مذہب فلسفے سے بھی بہتر ہے اور آخر میں اس طرح سے انہوں نے مذہب کو سائنس پر بھی ترجیح دے دی حالانکہ ان کا ذہن سراسر سائنسی نہیں بلکہ شاعرانہ، مذہبی اور فلاسفیانہ تھا۔ مجھے اس سارے تسلسل میں ایک تعصب کی سی کیفیت محسوس ہوتی ہے۔ بلند اقبال صاحب آپ اس حوالہ سے مزید کچھ کہنا چاہیں گے۔

بلند اقبال:

میں نے اپنے تئیں وہ جڑیں ڈھونڈھنے کی کوشش کی ہے جن پر ان کے تمام لیکچرز کی عمارت کھڑی ہے۔ اپنے لیکچرز میں انہوں نے کم و بیش قرآن پاک کی آیات 77 کا حوالہ پیش کیا ہے اور اس کے ساتھ 65 تشریحات کا حوالہ بھی دیا ہے۔ اگر ہم دوسری طرف دیکھیں تو انہوں نے 59 لکھاریوں کا بھی حوالہ دیا ہے۔ مزید ار بات اُن لکھاریوں میں 34 مغربی ہیں اور ان میں سے بھی 25 ان کے ہم عصر لکھاری ہیں، اُن میں سے جو باقی بچتے ہیں وہ صوفی ہیں۔ اس ساری صورتحال میں سے یہ چیز واضح ہو جاتی ہے کہ یہ ذہنی میٹریل کہاں سے آیا۔ انہوں نے اپنے تصورات کا ایک ٹرائی اینگل بنایا۔ اس ٹرائی اینگل کے ایک

157

کونے پر ہسٹری ہے، دوسرے کونے پر فطرت ہے اور تیسرے کونے پر Revelation یعنی وحی ہے۔ وہ کہنا یہ چاہتے ہیں کہ یہ جو وحی کا عنصر ہے، یہ ڈائریکٹ فیکٹر ہے جو کہ نبوت سے جڑتا ہے۔ ان کے کہنے کا مطلب یہ ہے کہ انقلاب سائنس کے معرضِ وجود میں آنے کے بعد نہیں آیا بلکہ 570 میں نبی اکرم ﷺ کی ولادت کے بعد آیا۔ فطرت اور تاریخ کو انہوں نے صرف قرآن مجید کے ساتھ جوڑ دیا ہے۔

خالد سہیل:

اگر ہم اقبال کا غزالی کے ساتھ موازنہ کریں تو یہ بات واضح ہوتی ہے کہ اقبال یہ کہنا چاہتے ہیں کہ وجدان، ذہانت یا عقل سے بہتر ہے اور غزالی کو اقبال 50 فیصد کریڈٹ دیتے ہیں کہ انہوں نے وجدان کی اہمیت کو سمجھا مگر غزالی سے ایک فکری مغالطہ ہوا کہ اس نے عقل اور وحی کو ایک دوسرے کے برعکس جانا، سائنس اور تعقل کو رد کر دیا۔ اقبال کا یہ ماننا ہے کہ اس میں کوئی تضاد نہیں پایا جاتا بلکہ وجدان ایک اعلیٰ درجہ ہے اور عقلی توجیح اس سارے عمل کی وضاحت کرتی ہے۔ وہ یہ واضح کرنے کی کوشش کرتے ہیں کہ جو پیغام ہم تک وحی کے ذریعے پہنچا ہے کچھ عرصہ بعد سائنس اس کی مکمل وضاحت کر دے گی۔ بلند اقبال صاحب آپ اقبال کے باقی لیکچرز کے بارے میں کیا کہنا چاہیں گے۔

بلند اقبال:

میرے خیال میں اقبال یہ کہنا چاہتے ہیں کہ ہم سائنس کے ذریعے بھی حتمی سچائی کی طرف بڑھ سکتے ہیں لیکن وہ اس کو نیچے یا پست سے اوپر یا بالائی کی طرف کا راستہ بتاتے ہیں اور ان کے مطابق اگر ہم مذہب کے راستے سے چلنا چاہیں تو وہ ٹاپ ٹو باٹم کا راستہ ہے۔ تیسرے لیکچر میں وہ واضح کرنے کی کوشش کرتے ہیں کہ انسانی روح اسی وقت نشو و نما پا سکتی ہے اگر وہ خدا سے مناجات کے اصولوں سے آگاہ ہو۔ انسان بنیادی طور پر ایک ایگو (Ego) کا نام ہے۔ یہ سفر محدود سے لا محدود تک کا ہے اور اس سفر میں کامیاب ہونے کا راستہ عبادت ہے وہ لا متناہی کی وضاحت اس طرح سے کرتے ہیں کہ وہ ہمیشہ سے ہے اور ہمیشہ رہے گی۔

خالد سہیل:

مذاہب کی تشریح کرنے والے دو گروہ پائے جاتے ہیں۔ ایک Fundamentalist

روایت ہے جو قرآن کا Literal معنوں میں ترجمہ کرتے ہیں جبکہ اقبال نے قرآن کی کئی جگہ پر استعاراتی تشریح کی ہے۔ ان کے لیکچرز میں ایک جملہ بڑا قابلِ غور ہے۔ وہ کہتے ہیں: اقبال 5 ویں لیکچر میں صوفی اور پیغمبر کی الہامی کیفیات کا موازنہ کرتے ہوئے کہتا ہے کہ صوفی معرفت کی منزلیں طے کرتے ہوئے جب معرفت کی بلندی پر پہنچ جاتا ہے تو پھر وہ واپس لوٹ کر نہیں آتا کیونکہ اس کی معرفت اپنی ذات تک محدود ہوتی ہے جبکہ پیغمبر معرفت کی منزل حاصل کرنے کے بعد دوبارہ عوام میں آ کر اپنی معرفت تقسیم کرتا ہے۔ میرے خیال میں اقبال مسلمانوں کی ایک قسم کی نشاۃ ثانیہ چاہتے تھے اور اس کے حصول کے لیے وہ ان کو ماضی سے جوڑن اچاہتے ہیں۔

بلند اقبال صاحب ان لیکچرز کے (Political dimensions) کیا ہیں؟

بلند اقبال:

ان کے لیکچرز میں ایک ماڈرن اقبال کی تصویر بنتی ہے کیونکہ بہر حال وہ مغربی علوم سے آشنائی رکھتے ہیں اور مغربی مفکرین برگساں، فرائیڈ سے بھی واقف ہیں جب کہ دوسری طرف رازی اور رومی سے بھی آگاہ ہیں۔ چھٹے لیکچر میں اقبال مذہبی تصورات کے حوالہ سے بات کرتے ہوئے کہتے ہیں کہ اگر مذہب اسلام واقعی ایک متحرک مذہب ہے تو پھر اس کے اندر اجتہاد کا دروازہ کھلا ہونا چاہیے تا کہ وہ جدید دور کے تمام تقاضوں سے ہاتھ ملا سکے۔

خالد سہیل:

ہمیں جائزہ لینا چاہیے کہ اقبال کی شخصیت کو باقی دانشوروں اور فلسفیوں نے کیسا پایا، اس میں بہت سے حوالے پائے جاتے ہیں بعض حوالے اقبال کے حق میں ہیں اور بعض ان کی مخالفت میں ہیں۔ میں یہاں ایک حوالہ علی سردار جعفری کا دینا چاہوں گا وہ کہتے ہیں کہ اقبال نے مضبوط بنیادوں پر کسی بھی قسم کا حل تجویز نہیں کیا بلکہ ان کا رویہ ایک (Escapist attitude) کا دکھائی دیتا ہے۔ بعض سکالرز کا یہ کہنا ہے کہ اقبال نے مسائل کے حل کے لیے ماضی کا رخ اختیار کیا اور مذہبی و روحانی حل پیش کیے۔ بعض دانشوروں کا تو یہ تک کہنا ہے کہ اقبال فلسفی نہیں تھے کیونکہ انہوں نے کوئی نئی تھیوری یا آئیڈیا پیش نہیں کیا تھا۔ جیسا کہ ژاں پال سارتر نے وجودیت کی تھیوری پیش کی تھی۔

بلند اقبال صاحب مجموعی طور پر آپ کا کیا تاثر ہے۔ ان کی سوچ اور دانش کے بارے میں؟

بلند اقبال:

ڈاکٹر صاحب ہمیں اس کے لیے ان کے ساتویں سات کا جائزہ لینا ہو گا جو انہوں نے لندن میں دیا تھا۔ مجموعی طور پر وہ اپنے ساتویں لیکچر میں بھی وہی بات دہرا رہے ہیں جو انہوں نے اپنے سابقہ لیکچرز میں کہی تھی۔ یعنی ایمان، عقل اور دریافت جیسے عناصر کا ہونا لازمی ہے۔ ڈسکوری سے مرادوہ صوفیانہ روش کو نہیں کہتے بلکہ وہ واضح کرتے ہیں کہ یہ ایک الگ طرح کا یونیک مذہب ہے جسکی اپنی حدود و قیود ہیں۔ افسوس کی بات یہ ہے کہ اقبال کی سوچ کا عمل ان شخصیات سے جا کر ملتا ہے جن کی خدمات ہمیں سائنس کی دنیا میں کم ملتی ہیں کیونکہ اقبال کی سوچ کی بنیادیں ہمیں (Scientific Dimensions) میں نظر نہیں آتی۔ اس میں کوئی شک نہیں کہ وہ ایک اچھے سکالر، شاعر اور سیاسی بصیرت رکھنے والے انسان تھے مگر کیا وہ ایک سائنٹیفک مائینڈ بھی تھے؟ یا وہ فلاسفی کی تعریف کے لحاظ سے واقعی فلسفی تھے، یہ ماننا ذرا مشکل ہو جائے گا۔

خالد سہیل:

ہم اب تھوڑا سا اقبال کی شاعری کے حوالہ سے گفتگو کرتے ہیں۔ میں ان کی شاعری سے کافی حد تک متاثر بھی ہوا ہوں۔ اگرچہ یہ معرفت میں رہے مگر یہ مغرب سے کچھ زیادہ خوش نہیں تھے۔ مثلاً اپنے بیٹے کے نام وہ لکھتے ہیں:

مغرب کی غلامی پر رضامند ہوا تو

مجھ کو تو گلہ تجھ سے ہے یورپ سے نہیں ہے

دوسری طرف انہوں نے مغربی فلسفوں کو پڑھا ضرور مگر ان سے ایک طرح کا فاصلہ بھی بر قرار رکھا۔ جوانی میں ان کے اندر بغاوت کا عنصر کچھ زیادہ تھا، کہ اسی وجہ سے انہوں نے شکوہ لکھا مگر ایک مذہبی ماحول میں پروان چڑھنے کی وجہ سے ان کی سوچ میں مذہبیت کا عنصر بھی غالب تھا۔ ان کا ایک باغیانہ شعر ہے جس میں انہوں نے بہت کچھ کہنے

160

کی کوشش کی تھی۔

فارغ تو نہ بیٹھے گا محشر میں جنوں میرا

یا اپنا گریبان چاک یا دامن یزداں چاک

جب کہ دوسری طرف ابلیس اور جبریل کا مکالمہ ہے جس میں انہوں نے ابلیس کو
ہیرو کے طور پر پیش کی ہے اور اس میں ابلیس جبر ائیل کو چیلنج کرتا ہے:

میں کھٹکتا ہوں دلِ یزداں میں کانٹے کی طرح

تو فقط اللہ ہو، اللہ ہو، اللہ ہو

بلند اقبال صاحب آپ ان کی شخصیت کے ٹرائی اینگل جس میں سیاست، شاعری اور
ان کا فلسفی ہونا شامل ہے، آپ ان سارے عناصر کو کس طرح سے دیکھتے ہیں۔

بلند اقبال:

ڈاکٹر صاحب کسی بھی سکالر یا دانشور کی باتوں کے تاثرات یا اثرات کا تعین وقت کرتا
ہے۔ اگر ہم مجموعی طور پر جائزہ لیں تو دنیا پر اس وقت عقل حکمرانی کر رہی ہے اور بڑی تیزی
سے سائنسی تبدیلیاں رونما ہو رہی ہیں۔ بد قسمتی سے آج کل ان فلسفیانہ باتوں کی جگہ کچھ کم
ہوتی جا رہی ہے۔ اگر ہم ذرا پیچھے جا کر اقبال کے خاندان کا جائزہ لیں تو وہ برہمن خاندان سے
تعلق رکھتے تھے جو Converted Muslim تھے مگر جب میں ان کے فلسفے کو دیکھتا ہوں تو
مجھے یہ لگتا ہے کہ ان کا فلسفہ ایک Insecure nation کو سیکورٹی فراہم کرنے میں لگا ہوا ہے
گو کہ اس سارے فلسفے میں ان کی اپنی سچائیاں ہیں، جذبہ ہے اور سب سے بڑھ کر ایک
معصومیت کا عنصر بھی سب سے زیادہ غالب ہے مگر مجموعی تناظر میں فلسفیانہ طور پر کافی سقم
بھی پائے جاتے ہیں۔

خالد سہیل:

اگرچہ میں ان کے علمی قد سے کافی متاثر ہوں لیکن انہوں نے مغربی فلسفے کو پڑھا
ضرور مگر پوری طرح سے ہضم نہیں کیا۔ میری نظر میں ان کے تصورات کوئی زیادہ وسیع

تناظر کے دائرہ کار میں نہیں آتے اگر ہم ان کے مقام کا تعین کریں تو یہ مسلم اُمہ میں تو نمایاں
نظر آتے ہیں مگر بین الا قوامی سطح پر بالکل بھی نمایاں نہیں ہوتے ہیں۔ وہ بنیادی طور پر ایک
مسلمان دانشور تو تھے مگر عالمی دانشور نہیں تھے۔

قرون وسطیٰ میں دانائی کے سفر پر ایک مجموعی نظر

خواتین و حضرات بلند اقبال اور خالد سہیل آپ کی خدمت میں (In search of Wisdom) دانائی کی تلاش کا 23واں Episode لے کر حاضر ہوئے ہیں۔ یہ ہماری مسلم سیریز کا آخری پروگرام ہے۔ اس سے پہلے ہم چھ پروگرام پیش کر چکے ہیں جس میں ہم نے مسلم سکالرز، فلاسفرز، الکندی، الرازی، الفارابی، بو علی سینا، غزالی، ابن رشد کے بارے میں گفتگو کی اور ہم نے اس روایت کو تین حصوں میں تقسیم کیا تھا (Fundamentalist Tradition) جس میں ابن تیمیہ اور سید قطب آتے ہیں۔ دوسری (Spiritual Tradition) تھی جس میں ہم نے رومی کا تذکرہ کیا تھا۔ فلاسفیکل روایت میں ہم نے علامہ اقبال کے چھ لیکچرز پر گفتگو کی تھی۔ اس سارے تسلسل میں ہم نے یہ جاننے کی کوشش کی تھی کہ مسلمانوں کے سنہری دور کے بعد آہستہ آہستہ زوال کیوں آنا شروع ہوا اور اس کے اسباب کیا تھے۔

ڈاکٹر سہیل:

بلند اقبال صاحب مجموعی طور پر مسلمانوں کے عروج و زوال کا یہ جو پس منظر ہے اس بارے میں آپ کیا کہیں گے؟

بلند اقبال:

یہ وہ دور تھا جب نبی کریم ﷺ کی پیدائش سے چھ سو برس قبل سے عرب دنیا کے ارد گرد ایک بڑی سیاسی تبدیلی کا سلسلہ چل رہا تھا یعنی بازنطین ایمپائر اور پرشئین ایمپائر کے درمیان جو جنگ و جدل کا سلسلہ وقفوں سے مسلسل جاری تھا جس کے اثرات سے یہ

ریاستیں معاشی و سماجی اور عسکری لحاظ سے کافی زخم خوردہ ہو چکی تھیں۔ ثقافتی سطح پر یہ بہت عالی شان بڑی ریاستیں تھیں۔ علمی اعتبار سے انتہائی ترقی یافتہ تھیں۔ اُس زمانے کے لحاظ سے یہاں پر اعلیٰ ترین فلسفیانہ اور جدید اذہان موجود تھے جبکہ اُن کے مقابلے میں عرب کے قبائل کا علاقہ بہت ہی کمزور تھا اور بد قسمتی سے کوئی بھی قابلِ ذکر سماجی یا سیاسی یا سماجی ڈھانچہ وہاں موجود نہیں تھا۔ ایسے وقت میں نبی کریم کی پیدائش کا عمل بہت ہی اعلیٰ ترین واقعہ تھا۔ ان کی زندگی کے فوراً بعد ہی فتوحات کا ایک طویل سلسلہ چلتا رہا اور اسلام روحانی ریاست سے زیادہ معاشی و سیاسی ریاست کا سبب بنتا چلا گیا۔ نبی کریم صَلَّی اللہُ علیہ وسلم کے وصال کے بعد خلافت راشدہ کا دور آیا پھر بنو اُمیّہ کا دور آیا اور اس کے بعد ایک علمی گولڈن دور کا آغاز ہوا مگر پھر منگولوں کے حملوں کے سلسلے شروع ہوئے اور پھر اسی دوران مملوک دور کا آغاز ہوا اور یوں یہ سلسلہ جو 570 میں نبی کریم صَلَّی اللہُ علیہ وسلم کی ولادت سے چلا تو بالآخر سلطنت عثمانیہ یعنی ترک ایمپائر تک پہنچ گیا۔ اس سارے سلسلے کا ماحصل یہ بھی ہوا کہ اسلام مذہب کی صورت دنیا کے وسیع و عریض علاقوں میں پھیلتا چلا گیا۔ مگر بد قسمتی سے اس سارے تسلسل میں مذہب اسلام کی فلاسفی، وحی اور Mysticism کے اندر ہی مقید رہی اور اس سے آگے نہیں بڑھ سکی شاید اس لیے کہ اُس کے امکانات یا تو خود خالصتاً مذہبی فکر ہونے کی وجہ سے محدود تھے یا پھر عیسائیت کی طرح اِسے اور عالمی افکار خصوصاً یونانی افکار سے ہم آہنگ ہو کر بڑھنے کے مواقع نہیں فراہم کئے گئے جس کی ایک نفسیاتی وجہ یا تو ایک طویل سیاسی بالاتری یا دنیا پر حاکمیت کا ایک سپیرئیر کمپلیکس والا پس منظر تھا یا فکر کا فکر سے ایک تعصبی ٹکراو تھا بہر حال ان باتوں سے افکار کی نشو و نما پر منفی اثرات پڑنے کے خطرات تو رہتے ہیں اور جو اسلامی فکر میں بعد کے ادوار میں نمایاں نظر آئے اور اُس نے اس کے ماننے والوں کو بھی ایک مخصوص سلینڈر سے باہر نکلنے نہیں دیا۔

ڈاکٹر سہیل:

میری نظر میں الکندی، الرازی، الفارابی، بو علی سینا، غزالی اور ابنِ رُشد یہ سب دانشور یونانی فلسفے کے ساتھ جُڑے ہوئے تھے اور ان میں سے بہت ساروں نے یونانی ادب کے تراجم بھی کیے تھے۔ ان شخصیات نے یونانی فلسفے اور مغربی فلسفے کے درمیان ایک پُل بننے

کا کام کیا۔ ان میں الکندی، الرازی، الفارابی اور بو علی سینا جیسے لوگ جو کہ بڑے بڑے فزیشن تھے اور سائنسی رویہ رکھنے والے لوگ تھے اور سب سے بڑھ کر انہوں نے سائنس اور وحی کے درمیان کوئی زیادہ تضاد محسوس نہیں کیا۔ جب غزالی آئے تو انہوں نے کہا کہ سائنس اور مذہب میں کافی حد تک تضاد پایا جاتا ہے۔ بلند اقبال صاحب آپ کا ان طبیب فلاسفرز اور مذہبی فلاسفرز کے نقطہِ نظر کے بارے میں کیا خیال ہے۔

بلند اقبال:

ڈاکٹر صاحب اس سوال کو جاننے کے لیے ہمیں پانچ ہزار سال پیچھے جانا پڑے گا اور جائزہ لینا ہو گا کہ ان ادوار میں سائنسی دماغ اور مذہبی دماغ کیسے پروان چڑھ رہے تھے کیونکہ ان ادوار میں لفظ (سائنس) ابھی متعارف نہیں ہوا تھا اور نہ ہی مختلف علوم کی اس طرح سے تقسیم تھی کہ جس طرح ہم آج کے دور میں دیکھ رہے ہیں۔ بڑے اذہان ہر دور میں پیدا ہوتے رہے ہیں۔ وہ دماغ کثیر الجہت قسم کے تھے۔ اگر ہم غور سے جائزہ لیں تو مغربی مائنڈ سیٹ میں ہمیں بہت سارے اُس دور کے لحاظ سے بڑے بڑے سائنسدان ملتے ہیں مگر مشرق میں اس چیز کا فقدان نظر آتا ہے۔ ہمیں بدھا، کنفیوشس کے فلسفے میں بھی کوئی اس طرح کا سائنسی مائنڈ سیٹ نہیں ملتا جیسا کہ ہمیں مغربی مائنڈ سیٹ میں طبیب فلاسفرز کی صورت میں ملتا ہے۔

ڈاکٹر سہیل:

میری نظر میں دو نقطہ نظر پائے جاتے ہیں۔ ایک آسمانی نقطہ نظر ہے اور دوسرا زمینی نقطہ نظر ہے۔ یونانی طبیب فلاسفرز زمینی نقطہ نظر کے قائل تھے جب کہ غزالی آسمانی نقطہ نظر کے قائل تھے۔ آسمانی نقطہ نظر سے مراد علم غیب، وحی یعنی غیر موجود چیزوں پر ایمان لانا جبکہ زمینی نقطہ نظر میں نیچرل قوانین آ جاتے ہیں جس کے نمائندہ یہ مغربی طبیب فلاسفر تھے۔ مائیکروسکوپ اور ٹیلی سکوپ کی ایجاد نے ایک ایسا مائنڈ سیٹ قائم کیا کہ جس نے سائنس طب اور انسانی سوچ کو ایک معروضی دنیا سے روشناس کیا۔ اس کے مقابلے میں وہ فلاسفرز جو وحی، الہیات اور الہام پر یقین رکھتے تھے انہوں نے ایک طرح سے روایتی مذہبی سوچ کو پروان چڑھایا۔ ایک وقت تک Logic، فلسفہ اور Analytical Thinking کا

رجحان غالب رہا اور پھر اس کے بعد غزالی آگئے جنہوں نے یکسر ہی فلسفہ اور سائنسی فکر کو رد کر دیا اور پھر اس کے مقابلے ابنِ رشد نے بہت ساری تحقیقاتی کتابیں لکھیں اور بد قسمتی دیکھیں کہ ابنِ رشد کو مغرب نے قبول کر لیا جبکہ مشرق کی غالب اکثریت نے غزالی کو قبول کر لیا۔ بلند اقبال صاحب اب یہاں ایک بنیادی سوال پیدا ہوتا ہے کہ یہ مذہبی فلاسفر ز دنیا کے منظر نامے پر کس حیثیت سے جانے جاتے ہیں۔ آپ ان مذہبی فلاسفر ز کو کس نظر سے دیکھتے ہیں۔

بلند اقبال:

میری نظر میں بو علی سینا یا الفارابی یہ سب بھی مذہبی فلاسفر ہی تھے کیونکہ انہوں نے بھی Cosmological concept کو میٹافزکس سے جوڑنے کی کوشش کی تھی اور یہ اس مذہبی فلسفے سے خود کو جدا نہ کر سکے جس کو مذہبی طور پر تصور خدا کہا جاتا ہے۔

ڈاکٹر سہیل:

میرے خیال میں اگرچہ مذہبی نقطہ نظر کے اعتبار سے یہ (Believers) ہی تھے مگر انہوں نے اپنے مذہبی تصورات کو اپنی طب پر حاوی نہیں ہونے دیا اور اپنی آزادیٔ فکر کے تسلسل کو جاری رکھا۔ میں اس حوالہ سے ابنِ خلدون اور رومی کی مثال دینا چاہوں گا۔ ابنِ خلدون نے سماجی، کلچر اور نفسیاتی میدان میں بھی تحقیق کی اور رومی اگرچہ شاعر تھے مگر ان دونوں نے (Theory of Evolution) کو پروان چڑھانے میں بہت مدد کی تھی اگرچہ پریکٹیکل گراؤنڈ پر اس Theory کی بنیاد چارلس ڈارون نے رکھی تھی مگر اس تھیوری کو سوچ کی صورت میں آگے بڑھانے میں ابنِ خلدون اور رومی کا بھی بہت ہاتھ تھا۔

ڈاکٹر بلند اقبال آپ سے میرا یہ سوال ہے کہ آپ اسلامی روایت کو (Mysticism) سے کیسے جوڑتے ہیں کیونکہ مذہبی روایت میں بھی دو گروہ پائے جاتے ہیں۔ ایک ہمہ ازاوست پر یقین رکھتے ہیں اور دوسرا ہمہ اوست کو مانتے ہیں۔

بلند اقبال:

ہمیں Christianity ،Judaism اور Islamic philosophy کے اندر ایک چیز واضح طور پر نظر آتی ہے کہ وہ روح اور بدن کو الگ الگ حیثیت میں مانتے ہیں۔ اس تصور

کے لحاظ سے یہ تینوں ایک ہی ڈور سے بندھے ہوئے ہیں۔ جب نویں سے 13 ویں صدی تک کے اثرات دیکھتے ہیں تو اسی اثر کے زیرِ سایہ پروان چڑھنے والا محمد اقبال ہمیں نظر آتا ہے۔ اقبال جیسا انسان بھی اسی روایتی تسلسل کا شکار رہا اور (Mysticism) میں ہی اپنی پناہ ڈھونڈھتی اور اُس نے بھی اپنے سارے فلسفے کو خدا کے ساتھ جوڑ دیا۔

خالد سہیل:

میری نظر میں اقبال ایک فلسفی کی بجائے ایک مذہبی ریفارمر تھے جیسا کہ سرسید احمد خان بھی ایک ریفارمر تھے اور ان کے خیالات کی وجہ سے انہیں کافر اور نیچری کے القابات سے بھی نوازا گیا۔ اگر ہم غزالی کے افکار کا جائزہ لیں تو وہ کہتے ہیں کہ مذہبی روایت میں دو چیزیں بڑی اہم ہیں۔ (Revelation) وحی اور (Reason) دلیل اور غزالی اپنے تصورات میں (Reason) کی بجائے (Revelation) کو فوقیت دیتے ہیں جبکہ اقبال وحی کے بھی قائل ہیں لیکن اس کے ساتھ ساتھ Reason کو بھی فوقیت دیتے ہیں جب ہم ان مسلم سکالرز کو بین الاقوامی تناظر میں دیکھتے ہیں تو ان کا قد زیادہ نمایاں نظر نہیں آتا۔ ایک وقت تک تو یہ سارے تصورات (Academically) ڈسکس ہوتے رہے اور پھر ابن تیمیہ اور سید قطب کے آجانے سے ایک نیا موڑ آیا اور ایک (Fundamentalist) تصورات کی صورت میں خیالات کے اندر ایک جنگ جویانہ سی صورت پیدا ہوگئی۔ اس ساری صورتحال میں روحانی روایت اور فلسفیانہ روایت پس منظر میں چلی گئی اور (Fundamentalist Tradition) سامنے آگئی۔ بلند اقبال میرے اس تاثر سے آپ اتفاق کرتے ہیں یا اختلاف؟

بلند اقبال:

میں آپ کے اس تاثر سے اتفاق کرتا ہوں۔ منگولوں کے بھیانک حملہ کی صورت میں ایک پوری کی پوری اسلامی تہذیبی ریاست زخم خوردہ ہو چکی تھی۔ انہوں نے قتل و غارت گری کے ساتھ جو ایک سب سے بڑی تباہی مچائی وہ اُس دور کے علمی خزانے کو تباہ و برباد کرنا تھا۔ انہوں نے River Tigress کو انسانی خون سے سرخ اور جلی ہوئی کتابوں سے سیاہ کر دیا تھا۔ اس ظلم اور بربریت کے اثرات ری ایکشن کی صورت میں ہمیں واضح طور پر ابن تیمیہ میں نظر آتے ہیں اور اسی وجہ سے ایک (Fundamentalist) کی سی کیفیت

پروان چڑھنے لگی اور اس کے بعد اس سارے تناظر میں اسلامی فکر و تہذیب زیادہ نمایاں انداز میں آگے نہ بڑھ سکی یعنی اس ری ایکشن نے الٹا ہمیں خودکشی کی طرف دھکیل دیا۔ جب کوئی تہذیب شکست خوردہ ہو جاتی ہے تو اس کے اندر ایک عدم تحفظ (Insecurity) کا عنصر پروان چڑھتا ہے۔ اسی عدم تحفظ کے زیر اثر ہمیں ابن تیمیہ اور سید قطب کی پوری کی پوری تحریک نظر آتی ہے اور اس کا نتیجہ یہ ہوا کہ ہم حقیقت پسندی (Rationalism) کی بجائے انتہا پسندی (Fundamentalism) کی طرف چلے گئے۔

خالد سہیل:

میں یہاں تھوڑا سا ابوالکلام آزاد کا تذکرہ کرنا چاہوں گا کیونکہ ہندوستان میں یہ جو روشن خیالی کی فکر پروان چڑھی، اس میں ابوالکلام کا نام بھی کافی نمایاں ہے۔ دوسری طرف ایک ایسی سوچ پروان چڑھ رہی تھی جس کا مقصد ایک اسلامک اسٹیٹ قائم کرنا تھا۔ جہاں پر ریاست کا مذہب اسلام ہو اور وہاں پر مذہبی اصولوں کی پیروی کی جائے۔ کیونکہ میں تاریخ کا طالب علم نہیں ہوں۔ یہ میرا اپنا نقطہ نظر ہے کہ دنیا میں دو ممالک ایسے ہیں جو مذہب کے نام پر وجود میں آئے۔ پاکستان اور اسرائیل، یہ دو ملک ایسے ہیں جن کا جنم مذہب کی کوکھ سے ہوا ہے۔ ابوالکلام آزاد واحد آدمی تھے کہ جنہوں نے مذہب کے نام پر ملکوں کی تقسیم کی مخالفت کی تھی اور ان کی سیاسی بصیرت دوسرے مذہبی رہنماؤں کی طرح تنگ نظری پر مبنی نہیں تھی بلکہ روشن خیالی پر مبنی تھی۔ میری نظر میں مذہب اور سیاست کا گٹھ جوڑ مذہب کو ایک طرح کی خطرناک شکل دے دیتا ہے جس سے لوگوں میں خوف کی سی فضا پیدا ہو جاتی ہے۔

بلند اقبال آپ اس سارے پس منظر کو کس نظر سے دیکھتے ہیں۔

بلند اقبال:

ڈاکٹر صاحب ایک مسئلہ پیدا ہوتا ہے کہ نبی اکرم صَلَّی اللہُ علیہ وسلم نے کونسی اسٹیٹ (حالت) کی بات کی تھی۔ کیا انہوں نے اسلامک اسٹیٹ کی بات کی تھی یا اسٹیٹ آف اسلام کی بات کی تھی۔ میری نظر میں نبی کریم صَلَّی اللہُ علیہ وسلم ایک روحانی اسٹیٹ (ذہنی حالت) کی بات کر رہے تھے اور مذہبی فکر کے بدلاؤ کی بات کر رہے تھے جب بھی مذہب سیاست کے اندر دخل اندازی کرے گا تو پھر اس کی روح پر برے اثرات پڑیں گے اُس میں سے روحانیت ختم ہو جاتی ہے

جیسا کہ آج کل کے ادوار میں ہو رہا ہے۔ میری نظر میں مذہب کو اس کی روحانیت کے ساتھ قائم رکھا جائے تو اس میں کوئی مضائقہ نہیں لیکن اگر اس کو سیاست میں شامل کیا جائے گا اور سیاست بھی وہ جس کا تعلق کیپٹل اسٹ کے بھی اُس حصے سے ہو جس میں علمی و اخلاقی اعتبار سے کرپٹ سیاستدان یا 'مذہبی سیاستدان' شامل ہو تو پھر اس کے قطعی اچھے ثمرات نہیں نکلیں گے۔ اس سے مذہب کی علمی اور عالمی فکر کو سخت ترین نقصان پہنچے گا اس لیے میرا ماننا ہے کہ مذہب کو انفرادی سطح پر رکھنا چاہیے اور سیاسی آلودگی سے ہر ممکن طور پر بچانا چاہیے جس کی تعریف سیکولر سوچ ہے اور جس کا مطلب 'مذہبی سیاست دان' جان بوجھ کر لادینیت سے جوڑ کر اپنا کام نکالنا چاہتے ہیں یعنی مذہبی سیاست سے مالی و سیاسی فائدہ اٹھانا چاہتے ہیں۔

خالد سہیل:

جب ہم ابن تیمیہ کی بات کر رہے تھے تو اس دور میں مسلمانوں کی چپقلش صرف غیر مسلموں کے ساتھ تھی مگر اب تو مسلمانوں میں بے شمار گردہ مختلف فرقوں کے نام سے سامنے آ چکے ہیں اور معاملہ قتل و غارت تک جا چکا ہے۔ سیکولر سٹیٹ کے اندر مذہب ہر انسان کا ذاتی معاملہ ہوتا ہے۔ ویسے بھی معاشرے انسان دوستی کی بنیاد پر پھلتے پھولتے ہیں بے جا پابندیوں سے معاشرے کا قدرتی حسن ختم ہو جاتا ہے۔

دانائی کا سفر جدید دور میں

رینے ڈیکارٹ اور ڈیوڈ ہیوم کی دانائی

آج ہم آپ کے سامنے دانائی کی تلاش کی چوبیسویں قسط لے کر حاضر ہوئے ہیں۔ اس سے پہلے آپ کے سامنے جو سولہ اقساط پیش کی تھیں وہ قدما کی تھیں اور اس کے بعد جو سات اقساط تھیں، وہ مسلم فلاسفر پر مشتمل تھیں۔ اب ہم ایک نیا سلسلہ شروع کر رہے ہیں جو مغربی فلاسفروں کا ہے۔ ان میں ہم یورپ اور شمالی امریکہ کے فلسفیوں پر اپنی توجہ مرکوز کریں گے۔

آج ہم رینے ڈیکارٹ (Rene Descartes) اور ڈیوڈ ہیوم (David Hume) پر بات کریں گے جو مغربی فلاسفی کے بہت بڑے نام ہیں۔ ان کا ذکر کیے بغیر فلسفہ کی تاریخ مکمل نہیں ہو سکتی ہے۔ پندرہویں، سولہویں اور سترہویں صدی یہ وہ عہد ہے جس میں ان لوگوں نے مغرب کو ایک نئے انداز سے سوچنا سکھایا، ایک نئے انداز سے فکر سے روشناس کروایا، ایک نئے انداز کی روشن خیالی سے نوازا۔ اب سوال یہ پیدا ہوتا ہے کہ یہ جو فلاسفر تھے یہ کس سماجی پس منظر میں پیدا ہوئے اور پرورش پائی۔

جیسا کہ آپ جانتے ہیں کہ ہمارے بلند اقبال صاحب کی کلچر، سوشیالوجی اور تاریخ پر ایک گہری نظر ہے اس لیے ہم ان سے یہ جاننا چاہتے ہیں کہ یورپ کا وہ دور جسے نشاۃ ثانیہ کے نام سے جانا جاتا ہے۔ اس سے بنیادی طور پر کیا مراد ہے؟ اس کا تاریخی پس منظر کیا ہے اور اس کا آغاز کیسے ہوا؟ یعنی ہمیں اس دور کا تعارف کروا دیں۔

ڈاکٹر بلند اقبال:

ڈاکٹر صاحب! یہ چودہویں صدی کے آخر کی بات ہے۔ یہ وہ دور ہے جس سے کچھ

عرصہ پہلے ہی طاعون یعنی پلیگ پورے یورپ میں پھیل گیا تھا۔ جس سے یورپ کی آبادی بہت زیادہ کم ہو گئی تھی۔ یہ ہی وہ دور تھا جب سلطنت عثمانیہ اپنے پورے عروج پر تھی۔ اس وقت مسلم دنیا ایک بہت بڑی طاقت تھی اور ایسا صرف دولت کے حساب سے نہیں بلکہ علمی میدان جیسا کہ سائنس، انجینئرنگ، ریاضیات، آسٹرالوجی یعنی فلکیات الغرض وہ علم کے میدان میں خاصے ترقی یافتہ تھے۔ اس دوران چودہویں صدی کے آخر میں اٹلی کے شہر فلورنس میں ایک بڑی بات جو ہوئی وہ نشاط ثانیہ کا سلسلہ تھا۔ نشاط ثانیہ یا روشن خیالی کے اس دور میں ایک نئے تہذیبی سفر کا آغاز ہوا ۔ آرٹ اور کلچر کے ریمارک ایبل دور کی لہر اٹلی کے شہر فلورنس میں پیدا ہوئی جس نے دیکھتے ہی دیکھتے سارے مغرب میں ایک نئے جدید دور کا آغاز کیا۔ آرٹ کی کم و بیش ہر ایک سمت میں نئی دنیا کا سفر شروع ہوا، چاہے وہ پینٹنگ ہو یا مجسمہ سازی ہو، ادبی دنیا ہو، موسیقی یا ار کیمیکچر یعنی سماجی دنیا میں ایک انقلاب برپا ہوتا چلا گیا۔ یہاں یہ سوال پیدا ہوتا ہے کہ تبدیلی کی یہ لہر فلورنس سے ہی کیوں شروع ہوئی؟ کیوں یورپ کا کوئی اور شہر اس دور کا ابتدائی مرکز بنا؟ میرے خیال میں اس کی کچھ وجوہات ہیں اور جو کافی حد تک جغرافیائی اور معاشرتی و سیاسی ہیں۔ اس کی ایک وجہ تو یہی ہے کہ اٹلی ایک ایسی جگہ پر واقع ہے جو مشرق و مغرب کے درمیان میں واقع ہے۔ وہ بحیرہ روم (Mediterranean Sea) کے قریب ہے ۔ جس کی وجہ سے یہ علاقہ تجارت کے حوالے سے پوری دنیا کے ساتھ رابطے میں رہا ہے۔ جس میں سلطنت عثمانیہ خصوصی طور پر قابل ذکر ہے ۔ پھر دوسری اہم بات یہ بھی ہے کہ یہ ایک سراسر شہری علاقہ ہے جہاں پر جاگیر داری نظام نہیں تھا بلکہ ریاست بھی خاصی خود مختار تھی۔ جیسے فلورنس اور وینس وغیرہ ۔ ان اسٹیٹس میں تجارت کے حوالے سے یوں بھی آپس میں روابط رہے اور یوں ان حالات نے نشاط ثانیہ کے جنم کے دوران معاشی و جغرافیائی سپورٹ دی ۔ اس دوران میں لورینزو ڈ یمیینچی Lorenzo de'Medici کا نام خاص طور پر لینا چاہوں گا، کیونکہ یہی وہ آرٹ کا دلدادہ تاجر تھا جس نے فلورنس شہر کو خوبصورت بنانے کا سوچا۔ اُس کی اس عظیم الشان مہم نے فنکارانہ صلاحیتیں رکھنے والے لوگوں کو آگے آنے کے لیے راستہ مہیا کیا۔ اسی وجہ سے اس دور میں ہمیں مائیکل انجلیو (Michelangelo) ، رافل (Raphael) ، لینارڈ ڈاونچی

174

(Leonardo da Vinci) جیسے فنکار ہمیں نظر آتے ہیں۔ اس دور میں ایک اہم بات ہمیں یہ نظر آتی ہے کہ آرٹ کا قرون وسطیٰ (MEDIEVAL) کا نقطہ نظر بالکل بدلا ہوا دکھائی دیتا ہے ۔ گو کہ مذہب ابھی بھی آرٹ میں جھلکتا ہے مگر یہ فنکارانہ شکل میں نظر آتا ہے۔ صرف یہی نہیں بلکہ ایک بڑا معاشرتی انقلاب اور ایک فکری تبدیلی پورے یورپ میں نظر آتی ہے یعنی فرد کی آزادی کا تصور، سوسائٹی میں مذہبی آزادی کہ سوسائٹی میں ہر شخص کو اپنے مذہب کو اپنے لحاظ سے پریکٹس کی اجازت ہونی چاہیے اور ریاستوں کا مذہبی تعارف نہیں ہونا چاہیے کہ ایک ریاست میں کئی طرح کے مذاہب کے افراد پائے جاتے ہیں اور انہیں کسی بھی حوالے سے ریاست ایک دوسرے پر فوقیت دینے کی پابند نہیں تاکہ مذہب کا سیاسی استعمال نہ ہو اور اس بھی بڑھ کر ہیومن ازم تصور انسانیت کا سب سے بڑا حوالہ ہے۔ نظریات اور شخصیات سے زیادہ انسانوں کی عزت احترام اور اُس کا وقار اہم ہے۔ یہی وہ باتیں ہیں جنہیں ہم آج Individualism, Secularism, Humanism کے نام سے جانتے ہیں۔ یہ تصورات اپنے اعلیٰ ترین معنوں اور صحت مندانہ حیاتیاتی تصور کی وجہ سے مغربی دنیا میں پھیلتے چلے گئے ۔ مطلب یہ ہوا کہ فلورنس کا شہر صرف پینٹنگ یا مجسمہ سازی کے ہی نئے عنوان نہیں بلکہ موسیقی، فن تعمیر، شاعری کی بھی ایک نئی دنیا متعارف کرا رہا تھا۔ تاریخی فکری و تعمیری تبدیلی کا یہ عمل دیکھتے ہی دیکھتے اٹلی سے نکل کر سارے یورپ یعنی انگلینڈ، جرمنی، پیرس، فرانس تک پھیل گیا۔ اس کی ایک اور بڑی وجہ پرنٹنگ پریس کا ایجاد ہونا بھی تھا جو 1450ء میں ایک بڑے علمی انقلاب کا سبب بنا کیونکہ لاتعداد کتابیں چھپنی شروع ہوئیں اور دیکھتے ہی دیکھتے تبدیلی کی یہ لہر ساری دنیا میں پھیل گئی۔ اسی دوران عیسائیت کی ریفارمیشن کا سلسلہ شروع ہوا۔ پروٹیسٹنٹ ریفارمیشن نے کیتھولک چرچ کو بقول کیسے خدا کی عدالت سے انسانی عدالت میں لا کھڑا کیا۔ مارٹن لوتھر کنگ کی اس عظیم تحریک نے کیتھولک چرچ کی پچھلے ہزار برس کی سیاسی بالادستی اور ناانصافیوں کو سختی سے چیلنج کر دیا۔ پھر اس کے فوراً بعد ہمیں فرانسیسی انقلاب دکھائی دیتا ہے اور پھر نت نئی سائنسی ایجادات خصوصاً نیکولس کوپرنیکس کا فلکیاتی انکشاف کہ زمین نہیں بلکہ سورج کائنات کا مرکز ہے، سائنسی فکر کا یوں ایک دھچکا سوسائٹی کی عامیانہ فکر پر لگا اور پھر ایک مکمل سائنسی

175

دور کا آغاز ہوتا چلا گیا۔ اقتصادی انقلابات آتے چلے گئے۔ سوسائٹی نہ صرف معاشی، سیاسی، سماجی بلکہ اقتصادی طور پر ایک نئے عہد میں چلے گئی جس میں سوچنے اور عمل کرنے کے انداز سراسر منطقی یا (Rational) ہو گئے۔

ڈاکٹر خالد سہیل:

بلند اقبال صاحب آپ نے بہت عمدہ تعارف کروا دیا۔ اب ہم ان دو فلاسفروں کی طرف آتے ہیں جن پر ہم نے آج بات کرنی ہے۔ تو ہمارے پہلے فلاسفر رینے ڈیکارٹ ہیں۔ یہ ایک فرانسیسی فلاسفر اور ریاضی دان تھے۔ یہ 1594ء سے 1650ء تک زندہ رہے۔ ان 56 سالوں میں انہوں نے آئیڈیاز کی دنیا میں بہت ہی معرکۃ الآرا کام کیے۔ یہ جدید فلسفے کے بانی سمجھے جاتے ہیں۔ ان کا ایک جملہ بہت زیادہ مشہور ہوا 'I think therefore I am' اس جملے کا مطلب یہ ہے کہ میں سوچتا ہوں، اسی لیے میرا وجود ہے۔

1618ء میں وہ فوج میں چلے گئے۔ وہاں ان کی ملاقات سائمن اسٹیون (Simon Stevin) سے ہوئی جنہوں نے انہیں ریاضی سے متعارف کروایا تھا۔ اُن کے بارے میں یہ واقعہ مشہور ہے کہ ایک رات وہ کمرے میں تنہا تھے، باہر بہت سردی تھی اس لیے اپنے آپ کو گرم رکھنے کے لیے انہوں نے کمرے میں آتش دان جلایا ہوا تھا۔ جوں جوں کمرے کی حدت بڑھتی گئی تو آدھی رات میں کسی وقت ان پر ایک الہامی سی کیفیت طاری ہوئی اور انہیں کچھ روحانی تجربات ہوئے۔ انہیں لگا جیسے انہیں خدا کی طرف سے ایک نئے فلسفے کا تحفہ مل رہا ہے۔ ان پر فلسفے اور ریاضی کے چند گہرے راز منکشف ہوئے۔ انہیں لگا جیسے اس کائنات کے کچھ خاص قوانین ہیں۔ اگر وہ ان فارمولوں کو سیکھ پائیں تو فطرت کے پوشیدہ رازوں کو جان جائیں گے۔ یہ واقعہ پڑھ کر مجھے لگا جیسے ان میں ایک قسم کی مادیت یا سائنسی فکر اور روحانی فکر دونوں کا عنصر شامل تھا۔ خیر 1620ء میں انہوں نے فوج کو خیرباد کہا، کئی ملکوں کی سیاحت کی اور پھر فرانس لوٹ آئے۔ 1623ء میں انہوں نے اپنی جائیداد وغیرہ بیچ دی اور بقیہ زندگی فلسفہ، ریاضی اور سائنس کے لیے وقف کر دی۔ 1628ء میں وہ جنیوا گئے اور ایک 18 سال کی سویڈیش شہزادی کرسٹینا کے عشق میں گرفتار ہو گئے جسے وہ ریاضی اور فلاسفی پڑھاتے تھے۔ اس حوالے سے کئی ایک کہانیاں مشہور ہیں، کہا جاتا ہے کہ

کرسٹینا خود بھی رینے ڈیکارٹ کے عشق میں گرفتار تھی۔ سویڈیش پرنس نے اپنی بیٹی کو ان سے دور رکھنے کی حتی الامکان کوشش کی۔ وہ کرسٹین کو خط لکھتے تھے اور ان کے خطوط کرسٹین تک پہنچنے نہیں دیے جاتے تھے۔ کہا جاتا ہے کہ انہوں نے 16 خطوط کرسٹین کو لکھے اور جب جواب نہ آیا تو 17 ویں خط میں انہوں نے یہ ایکویشن $r=a(1-\sin\Theta)$ لکھ کر بھیج دی جس کا مطلب پرنس کی سمجھ میں تو بالکل نہیں آیا مگر جب یہ خط کرسٹین کو ملا تو کرسٹین نے اُس کا مطلب اپنی اور رینے ڈیکارٹ کی سچی محبت کے معنی سے تشریح کی۔ خیر اس بات کا اثر پرنس پر کیا ہوا، خیر اس کا تو پتا نہیں چل سکا مگر یہ ضرور مشہور ہے کہ یہ رینے ڈیکارٹ کا آخری خط اپنی محبوبہ کے نام تھا، اس کے بعد ہی نمونیا وغیرہ سے ان کا انتقال ہوا تھا (اس کہانی کی سچائی کے بارے میں کئی شبہات ہیں)۔ اچھا بلند اقبال صاحب اب آپ بتائیں کہ رینے ڈیکارٹ کے بارے میں آپ کا مجموعی تاثر کیا ہے؟

ڈاکٹر بلند اقبال:

جی ڈاکٹر صاحب ناظرین کرام اس بات سے بخوبی آگاہ ہیں کہ رینے ڈیکارٹ سولہویں صدی کا عظیم فلاسفر ہے جس نے بہت کم طبعی عمر یعنی صرف 53 سال کی پائی لیکن اُس نے اپنی تمام زندگی عقلی پیمانوں پر گزار دی۔ انہوں نے زندگی کے ہر عنصر کو عقلی اور منطقی انداز میں دیکھا، انہیں ماڈرن فلاسفی کے فادر کے لقب سے یاد کیا جاتا ہے۔ انہوں نے فلسفے میں Rationalism کو بنیادی ترین حیثیت دی۔ ان کی کتاب Rules for the direction of the mind میں انہوں نے سائنس، ریاضی اور فلاسفی کے پس منظر میں 36 اہم قواعد کا ذکر کیا ہے۔ انہوں نے Discourse on method میں بھی تجزیات کے بنیادی عمل کو تفصیل سے بیان کیا کہ کسی بھی تصور کا منطقی انداز میں مطالعہ کرنے کے لیے اُس کا بہت ہی باریکی سے دیکھنے کی ضرورت ہے۔ ان کا کہنا تھا کہ ہمارے غلط تصورات جنہیں False Images یا Illusion کہا جاتا ہے۔ دراصل یہی مسئلہ کی جڑ ہیں۔ اُن کے خیال میں ایک فلاسفر کو چاہیے کہ اُس کی فکر کا انداز اسی طرح ہونا چاہیے جیسے کسی بڑے سیبوں کی ٹوکری میں سے ایک ایک سیب نکال کر بغور دیکھا جائے اور یوں گندے اور اچھے سیبوں کو علیحدہ کیا جائے۔ اُس کا کہنا تھا کہ اگر آپ کے پاس ایک بڑی مچھلی ہے اور آپ اس

کے بارے میں جاننا چاہتے ہیں تو جب تک آپ اس کے چھوٹے چھوٹے ٹکڑے یا سلائسیں نہیں کریں گے آپ کو اس کے اندر کی پوری ساخت کا پتہ نہیں چلے گا۔ فلسفیانہ فکر کا معاملہ بھی اس سے مختلف نہیں۔

ڈاکٹر خالد سہیل:

ان کی زندگی کے بارے میں پڑھتے ہوئے دوسری بات جو مجھے بہت دلچسپ لگی، وہ یہ ہے کہ 1623ء میں گلیلیو (Galileo) پر چرچ کا سخت عتاب آیا تھا کیونکہ انہوں نے اپنی ٹیلی سکوپ سے دریافت کیا تھا کہ زمین اصل میں سورج کے گرد گھوم رہی ہے یعنی وہ کائنات کا مرکز نہیں ہے، تو یہ بات عیسائی عقائد کے خلاف تھی، ان کی یہ دریافت عیسائیت کے مذہبی تصور کے لیے ایک کھلم کھلا چیلنج بن گئی تھی۔ شاید اس لیے رینے ڈیکارٹ نے سوچا کہ میں بھی انہیں راہوں کا راہی ہوں جس پر گلیلیو چلا تھا، اس لیے میں اپنی کتاب شائع نہیں کروں گا۔ اس بات پر انہوں نے لگ بھگ دس سال خود کو قائم رکھا لیکن 1644ء میں پھر انہوں نے پہلی کتاب Principals of Philosophy لکھی، پھر اس کے بعد 1649ء میں Passions of the soul لکھی۔ ڈیکارٹ کا موقف تھا کہ فلسفہ پڑھنے سے انسان دانائی سیکھتے ہیں۔ مگر پھر 1663ء میں چرچ نے ان کی کتابوں پر پابندی لگا دی۔ کہنے کا مطلب یہی ہے کہ تمام مسلم فلاسفر جو روشن خیال تھے ان پر اس دور میں کافی ظلم و ستم ڈھائے گئے تھے۔ رینے ڈیکارٹ نے مغربی لوگوں کو منطقی انداز سے سوچنا سکھایا۔ ڈیکارٹ کا کہنا تھا کہ انسان کے دماغ کا ایک حصہ سچ جانتا ہے اور دوسرا حصہ اسے شک کی نگاہ سے دیکھتا ہے۔ ایک حصہ دوسرے حصے کو قائل کرنے کی کوشش کر رہا ہوتا ہے۔ ڈیکارٹ کا کہنا تھا کہ یہ سوچنا اور شک کرنا انسان کے وجود کو ثابت کرتا ہے۔ ڈیکارٹ کا موقف تھا کہ انسان سوچنے والی مخلوق ہے۔ اس کی خود آگہی اسے انسان بناتی ہے۔ ان کی دوسری بات Cartesian Dualism کے بارے میں ہے جو میں یہ سمجھا ہوں اس کے مطابق انسانی جسم، جو قدرتی قوانین کے مطابق چلتا ہے جس میں انسانی دماغ ایک غیر مرئی چیز ہے جو کہ بالکل ہی پراسرار حیثیت رکھتا ہے اور یہ بات قدرتی قوانین سے ماورا ہے۔ اس لحاظ سے ڈیکارٹ ذہن اور جسم کی Duality پر یقین رکھتے تھے۔ یعنی یہ اس بات کے بالکل الٹ ہے جیسے ہم اکیسویں صدی

میں کہتے ہیں کہ ذہن بھی جسم کا ایک حصہ ہے اور ان دونوں کا ملاپ ہی انسانی شخصیت کو جنم دیتا ہے۔ اس لحاظ سے ہم کہہ سکتے ہیں کہ ڈیکارٹ بڑی حد تک منطقی انداز میں سوچتے تھے۔ ان کا کہنا تھا کہ انسان اپنی سوچ سے سچ تلاش کر سکتا ہے لیکن کسی حد تک ان کا جھکاؤ روحانیت کی طرف بھی تھا۔ وہ اس بات کے بھی قائل تھے کہ انسان منطق سے خدا کو بھی ثابت کر سکتا ہے لیکن ڈیکارٹ نے خدا کی ذات کو ثابت کرنے کے لیے جو فلسفیانہ ثبوت مہیا کیے وہ مستقبل کے فلاسفروں نے یکسر رد کر دیے۔

ڈاکٹر بلند اقبال:

آپ نے رینے ڈیکارٹ کی بات I think therefore I am کا جو ذکر کیا ہے وہ اُن کی کتاب Discourse of method میں ملتا ہے۔ اس کتاب میں انہوں نے اس فلسفی کو بہت تفصیل سے ذکر کیا ہے۔ ان کے مطابق ہماری موجودگی کا واحد ثبوت یہی ہے کہ ہم سوچ رہے ہیں یعنی یہ بات ہے کہ اگر میں اپنے کمرے میں شب خوابی کا لباس پہن کر بیٹھا ہوں تو یہ اس لیے ایسے ہی ممکن ہے کیونکہ میں ایسا سمجھ رہا ہوں یا سوچ رہا ہوں، ہاں ممکن ہے یہ سب سراب ہی ہو لیکن یہ سراب نہیں ہے کیونکہ یہ بات میری فکر سے ثابت ہو رہی ہے اسی لیے میں موجود ہوں۔ اسی طرح کی منطقی بحثیں ان کی اور کتابوں میں ملتی ہیں۔ جذبات کے حوالے سے بھی ان کی ایک مفصل فلسفیانہ فکر تھی۔ اس حوالے سے ان کی مشہور ترین کتاب ممکن ہے کہ یہ سب سراب ہو۔ لیکن چونکہ میں سوچ رہا ہوں اس لیے یہ بات طے ہے کہ میں یہاں ہوں۔ تو ایک طرح سے یہ ایک خیال ہے۔ اس کے علاوہ ان کا جذبات کے حوالے سے ایک نقطہ نظر ہے اس حوالے سے ان کی کتاب The Disciplin of virtue کا ذکر ضروری ہے۔ جذبات کے پس منظر میں انہوں نے Elisabeth – Princess of Bohemia کے ساتھ چھ مہینے تک خطوط لکھے کیونکہ اُس پرنسس کی دلچسپی جذبات کی فلسفیانہ تشریح میں خاصی تھی۔ وہ جاننا چاہتی تھی کہ اخلاقیات کے کون سے عناصر انسانی شخصیت میں لازمی طور پر پیدا ہونے چاہئیں اور یہ کہ ان کی عقلی یا منطقی بنیادیں کیا ہیں؟ مجموعی طور پر وہ محبت، دکھ، خواہش، لطف، حیرانگی، نفرت جیسے موضوعات پر تحقیقی رویہ رکھتی تھی۔ اس لحاظ سے ان خطوط میں کافی فلسفیانہ انداز فکر دستیاب ہے۔

ڈاکٹر خالد سہیل:

خواتین و حضرات آج کا موضوع بہت اہمیت کا حامل ہے کیونکہ اس سے ہمیں وہ بنیادیں ملتی ہیں جن سے پتہ چلتا ہے کہ مغرب میں کس طرح سے عقلیت پسندی نے جنم لیا تھا۔ اس سلسلے میں ہم دیکھتے ہیں کہ ڈیکارٹ وہ فلاسفر تھے جن کے خیالات و نظریات نے راستہ ہموار کیا۔

اب ہم ڈیوڈ ہیوم (David Hume) کی بات کریں گے۔ یہ مغربی فلسفیوں میں ایک بہت ہی معتبر نام ہے۔ انہوں نے فلسفے، سیاست اور نفسیات کے علوم میں گراں قدر اضافے کیے تھے۔ ڈیوڈ ہیوم کی انسانی زندگی، سوچ اور شخصیت کے بارے میں طرزِ فکر رینے ڈیکارٹ کے مقابلے میں بالکل مختلف ہے۔ انہیں رینے ڈیکارٹ کے فلسفے پر یہ اعتراض تھا کہ انسان کی زندگی میں منطق (Logic) سے زیادہ جذبات یعنی (Passion) خیالات یعنی (Thoughts) اور احساسات یعنی (Feelings) کو اہمیت حاصل ہے۔ کیونکہ ڈیوڈ ہیوم کے مطابق انسان جذبات کی بنیاد پر اخلاقی اصول بناتے ہیں نہ کہ تجریدی نظریات کی بنا پر۔ تو ہم بلند اقبال صاحب سے جاننے کی کوشش کرتے ہیں کہ انہوں نے ڈیوڈ ہیوم کی کس بات کو متاثر کن سمجھا؟

ڈاکٹر بلند اقبال:

ڈاکٹر صاحب! جب میں رینے ڈیکارٹ کو پڑھ رہا تھا تو میں اس حوالے سے بہت متاثر ہو رہا تھا کہ زندگی میں منطقی اور تنقیدی انداز از فکر ہونا چاہیے اور زندگی کے کسی بھی فلسفے کو انتہائی باریکی سے پرت در پرت مطالعہ کر کے تمام پہلوؤں سے دیکھنا اور سمجھنا چاہیے۔ ابھی میں اسی فکری تصور کے سحر میں گرفتار تھا کہ اچانک ہمارے سامنے ایک اور فلاسفر ڈیوڈ ہیوم آ جاتے ہیں۔ جس کی سوچ رینے ڈیکارٹ کے مقابلے میں قطعی طور پر مختلف ہے لیکن یہ انداز از فکر خاصا قابل فہم اور قابل عمل محسوس ہونے لگتا ہے۔ میں یہاں تھوڑی دیر اُن کی زندگی پر رہنا چاہتا ہوں کہ ڈیوڈ ہیوم 1711 میں ایڈمبرا میں پیدا ہوئے تھے۔ ان کی وفات 1776 میں ہوئی تھی۔ ان کی تعلیم ایڈمبرا کی یونیورسٹی میں تکمیل پائی مگر یہ علیحدہ بات ہے کہ وہ وہاں کے نظام تعلیم سے زیادہ متاثر نہ تھے۔ ان کا خیال تھا کہ شاگرد استاد سے زیادہ کتاب سے سیکھتے ہیں۔ ان کے بھائی اور والد وکیل تھے۔ ان کی والدہ انہیں وکیل بنانا

180

چاہتی تھیں۔ ان کی خواہش کی پیروی کرتے ہوئے ہیوم نے وکالت کی تعلیم حاصل کی اور وکیل بن گئے۔ لیکن انہیں یہ پیشہ پسند نہ آیا پھر انہیں ایڈنبرا کی یونیورسٹی میں بطور پروفیسر بھی موقع ملا مگر انہیں وہاں پر بھی کام کرنے میں مزا نہیں آیا۔ اس کے بعد وہ Public Speaker بن گئے۔ بیس برس کی عمر میں ہیوم کے پاس نہ پیسہ تھا نہ دولت اور نہ ہی ملازمت مگر مالی مشکلات کے باوجود اٹھائیس برس کی عمر میں انہوں نے اپنی ریمارک ایبل کتاب The Treatise of Human Nature لکھی۔ یہ کتاب آج ایک کلاسیک کا درجہ رکھتی ہے مگر ڈیوڈ ہیوم کی زندگی میں اُن کا کوئی قدردان نہیں تھا۔ لوگ اس کتاب کو بے معنی اور لغو سمجھتے تھے۔ کتاب مالی طور پر بھی ناکام رہی مگر وقت نے ثابت کیا کہ ہیوم اٹھارویں صدی کے ایک نمایاں فلاسفر تھے۔ اُن کی جس بات نے ایک بڑی دنیا کو متاثر کیا وہ اُن کا عقلیت پسندی کو رد کرنا اور انسانی احساسات کی بات کرنا ہے۔ اُن کے نزدیک انسانی احساسات، منطق و دلیل سے زیادہ اعلیٰ عنصر ہے۔ اس نقطہ کو انہوں نے سطحی طور پر بیان کرکے چھوڑ نہیں دیا بلکہ وہ اس کی گہرائی میں گئے اور یہ ثابت کیا کہ Reason is the slave of passion اور میرے نزدیک یہ بات بہت اہم اور سمجھ میں آنے کے قابل ہے۔ ڈاکٹر صاحب آپ کی اس بارے میں کیا رائے ہیں؟

ڈاکٹر خالد سہیل:

بلند اقبال صاحب! میں آپ سے اس حوالے سے متفق ہوں۔ سگمنڈ فرائیڈ کہتا ہے کہ ہم انسان Rationalizing Beaing ہیں۔ اس لحاظ سے جب ہیوم کہتا ہے کہ عقل جذبات کی غلام ہے (Reason is the slave of passion) تو یوں محسوس ہوتا ہے کہ وہ سگمنڈ فرائیڈ کی بات کو بنیاد فراہم کر رہا ہے۔ کیونکہ فرائیڈ کہتا ہے کہ ہمارا جو Unconscious mind ہے یا جو ہمارا Emotional mind ہے دراصل وہی ہماری زندگی کے فیصلے کرتا ہے۔ اور جب ہم جذباتی طور پر فیصلہ کر چکے ہوتے ہیں تو پھر منطق اور دلیل سے اپنے فیصلے کو Razionalize کرتے ہیں۔ مثلاً آپ کو ایک عورت پسند آتی ہے اور جب لوگ آپ سے اس پسندیدگی کی وجہ پوچھتے ہیں تو آپ بڑے منطقی انداز میں بتاتے ہیں کہ یہ عورت بہت خوبصورت ہے، اچھے گھرانے کی ہے، نیک فطرت ہے وغیرہ وغیرہ اور اسی

طرح کی مزید باتیں بتائی جاتی ہیں۔ لیکن اصل میں وہ فیصلہ کرنے کی بنیادی وجوہات نہیں ہوتی ہیں۔ بلکہ آپ اپنے جذباتی فیصلے کو منطقی رنگ دینے کی کوشش کر رہے ہوتے ہیں۔ اس لیے میں بلند اقبال صاحب کی ہیوم کے بارے میں رائے سے متفق ہوں۔

ان کی ذاتی زندگی کی اگر بات کریں تو ہم دیکھتے ہیں کہ 1739ء میں جب ان کی عمر اٹھارہ برس تھی، وہ فلسفے کے علم میں اتنے ڈوبے کہ ذہنی توازن (Nervous breakdown) ہی کھو بیٹھے اور جب ان کا چیک اپ کیا گیا تو ڈاکٹروں نے کہا کہ انہیں Disease of the learned ہے۔ کیونکہ دلچسپ امر یہ ہے کہ اُس وقت چونکہ شیزوفینیا اور بائی پولر ڈس آرڈر جیسی نفسیاتی بیماریوں کی تشخیص نہیں ہوئی تھی یعنی اُن کی بیماری کی تشخیص یہ ہوئی کہ انہیں وہ بیماری ہے جو زیادہ پڑھے لکھے لوگوں کو ہو جایا کرتی ہے۔ تو مجھے یہ بات بہت مزے کی لگی کہ دانشور ہونا بھی ایک بیماری ہے۔

دوسری بات جو مجھے خاص لگی کہ انہوں نے مذہب کو خیر آباد کہہ دیا اور دہریے ہو گئے تو ان کو ایڈنبرا یونیورسٹی میں نوکری نہ ملی۔ کیونکہ اب وہ عیسائی نہیں رہے تھے بلکہ دہریے ہو چکے تھے۔ اس کے ساتھ میں آپ کو یہ بھی بتاتا چلوں کہ رینے ڈیکارٹ کی بھی کتابوں پر چرچ نے پابندی لگائی تھی اور ان کو یونیورسٹی نے نوکری دینے سے انکار کر دیا تھا۔ مطلب یہ ہوا کہ اگر آپ سیکولر، دہریے یا ہیومونسٹ ہیں تو یونیورسٹی جیسی علمی جگہ پر بھی آپ کے لیے جگہ نہیں ہے۔ یہ بات انیسویں، بیسویں صدی تک چلی جاتی ہے۔ جیسا کہ برٹرینڈ رسل کو نیویارک یونیورسٹی نے Marriage, Morals & Why I am not Christian کی وجہ سے ریاضی پڑھانے کی اجازت نہیں دی تھی۔ بہر حال بلند اقبال صاحب آپ کی بات درست ہے کہ یہ شروع میں اخلاقیات پر مبنی کتابیں لکھتے رہے۔ جیسا کہ انہوں نے 1744ء میں Moral & Political Essays لکھی تھی لیکن یہ تب تک مشہور نہیں ہوئے تھے۔ پھر 1754ء میں انہوں نے چار جلدوں پر مشتمل British History لکھی۔ جس کے بعد یہ بہت مشہور ہوگئے۔ اس کے بعد برطانیہ نے ان کو فرانس میں برطانوی سیکرٹری کے طور پر بھیجا۔ یوں سیاست میں داخلے سے عوام میں پہچانے جانے لگے اور تب لوگ ان کی سوچ، فکر اور آئیڈیاز کو قبول کرنے لگے۔ ان کے حوالے سے ایک بات بہت

اچھی لگی کہ ان کے جو ہم عصر تھے جیسے ایڈم سمتھ اور جان روسو وغیرہ ان کے ساتھ یہ بہت ہی علمی گفتگو کیا کرتے تھے۔ اس بات کا مطلب یہ ہوا کہ ان کا اپنے ہم عصروں کے ساتھ رابطہ تھا۔ یعنی ان سب کے درمیان ایک ایسی فضا تھی جہاں سنجیدہ مکالمہ ہو رہا تھا۔ جس میں آئیڈیاز اور آئیڈیل پر بات آگے بڑھ رہی تھی۔ اس حوالے سے ہم آپ سے جاننا چاہیں گے کہ آپ کے نزدیک ان کی فلاسفی کے اور کون سے اہم نکات ہیں۔

ڈاکٹر بلند اقبال:

ڈاکٹر صاحب! ان کی جس بات نے مجھے بہت متاثر کیا وہ ان کا مذہب کے حوالے سے نقطہ نظر ہے۔ ان کا ماننا ہے کہ مذہب چونکہ کوئی عقلی چیز نہیں ہے اس لیے مذہب کو سچ ثابت کرنے کے لیے کوئی عقلی دلیل بھی نہیں ہونی چاہیے۔ تو اس لیے وہ اس قسم کی گفتگو کرنا بھی ضروری نہیں سمجھتے تھے جس میں مذہب کو عقلی بنیادوں پر ثابت کیا جائے۔ ان کے نزدیک ایسا کرنا خود ہی ایک غیر منطقی بات ہے۔ شخصیت کے حوالے سے ان کا نقطہ نظر بہت خوبصورتی کا حامل ہے۔ ان کا کہنا ہے کہ آپ کی شخصیت کے اندر جو خودی کا تصور ہے یہ اپنے آپ میں کچھ نہیں ہے۔ بلکہ خودی وہ چیز ہے جو مجموعی طور پر آپ کے بارے میں ایک تصور ہے یا آپ کی ذات کے حوالے سے ایک تاثر ہے۔ اس حوالے سے ان کا لکھنا ہے کہ:

'We are nothing but a bundle of collection of different perceptions which succeed each other with an inconcieviable rapidity, and are in a perpetual flux and movement.'

اس بات کا مطلب یہ ہوا کہ ہم سمجھتے ہیں کہ ہم یہ ہیں یا ہم وہ ہیں لیکن حقیقت یہ ہے کہ ہم محض دوسرے شخص کی سوچ کی عکس کے متحرک بنڈلز ہیں اور پھر اسی طرح ان کی اخلاقیات کے لحاظ سے کی گئی باتیں بہت اہمیت کی حامل ہیں اور فلسفیانہ نوعیت کی ہیں۔ وہ سمجھتے ہیں کہ ہمیں اپنے جذبات کو مزید تربیت دینے کی ضرورت ہے۔

ڈاکٹر خالد سہیل:

بلند اقبال صاحب! ہیوم میں ایک بات میرے لیے بہت زیادہ دلچسپی کا باعث بنی کہ وہ آزاد خیال دہریے تھے۔ وہ توہمات کی دنیا کو ختم کرنا چاہتے تھے۔ جدید فلسفے کی دنیا میں ان کا فلسفہ Logical Positivism کے نام سے جانا جاتا ہے۔ جو مافوق الفطرت سوچ کے

مقابلے میں ایک حقیقت پسند سوچ کا نام ہے۔ اس فلسفے نے قوانین فطرت کو مافوق الفطرت سوچ سے جدا کیا ہے۔ جس کا مطلب ہے کہ ہم مذہب سے جڑے توہمات کو ایک طرف کر کے زندگی کو قدرتی مظہر کے طور پر دیکھیں۔ ہیوم کا کہنا تھا کہ انسانوں کو روایت اور مذہب کے مقابلے میں اپنی سوچ اور اپنے شعور پر زیادہ بھروسہ کرنا چاہیے۔ انہیں چاہیے کہ وہ قدرتی قوانین کو مد نظر رکھیں اور ان قوانین کی مدد سے زندگی کو سمجھیں۔ میں سمجھتا ہوں کہ یہ ایک سائنسی انداز فکر ہے۔ اس وقت میں ایک اور فلاسفر کارل پوپر کی بات کرنا چاہتا ہوں۔ انہوں نے کہا وہ سائنسی آئیڈیا سچا ہے جسے ہم غلط ثابت کر سکیں۔ یعنی اگر ہم کسی چیز کو غلط ثابت نہیں کر سکتے ہیں تو وہ سائنسی نہیں ہے بلکہ اس کا تعلق فلاسفی سے ہے۔ کارل پوپر (Karl Popper) جو سائنس کے فلاسفر مانے جاتے ہیں۔ وہ کارل مارکس اور سگمنڈ فرائیڈ کو سائنس دان نہیں مانتے ہیں کیونکہ ان دونوں حضرات نے جو تھیوریز پیش کی ہیں ان کو غلط ثابت نہیں کیا جا سکتا ہے۔ لیکن مزے دار بات یہ ہے کہ اس جیسا بڑا انقاد بھی ہیوم کا قائل ہے۔ اس کا کہنا ہے کہ ہیوم نے فلسفے اور سائنس کا معیار بہت اونچا کر دیا ہے۔ اسی طرح شوپنہار بھی ڈیوڈ ہیوم سے بہت زیادہ متاثر تھے۔ ان کا کہنا تھا کہ ہیوم کا لکھا ہوا ایک صفحہ ہیگل کی پوری کتاب پر حاوی ہے۔

بلند اقبال صاحب! جیسا کہ آپ کو معلوم ہے کہ دونوں فلاسفر اپنے اپنے میدان میں بہت سنجیدہ شخصیات ہیں۔ اگر آپ سے کہا جائے کہ ان دونوں کا موازنہ کریں اور ان دونوں کی سوچ میں بنیادی فرق سے ناظرین کرام کو آگاہ کریں تو پھر آپ کیا کہیں گے؟

ڈاکٹر بلند اقبال:

ڈاکٹر صاحب! مجھے ڈیوڈ ہیوم کی فلاسفی زندگی کے زیادہ قریب نظر آئی۔ کیونکہ جس قدر منطقی انداز سے زندگی کو گزارنے کی بات رینے ڈیکارٹ کرتے ہیں اتنی نپی تلی منطقی زندگی گزارنا تقریباً ناممکن ہے۔ جبکہ ہیوم جذبات کی بات کرتے ہیں تو یہ پیمانہ زندگی کو گزارنے کے لیے مناسب اور بھلا معلوم ہوتا ہے۔

ڈاکٹر خالد سہیل:

1757ء میں انہوں نے Natural History of Religion کے نام سے ایک

کتاب لکھی۔ اس کتاب میں انہوں نے مذہب، کلچر، ثقافت اور اخلاقیات کو عقلی بنیادوں پر سمجھنے کی کوشش کی۔ اس کتاب میں انہوں نے یہ نظریہ پیش کیا کہ تمام مذاہب کے وجود میں آنے کی بنیادی وجہ انجانا خوف ہے۔ ہیوم ایک دہریہ تھے اور معجزوں پر یقین نہیں رکھتے تھے۔ ان کا خیال تھا کہ لوگ معجزوں کا ذکر دوسروں کو اور اپنے آپ کو متاثر کرنے کے لیے کرتے ہیں۔ وہ قوانین فطرت پر یقین رکھتے تھے۔ جسے کوئی بھی انسان بدل نہیں سکتا تھا۔ ہیوم کو پڑھ کر مجھے اندازہ ہوا کہ وہ مذہبی آدمی نہیں تھے لیکن پھر بھی انہوں نے یہ جاننا چاہا کہ لوگوں کی کیا جذباتی وابستگیاں اور ضروریات ہیں جن کی وجہ سے لوگ مذہب کو مان رہے ہیں۔

میں سمجھتا ہوں کہ یہ ایک نیا نقطۂ نظر ہے کہ آپ محبت، پیار، اخلاقیات کو سمجھیں تاکہ آپ ان احساسات کو بہتر طور پر استعمال کر سکیں۔ اس لیے میں سمجھتا ہوں کہ ان دونوں نے بہتر انسان بننے کی طرف قدم اٹھایا ہے۔ ان کی فلاسفی کا مطلب یہ ہوا کہ آپ چیزوں کو منطقی انداز سے دیکھیں اور پھر آپ جذبات کو سمجھیں۔ جس کی مدد سے آپ عقل اور جذبات میں ایک تناسب قائم کرنے کے قابل ہو جائیں گے۔ اسی وجہ سے مجھے لگتا ہے کہ سوچ کے یہ دو دھارے بعد میں بتدریج اٹھارویں، انیسویں، بیسویں صدی کے فلاسفر (جن میں اب نفسیات دان، بیالوجسٹ، سوشیالوجسٹ، نیچر لسٹ وغیرہ شامل ہیں) اور ان کی جو تھیوریز ہیں وہ کسی نہ کسی طرح متاثر کر رہے ہیں۔ جس کی وجہ سے بالواسطہ یا بلاواسطہ بنیاد فراہم کرنے کا جیسا اہم فریضہ سر انجام دے رہے ہیں۔

اب ہم دیکھتے ہیں کہ ان دونوں شخصیات پر مذہبی لوگوں کا ایک شدید عتاب آیا اور ان کو اپنے نظریات کی بہت بھاری قیمت ادا کرنا پڑی۔ اس لحاظ سے آپ کیا دیکھتے ہیں کہ یہ جو بڑے لوگ ہیں، ان کو اپنے دور میں بہت مشکلات اور تکالیف جھیلنی پڑی ہیں۔ اس کے بارے میں آپ کا کیا خیال ہے؟

ڈاکٹر بلند اقبال:

ڈاکٹر صاحب یہ سارے فلاسفر اور ان کے نظریات اصل میں وہ بنیاد ہے جس پر بعد میں ریفارمیشن کی عمارت کھڑی نظر آتی ہے۔ یعنی اگر ہم مارٹن لوتھر کنگ کی طرف چلے

جائیں تو ہمیں سمجھ میں آتا ہے کہ اس زمانے میں یورپ کے اندر چرچ بہت طاقتور ہو چکا تھا۔ چرچ کے پاس دولت بہت زیادہ تھی۔ اس کے علاوہ لوگوں کو ان کے گناہوں سے معافی کے لیے معافی نامے فروخت کیے جاتے تھے۔ تا کہ لوگ اپنے گناہ معاف کروا کر جنت میں جانے کے مستحق ہو جائیں۔ اس کے علاوہ چرچ سیاسی اثر و رسوخ کا حامل تھا۔ المختصر چرچ اپنی مذہبی ذمہ داریوں کو چھوڑ کر دنیا داری کمانے کے لوازمات میں الجھ چکا تھا۔ یہ چیزیں مارٹن لوتھر کے لیے بہت زیادہ تکلیف دہ تھیں کیونکہ وہ بنیادی طور پر ایک مذہبی انسان تھے۔ یہی وجہ ہے کہ انہوں نے جرمنی میں چرچ کے سامنے معافی نامہ کے 92 صفحات جلا دیے تھے۔ ان کے اس عمل نے انسانی فکر کو جھنجوڑا۔ اس نے عیسائیت کو بدل کر رکھ دیا۔ بدقسمتی سے یورپ تو نشاۃ ثانیہ کے بعد بدل چکا ہے لیکن ہمارے برصغیر کے ممالک ابھی بھی یورپ کے قرون وسطیٰ والی صورتحال سے دوچار ہیں۔ جہاں پر آزادانہ اور سائنسی سوچ و فکر پر پابندی نہیں ہے۔ بلکہ ایسا شخص معتوب زمانہ ٹھہرے گا جس نے مذہبی اقدار پر سوال اٹھایا۔ یوں کہہ لیں کہ ایک طرح ہم ابھی بھی یورپ کی پندرہویں صدی میں رہ رہے ہیں۔

ڈاکٹر خالد سہیل:

اب جیسے نشاۃ ثانیہ کی آپ نے بات کی ہے۔ اس دور میں سائنسی دریافتیں بھی ہو رہی ہی تھیں۔ جیسے کہ گلیلیو کی دریافتیں، واسکوڈی گاما کا سفر اور پھر آرٹ موسیقی اور ادب میں نت نئے تجربے ہو رہے تھے۔ جس سے زندگی آہستہ آہستہ نشو و نما پا رہی تھی۔ ایسے لگتا ہے کہ جیسے یورپ انگڑائی لے کر بیدار ہو گیا ہے اور وہ کلچر، کمیونٹی، تہذیب و ثقافت اور علوم و فنون میں آگے بڑھ رہا ہے۔ جس سے مجھے یوں لگا کہ جیسے مختلف سوچ اور فنون لطیفہ کے جو دھارے تھے۔ وہ اب آپس میں ایک دوسرے کے ساتھ اشتراک کر رہے ہیں جس سے نئی نئی شکلیں سامنے آ رہی ہیں لیکن یہ تبدیلی صرف یورپ کی حد تک رہی لیکن دنیا کے باقی زیادہ تر حصوں میں یہ اس طرح سے وقوع پذیر نہیں ہوئی۔ آپ چونکہ کلچر کی بات کر رہے تھے تو آپ بتائیں کہ ایسی کونسی وجوہات تھیں کہ یہ چیز جو یورپ میں اپنے پورے عروج پر تھی وہ دنیا کے باقی حصوں کو اس طرح متاثر نہ کر سکی؟ جیسا کہ ہم دیکھتے ہیں کہ افریقہ، مڈل ایسٹ، ایشیا وغیرہ میں آج بھی اسی طرح مذہب، روحانیت اور روایتی انداز کو

پریکٹس کیا جارہا ہے۔

ڈاکٹر بلند اقبال:

نشاۃ ثانیہ کا پھیلاؤ بھی ہمیں بتدریج دکھائی دیتا ہے جیسا کہ شمالی یورپ کے حصوں اور انگلینڈ، جرمنی، سپین اور فرانس وغیرہ میں فوری طور پر اس لیے پھیلتا چلا گیا کیونکہ یہاں انفرادی اور اجتماعی سطح پر کئی ایک انقلابات اُس دور میں آتے چلے گئے اور سوچ کا پورا دھارا بدلتا چلا گیا یعنی کلاسیکل آرٹ سیکولر انداز میں ڈھلتا چلا گیا۔ یہاں پر مریم اور عیسیٰ کی شکل اب ایک عام انسان میں پینٹ کیے جانے لگی۔ جس کی وجہ سے مریم کا تصور اب ویسا سخت مقدس نہیں رہا بلکہ مریم یوں پیش کی گئی جیسے ایک ماں ہے جو اپنے بچے سے بہت زیادہ پیار کرتی ہے۔ مگر اس طرز کی تبدیلی ہمیں باقی یورپ میں اور بھی دوسرے رخ میں بدلتی چلی گئی۔ وہاں مذہبی فکر یا آئیڈیالوجی عام دنیاوی چیزوں کی عکاسی بھی ادب اور دیگر فنون میں ہونے لگی۔ یعنی وہ کلاسیکز کو اس کی اصل حالت میں چھوڑ کر عام دنیاوی چیزوں کی طرف آگئے ہیں اور انہیں آرٹ میں ریفلیکٹ کرنے لگے۔ اِدھر یورپ کی دوسری طرف جب ہم ایشیا میں دیکھتے ہیں بلکہ خصوصاً سلطنت عثمانیہ کے زیر اثر مسلم ریاستوں کا حال کچھ بدل نہ سکا۔ وہ دنیا کی تبدیلیوں سے الگ تھلگ اپنی ڈیڑھ اینٹ کی مسجد میں مصروف رہے اور مغربی دنیا کے سماجی و سائنسی انقلابات کی روشنی سے محروم رہے یا اُن کے تجربات سے استفادہ نہ کر سکے اور پھر بالاخر عثمانیہ ایمپائر 1912ء کے آس پاس ٹوٹی مگر اُس وقت مغربی دنیا پہلی اور دوسری بڑی جنگوں میں انہیں گھسیٹ چکے تھے اور اُس کے بعد جو ہوا، وہ ہم سب کو پتہ ہے ۔ ہم زیادہ حقیقت پسندانہ انداز میں یہ کہہ سکتے ہیں کہ سلطنت کے ٹوٹنے سے پہلے تک وہاں ایک مستقل غنودگی رہی ہے اور مذہب اور سیاست کی مضبوط گرفت نے اُن میں کبھی بھی ایک جدید فکر پیدا انہیں ہونے دی جس کا خمیازہ ماضی پرستی کی شکل میں وہ اب تک بھگت رہے ہیں۔

ڈاکٹر خالد سہیل:

ہیوم ایسی حکومت کے حق میں تھے جو تمام شہریوں کی بھلائی کے لیے یکساں کوشاں ہو اور انسانی حقوق کا احترام کرے۔ ہیوم نے بہت سے فلاسفروں کو متاثر کیا۔ کانٹ کا کہنا تھا کانٹ

کہ ہیوم کی تحریروں نے اسے خواب غفلت سے بیدار کر دیا۔ سورن کرکیگارڈ (Sorn Kirekegaard) کا قول ہے کہ ہیوم نے ہمیں یہ سکھایا ہے کہ عقل ہمیں دانائی نہیں سکھاتی وہ دراصل ہمیں اپنی جہالت سے روشناس کراتی ہے،۔

خواتین و حضرات

میں سمجھتا ہوں کہ یہ آزادانہ سوچ ہی ہے جس کی بدولت انسانی فکر و عمل اپنی پرواز کا سفر خود طے کرتی ہے۔ اس کی بنیادیں رینے ڈیکارٹ اور ڈیوڈ ہیوم جیسے فلاسفروں نے فراہم کی ہیں۔ انہیں بنیادوں پر بعد میں سائنسی، منطقی اور نفسیاتی سوچ کی عمارتیں تعمیر ہوئیں۔

اب اس کے ساتھ ہم آپ سے اجازت چاہتے ہیں۔ اگلے پروگرام میں ہم دو مزید فلاسفروں کے ساتھ حاضر ہوں گے۔ آپ کا بہت بہت شکریہ۔

آدم اسمتھ اور جین روسو کی دانائی

ڈاکٹر خالد سہیل:

خواتین و حضرات ڈاکٹر بلند اقبال اور ڈاکٹر خالد سہیل 'دانائی کی تلاش میں' کی پچیسویں قسط لے کر آپ کی خدمت میں حاضر ہوئے ہیں۔ آج کے پروگرام میں ہم یہ جاننے کی کوشش کریں گے کہ آخر کیا وجہ تھی کہ یورپ سینکڑوں سال تاریکی میں ڈوبا رہا اور اس تاریکی کی لمبی تاریخ کا کیسے اختتام ہوا۔ جس نے روشن خیالی کے عنصر کو جنم دیا۔ آج ہم اپنی گفتگو کا آغاز یورپ کے دو بڑے مشہور فلاسفروں سے کریں گے۔ پہلے فلاسفر کا نام جان روسو (Jean N Rousseau) ہے اور دوسرے فلسفی کا نام ایڈم سمتھ (Adam Smith) ہے۔ اس کے علاوہ ان فلاسفروں کی دو مشہور کتابوں کا بھی تذکرہ کریں گے۔ جان روسو کی مشہور کتاب The Social Contract اور ایڈم سمتھ کی The Wealth of Nations بہت اہمیت کی حامل ہیں۔ انہی کتابوں کی تحریروں کی بنیاد پر جدید سرمایہ دارانہ نظام نے اپنے تاریخی سفر کا آغاز کیا ہے۔ بلند صاحب آپ کا اُس عہد کے بارے میں کیا خیال ہے؟

ڈاکٹر بلند اقبال:

ڈاکٹر صاحب اہل مغرب کے تاریک دور یعنی (Dark Age) کو یہاں ہم کچھ دیکھ لیتے ہیں تاکہ ہمیں اندازہ ہو کہ قومیں کس طرح سے تاریکی کا شکار ہو جاتی ہیں جب عقل و شعور کی شمعیں بجھ جاتی ہیں۔ جہاں ایشیائی ریاستوں خصوصاً مڈل ایسٹ میں ہمیں نویں سے بارہویں صدی کے دوران ایک تاریخی عہد نظر آتا ہے جسے ہم گولڈن ایج کے نام سے یاد کرتے ہیں ٹھیک اسی دوران بلکہ کم و بیش پندرہویں صدی تک بدقسمتی سے یورپ تاریکی

میں ڈوبا ہوا تھا۔ یورپ میں سخت ترین مذہبی حکمرانی تھی یعنی کیتھولک چرچ کا راج تھا اور پادریوں کو بقول کیسے خدا کی پرچھائی میں ریاستی امور میں بھرپور مداخلت کرنے کا پورا پورا حق دے دیا گیا تھا۔ یورپ کے اس تاریک دور کو سمجھنے کے لیے ہمیں اس دور میں رونما ہونے والے اہم واقعات کا جائزہ لینا ہو گا تا کہ ہمیں پوری طرح سے آگاہی حاصل ہو کہ آخر کیا وجہ تھی کہ یورپ سینکڑوں سال تک عالم بے خبری میں رہا۔

1347ء میں یورپ میں ایک وبا پھیلی جسے تاریخ میں طاعون اور بلیک ڈیتھ کے نام سے جانا جاتا ہے۔ اس وبا کے پھیلنے کی وجہ سے پورا یورپ قبرستان میں تبدیل ہو گیا تھا اور تقریباً دو سو ملین کے قریب لوگ اس وبا کی وجہ سے مارے گئے۔ چونکہ اس دور میں مذہب کا راج تھا اس لیے لوگ بیچارے نجات یا بیماری کے علاج کی خاطر چرچ کے دروازے کھٹکھٹا رہے تھے ۔ وہ فطری طور پر اس وبا سے نجات پانے کے لیے پادریوں سے درخواست کر رہے تھے کہ وہ دعا کریں تا کہ انہیں اس وبا سے نجات مل سکے۔ غور طلب بات یہ ہے کہ چرچ اور مذہب کے حوالہ سے یورپ میں جو بڑی فکری تبدیلی رونما ہوئی وہ طاعون کی وبا پھیلنے کی وجہ سے سامنے آئی۔ کیونکہ جب یہ وبا پھیلی اور لوگ لاکھوں کی تعداد میں مرنے لگے تو پادریوں کے پاس اس بیماری کا علاج ہی دستیاب نہ تھا۔ پادریوں کی دعائیں اور بائبل کی آیات نے کوئی صورت بہتری کی پیدا نہ کی ۔ جب ان دعاؤں اور مناجات کا وبا پر کوئی اثر نہ ہوا تو لوگوں کا چرچ سے یقین اٹھنے لگا۔ اسی طرح ایک دوسرا بڑا واقعہ قحط کی صورت میں انگلینڈ اور آئرلینڈ میں رونما ہوا۔ اس قحط کی وجہ سے تقریباً دس ہزار لوگ بھوک کی وجہ سے ہلاک ہو گئے تھے ۔ تاریک دور کا یہ تسلسل 1430ء تک جاری رہا، پھر اس کے بعد یورپ میں ایک بڑی تبدیلی رونما ہوئی جسے ہم نشاۃ ثانیہ کے نام سے جانتے ہیں۔ نشاۃ ثانیہ کا آغاز اٹلی سے ہوا۔ وہاں سے تبدیلی کی یہ لہر یورپ میں داخل ہوتی ہے اور یوں یورپ Early modern era میں داخل ہو جاتا ہے ۔ یہ ابتدائی جدید دور یا ماڈرن دور 1430 سے 1800 کے درمیان تک چلتا ہے۔ اسی دور میں کچھ بڑے بڑے واقعات رونما ہوتے ہیں۔ تحریک اصلاح یعنی پروٹیسٹنٹ ریفارمیشن کا آغاز ہوتا ہے۔ اس تحریک کے بانی کا نام ہم جانتے ہی ہیں مارٹن لوتھر کنگ تھا۔ یہ تحریک کیتھولک چرچ کی سیاسی بالا دستی کے خلاف شروع ہوئی مگر

اُس کے پیچھے بہت حد تک مذہب سے ایک مایوسی کا عنصر بھی شامل تھا کیونکہ یورپ میں وبائی مرض کے پھیلنے سے ہونے والی لاکھوں کروڑوں ہلاکتوں پر مذہب کے عمومی تصور پر بھی اندرون خانہ سوالات اٹھنے شروع ہوگئے تھے۔ یوں اس تحریک نے لوگوں کے شعور میں نکھار پیدا کیا اور تبدیلی فکر کا تسلسل اندھے یقین کے بجائے سائنسی اور منطقی رخ میں ہوتا چلا گیا۔ اس کے فوراً بعد ایک اور عہد کا ذکر بھی ضروری ہے اور وہ Age of Discovery ہے کیونکہ اس دور میں یورپ ساری دنیا میں بحری جہازوں سے داخل ہو جاتا ہے۔ اگر ایک طرف کولمبس امریکہ کی دریافت کرنے نکلتا ہے تو دوسری طرف واس کو ڈی گاما ہندوستان کی تلاش میں بحری جہاز سے اٹلانٹک سے ہوتے ہوئے بحر ہند کی طرف نکلتا ہے اور یوں ایک نئے سیاسی عہد یعنی نو آبادیات کا آغاز ہوتا ہے۔

ڈاکٹر خالد سہیل:

جان روسو 1712ء میں پیدا ہوئے اور 1778ء میں انتقال کر گئے۔ ان کی جنم بومی جنیوا تھی۔ روسو کے والد اور داد انقلابی ذہن کے مالک تھے۔ روسو موسیقی اور فلسفہ سے بھی شغف رکھتے تھے۔

ڈاکٹر بلند اقبال:

فرانسیسی انقلاب کے بانی کا نام جان روسو ہے۔ روسو کی کتاب The Social Contract نے ہی فرانس کے انقلاب کے لیے راہ ہموار کی اور اس انقلاب کو نئی جہتوں اور مضبوط بنیادوں سے ہمکنار کیا۔ ان کی موت کے تقریباً دس سال بعد فرانس میں انقلاب آیا تھا۔

ڈاکٹر خالد سہیل:

روسو ایک بہت ہی وسیع المشرب اور نابغہ روز گار قسم کی شخصیت کے مالک تھے۔ اپنی مشہور کتاب The Social Contract کا آغاز وہ اس شاندار جملے سے کرتے ہیں کہ

Man is born free, but everywhere he is in chains

ان کا ماننا ہے کہ انسان آزاد پیدا ہوا ہے۔ لیکن ہر معاشرے میں اسے مختلف النوع کی زنجیروں میں جکڑ دیا گیا ہے۔ اس گہرے جملے سے آپ اندازہ لگا سکتے ہیں کہ کس طرح سے انہوں نے آزاد سوچ اور فکر کو جلا بخشی۔ بطور سائیکائٹرسٹ میرے لیے یہ دلچسپی کا پہلو ہے کہ

دنیا کے دوسرے بڑے بڑے اذہان کی طرح روسو کو بھی اپنی آزاد خیالی کی قیمت چکانا پڑی اور بڑے بڑے بحرانوں سے گزرنا پڑا۔ لیکن ان سب مشکلات کے باوجود وہ ثابت قدم رہے۔

ڈاکٹر بلند اقبال:

بڑے اذہان کے مسائل بھی بڑے ہی ہوتے ہیں اور انہی مسائل کے اندر ہی ایسے بڑے اذہان کی شخصیتیں پروان چڑھ کر معاشرے میں سامنے آتی ہیں۔ روسو کے پیدا ہوتے ہی ان کی والدہ کا انتقال ہو گیا جبکہ دوسری طرف ایڈم اسمتھ کے پیدا ہونے سے دو ماہ پہلے ان کے والد کا انتقال ہو گیا تھا۔ ان ابتدائی دو بڑے بحرانوں کے درمیان ان دو بڑے فلاسفروں کی زندگی کا آغاز ہوتا ہے۔ روسو 16 سال کی عمر میں جنیوا سے فرانس روانہ ہوتے ہیں۔ فرانس میں اس کی ملاقات ایک خاتون سے ہوتی ہے جو انہیں اپنے گھر میں ملازم رکھ لیتی ہے۔ روسو ملازمت کے ساتھ ساتھ اپنی تعلیم بھی جاری رکھتے ہیں۔ کچھ عرصہ بعد وہ پیرس چلے جاتے ہیں۔ جہاں اُن کی ملاقات ایک رسالے کے ایڈیٹر سے ہوتی ہے۔ اس رسالے کے ساتھ وابستگی قائم ہونے سے روسو کی مقبولیت پیرس کی دانشور کلاس میں نمایاں حیثیت اختیار کر لیتی ہے۔ اس کے بعد روسو کے خیالات اس کی تحریروں کی صورت میں پیرس کے معاشرے میں پھیلنا شروع ہو جاتے ہیں۔ روسو نے اپنے مضامین میں Illusions کا بھی تذکرہ کیا ہے۔ روسو کہتا ہے کہ ہم انسان جب پیدا ہوتے ہیں تو معصوم ہوتے ہیں لیکن جس سماج میں ہم پروان چڑھتے ہیں وہ سماج اور تہذیب ہمیں بالآخر آلودہ کر لیتی ہے۔

ڈاکٹر خالد سہیل:

جان روسو کی زندگی میں موسیقی نے بہت اہم کردار ادا کیا ہے۔ اکیڈمی آف سائنز میں انہوں نے موسیقی کو بہت مقبولیت بخشی۔ ان کا ایک Opera تھا جو کنگ لوئی کو بہت پسند آیا اور انہوں نے روسو کے لیے مستقل طور پر معقول معاوضہ کا اجرا کر دیا۔ لیکن روسو نے اس تحفے کو قبول کرنے سے انکار کر دیا۔

ڈاکٹر بلند اقبال:

جان روسو اور پیرس کے ایک بہت بڑے آرٹسٹ رومیو کے درمیان موسیقی کی بحور کے حوالے سے نکتہ چینی چلتی رہتی تھی۔ ان دونوں کے درمیان اس بات پر بھی اختلاف تھا کہ

Melody صنف اول ہے یا Harmony۔ جان روسو Melody کو Harmony سے بہتر سمجھتا تھا۔ لیکن رومیو کا نقطۂ نظر اس کے برعکس تھا۔ جان روسو تعلیم میں بہت دلچسپی رکھتے تھے۔ طلبا کے حوالہ سے روسو کہا کرتا تھا کہ ہمارے عہد کے طلبا کی سوچ کی سطح منطقی اور تحقیقی ہونی چاہیے کیونکہ منطقی اور تحقیقی سوچ سے مزین اذہان ہی مضبوط کردار کے مالک بن سکتے ہیں۔

ڈاکٹر خالد سہیل:

ایڈم سمتھ 1723ء میں اسکاٹ لینڈ میں پیدا ہوئے اور 1790ء میں انتقال کر گئے۔ 1751ء میں اسمتھ نے گلاس کو یونیورسٹی میں پڑھایا بھی تھا۔ ان کی دو کتابیں بہت مشہور ہوئیں۔ پہلی کتاب The Theory of Moral Sentiment تھی اور دوسری کتاب The Wealth of Nations تھی۔

ڈاکٹر بلند اقبال:

ایڈم اسمتھ کو سرمایہ دارانہ نظام کا بانی کہا جاتا ہے۔ انہوں نے Free Market Economy کا تصور دیا اور معیشت کو ایک نئی فلسفیاتی جہت سے ہمکنار کیا اور انہی تصورات کی بنیاد پر یورپ کیپٹل ازم کی صورت میں ہمارے سامنے آیا۔ اسی معاشی نظریاتی انقلاب کے بعد صنعتی انقلاب اپنے پورے آب و تاب کے ساتھ نمودار ہوتا ہے۔ اس ساری ترقی کے پیچھے ایڈم اسمتھ کا کردار بہت اہمیت کا حامل ہے۔

ڈاکٹر خالد سہیل:

ایڈم اسمتھ کا تصور تھا کہ انسان کوئی بھی کام اپنے فائدے کے لیے کرتا ہے اور اس کام میں اس کی ذاتی تحریک کا عمل دخل ہوتا ہے۔ اسی تصور کی بنیاد پر انہوں نے اپنے معاشی فلسفے کی بنیاد رکھی تاکہ لوگوں میں معاشی شعور پروان چڑھے۔

ڈاکٹر بلند اقبال:

دراصل ترقی کا یہ سارا سلسلہ نشاۃ ثانیہ سے جُڑا ہوا ہے اور اسی کی کوکھ سے نئے نئے انقلابی نظریات اور شخصیات نے جنم لیا اور اسی ترقی کے تسلسل کو آگے بڑھانے میں ہمیں ایڈم سمتھ کا کردار بھی بڑے جامع انداز میں نظر آتا ہے۔ ایڈم کا معاشی فلسفہ ایک بڑی سماجی

تبدیلی کی صورت میں سامنے آتا ہے۔

ڈاکٹر خالد سہیل:

ایڈم سمتھ کے نظریات کا پھیلاؤ جب ان کی کتابوں کی صورت میں پھیلنا شروع ہوا تو معاشرتی حالات کے جبر نے ان کے راستے میں بھی رکاوٹیں کھڑی کرنا شروع کر دیں۔ ذہنی دباؤ میں آ جانے کے بعد ان کو Paranoia کی بیماری لاحق ہو گئی جس کی وجہ سے وہ معاشرے سے الگ تھلگ ہو گئے اور تنہائی کا شکار ہو گئے۔ ایڈم سمتھ کا یہ تصور تھا کہ ان کے نظریات سراسر First hand and original ہوتے ہیں اور اگر وہ ان تصورات کے حوالے سے معاشرہ میں اظہار کریں گے تو ان کے وہ نظریات چوری ہو سکتے ہیں۔ ایک طرح سے یہ ان کی زندگی کا تاریک پہلو تھا جبکہ دوسری طرف روشن پہلو بھی تھا کیونکہ سمتھ نے الگ تھلگ ہو کر اپنا تحقیقی کام پوری لگن سے جاری و ساری رکھا اور انہی کی وجہ سے سرمایہ دارانہ نظام کو مضبوط بنیادیں نصیب ہوئیں۔ سمتھ کا یہ ماننا تھا کہ کچھ چیزیں ایسی ہوتی ہیں جو پر اسراریت میں ملفوف ہوتی ہیں اور اسی طرح اکانومی کو بھی صرف ایک سطح تک ہی بیان کیا جا سکتا ہے۔ ان کا کہنا تھا کہ اکنامکس میں ایک نظر نہ آنے والا ہاتھ ہوتا ہے۔ ایڈم سمتھ کے اس 'مخفی ہاتھ' کے حوالے سے بہت ساری تشریحات ہمارے سامنے آتی ہیں۔ بعض دانشوروں کا کہنا ہے کہ ان کا اشارہ خدا یا روحانیت کی طرف تھا لیکن ایک سیکولر دانشور جوزف اسٹیگلٹز (Joseph Stiglitz) نے ایڈم سمتھ کے 'مخفی ہاتھ' کی وضاحت اس طرح سے کی ہے کہ

seems invisible is that it is often not there" "The reason that the invisible hand often

ہم سمتھ کے مخفی ہاتھ کو نہیں دیکھ سکتے کیونکہ وہ وجود ہی نہیں رکھتا۔

ڈاکٹر بلند اقبال:

اگر ہم سرمایہ دارانہ نظام کو سوشل حوالے سے دیکھیں یا دوسرے نظاموں سے موازنہ کریں تو ہم اس نتیجہ پر پہنچتے ہیں کہ ایڈم سمتھ کا معاشی فلسفہ انسانی نفسیات کے لحاظ سے زیادہ فطری ہے اور آج کی معجزاتی دنیا کا سہرا ابھی ایڈم سمتھ اور جان روسو کے سر پر سجتا ہے۔

اصطلاحات کی وضاحت

DARK AGES

تاریک دور، دورِ جہالت۔ یونانی تاریخ کا تقریباً 476ء سے دسویں صدی عیسوی تک کا پھیلا ہوا زمانہ

THE AGE OF ENGLIGHTENMENT

یورپ میں سترہویں اور اٹھارویں صدی کی فلسفیانہ اور ثقافتی تحریک جس میں مسلمہ عقائد پر گرفت کی گئی اور عقل کے آزادانہ استعمال پر زور دیا گیا۔ سائنسی تجربات کو فروغ دیا گیا۔

GOLDEN AGE

مسلمانوں کا سنہری دور جو نویں دور سے بارہویں صدی تک محیط ہے

ILLUSION

سراب، دھوکا، جھوٹا تاثر یا عقیدہ۔ کسی چیز کا وہ تصور جو اس کی غلط نمائندگی کرتا ہوں یا ان اوصاف سے متصف ہو جو اس میں حقیقتاً موجود نہ ہوں۔

MELODY

خوش آئند یا خوش آہنگ آوازوں کا تسلسل، راگ، تان اور سُر وغیرہ

HARMONY

موسیقی میں تاروں یا تانوں کا علم موسیقی کے سروں کا ہم آہنگ مجموعہ

ORIGINAL THOUGHT OR IDEA

کسی کے اپنے فکر و تخیل سے خلق ہونے والا خیال یا تصور۔ تازہ خیالات و ایجادات وغیرہ۔

میکس ویبر اور ایمیل ڈرکھم کی دانائی

ڈاکٹر خالد سہیل:

خواتین و حضرات! ڈاکٹر بلند اقبال اور ڈاکٹر خالد سہیل آج آپ کی خدمت میں 'دانائی کی تلاش' کی چھبیسویں قسط لے کر حاضر ہوئے ہیں۔ آج ہم جن فلاسفروں کے حوالے سے گفتگو کریں گے ان کی کڑیاں سرمایہ دارانہ نظام سے ملتی ہیں۔ پہلے فلسفی کا نام ایمائیل ڈرکھیم (Emile Durkheim) اور دوسرے فلسفی کا نام (Max Weber) ہے۔ فلسفے کی دنیا میں مسلم فلاسفروں نے یونانی اور یورپی فلاسفروں کے درمیان ایک پُل قائم کیا تھا جبکہ دوسری یورپی فلاسفروں نے یونانی فلسفے کو مزید آگے بڑھایا۔ ڈاکٹر صاحب آپ کچھ اس دور کے حوالے سے روشنی ڈالیں گے؟

ڈاکٹر بلند اقبال:

جی ڈاکٹر صاحب 1430 میں ہمیں یاد ہے نشاۃ ثانیہ کا آغاز اٹلی سے ہوا تھا اور پھر اس کے اثرات پورے یورپ میں پھیل گئے۔ اسی بیداری کی تحریک کی کوکھ سے 1517ء میں تحریک اصلاح کلیسا یعنی پروٹیسٹنٹ ریفارمیشن نے جنم لیا۔ اس تحریک کے بانی مارٹن لوتھر کنگ تھے جنہوں نے کیتھولک چرچ کی روایات کو چیلنج کیا اور مذہبی شعور کو عقلی بنیادوں پر جانچنے کے لیے ایک نئی سوچ اور جہت عطا کی۔ پھر اس کے بعد پندرہویں صدی سے اٹھارویں صدی تک دریافتوں کے دور کا سلسلہ چلا۔ اس دور میں ہم نے دیکھا یورپ دوسرے براعظموں کی تلاش میں نکل جاتا ہے اور یوں کولمبس امریکہ دریافت کر لیتا ہے۔ اس سارے تسلسل میں ہمیں کچھ سیاسی تبدیلیاں بھی نظر آتی ہیں۔ 1763 میں

ایک بڑی تبدیلی تو یہ رونما ہوئی کہ شمالی امریکہ ، جو صرف تیرہ کالونیوں پر مشتمل تھا، اس نے انگلینڈ سے آزادی حاصل کی پھر اس کے بعد واضح طور پر مزید آزاد ریاستوں کی تشکیل کا عمل شروع ہوا پھر 1789ء میں انقلاب فرانس رونما ہوتا ہے جس کے بڑے وسیع اثرات تمام تر یورپی دنیا پر پڑے۔ پھر اس کے بعد اٹھارویں صدی میں صنعتی انقلاب آتا ہے اور پھر اس کے بعد سرمایہ دارانہ نظام اپنی پوری آب و تاب کے ساتھ مضبوط ہونا شروع ہو جاتا ہے۔

ڈاکٹر خالد سہیل:

ایمائیل ڈرکھیم 15 اپریل 1858 میں فرانس میں پیدا ہوئے اور 15 نومبر 1917 میں پیرس میں انتقال کر گئے تھے۔ ان کو فرانسیسی سکول آف سوشیالوجی کا باوا آدم سمجھا جاتا ہے۔ میں یہاں ڈرکھیم کی تین کتابوں کا حوالہ دینا چاہوں گا۔ پہلی کتاب بعنوان The Division of Labour ہے۔ جو کہ 1886 میں شائع ہوئی تھی۔ دوسری کتاب The Rules of Sociological Methods ہے جو 1895 میں شائع ہوئی۔ تیسری کتاب بعنوان Suicide جو 1897 میں شائع ہوئی۔ ان کتابوں کا جائزہ لینے کے بعد میں اس نتیجہ پر پہنچا ہوں کہ ڈرکھیم کی یہ خواہش تھی کہ ہم سماجیات کا سائنسی نقطہ نظر سے مطالعہ کریں، مذہبی یا روایتی نقطہ نظر سے نہیں۔

ڈاکٹر بلند اقبال:

ڈرکھیم ایک یہودی خاندان میں پیدا ہوئے تھے۔ ان کے خاندان کا پس منظر انتہائی مذہبی تھا۔ گریجویشن کی تعلیم مکمل کرنے کے بعد ڈرکھیم جرمنی چلے گئے جہاں پر ان کی ملاقات جرمنی کے بڑے بڑے فلاسفروں سے ہوئی۔ پھر اس کے بعد ان کے خیالات میں وسعت پیدا ہونا شروع ہو ئی۔ جرمنی سے واپس آنے کے بعد انہوں نے مختلف کتابیں لکھیں جن پر ہم آج روشنی ڈالیں گے۔

ڈاکٹر خالد سہیل:

بطور سائیکاٹرسٹ میرے لیے اہم بات یہ ہے کہ ایک متشدد مذہبی گھرانے میں پیدا ہونے کے بعد جب شعور کی منازل طے کرتے ہوئے ڈرکھیم مذہب سے لامذہبیت کی طرف مائل ہوئے تو فرانس کی یونیورسٹیوں کے دروازے ان کے لیے بند کر دیے گئے اور ان کو

پڑھانے کی اجازت نہیں دی گئی۔ میں یہاں ان کی کتاب Suicide کا حوالہ دینا چاہوں گا جس میں ڈرکھیم نے بتانے کی کوشش کی کہ نفسیاتی طور پر خودکشی کے محرکات کیا ہوتے ہیں۔ انہوں نے یہ بتانے کی کوشش کی ہے کہ سماجی، سیاسی، مذہبی اور گھریلو عناصر مل کر اقدام خودکشی کا سبب بنتے ہیں۔ میری نظر میں ڈرکھیم کا یہ ایک بہت بڑا کارنامہ ہے کہ انہوں نے خودکشی کو نفسیات اور سماجیات کے پہلو سے پرکھا اور جانچا ہے۔

ڈاکٹر بلند اقبال:

ڈرکھیم سرمایہ دارانہ نظام کو تنقیدی نگاہ سے دیکھتے ہیں۔ وہ ہمیں یہ بتانے کی کوشش کرتے ہیں کہ سرمایہ دارانہ نظام کی بدولت جو ایک خاص طرح کا میکینیکل یا مشینی ڈھانچہ تشکیل پا رہا ہے اس کے اثرات کی وجہ سے معاشرے میں خودکشی کی شرح بڑھتی جا رہی ہے۔ اس حوالے سے ان کا ایک خاص نقطہ نظر تھا کہ سرمایہ دارانہ نظام میں جوں جوں ترقی کا عمل آگے بڑھ رہا ہے اسی طرح معاشرے میں ایک دوسرے سے آگے نکلنے کی دوڑ بھی جاری ہے۔ اور جو لوگ اس ترقی کی دوڑ میں پیچھے رہ جاتے ہیں وہ معاشرتی دباؤ کا شکار ہو کر خودکشی کی طرف مائل ہو جاتے ہیں۔ ڈرکھیم سرمایہ دارانہ نظام کے مختلف پہلوؤں کا جائزہ لے کر ان پر گہری تنقید کرتا ہے اور سرمایہ دارانہ نظام کے ایک پہلو انفرادیت (Individualism) کا حوالہ دیتے ہوئے کہتا ہے کہ اس معاشرے میں ایک فرد پر بہت زیادہ مواقعوں (Options) کی دستیابی کی صورت میں ضرورت سے زیادہ وزن ڈال دیا جاتا ہے اور پھر ایک فرد کو اپنی ذاتی ذمہ داری کی بنیاد پر زیادہ سے زیادہ کام کر کے اپنی پیداوار کو بڑھانا پڑتا ہے۔ جب وہی فرد اپنی ذاتی ذمہ داری کی بنیاد پر اپنے سارے اہداف حاصل نہیں کر پاتا ہے تو نتیجتاً اس کے اندر ایک احساس جرم پیدا ہو جاتا ہے۔ اس کی وجہ یہ ہے کہ سرمایہ دارانہ معاشروں میں ایک فرد کی کامیابی کی زیادہ سے زیادہ شرح فرد کی انفرادی صلاحیتوں اور ذمہ داریوں سے براہ راست متعلقہ ہوتی ہے۔ اس احساس جرم کی وجہ سے کچھ لوگ اپنی صلاحیتوں میں نکھار پیدا کر کے نکھر جاتے ہیں اور کچھ لوگ نفسیاتی بحرانوں کا شکار ہو کر بکھر جاتے ہیں۔ دوسری طرف ڈرکھیم سرمایہ دارانہ نظام کے تحت پروان چڑھنے والے فیملی کے نظام کی طرف بھی اشارہ کرتا ہے جو کہ اس نظام کی وجہ سے ٹوٹ پھوٹ کا شکار ہو جاتا ہے۔

تیسرے اہم عنصر کی طرف ڈرکھیم اشارہ کرتے ہوئے کہتا ہے کہ مذہب ایک فرد کی زندگی میں بڑا اہم کردار ادا کرتا ہے اور ایک انفرادی قوت بھی عطا کرتا ہے۔ جب ایک فرد سے مذہب کا سہارا چھین جاتا ہے تو اس کی وجہ سے بھی ایک طرح کا احساس جرم پیدا ہوتا ہے اور بہت زیادہ تنہائی محسوس کرتے ہوئے فرد خود کشی کی طرف بڑھتا ہے۔ واضح رہے کہ یہاں پر ڈرکھیم دہریہ ہونے کے باوجود لا دینیت پر بھی تنقید کر رہا ہے۔

ڈاکٹر خالد سہیل:

مذہب افراد کو آپس میں ملانے کے سلسلے میں اہم عنصر کی حیثیت رکھتا ہے جو کہ ایک فرد کا بہت بڑا سہارا ہوتا ہے۔ یہ ایک طرح سے معاشرتی، مذہبی اور ثقافتی سطح پر ایک جوڑنے والی طاقت کا کردار ادا کرتا ہے اور جب یہ باؤنڈری ٹوٹنے لگتی ہے تو انسان بھی اندر سے ٹوٹنے لگتا ہے اور تنہائی کی طرف بڑھ جاتا ہے۔ یہ بڑی اہم بات ڈرکھیم نے ہمیں بتانے کی کوشش کی ہے۔

ڈاکٹر خالد سہیل:

ڈرکھیم نے سوشیالوجی کو ایک سائنس کا رخ دینے کی کوشش کی ہے اور سماجی شعور کو اجاگر کرنے میں اہم کردار ادا کیا ہے۔

ڈاکٹر بلند اقبال:

میں تھوڑی دیر سرمایہ دارانہ نظام کی بات کرنا چاہوں گا کہ یہ نظام Free Market Economy کا پرچارک ہے۔ یہ نظام ذاتی کاروبار کو فروغ دیتا ہے۔ اس کے بعد خریدنے والا اور فروخت کرنے والے کا کردار سامنے آتا ہے۔ یہ دونوں عناصر معاشیات کا لازمہ ہیں۔ سرمایہ دارانہ نظام کے اثرات مختلف صورتوں میں ہمیں معاشروں پر پڑتے ہوئے نظر آتے ہیں اور انہی اثرات کے پس منظر میں میکس ویبر بھی ہم سے مخاطب ہوتا ہے۔ ڈرکھیم نے اس سارے نظام کو ایک سماجی مطالعہ کے طور پر رکھا جبکہ میکس ویبر نے سارے نظام کو Protestent Reformation کے پس منظر میں بیان کیا تھا۔

ڈاکٹر خالد سہیل:

میکس ویبر 21 اپریل 1864 میں جرمنی میں پیدا ہوئے اور 14 جون 1920 میں

جرمنی میں ہی انتقال کر گئے تھے۔ انہوں نے اپنی زندگی کے ابتدائی ماہ و سال جرمنی میں گزارے۔ ان کے حوالے سے مختلف ماہرین سوشیالوجی کا یہ نقطہ نظر ہے کہ جدید سوشیالوجی کی بنیاد ایک مضبوط Triangle پر کھڑی ہے۔ اس میں سرفہرست کارل مارکس، دوسرے نمبر پر ایمائیل ڈرکھیم اور تیسری منزل پر میکس ویبر کھڑے ہیں۔ ان ماہرین نے سماج کے حوالے سے گھسے پٹے نظریات کو تنقید کا نشانہ بنایا اور یہ بتانے کی کوشش کی کہ محنت کی حقیقت کیا ہوتی ہے، جیسا کہ ایک مذہبی ذہن یہ کہتا ہے کہ دین اور دنیا کو ساتھ ساتھ چلنا چاہیے۔ اس قسم کے مذہبی ذہن کے حوالے سے ان ماہرین کا یہ نقطہ نظر ہے کہ جو لوگ قیامت، آخرت اور جنت دوزخ پر یقین رکھتے ہیں وہ لوگ موجودہ دنیا کو کوئی اہمیت نہیں دیتے بلکہ وہ اس دنیا سے کنارہ کر کے آخرت کی خیالی دنیا کو بہتر بنانے کی کوشش میں لگے رہتے ہیں اور یہ مذہبی لوگ اس بات کی طرف آمادہ کرنے کی کوشش کرتے رہتے ہیں کہ دنیا کے فقر و فاقہ اور مشکلات سے گھبرانے کی ضرورت نہیں ہے بلکہ صابر و شاکر رہ کر ہمیں آخرت کی تیاری کرنی چاہیے۔ اس ماہرین کی نظر میں مذہبی لوگوں کی یہ محدود و سوچ ان کو دنیا میں زیادہ کامیاب نہیں ہونے دیتی جس کا لازمی نتیجہ معاشرے میں انتشار کی صورت میں سامنے میں آتا ہے۔

ڈاکٹر بلند اقبال:

میکس ویبر کی نظر میں یورپ میں نشاۃ ثانیہ کی صورت میں بہت بڑی بیداری کی جو لہر آئی، اس کے پیچھے تحریک اصلاحِ کلیسا کا بڑا اہم کردار ہے۔ ان کا کہنا تھا کہ اس تحریک نے لوگوں میں منطقی شعور کو پروان چڑھایا ہے اور اسی شعور کی بدولت لوگوں میں یہ آگہی بڑھی کہ کچھ بھی پہلے سے طے شدہ نہیں ہوتا بلکہ سب کچھ انسان کے اختیار میں ہوتا ہے۔ ویبر اس بات کی مزید وضاحت کرتے ہوئے اس منطقی سلسلہ کو تین حصوں میں تقسیم کرتا ہے:

Reflexivity اور Methodical Thinking Process ،Calculability

ویبر ان تین عناصر کی وضاحت کرتے ہوئے کہتا ہے کہ کسی بھی کام کا آغاز کرنے سے پہلے اس کام کے حوالہ سے ایک مجموعی کیلکولیشن پروسیس کا ہونا بہت ضروری ہوتا ہے۔ مثلاً کام کی نوعیت کیا ہوگی، کتنا عرصہ درکار ہو گا، کتنا سرمایہ درکار ہو گا اور اس کام کا ما حاصل یا فائدہ کیا ہو گا۔ اس کے بعد دوسرے نمبر پر اس سارے کام کو عملی شکل دینا

ضروری ہوتا ہے یعنی کہ اس سارے کے سارے عمل یا کام کو عملی جامہ کیسے پہنانا ہے اور آخر میں اس سارے عمل یا کام کے نتیجے کو ویبر Reflexivity کا نام دیتا ہے۔ ویبر کی نظر میں یہ تین اقدامات Rationalisation کا تعین کرتے ہیں۔ اگر آپ ذہنی طور پر منطقی نہیں ہیں تو آپ سرمایہ دارانہ نظام میں خود کو پروان نہیں چڑھا سکتے۔ ویبر کے لیے تحریک اصلاح کلیسا کی وجہ سے ایک بہت اہم کام یہ ہوا کہ عقیدہ کی مکمل شکل ہی بدل گئی اور یوں اس جدید تصور میں یہ واضع کیا گیا کہ اللہ محنتی لوگوں کو پسند کرتا ہے۔ اسی تصور کے زیر اثر پروان چڑھنے والا یورپ ترقی کرتے ہوئے آج یہاں اس مقام پر کھڑا ہے۔

ڈاکٹر خالد سہیل:

میں نفسیاتی حوالے سے ایک اہم بات بتانا چاہتا ہوں کہ چالیس سال کی عمر میں میکس ویبر کو ایک سخت نروس بریک ڈاؤن ہو گیا تھا کیونکہ اس دور میں نفسیاتی بحران سے نبرد آزما ہونے کے لیے زیادہ تحقیق سامنے نہیں آئی تھی اس لیے تقریباً سولہ سال تک میکس ویبر اس نفسیاتی عارضے کا شکار رہے۔ دوسری دلچسپ بات یہ ہے کہ جب ویبر نے اپنی سوانح عمری لکھی تو اس میں انہوں نے اپنی زندگی کے تمام تر واقعات بشمول ذہنی بحران کا واقعہ انتہائی دیانتداری کے ساتھ رقم کر دیا تھا مگر جب میکس ویبر کی بیوی نے ان کی سوانح عمری کو شائع کروایا تو اس نے وہ نفسیاتی بحران والا باب شامل نہیں کیا تھا۔ جب لوگوں نے خاتون سے پوچھا کہ تم نے ایسا کیوں کیا تو اس نے جواب دیا کہ میں چاہتی ہوں کہ میکس ویبر کا شمار نابغہ روزگار قسم کے لوگوں میں ہو اور اس کا یہ کمزور پہلو لوگوں کی نظروں سے چھپا رہے۔ اس سے آپ اندازہ لگا سکتے ہیں کہ آج کی طرح قدیم معاشروں میں بھی ذہنی بیماری کو معیوب سمجھا جاتا تھا۔ میرے نقطہ نظر میں ڈرکھیم نے سوشیالوجی کو ایک منظم شکل دی جبکہ ویبر نے معیشت کو سائنسی نقطہ نظر سے سنوار دیا۔

ڈاکٹر بلند اقبال:

ڈاکٹر صاحب میکس ویبر یہ بتانے کی کوشش کرتا ہے کہ ایک وقت میں ہمیں کونسی چیزیں حاصل ہو سکتی ہیں۔ وہ وضاحت کرتے ہوئے کہتا ہے کہ (طاقت، دولت اور مرتبہ) سماجی اطمینان کا معیار ہیں لیکن یہ ضروری نہیں ہے کہ یہ تینوں یکجا شکل میں ایک آدمی کو مل

جائیں مگر اگر ان تینوں چیزوں میں سے دو چیزیں یکساں صورت میں ایک آدمی کو میسر آ جائیں تو ایک جادوئی شخصیت پروان چڑھ سکتی ہے اور جب یہی کرشماتی شخصیت سیاسی انداز میں آگے بڑھ کر بیوروکریسی کی شکل میں پروان چڑھ کر سامنے آتی ہے تو منطقی عمل آگے بڑھتا ہے۔ ویبر کہتا ہے کہ اگر سماجی ڈھانچہ اور معاشی ڈھانچہ ایک دوسرے میں باہم مل جائیں تو اس کے ذریعے سے ایک طاقت ور نظام ابھر کر سامنے آتا ہے۔

ڈاکٹر خالد سہیل:

ویبر کی فلاسفی کی وجہ سے جرمنی میں فلسفہ کو بہت ترقی ملی۔ ایک جرمن فلاسفر کارل جاسپر کا یہ تصور تھا کہ اس دور کا سب سے بڑا جرمن فلاسفر میکس ویبر تھا۔ یہاں ہم آپ سے اجازت چاہیں گے۔ آپ کا بہت بہت شکریہ۔

اصطلاحات کی وضاحت

RENAISSANCE

نشاۃِ ثانیہ، احیائے ثانیہ، حیاتِ نو۔ یورپ میں قرونِ وسطی سے دور جدید تک کی عبوری تحریک احیائے علوم۔ چودھویں سے سترہویں صدی عیسوی تک یورپ کی تحریکِ احیائے ادب و فنون

REFORMATION MOVEMENT

اصلاحِ کلیسا۔ سولہویں صدی عیسوی کا مذہبی انقلاب جس میں رومی کیتھولک کلیسا تقسیم ہو گیا تھا اور اس میں سے پروٹسنٹ کلیسا الگ ہو گیا تھا جس سے عیسائیت معتدل ہو کر دنیا بھر میں قبولیت حاصل کی۔

AGE OF EXPLORATION

تجسس، تلاش، کھوج اور تحقیق کا دور۔ پندرہویں سے اٹھارویں صدی تک کا وہ دور ہے جس میں بہت سے جزائر اور نئی دریافتیں ہوئیں۔

CAPITALISM

نظام سرمایہ داری، سرمائے کی ملکیت۔ ایک نظام جس کے تحت پیداوار اور سامان و

خدمات کی تقسیم نجی طور پر ہوتی ہے۔

INDIVIDUALISM

انفرادیت پسندی۔ ایک عمرانی نظریہ جو فرد کی آزادی، حقوق کے تحفظ کا محافظ ہو۔ مشترکہ یا اجتماعی مفاد کی بجائے انفرادی مفاد سے وابستگی۔ فردیت وغیرہ

ATHEIST

دہریہ۔ الحاد پرست

RATIONALISM

عقلیت پسندی۔ تعقل پسندی۔ یہ نظریہ کہ سچائی کا معیار اور علم کا منبع حسی ادراک نہیں بلکہ عقل ہے

SOCIAL TABOO

سماجی برائی۔ ایسا عمل جس کے ذریعے سے بعض اشیا کو قابل حرمت یا ممنوعی قرار دے دیا جاتا ہے

BUREAUCRACY

دفتر شاہی۔ دفتری حکومت۔ سرخ فیتہ۔ دفتری نظام۔ ضابطہ پرستی وغیرہ

ہیگل اور کال مارکس کی دانائی

ڈاکٹر خالد سہیل :

خواتین و حضرات! ڈاکٹر بلند اقبال اور ڈاکٹر خالد سہیل آپ کی خدمت میں ''دانائی کی تلاش میں'' کی ستائیسویں قسط لے کر حاضر ہوئے ہیں۔ آج جن دو فلاسفروں کے حوالہ سے ہم اپنی گفتگو کا آغاز کریں گے۔ انہوں نے انسانی شعور کے ارتقا میں بہت اہم کردار ادا کیا ہے۔ لیکن یہ بات بھی حقیقت ہے کہ یہ دونوں اپنے دور کی متنازعہ فیہ ہستیاں رہی ہیں۔ ان میں سر فہرست فلسفی کا نام جارج فریڈرک ہیگل ہے اور دوسرے فلسفی کا نام کارل مارکس ہے۔ ان فلاسفروں کے فلسفے پر غور کرنے سے پہلے ہمیں تھوڑا تھوڑا کیپٹل ازم، نیشنل ازم، ڈیموکریسی، مذہب اور سائنسی تصورات پر ایک نظر ڈالنا ہوگی کیونکہ ان دونوں شخصیات کے تمام تر تصورات ان علوم سے جڑے ہوئے ہیں۔

اگر ہم دونوں ہستیوں کے تصورات کو گہرائی سے پڑھیں تو ہمیں اندازہ ہوتا ہے کہ کارل مارکس کا تعلق کمیونزم سے جڑا ہوا ہے۔ ان کے تصورات و نظریات نے کمیونزم کے علم کو بنیادیں فراہم کیں حتی کہ اس کے تصورات کو مارکسزم کا نام دے دیا گیا ہے۔ دوسری طرف ہیگل کا تعلق تاریخ کے ساتھ جڑا ہوا ہے۔ ان کے بارے میں متضاد آرا پائی جاتی ہیں۔ بعض ان پر جرمن نیشنلزم کے فروغ کا الزام لگاتے ہیں اور بعض انہیں کارل مارکس کا استاد مانتے ہیں۔ ہیگل نے فلسفے کے علم کو نئے معنی دیے۔ وہ ایک مشکل پسند انسان تھے۔ وہ کہا کرتے تھے کہ ''فلسفے کے علم کا معمولی خیالات سے کوئی تعلق نہیں ہے وہ صرف غیر معمولی خیالات پر اپنی توجہ مرکوز کرتا ہے۔ لیکن ہیگل کے غیر معمولی خیالات اتنے گنجلک ہو گئے کہ

لوگوں کی اکثریت کی بات تو ایک طرف رہی، فلاسفروں کی بھی سمجھ میں نہیں آئے۔ ٹرینڈ رسل نے (جو کہ عام فہم زبان میں لکھتے تھے) ہیگل کے بارے میں لکھا تھا کہ ان کا موقف تھا کہ کوئی مضمون جتنا پیچیدہ ہو گا اتنا ہی دلچسپ ہو گا۔

ہیگل 1770 میں پیدا ہوئے اور 1831 میں فوت ہوئے۔ وہ انقلابِ فرانس 1789 سے بہت متاثر تھے۔ انہوں نے زندگی کے نشیب و فراز کو سمجھنے کی کوشش کی اور انسانی ارتقا کے بارے میں ایک تجریدی نظریہ پیش کیا۔ ہیگل کے آباؤ اجداد کا تعلق آسٹریا سے تھا۔ چونکہ وہ پروٹسٹنٹ نظریات کے حامل تھے اور انہیں روایتی کیتھولک لوگوں سے خطرہ تھا اس لیے وہ جرمنی ہجرت کر گئے۔ ان کے خاندان میں بہت سے پادری تھے۔ ہیگل کی والدہ کی بھی خواہش تھی کہ بڑے ہو کر پادری بنیں اور قوم کی خدمت کریں۔

ڈاکٹر بلند اقبال:

ڈاکٹر صاحب یہ اس دور کی باتیں ہیں جب مرکنٹائل کیپٹل ازم (Mercantile Capitalism) انڈسٹریل کیپٹل ازم (Industrial Capitalism) میں ڈھل کر سامنے آ رہا تھا۔ بنیادی وجہ یہ تھی کہ برطانیہ اس دور میں غالب طاقت کی حیثیت رکھتا تھا اور تقریباً تمام سمندری راستے برطانیہ کے کنٹرول میں آتے تھے۔ بے شمار علاقے برطانیہ کی کالونی میں شامل تھے۔ مشینی دور کے معرضِ وجود میں آنے سے معاشرتی عوامل میں کافی تیز رفتاری سے تبدیلیاں رونما ہو رہی تھیں۔ انیسویں صدی میں کیپٹل ازم واضح طور پر ابھر تا ہوا نظر آ رہا تھا۔ کیپٹل ازم کے حوالے سے ہمیں ایک بات ضرور اپنے ذہن میں رکھنی چاہیے کہ اس نظام کا باوا آدم ایڈم سمتھ تھا۔ سرمایہ دارانہ نظام کو ہم مارکیٹ اکانومی (Market Economy) کہتے ہیں۔ اسی نظام کا دوسرا نام Competitive Economy بھی ہے۔

سرمایہ دارانہ نظام میں فرنچائز بنا کر کاروبار کیا جاتا ہے۔ اس بات کا مطلب یہ ہوا کہ ایک کمپنی پورے ملک یا پھر پوری دنیا میں اپنی شاخیں کھولتی ہے۔ ان میں سے ہر ایک شاخ کو فرنچائز کا نام دیا جاتا ہے۔ ہر شخص جو اس کمپنی کی فرنچائز خریدنا چاہتا ہے وہ متعلقہ کمپنی کے مالک کے ساتھ کاروباری ڈیل کرتا ہے اور اپنے علاقے میں فرنچائز چلانے کے اختیار حاصل کر لیتا ہے۔ اس کے بعد وہ شخص جس نے اختیارات خریدے ہوتے ہیں، وہ اپنی مالی انوسٹمنٹ

سے اپنے علاقے میں اس کمپنی کے نام سے کاروبار شروع کردیتا ہے اور ایک مخصوص فیصد کی آمدن کمپنی کے مالک کو دے کر باقی منافع خود رکھ لیتا ہے۔ یوں مختلف قسم کی کاروباری کمپنیاں بنائی جاتی ہیں۔ یہ ایک طرح سے کاروباری تسلسل ہوتا ہے لیکن اس نظام میں سب سے بڑی قباحت یہ ہے کہ اس تسلسل میں غیر مساویانہ دولت کی تقسیم کا عمل پروان چڑھتا ہے۔ یعنی جو بھی پیداوار ہوگی اس کا سارا منافع اس بزنس کے مالک کو ملے گا جبکہ مزدوروں کو صرف اجرت ہی ملے گی۔ بلکہ مالک ہر وہ راستہ اختیار کرے گا جس سے اُس کے بزنس کے خرچے جن میں مزدوروں کی اجرت بھی شامل ہے کم سے کم کی جائے جیسے مشینوں کو مزدوروں کی جگہ لگا دیا جائے اور مزدوروں کی زیادتی سے بچا جائے۔ اس نظام کے برعکس دوسرا نظام سامنے آتا ہے جسے کمیونزم کہتے ہیں اور اس نظام کے بانی کارل مارکس ہیں۔ انہوں نے ہمیں ایک نیا تصور دیا۔ کارل مارکس کا کہنا تھا کہ سرمایہ دارانہ نظام میں جو بھی پیداوار ہوتی ہے ان میں مزدوروں کا بھی حصہ ہوتا ہے۔ وہ مزید کہتا ہے کہ پیداوار کے اندر جو کچھ بھی منافع حاصل ہوتا ہے اس منافع کو مساوی بنیادوں پر مزدوروں اور مالکان کے درمیان تقسیم کیا جائے۔ مارکس کا کہنا تھا کہ کسی بھی معاشرے کی بنیاد برابری کی سطح پہ ہونی چاہیے۔

ڈاکٹر خالد سہیل:

میں یہاں ایک قابل غور نقطے کی طرف آپ کی توجہ مبذول کروانا چاہتا ہوں کہ کارل مارکس کے راہنما جارج ہیگل تھے ہیگل نے تاریخ کو فلسفیانہ بنیادوں پر جانچنے کی کوشش کی۔ آپ کا جدلی مادیت (Dialectical Materialism) کا تصور بہت مقبول ہوا۔ اس کے علاوہ ہیگل کی تھیوری Thesis, Antithesis & Synthesis نے بھی بہت مقبولیت حاصل کی۔

بطور سائیکاٹرسٹ میں آپ کو یہ بتانا چاہوں گا کہ جب ہیگل کی عمر اٹھارہ سال تھی تو ان کی والدہ انتقال کر گئیں۔ جس کی وجہ سے وہ نفسیاتی طور پر بہت متاثر ہوئے اور تلاطمہٹ کا شکار ہو گئے۔ اس واقعہ کے بعد انہوں نے لوگوں کے درمیان جذباتی دیوار کھڑی کر لی اور تجریدی خیالات کی دنیا میں کھو گئے۔ وہ حقائق کی بجائے خوابوں کی دنیا میں بسنے لگے۔ اس دور میں انہوں نے ایک ڈائری لکھنی شروع کی۔ اس ڈائری میں بھی وہ زیادہ جذبات کے زیر اثر

اپنے خیالات رقم کرتے تھے۔

نوجوانی میں ہیگل نے Tubingen یونیورسٹی میں داخلہ لیا اور ایک پادری بننے کی کوشش کی لیکن پھر ان کی چند روشن خیال اساتذہ اور طالب علموں سے دوستی ہو گئی۔ ان اساتذہ میں سے ایک Jacob Friedrich von Abel تھے۔ انہوں نے ہیگل کو کانٹ اور دیگر فلاسفروں سے متعارف کروایا۔ ہیگل انسان اور بھگوان کے رشتے میں بہت دلچسپی رکھتے تھے اور یہ جاننا چاہتے تھے کہ خدا انسانوں کی زندگی میں کیا کردار ادا کرتا ہے۔

یونیورسٹی میں ہیگل نے Gotthold Lessing کا مطالعہ کیا جن کا موقف تھا کہ تمام آسمانی مذاہب انسان دوستی، محبت اور آشتی کا پرچار کرتے ہیں۔ ان کا کہنا تھا کہ تمام مذاہب کے پیروکاروں کو ایک دوسرے کا احترام کرنا چاہیے تاکہ وہ کرۂ ارض پر ایک پرامن زندگی گزار سکیں۔ پھر ہیگل کی ملاقات دو طالب علموں سے ہوئی جنہوں نے ان کی زندگی کی راہ بدل دی۔ ان کے نام Friedrich Holderlin & Friedrich Schiller تھے۔ وہ تینوں الہیات، روحانیات اور سیاست پر طویل بحثیں کرتے تھے۔ وہ تینوں کے فرانسیسی انقلاب سے بہت متاثر تھے اور جرمنی کی سیاست سے بہت مایوس تھے۔ انہوں نے یونیورسٹی میں ایک درخت لگایا اور اس کا نام Freedom Tree رکھا۔ وہ تینوں اس درخت کے گرد ناچتے رہتے تھے۔ انہوں نے ایک سیاسی کلب بھی بنایا جس میں وہ انقلاب فرانس کے نظریات کا پرچار کرتے تھے۔ ان دوستوں میں مباحث کا یہ اثر ہوا کہ ہیگل نے پادری بننے کی بجائے فلاسفر بننے کا فیصلہ کیا اور یوں وہ آہستہ آہستہ فلسفے کی طرف راغب ہو گئے۔

لیسنگ، سپینوزا Baruch Spinoza سے بہت زیادہ متاثر تھا۔ جس کا اثر ہیگل پر بھی ہوا۔ سپینوزا مظاہر پرست (Pantheist) تھے۔ وہ یہ مانتے تھے کہ ساری کائنات ہی خدا ہے۔ خدا کا کائنات سے علیحدہ وجود نہیں رکھتا اور اس طرح خالق مخلوق میں کوئی فرق نہیں ہے۔

ٹمبرگن یونیورسٹی سے فارغ التحصیل ہونے کے بعد ہیگل کا خواب تھا کہ وہ یونیورسٹی کے پروفیسر بنیں لیکن وہ کامیاب نہ ہوئے۔ انہیں ایک خاندان کا پرائیویٹ ٹیوٹر بننا پڑا۔ ان کے دوست ہولڈرن نے بڑی مشکل سے ان کے لیے فرینکفرٹ میں ملازمت تلاش کر لی۔ ہیگل نے جب فلسفیانہ سفر کا آغاز کیا تو پہلا مضمون Christianity a positive religion

لکھا جس میں انہوں نے عیسائیت کو عوام کا مذہب ثابت کرنے کی کوشش کی۔

فرینکفرٹ میں انہیں ہولڈرلن کے ساتھ کافی وقت گزارنے کا موقع ملا۔ ہیگل ایک تخلیقی اور نظریاتی تضاد کا شکار تھے۔ وہ عوام کے لیے لکھنا چاہتے تھے لیکن ان کا اندازِ تحریر بہت ہی مشکل اور گنجلک تھا۔ ہیگل ہر چیز میں مثالیت پسند تھے۔ وہ اپنے مقالات بار بار لکھتے تھے تا کہ ان میں کوئی خامی باقی نہ رہ جائے۔ وقت کے ساتھ ہیگل مشہور بھی ہوتے گئے اور بدنام بھی۔

ہیگل کو اس وقت بہت دکھ ہوا جب انہیں پتہ چلا کہ ان کا دوست ہولڈرلن ذہنی توازن کھو رہا ہے۔ اس وقت وہ خود بھی ذہنی توازن کھو رہے تھے۔ اس نفسیاتی بحران کے دوران ہیگل کو چند روحانی تجربات بھی ہوئے۔ ان تجربات کی چند روحانی بصیرتیں انہوں نے اپنی کتاب The Phenomenology of spirit میں پیش کیں۔

جہاں ہیگل ایک فلاسفر بننے کا خواب دیکھتے تھے، وہیں وہ ایک نئے مذہب کے بانی بھی بننا چاہتے تھے۔ انہوں نے اس حوالے سے ایک کتاب بھی لکھی جس کا نام Founding a new religion تھا۔ ہیگل کا ایمان تھا کہ ایسا شعور موجود ہے جو انسان اور بھگوان کے درمیان ایک پل کا کام کرتا ہے۔ بعض لوگوں کا خیال ہے کہ ہیگل کے خیالات فلسفے کا نہیں بلکہ مابعد الطبیعات کا حصہ ہیں۔

ڈاکٹر بلند اقبال:

پہلی غور طلب بات یہ ہے کہ ہیگل بہت ہی مشکل قسم کے فلسفی ہیں۔ انہوں نے تاریخی فلسفے کو بڑے ہی پیچیدہ انداز میں پیش کیا ہے۔ انہوں نے تاریخ کے حوالہ سے بے شمار منفرد قسم کی باتیں کی ہیں۔ ہیگل نے خود آگہی (Self Consciousness) کو سائنس، فلسفہ، مذہب اور تاریخ کے ذریعے سے سمجھنے اور سمجھانے کی کوشش کی ہے۔ وہ کہتے ہیں کہ اگر ہم تاریخ کو پڑھنا اور پرکھنا چاہتے ہیں تو ہمیں تاریخ کو الٹی سمت (Anti clockwise) سے جاننا ہو گا اور ہمیں یہ جاننے کی کوشش کرنی ہو گی کہ سماجی عناصر کے تناظر میں کہاں کہاں کمی پائی جاتی ہے۔

ڈاکٹر خالد سہیل:

ڈاکٹر بلند اقبال آپ نے ہیگل کے حوالہ سے یہ کہا ہے کہ وہ بہت مشکل پسند تھے۔

آپ نے یہ بہت ہی اہم ہی نکتے کی طرف ہماری توجہ دلائی ہے۔ ہیگل کا کہنا ہے کہ فلسفہ عام لوگوں کا شعبہ نہیں ہے۔ بلکہ یہ شعبہ صرف خاص لوگوں کے لیے ہے جو ذہنی طور پر اس کی سمجھ بوجھ بھی رکھتے ہوں۔ میں نے ہیگل کے جب اس نکتہ نظر پر غور کیا تو مجھے ایسے محسوس ہوا کہ جیسے انہوں نے فلسفے کے عمل کو پر اسراریت میں ملفوف کر دیا ہو۔ مزید وضاحت کرتے ہوئے یہ کہنا چاہوں گا کہ جیسے فلاسفروں کے درمیان اس بات پر اتفاق رائے ہو جائے کہ ایسی زبان میں گفتگو کی جائے کہ نہ تو گفتگو کرنے والوں کو سمجھ آئے کہ وہ کیا کہہ رہے ہیں اور نہ ہی سمجھنے کی چاہت رکھنے والوں کو کچھ سمجھ آئے۔ یعنی یہ کمزوری ایک طرح سے خوبی کا روپ دھار لے۔

ڈاکٹر بلند اقبال:

ہیگل کا کہنا تھا کہ تاریخ کے کسی بھی حصہ میں اگر تضاد پیدا ہوتا ہے تو وہی تضاد تاریخی تسلسل میں ایک مشکل صورت حال کو جنم دیتا ہے۔ مگر اس مشکل صورت حال کے اندر ہی ایک کشمکش پر مبنی عنصر موجود ہوتا ہے اور یہ عنصر ہی اس تاریخی تضاد کو ختم کر کے تاریخی دھارے کو دوبارہ مسلسل عمل کی طرف موڑ دیتا ہے۔

ڈاکٹر صاحب! جارج ہیگل تاریخی تسلسل کو بڑے ہی فلسفیانہ انداز میں پیش کرتا ہے۔ اگر ہم ہیگل کی فلاسفی Thesis Antithesis & Synthesis کو فرانسیسی انقلاب کے پس منظر میں رکھ کر دیکھنا چاہیں تو ہمیں یہ بات سمجھ میں آئے گی کہ فرانسیسی انقلاب کے بعد Thesis کا عمل شروع ہوتا ہے۔ جس میں انفرادی سیاسی آزادی کا تصور پروان چڑھا۔ اس کے بعد فرانس میں 1793 سے 1794 تک خوب تشدد کی لہر چلی یعنی فرانس میں Antithesis کا عمل شروع ہوا۔ اس تشدد کی لہر کے نتیجہ کے بعد فرانس میں آئینی طور پر آزاد شہریت کا تصور پروان چڑھا اور اس طرح فرانس میں Synthesis کا عمل شروع ہوا۔ اگر ہم اس سارے عمل کو ایک آسان مثال سے سمجھنا چاہیں کہ جب بچہ چھوٹا ہوتا ہے وہ اپنے ماں باپ کے رحم و کرم پر ہوتا ہے۔ ماں باپ اس بچے کو جس طرح بھی کنٹرول کرنا چاہیں گے وہ اسی طرح سے کنٹرول ہو جائے گا۔ لیکن جب وہی بچہ بالغ ہو جاتا ہے تو پھر اپنا رد عمل ظاہر کرنے لگتا ہے اور اس کے بعد پھر وہی بچہ جب زیادہ پختہ عمر کے حصہ میں داخل

ہو جاتا ہے تو پھر ماں باپ اور بچے کے درمیان ایک توازن قائم ہو جاتا ہے۔ اس سارے عمل کو ہم Thesis Antithesis & Synthesis کا نام دے سکتے ہیں۔

ڈاکٹر خالد سہیل:

جارج ہیگل سیاسی نظام کی بھی وضاحت کرتا ہے۔ وہ کہتا ہے کہ پہلے بادشاہت کا نظام ہوا کرتا تھا۔ اس نظام میں بادشاہ کو ہر قسم کے اختیارات حاصل ہوتے تھے اور فرد واحد ہی تمام نظام کو کنٹرول کیا کرتا تھا۔ پھر Oligarchy کا نظام تھا۔ اس نظام میں چند لوگ پورے سماج کو کنٹرول کرتے تھے۔ اس کے بعد جمہوریت کا نظام حکومت آیا۔ اس نظام میں عوام کی ساجھے داری ہوتی ہے۔

اب میں کارل مارکس کے حوالے سے بات کرنا چاہوں گا۔ نوجوانی میں مارکس ہیگل سے بہت زیادہ متاثر تھے۔ مارکس کو Young Hegelian بھی کہا جاتا ہے۔ لیکن اگر ہم بغور جائزہ لیں تو کارل مارکس نے ہیگل کے روحانی فلسفے کو ایک طرف کر کے خالص جدلی مادیت کے فلسفے کو فروغ دیا۔

ڈاکٹر بلند اقبال:

ڈاکٹر صاحب میں تھوڑی دیر مزید ہیگل پر بات کرنا چاہوں گا۔ ہیگل ایک جگہ کہتا ہے کہ 'آپ اپنے ان نظریات سے سیکھیں جنہیں آپ پسند نہیں کرتے'۔ تاریخی حوالے سے ہیگل ایک بڑی دلچسپ بات کرتے ہیں، وہ کہتے ہیں کہ تاریخ میں ہمیں ترقی کا عمل بہت بگڑی ہوئی صورت حال میں نظر آتا ہے۔ کبھی ہم تاریخی طور پر تاریک دور میں سفر کر رہے ہوتے ہیں تو کبھی تاریخ کے دوسرے رخ پر ہم ایک روشن دنیا میں خود کو پاتے ہیں۔

ڈاکٹر خالد سہیل:

اگر میں بطور سائیکاٹرسٹ انسانی نفسیات کا جائزہ لوں تو انسانی نفسیات مختلف مراحل میں مختلف انتہاؤں کی طرف جاتی ہے اور پھر آہستہ آہستہ انسانی نفسیات میں ایک توازن پیدا ہونا شروع ہو جاتا ہے۔ پہلے وقتوں میں عورتیں بہت زیادہ پسی ہوئی اور ظلم کا شکار نظر آتی تھیں۔ لیکن جب فیمینسٹ تحریک کا آغاز یورپ میں ہوا تو کچھ عورتیں بالکل مردوں کے خلاف ہو گئیں چونکہ ان میں بہت زیادہ غصہ پایا جاتا تھا اور اس کے بعد پھر آہستہ

عورت اور مرد کے درمیان ایک توازن قائم ہو گیا۔

بیسویں صدی میں کارل مارکس کے فلسفے نے ایک دنیا کو متاثر کیا۔ انہوں نے کمیونزم کا تصور دیا۔ کمیونزم کے اس تصور کو لینن اور سٹالن نے روس میں پروان چڑھایا۔ ماوزے تنگ نے اس نظریے پر چین میں کام کیا۔ ان سب کے بعد فیڈرل کاسترو اور ہوچی منہ نے کمیونزم کو فروغ دیا۔

کارل مارکس 5 مئی 1818 میں پیدا ہوئے۔ نوجوانی میں ان کی طبعیت میں بہت زیادہ غصہ تھا۔ انہیں عام طور پر Angry man کہا جاتا تھا۔ مارکس کے والدین ان کو قانون کی تعلیم دلوانا چاہتے تھے لیکن جب مارکس کے والد کا انتقال ہوا تو انہوں نے فلسفے کا شعبہ اختیار کر لیا۔ 1848 میں کارل مارکس نے کمیونسٹ مینی فیسٹو مرتب کیا۔ 1867 میں ایک کتاب 'داس کیپیٹل' کے نام سے لکھی جسے کمیونزم کی بائبل سمجھا جاتا ہے۔ اس کتاب میں بے شمار تصورات کا تذکرہ ہے جو کہ بہت ہی اہمیت کے حامل ہیں۔ کارل مارکس نے طبقاتی معاشرے کا تصور پیش کیا اور بڑے ہی اہم نکتے کی طرف ہماری توجہ مبذول کروائی کہ 'سوچ زندگی کو بدلتی ہے یا زندگی کے حالات آپ کی سوچ کو بدلتے ہیں'۔

ڈاکٹر بلند اقبال:

اگر ہم کمیونزم کا مطالعہ کریں تو ہمیں آگہی حاصل ہو گی کہ کمیونزم صرف مادیت کی بات نہیں کرتا ہے بلکہ یہ ایک انسانی فلسفے کی بھی بات کرتا ہے اور اس بات میں کوئی تردد نہیں ہے کہ یہ سارے تصورات یوٹوپین ہیں جو کہ حقیقی دنیا میں عمل ہوتے ہوئے نظر نہیں آتے ہیں۔ اگر ہم کیپیٹل ازم کی کامیابی کو دیکھیں تو اس کی کامیابی میں ہمیں کمیونزم کے عناصر کا ملاپ نظر آتا ہے۔ اگر ہم سرمایہ دارانہ نظام کو اعتراضات کی نظر سے دیکھنا چاہیں تو ہمیں یہ نظر آتا ہے کہ سرمایہ دارانہ نظام میں کام کرنے والا Alienated ہوتا چلا جاتا ہے۔ سرمایہ دارانہ معاشرے میں لوگ مشین کے پرزے اپنے کام سے بغیر کوئی وابستگی قائم کیے ہوئے مسلسل کام کرتے ہیں اور اپنا کام ختم کر کے تھک ہار کر اپنے گھر چلے جاتے ہیں اور اگلے دن پھر کام میں لگ جاتے ہیں۔ اس نظام میں سب سے بڑی قباحت یہ ہے کہ آپ کا کوئی بھی کام محفوظ نہیں ہوتا ہے یعنی آپ ایک دن ایک فیکٹری میں کام کرتے ہیں جبکہ دوسرے دن

آپ کو اسی فیکٹری میں دوبارہ کام ملے گا یا نہیں، یہ بالکل بھی کنفرم نہیں ہوتا ہے۔ اسی طرح سے سرمایہ دارانہ نظام میں امیر مزید امیر اور غریب مزید غریب ہوتا چلا جاتا ہے اور سرمایہ چند ہاتھوں میں سکڑ جاتا ہے۔ سرمایہ دارانہ نظام میں انسانی رشتے بھی وقت کے ساتھ ساتھ تجارتی بنیادوں پر قائم ہوتے چلے جاتے ہیں۔

ڈاکٹر خالد سہیل:

سماجی ترقی کا عمل معاشی ترقی کے ساتھ جڑا ہوتا ہے اور اس حوالے سے سوشل ازم کا تصور کافی حد تک واضح ہے۔ مارکس کا ایک تصور بڑی دلچسپی کا حامل ہے وہ کہتے ہیں کہ شادی بھی پرائیویٹ پراپرٹی کا حصہ ہوتی ہے کیوں کہ اس عمل میں آپ (میں) کا صیغہ استعمال کرتے ہیں۔ مثلاً یہ میری بیوی ہے، یہ میرا شوہر ہے وغیرہ وغیرہ۔ دوسری طرف وضاحت کرتے ہوئے مارکس کہتا ہے کہ اگر معاشرے کا ایک حصہ عورتوں کو اپنی بیویاں بنا لے گا تو اس کی قیمت معاشرے کو دو طرح سے ادا کرنا پڑے گی۔ ایک Prostitution کی صورت میں اور دوسری Adultery کی صورت میں۔ مارکس کہتا ہے کہ یہ دونوں نظام ایک دوسرے کے ساتھ باہم جڑے ہوئے ہیں۔ ڈاکٹر بلند اقبال میں آپ کی اس بات سے اتفاق کرتا ہوں کہ یہ ساری باتیں خالص اقتصادیات نہیں ہیں۔ بلکہ ان باتوں میں Alienation factor کی بھی ملاوٹ ہے۔ میں اس نتیجہ پر پہنچا ہوں کہ کارل مارکس کو اس بات کا ادراک ہو گیا تھا کہ انسانی سوچ اور انسانی نفسیات کے لیے کچھ اور عناصر کو بھی ساتھ ساتھ لے کر چلنا ضروری ہوتا ہے۔

ڈاکٹر بلند اقبال:

ڈاکٹر صاحب میں یہاں تھوڑی سی بات سرمایہ دارانہ نظام کے حوالے سے کرنا چاہوں گا۔ کارل مارکس کا کہنا تھا کہ سرمایہ دارانہ معاشرے میں Anxiety کا عنصر بھی خطرناک حد تک بہت پایا جاتا ہے کیونکہ ایسے معاشرے میں مستقل مقابلہ بازی کا رجحان غالب ہوتا ہے۔ سب سے بڑھ کر یہ کہ سرمایہ دارانہ سوسائٹی کی بصیرت اور سمجھ بوجھ بہت ہی مشینی قسم کی ہوتی ہے۔ اب یہ بات اپنی جگہ پر بالکل ٹھیک ہے کہ کارل مارکس نے ایک ایسے معاشرے کا خواب دیا کہ جہاں دولت پر سب کا حق ہو گا، بینکنگ سسٹم حکومت کے کنٹرول میں ہو گا اور کسی قسم کی نجی جائیداد کا تصور نہیں ہو گا۔ مگر جب ہم جارج ہیگل کی فلاسفی کو غور سے دیکھتے ہیں تو وہ زیادہ دانش

مندانہ محسوس ہوتی ہے۔ ہیگل ایک مکمل جامع نظام دیتا ہے کہ کس طرح سے ہمیں شعوری طور پر اپنے سماج کو سمجھنے کی کوشش کرنی چاہیے اور اپنی منفرد پہچان قائم کرنی چاہیے۔

ڈاکٹر خالد سہیل:

بطور سائیکاٹرسٹ نفسیاتی حوالے سے کمیونزم فلاسفی کی جو اہم بات ہمارے سامنے آتی ہے وہ یہ ہے کہ انسان کی کچھ بنیادی ضرورتیں روٹی، کپڑا اور مکان کی صورت میں ہوتی ہیں۔ کارل مارکس کے مطابق اگر ہم ایک فرد کی بنیادی ضروریات پوری کر دیں تو وہ ایک بہترین انسان بن سکتا ہے اور اگر وہ اپنی روزمرہ کی ضروریات میں پھنسا رہے گا تو وہ معاشرے کا بہترین انسان نہیں بن سکتا۔

اصطلاحات کی وضاحت

MERCANTILE SYSTEM

تجارتی نظام۔ جدید قومی ریاست کے ساتھ ابھرنے والا نظام جس کا مقصد اپنے حق میں توازن تجارت کے ذریعے درآمدات کی نسبت برآمدات بڑھا کر اور مطلوبہ سامان اور دولت کے حصول کے لیے منڈی کے طور پر نو آبادیاں قائم کر کے قیمتی دھاتوں کا روزافزوں حصول ہے۔

INDUSTRIAL CAPITALISM

صنعت۔ صنعتی نظام سے پیدا ہونے والا ایک اقتصادی نظام جس میں صنعتی مفادات غالب ہوں۔ برخلاف زراعت اور غیر ملکی تجارت کے مفاد کے۔

FRANCHISE BUSINESS

کسی کارخانے یا کسی کاروباری فرم کی طرف سے کسی بھی شخص کو ایک محدود علاقے میں کوئی شے فروخت کرنے کا اجازت نامہ

DIALECTICAL MATERIALISM

جدلیاتی یا جدلی مادیت۔ کارل مارکس اور فریڈرک ایگلز کا پیش کردہ فلسفہ جس پر اشتراکی نظریے کی بنیاد استوار ہے۔

UTOPIA

غیر واقعی، مثالی، خیالی، تخیلی ۔۔۔۔ جس کی بنیاد تصوری یا مثالی کاملیت ہو۔

ALIENATION

فلسفہ بیگانگی۔ بیگانگی کا عمل، روگردانی سرد مہری وغیرہ۔ نظریہ بیگانگی مخصوص تاریخی حالات میں ان تبدیل ہونے والے نتائج کو بیان کرتا ہے جو سماجی عمل کے طور پر پیدا ہوتے ہیں اور انسانی محنت، پیداوار، سرمایہ اور سماجی روابط پر مشتمل نہیں۔

COMMUNISM

معاشی نظریہ نظام جس کے تحت پیداوار کے وسائل، تقسیم کے ذرائع اور صنعتی پیداوار کے استعمال کو ریاست کنٹرول کرتی ہے۔ اس نظام کی پہلی جدید مثال سویت یونین کی ہے۔

THESIS, ANTI-THESIS & SYNTHESIS

ہر مرحلہ دوسرے مرحلے کی نفی کرتا ہے اور اس کے برخلاف ہوتا ہے۔ لیکن ترکیب اتصال (Synthesis)، مخالف سمت (Anti thesis) کے برخلاف نہیں ہوتا ہے بلکہ سابقہ مدارج ارتقا کو آپس میں ملاتا ہے اور ارتقا میں مدد کرتا ہے۔ ہیگل فرائیڈ کو جب اپنے فکری نظریے میں استعمال کرتا ہے تو وہ خود ساختہ فلسفیانہ سکیم کے تحت اسے حقیقت میں تبدیل کرنے کا خواہاں نظر آتا ہے۔ مارکس مذکورہ فلسفیانہ ارتقائی درجات کو تاریخی مادیت اور سماجی شعور کے حوالے سے بیان کرتا ہے۔

انٹونیو گرامچی اور لوئس التھیوزر کی دانائی

خالد سہیل:

خواتین و حضرات بلند اقبال اور خالد سہیل آپ کی خدمت میں دانائی کے سفر کی 28 ویں قسط لے کر حاضر ہوئے ہیں ۔ آج جو فلاسفرز ہم آپ کی خدمت میں پیش کر رہے ہیں شاید آپ نے ان کا نام پہلے نہ سنا ہو۔ چونکہ یہ غیر معمولی نام ہے اور اسی لیے ہم نے آپ کے لیے خاص طور پر چنے ہیں۔ ایک کا نام انٹونیو گرامچی ہے اور دوسرے کا نام لوئس التھیوزر ہے۔ ایک اطالوی فلاسفر ہیں جبکہ دوسرے الجیریا میں پیدا ہوئے لیکن فرانس کی یونیورسٹیوں میں پڑھاتے رہے۔ میں یہاں پر اپنے ایک دوست کا مختصر آ تذکرہ کرنا چاہتا ہوں جن کا نام سید عظیم ہے ۔ وہ آج کل لمز یونیورسٹی میں پڑھاتے ہیں۔ وہ ایک زمانے میں ٹورنٹو آئے تھے اور یہاں پر پی ایچ ڈی کر رہے تھے۔ میری ان کے ساتھ بہت ساری تفصیلی گفتگو ہوا کرتی تھی اور ہم نے مل کر ایک کتاب بھی لکھی تھی جس کا نام ''سماجی تبدیلی ،ارتقا یا انقلاب'' تھا۔ سید عظیم مارکسٹ ہیں اور انہوں نے ہی مجھے ان فلسفیوں سے متعارف کروایا تھا۔ یہ دونوں مارکسٹ فلسفیوں نے اس نظام معیشت پر تنقید بھی کی اور اس نظام کی بہت ساری باتوں کو آگے بھی بڑھایا۔ گرامچی 1891ء اٹلی میں پیدا ہوئے۔ ان کی زندگی بہت ہی غیر معمولی کارناموں سے بھری پڑی ہے ۔

بلند اقبال:

میں بھی ان دونوں فلسفیوں سے آگاہ نہیں تھا اور جب میں نے ان کو پڑھا تو ادراک ہوا کہ ان کو پڑھنا بہت ضروری تھا۔ ان کو پڑھے بغیر مارکسسٹ فلاسفی کی سمجھ آ ہی نہیں سکتی۔ Status Quo کو سمجھنے کے لیے ہمیں گرامچی کا بغور مطالعہ کرنا چاہیے ۔ یہ وہ فلسفی ہے

جس نے 20 ویں صدی کی صورتحال کا جائزہ لے کر یہ جاننے کی کوشش کی کہ کیوں سوشلزم اور کمیونزم کا نظام پوری طرح سے دنیا پر اپنی جڑیں مضبوط نہیں کر پایا ہے۔20 ویں صدی کے آغاز میں بڑے بڑے بحران پیدا ہوئے۔ پہلی جنگ عظیم ہوئی اور اسی جنگ سے کچھ عرصہ پہلے 1891ء میں گرامچی پیدا ہوا اور مزید 1917ء میں سوویت یونین کا انقلاب آ جاتا ہے۔ دوسری جنگ عظیم کے فوراً بعد ہمارے سامنے چینی انقلاب ابھرتا ہے اور یوں ماؤزے تنگ کی پوری تحریک سامنے آتی ہے۔ گرامچی کے علاوہ اور بہت سارے فلسفیوں نے ان زاویوں پر غور کیا کہ آخر کیوں سٹیٹس کو نہیں ٹوٹ پایا اور کیا وجہ تھی کہ سوشلزم اور کمیونزم آگے نہ بڑھ پایا۔

خالد سہیل:

میں گرامچی کی نجی زندگی کے حوالہ سے کچھ کہنا چاہوں گا۔ بچپن میں ان کو ایک ایسی بیماری لگی جسے Pots Disease کہتے ہیں اور اس بیماری کی وجہ سے ان کا قد بہت چھوٹا رہ گیا تھا۔ انہوں نے 1919ء میں ایک اخبار شروع کیا جس کا نام The New Order تھا اور اس پیپر میں انہوں نے لینن اور مارکس کی فلاسفی کے اوپر کچھ اعتراضات کیے پھر یہ روس چلے گئے وہاں ان کی ملاقات ”جولیا“ سے ہوئی اور اس عورت کے ساتھ ان کی شادی ہو گئی۔ اسی دور میں فاشسٹ تحریک شروع ہو گئی۔ اٹلی میں مسولینی کا دور تھا اور اسی وجہ سے انہوں نے اٹلی جانے کا فیصلہ ترک کر دیا۔ کسی سیاسی تنازعے کے نتیجے میں ان کو 20 سال کی قید ہو گئی اور قید کے دوران انہوں نے کچھ ڈائریاں وغیرہ لکھیں۔ ان تحریروں میں انہوں نے سوشلزم اور کیپٹل ازم کے حوالہ سے بہت کچھ لکھا۔ ان کا کہنا تھا کہ انسان بہت ساری ضروریات کا مجموعہ ہے اور انہی ضرورتوں میں انسان کی روحانی ضروریات بھی ہوتی ہیں جبکہ دوسری طرف مارکسٹ فلسفہ صرف مادی ضروریات کی بات کرتا ہے۔ ان کا ماننا تھا کہ ہمیں انسان کو مجموعی حیثیت میں دیکھنا چاہیے۔

بلند اقبال:

گرامچی اس بات پر زور ڈالتے ہیں کہ ریاست اور سول سوسائٹی کا بنیادی تصور کیا ہوتا ہے اور اسی حوالے سے انہوں نے تسلط (Hegemony) کا ایک تصور متعارف کروایا۔ ان

کا کہنا تھا کہ کسی بھی ریاست کی بنیاد اکانومی پر کھڑی ہوتی ہے اور اس کے اوپر ایک سپر سٹرکچر قائم ہوتا ہے جس کو ہم سول سوسائٹی کہتے ہیں۔ جب کبھی بھی کوئی غالب قوت (Dominating Power) کسی بھی ریاست پر حکمرانی کرنا چاہتی ہے تو وہ اکانومی کو اپنے ہاتھ میں رکھنے کے لیے معاشرے کو دو حصوں میں تقسیم کر دیتی ہے اور اس طرح سے غالب قوت سیاسی پاور کو استعمال کرتی ہے۔ اس سیاسی پاور کے دائرہ کار میں فوج، عدالتیں، اسمبلی اور پولیس آتی ہے۔ دوسری طرف سول سوسائٹی ہوتی ہے جو کہ حقیقت میں اس خول کا نام ہے جس کے گرد وہ تمام عناصر تشکیل پاتے ہیں جس میں مساجد، سکول اور یونیورسٹیز اور میڈیا وغیرہ آتے ہیں۔ اسی گورننگ پر اس کو قبول کر لینے کا نام تسلط (Hegemony) ہے جو کہ (Dominating Power) سول میڈیا پر بالا دستی کو قائم کرنے میں کامیاب ہو جاتی ہے۔ گرامچی کا کہنا تھا کہ جب تک آپ اس تسلط (Hegemony) کو نہیں توڑیں گے اس وقت تک کسی بھی نظام میں کوئی بھی بڑی سماجی تبدیلی رونما نہیں ہو سکتی۔ تسلط (Hegemony) کا منظم استعمال ساوتھ ایشیا کے کئی ممالک جن میں پاکستان بھی شامل ہے، صاف دکھائی دیتا ہے۔

خالد سہیل:

مجھے ایسے لگتا ہے کہ اس تسلط کو قائم رکھنے میں سکول کالج اور یونیورسٹی بہت اہم کردار ادا کرتی ہیں۔ ایک ایسا نظام تعلیم دیا جاتا ہے کہ جس مین بچپن سے ہی اپنے نظام کو چلانے کے لیے نصاب کی صورت میں ذہن سازی کی جاتی ہے۔ یہ بڑی اہم بات ہے اور سمجھنے کی ضرورت ہے کہ کس طرح سے ایک نظام اور نظریہ یہ عوام کو پوری طرح سے کنٹرول کرتا ہے اور عوام کو اپنے ساتھ ہونے والی زیادتی کا ادراک بھی نہیں ہوتا۔ دوسری طرف گرامچی کا کہنا ہے کہ انسانی شخصیت کوئی فکس چیز نہیں ہوتی، جیسے جیسے حالات و واقعات بدلتے ہیں، بالکل اسی طرح سے ایک انسان کی سوچ بھی بدلتی ہے۔

بلند اقبال:

گرامچی کے مطابق طاقت اور رضامندی کو اگر جمع کیا جائے تو تسلط کا تصور ابھرتا ہے۔ یہ وہ تصور ہے جسے گرامچی False Consciousness کہتا ہے۔ جب ہم چیزوں کو ملٹی

میڈیا کے ذریعے سے اتنا پھیلا دیتے ہیں کہ وہ لوگوں کو سچ لگنے لگتی ہیں۔ بالکل اسی طرح سے تسلط اپنے پنجے گاڑتی ہے۔ اس قائم شدہ صورتحال کی مضبوطی کے بعد لوگ سوال اٹھانا چھوڑ دیتے ہیں۔

خالد سہیل:

گرامچی کا کہنا ہے کہ Organic Intellectual (عملی دانشور) ورکنگ کلاس میں سے پیدا ہوتے ہیں اور یہی لوگ عوامی مسائل اور تکالیف کو گہرائی سے جانتے ہیں اور انہی کے اندر سے جو انقلاب رونما ہو گا، اسی کی بنیادیں زیادہ مضبوط ہوں گی۔ اب میں یہاں پر کچھ بات لوئی التھیوزر کی بھی کرنا چاہوں گا۔ یہ الجیریا میں پیدا ہوئے اور فرانس کی یونیورسٹیوں میں پڑھاتے رہے انہوں نے Repressive State Apparatus کا نظریہ پیش کیا۔ انہوں نے کہا کہ کس طرح سے ایک سرمایہ دارانہ نظام میں یہ ادارے یعنی پولیس، عدالت، سکول اور کالج اپنے مقاصد کو پورا کرنے کے لیے استعمال کرتے ہیں اور لوگوں کو خاص نقطہ نظر پر لانے کے لیے ان کو قائل کرتے ہیں۔

بلند اقبال:

یہ جو بڑے لوگ ہوتے ہیں مثلاً ہمارے گرامچی اور لوئی التھیوزر وغیرہ یہ قابل لوگ ہمیشہ چیزوں کو فاصلے پر رکھ کر سوچتے ہیں یہ نظام کے اندر تجزیے کی نیت سے شامل ہوتے ہیں مگر اُس کا حصہ کبھی بھی نہیں بنتے ہیں۔ ان کا کہنا تھا کہ کیسے سرمایہ دارانہ نظام ریاست کو استعمال کرتا ہے۔ انہوں نے ریاستی نظام کو دو حصوں میں بیان کیا ہے۔

Repressive State Apparatus
Ideological State Apparatus

خالد سہیل:

ان دونوں فلسفیوں کا کمال یہ ہے کہ بنیادی اعتراضات کرنے کے باوجود بھی یہ مارکسٹ ہی رہے۔ فرانس میں ایک وقت میں مارکسٹ پارٹی پر بُرا وقت بھی آیا تھا لیکن پھر بھی یہ اپنی پارٹی کے ساتھ مخلص رہے۔ 1980ء میں التھیوزر ایک نفسیاتی بحران کا شکار ہوئے اور اسی بحران کے پس منظر میں انہوں نے اپنی بیگم کو قتل کر دیا اور اس وجہ سے انہیں

ہسپتال منتقل کر دیا گیا۔ان کا یہ نفسیاتی عارضہ اس قدر شدید تھا کہ ان کو یوں لگتا تھا کہ جیسے ان کو اپنے خیالات کے اظہار کا پوری طرح سے موقع ہی نہیں دیا گیا۔

بلند اقبال:

یہ بہت اہم بات ہے کہ بڑے لوگوں کی زندگیوں میں بہت سے بحران آتے ہیں اور نروس بریک ڈاؤن عمومی ہو جاتا ہے۔ گو کہ ہمارے معاشروں میں اس چیز کو Taboo تصور کیا جاتا ہے مگر ہمیں یہ سمجھنا چاہیے کہ کوئی بڑا دماغ اس وجہ سے نروس بریک ڈاؤن کا شکار ہوتا ہے کیونکہ وہ بھی اپنی سوچ میں کبھی کبھار بیلنس کو برقرار نہیں رکھ پاتا ہے۔

خالد سہیل:

نروس بریک ڈاؤن کی وجہ سے ویننس وینگونے اپنا کان کاٹ لیا تھا۔ور جینیا وولف نے اپنے کوٹ کی جیب میں پتھر ڈالے اور پانی میں اتر گئیں اور خود کشی کر لی تھی لیکن ان سب کے باوجود انہوں نے جو ادب کو سرفراز کیا، اس کی کوئی مثال ہی نہیں ملتی۔ دوسری طرف مشرق میں میر تقی میر کا بھی نروس بریک ڈاؤن ہوا تھا۔ اس کے علاوہ منیر نیازی الکحولک (Alcoholic) تھے اور جون ایلیا بھی ڈپریشن کے مرض کا شکار رہے تھے۔

بلند اقبال:

کارل مارکس کی تھیوری جب سامنے آئی تو اس زمانے میں یہ تاثر پیدا کرنے کی کوشش کی گئی کہ کارل مارکس تو اَنتھیسٹ ہے اور اسی رجحان کے ساتھ اس کو رد کرنے کی کوشش کی گئی] حالانکہ کارل مارکس صرف معاشی بیلنس کی بات کر رہے تھے۔ میں اکثر یہ سمجھنے کی کوشش کرتا ہوں کہ آخر کیا وجہ ہے سوشلسٹ ممالک میں کیپٹل ازم کیوں ٹوٹ نہیں پایا تو مجھے یہ سمجھ آیا کہ یہ بہت تہہ دار نظام ہے اور اپنی مضبوطی کی وجہ سے آج بھی قائم ہے۔

خالد سہیل:

گرامچی اور التھیوزر نے ہمیں یہ بتایا کہ اکنامکس کسی بھی سماج کی بنیاد ہوتی ہے۔ انہوں نے یہ واضح کرنے کی کوشش کی کہ کس طرح سے ایک سوچ اور نظام پورے معاشرے کو تبدیل کر دیتا ہے اس کے بعد عوام کو یہ بالکل بھی احساس نہیں ہوتا کہ بہت کچھ ہمارے اوپر تھوپا گیا ہے۔

فریڈک نطشے اور دس اسپوک زر تشترہ

ڈاکٹر خالد سہیل:

خواتین و حضرات ڈاکٹر بلند اقبال اور ڈاکٹر خالد سہیل آج آپ کی خدمت میں 'دانائی کی تلاش میں' کی نئی قسط لے کر حاضر ہوئے ہیں۔ آج کی گفتگو کو آپ بہت دلچسپ پائیں گے۔ ہمیں امید ہے کہ آج کی گفتگو آپ کے نقطہ نگاہ کو اوج کمال عطا کرے گی کیونکہ آج ہم جس فلسفی پر گفتگو کا آغاز کرنے والے ہیں اس کا نام فریڈرک نطشے ہے۔ ابتدائی طور پر میں یہاں اُن کی دو مشہور کتابوں کا حوالہ دینا چاہوں گا۔ پہلی کتاب کا نام The Nietzsche Reader ہے اور دوسری کتاب کا نام Thus Spoke Zarathustra ہے۔ یہ دونوں کتابیں بڑی اہمیت کی حامل ہیں۔ پروگرام کا آغاز کرنے سے پہلے ہم آپس میں بات کر رہے تھے کہ آج کا پروگرام جو کہ فریڈرک نطشے اور اس کے تصورات سے جڑا ہوا ہے۔ اس سے تو صرف ذہنی بالغ ہی مستفید ہو سکیں گے کیونکہ نطشے کی شخصیت انتہائی متنازعہ ہے۔ اس لیے ہماری آپ لوگوں سے گزارش ہے کہ اس پروگرام کو کشادہ ذہنی اور کشادہ دلی کے ساتھ سماعت فرمائیں۔

جب ہم مغرب کے فلسفے کی روایت پر نگاہ ڈالتے ہیں تو اس سلسلے میں ہمیں چار بڑے فلسفیوں کی فکر سے آگاہی ملتی ہے جنہوں نے مغربی دنیا کا فکری دھارا بدلنے میں بہت اہم کردار ادا کیا ہے۔ ان میں سر فہرست چارلس ڈارون ہیں جنہیں ہم بائیولوجی کا بابا آدم کہہ سکتے ہیں۔ دوسرے اہم فلسفی کا نام کارل مارکس ہے جن کے بغیر معیشت کا باب نامکمل ہے۔ تیسرے اہم فلسفی کا نام سگمنڈ فرائیڈ ہے جنہوں نے نفسیات کی دنیا میں تہلکہ مچا دیا تھا اور

چوتھے اہم فلسفی کا نام فریڈرک نطشے ہے جس نے دنیا کے پہلے سے موجود تمام فلسفوں پر سوالیہ نشان لگا دیا۔ یہ وہ اہم فلسفی تھے جنہوں نے مغربی فلسفے کو بڑی مضبوط بنیادیں فراہم کیں۔ اب میں ڈاکٹر بلند اقبال سے گزارش کرتا ہوں کہ وہ مختصراً ہمیں نطشے کی زندگی کے چیدہ چیدہ حالات سے روشناس کروائیں۔

ڈاکٹر بلند اقبال:

فریڈرک نطشے 15 اکتوبر 1844ء میں پیدا ہوئے۔ انیسویں صدی میں مسیحیت کے خلاف بغاوت کرنے والا نطشے دراصل پادریوں کے خاندان میں پیدا ہوا تھا۔ ان کے والد کا نام کارل لڈوگ تھا۔ جب نطشے کی عمر چار سال کی تھی تو ان کے والد کا انتقال ہو گیا۔ دلچسپ بات یہ ہے کہ کارل لڈوگ اپنے دور کے ایک بڑے ہی نامی گرامی پادری اور ایک مذہبی انسان تھے۔ لیکن نطشے کی شخصیت اپنے والد سے بالکل ہی الٹ ثابت ہوئی یعنی انہوں نے اندھی تابعداری کے بجائے نہ صرف مذہبی فکر پر سخت ترین تجزیاتی سوالات اٹھائے بلکہ یونانی فکر کو بھی کئی ایک جگہ کٹہروں میں لا کھڑا کیا۔

ان کی وفات کے بعد نطشے کی بہن نے اپنے بھائی کی دیکھ بھال کی مگر پھر اس حوالے سے کچھ فکری مغالطے ہیں جن کا ذکر ممکن ہے ہم بعد میں کریں۔ اچھا نطشے ایک بہت ہی ذہین طالبعلم تھے۔ اُن کا تعلیمی ریکارڈ بہت ہی اچھا رہا اور انہوں نے تقریباً بیس سال کی عمر میں ہی گریجویشن مکمل کر لی تھی۔ گریجویشن مکمل کرنے کے بعد انہوں نے اپنے والدین کے کہنے پر مذہبی تعلیم حاصل کرنے کے لیے یونیورسٹی آف بون (University of Bonn) میں داخلہ لیا۔ مگر محض دو سمسٹر کرنے کے بعد ہی وہ مذہب سے بیزار ہو گئے اور پھر یونیورسٹی آف لیپزگ (University of Leipzig) میں داخلہ لے لیا۔ یہاں انہوں نے فلسفہ، ادب، زبان اور تاریخ میں تعلیم حاصل کی۔ اچھا یہاں ایک دلچسپ بات کا حوالہ دینا بھی ضروری ہے تاکہ ہمیں اندازہ ہو کہ ان کا ذہن اُس دور میں کس رخ پر پرورش پا رہا تھا۔ جب نطشے مذہب سے بہت زیادہ بیزار ہوئے تو اسی دوران اُن کی بہن الزبیتھ نے اپنے بھائی کو خط میں مذہب پر کاربند رہنے کی تلقین کی جس کے جواب میں نطشے نے بھی ایک جوابی خط لکھا۔ یہ خط بہت بنیادی اہمیت کا حامل ہے۔ وہ لکھتے ہیں کہ 'اچھا تو کیا واقعی تم سمجھتی ہو

کہ جن عقیدوں پر ہماری پرورش ہوئی ہے، جو ہماری زندگیوں میں بہت گہری جڑیں رکھتے ہیں، جن کو ہمارے تمام عزیز و اقارب درست مانتے ہیں، جن کی صداقت کا بے شمار شائستہ لوگ اقرار کرتے ہیں اور جو چاہے سچے ہوں یا نہ ہوں، مگر وہ لازماً انسانوں کو تسکین دیتے ہیں اور ان کو خوش اطوار بناتے ہیں۔ ان عقیدوں کو قبول کرنا اس قدر دشوار ہے؟ آخر وہ کیا شے ہے جس کی ہم تلاش کرتے ہیں۔۔۔ آرام، آسائش اور مسرتیں؟ نہیں نہیں ہم سچائی کے طالب ہیں۔ اور وہ چاہے کتنی ہی آفت انگیز اور خوفناک کیوں نہ ہو۔۔۔ اگر تم روح کا چین اور خوشی چاہتی ہو تو ایمان پر رہو لیکن اگر تم سچائی کے پیچھے جانا چاہتی ہو تو اُس کی تلاش کرو۔

'If you wish to strive for peace of soul and happiness, then believe;

if you wish to be a disciple of truth, then inquire.'

تقریباً پچیس سال کی عمر میں نطشے کو سوئیزرلینڈ میں ایک یونیورسٹی میں پروفیسر شپ کی آفر ہوئی اور وہ سوئیزرلینڈ چلے گئے۔ یہاں آ کر انہوں نے 1872 میں پہلی کتاب لکھی جس کا نام The Birth of Tragedy تھا۔ اس کتاب کے تقریباً چھ سال بعد انہوں نے دوسری کتاب لکھی جس کا نام Human all too Human تھا۔ نطشے نے اپنی زندگی کے تقریباً 9 سال سوئیزرلینڈ میں گزارے اور اس دوران وہ یہاں کے بہت سارے فلسفیوں سے متاثر ہوئے۔ ان میں سر فہرست شوپنہار (Schopenhauer) اور موسیقی کی دنیا میں ویگنر (Wagner) تھا اور اسی دوران ہی انہیں بہت ساری نفسیاتی اور ذہنی اذیتوں سے بھی گزرنا پڑا اور یوں دل برداشتہ ہو کر وہ پہلے اٹلی اور اس کے بعد فرانس چلے گئے۔ اس کے بعد کے دس برس کا عرصہ ان کی زندگی میں بڑی اہمیت کا حامل تھا۔ اس دورانیے میں ہی ان کی کئی کتابیں شائع ہوئیں اور پھر 1900 میں انتقال کر گئے۔

ڈاکٹر خالد سہیل:

میں چونکہ نفسیات کا طالب علم ہوں اور میں زیادہ تر شخصیات کو نفسیاتی حوالہ سے دیکھتا ہوں اور بطور سائیکاٹرسٹ میرے لیے یہ ایک اہم بات ہے کہ نطشے کا اپنی زندگی میں بڑا نروس بریک ڈاؤن (Nervous Breakdown) ہوا تھا اور انہیں نفسیاتی ہسپتال میں داخل کروا دیا گیا تھا۔ کچھ عرصہ زیر علاج رہنے کے بعد ان کو گھر میں منتقل کر دیا گیا۔ جہاں پر

تقریباً سات سال تک ان کی والدہ نے ان کی دیکھ بھال کی اور پھر اُن کی رحلت کے بعد بہن نے اُن کی دیکھ بھال کی۔

قابلِ غور بات یہ ہے کہ نطشے کی زندگی میں یہ جو نفسیاتی بحران آیا، میں اس حوالے سے اپنی کچھ معلومات آپ سے شیئر کرنا چاہوں گا۔ اس نفسیاتی بحران کی پہلی وجہ یہ تھی کہ چار سال کی عمر میں نطشے کے والد کا انتقال ہوا اور یہ ان کی زندگی کا پہلا شدید دھچکا تھا۔ دوسری وجہ یہ تھی کہ انہوں نے اپنی ساری زندگی سفر کرنے میں گزاری۔ وہ جہاں کہیں بھی جاتے تھے تو اپنے گرد بہت سارے دوستوں کا حلقہ بنا لیتے تھے۔ لیکن پھر اچانک دوسری جگہ چلے جانے کی وجہ سے اپنے پرانے دوستوں سے بچھڑنا پڑتا تھا۔ یہ عمل بھی ان کی زندگی میں دھچکے کا سبب بنتا تھا۔ تیسری اہم بات یہ تھی کہ انہوں نے ساری عمر شادی نہیں کی تھی اور اس طرح وہ اپنے شریکِ حیات سے بھی محروم تھے۔ ان کے ذہنی بحران کا چوتھا عنصر اپنے نظریات کا کھلم کھلا اظہار کرنا تھا۔ اس اظہار کے نتیجہ میں اس کے بہت سارے ذہنی دوست اس کا ساتھ چھوڑ گئے تھے۔ پانچواں عنصر جو کہ بڑی اہمیت کا حامل ہے کہ وہ ہر بات کو اپنی ذہنی سطح کے اعلیٰ معیار پر پرکھتے تھے۔ جسے انگریزی میں Intellectualization Process کہا جاتا ہے۔ ذہنی بحران کی چھٹی وجہ بھی بڑی اہم ہے کہ نطشے کو ایک سطح پر جا کر یہ اندازہ ہوا کہ میں ایک عظیم انسان ہوں۔ اس وجہ سے اس کے اندر ایک طرح کا تکبر اور رعونت پیدا ہو گئی۔ ساتویں وجہ یہ تھی کہ انہوں نے مذہب اور خدا پر سوالیہ نشان لگا دیا اور یہاں تک کہ خود کے بارے میں یہ واضح کر دیا کہ وہ ایک دہریے ہیں اور اس بنا پر ان کو یونیورسٹی سے بھی فارغ کر دیا گیا۔ ذہنی بحران کی آخری وجہ یہ بھی تھی کہ ان کو اندازہ ہو گیا تھا کہ ان کی خدمات کو سراہا نہیں جائے گا بلکہ وہ راندۂ درگاہ ہی رہیں گے۔ ان تمام عناصر کا لازمی نتیجہ ڈپریشن کی صورت میں ظاہر ہوا اور نطشے بے خوابی کی بیماری (Insomnia) کے شکار ہو گئے۔

میں ناظرین کرام سے ایک بہت ہی دلچسپ واقعہ شیئر کرنا چاہتا ہوں۔ ایک دفعہ بازار جاتے ہوئے نطشے ایک کوچوان کو دیکھتا ہے جو گھوڑے کو بہت بے دردی سے مار رہا ہے۔ اس صورتِ حال کو دیکھ کر نطشے گھوڑے کو آگے بڑھ کر گلے لگا لیتا ہے اور اسی حالت میں نیچے گر جاتا ہے۔ میں یہاں اس بات کی وضاحت کرنا چاہوں گا کہ جتنے بھی سائنسدان، فنکار اور

دانشور لوگ گزرے ہیں، وہ زندگی کے کسی نہ کسی مرحلے پر ذہنی بحران کا شکار رہے تھے اور رہتے ہیں۔

میں یہ ساری گفتگو اس لیے کر رہا ہوں کہ جو لوگ نفسیات میں دلچسپی رکھتے ہیں، وہ ان باتوں سے مستفید ہو سکیں۔ اب میں بلند اقبال صاحب آپ سے التماس کرتا ہوں کہ آپ نطشے کی شخصیت کے حوالے سے کیا کہنا چاہیں گے۔

ڈاکٹر بلند اقبال:

ڈاکٹر صاحب واقعی فریڈرک نطشے کی شخصیت بڑی اہمیت کی حامل ہے۔ جس ذہنی بحران کے حوالے سے آپ نے گفتگو کی ہے، اسی تناظر میں نطشے کی شخصیت واضح طور پر سامنے آ جاتی ہے۔ نطشے تعلیمی حوالوں سے ابتدائی سالوں میں ایک ذہین طالب علم کی صورت میں سامنے آتا ہے۔ جب نطشے اپنی زندگی کی تیسری دہائی میں داخل ہوتا ہے تو یونیورسٹی میں ادب، فلسفہ اور زبان پڑھ رہا ہوتا ہے اور آگے چل کر پروفیسر شپ کی آفر اور اس کے بعد یکے بعد دیگرے بے شمار کتابیں سامنے آنا شروع ہو جاتی ہیں اور آخر میں ان کا نروس بریک ڈاون ہوتا ہے اور صرف 54 سال کی عمر میں انتقال ہو جاتا ہے۔ لیکن نطشے کا فلسفہ بہت طاقتور روپ میں سامنے آتا ہے۔ ان کی فلاسفی کا آغاز ہی انکار سے ہوتا ہے۔ ڈاکٹر خالد سہیل آپ سے گزارش ہے کہ آپ نطشے کے کچھ مشہور جملے ہمیں سنائیں۔

ڈاکٹر خالد سہیل:

فریڈرک نطشے نے نفسیاتی، سماجی اور ذہنی سطح پر بہت بڑا انقلاب برپا کر دیا تھا اور تمام پرانی روایات کو یکے بعد دیگرے چیلنج کیا اور ایک متبادل سوچ متعارف کروائی۔ نطشے 1844 میں پیدا ہوئے اور 1900 میں وفات پا گئے۔ بہت کم عرصہ زندہ رہنے کے باوجود انہوں نے بہت کچھ لکھا۔ میں ان کے ایک مشہور ترین یا بدنام ترین جملے کا حوالہ دوں گا۔ جس میں انہوں نے کہا تھا کہ "God is dead" یعنی خدا مر گیا ہے۔ میں یہاں پر ان کی ایک کتاب Thus Spoke Zarathustra کا حوالہ دینا چاہوں گا۔ جیسا کہ زرتشت کے بارے میں آپ جانتے ہیں کہ انہوں نے سب سے پہلے ایران میں ایک خدا کے ہونے کا تصور پیش کیا تھا۔ حیران کن بات یہ ہے کہ نطشے اپنی کتاب میں زرتشت کو ہی چیلنج کر دیتے

224

ہیں۔ ایک پیراگراف میں نطشے کہتا ہے کہ 'تصورِ خدا کے ساتھ ساتھ وہ تمام روایتیں جن کے ساتھ ہم سینکڑوں سال سے زندگی گزار رہے ہیں۔ کیا یہ سب کچھ انسانی وہم یا فریبِ نگاہ تو نہیں ہے؟ وہ یہ سوال اٹھاتا ہے کہ خدا نے انسان کو بنایا ہے یا خود انسان نے خدا کو بنایا ہے؟

ڈاکٹر بلند اقبال:

ڈاکٹر صاحب یہ بڑی مثبت فلاسفی ہے۔ نطشے واضح طور پر کہتا ہے کہ مذہب نے جو کردار تشکیل دیے ہیں وہ اچھے یا بُرے کے روپ میں پیدا کیے گئے ہیں۔ اس مذہبی فلسفے پر نطشے گہری تنقید کرتا ہے۔ وہ کہتا ہے کہ صدیوں کے عمل کے بعد جو اچھائی کا تصور معرضِ وجود میں آیا ہے وہ دراصل ایک کمزور کردار کی شکل میں سامنے آیا ہے۔ وہ اخلاقی طور پر کمزور اور سطحی شکل میں پیدا ہوا بالکل اسی طرح جو بُرائی کا کردار پیدا ہوا وہ بھی سطحی شکل میں سامنے آیا ہے۔ بُرائی کو محض بُرا سمجھ کر فوراً ہی ریجیکٹ کر دیا گیا یوں وہ پوری طرح explore نہیں ہوا۔ وہ تجربے کے ارتقائی عمل سے نہیں گزرا بلکہ محض بالائی شکل میں ہی ریجیکٹ ہو گیا۔ یہی وجہ ہے کہ مذہب سے اخلاقیات پیدا ہی نہیں ہو سکی بلکہ محض mediocres پیدا ہوئے ہیں۔ اس سارے عمل کے نتیجے میں 'سپر مین' جو نطشے کی اخلاقیات کا اعلیٰ ترین استعارہ ہے وہ پیدا ہی نہیں ہو سکا بلکہ نطشے کا تخلیق کردہ The last man پیدا ہوا جو اندر سے کھوکھلا اور خالی انسان کا استعارہ ہے۔ اُس کے خیال میں مذہب پر اسِس کے نتیجے میں پست ذہن اور اخلاقیات کے لاتعداد کھربوں انسان پیدا ہوئے ہیں۔ اسی تناظر میں نطشے نے ایک خاص اصطلاح استعمال کی ہے جسے وہ Herd Instinct کہتا ہے۔ جسے ہم اردو میں ہجومی فطرت یا ہجومی خصلت کہہ سکتے ہیں۔ یہ جبلت ہجومی ہونے کی وجہ سے معاشرتی دباؤ کو جلدی سے قبول کر لیتی ہے اور پھر اس کے بعد ایک 'Herd morality کا شکار' ہو جاتی ہے۔ صدیوں کے تہذیبی ارتقائی سفر میں غیر تخلیقی ذہنوں پر مشتمل کمزور صلاحیتوں کی مالک نسل پروان چڑھی ہے جس کے نتیجے میں اخلاقی طور پر ایک مخدوش معاشرتی ڈھانچہ تشکیل پایا گیا ہے۔

ڈاکٹر خالد سہیل:

ڈاکٹر بلند اقبال آپ نے عمدہ انداز میں نیکی اور بدی کے تصور پر روشنی ڈالی ہے۔

نطشے کے تصورات کی روشنی میں جہاں تک میں نے سوچا اور سمجھا ہے۔ میں یہ کہنا چاہتا ہوں کہ ہماری موجودہ تہذیب کے اندر بلکہ دنیا کی ہر تہذیب کے اندر اچھائی اور برائی کا تصور پایا جاتا ہے۔ لیکن تمام مذاہب نے اس تہذیبی تصور کو نیکی بدی اور گناہ ثواب کی صورت میں ایک محدود سے پیمانے میں قید کر دیا ہے۔ نطشے کہتا ہے کہ نیکی اور برائی کے اس محدود تصور کی وجہ احساس گناہ (Guilt Conscious) ہے۔ اس احساس گناہ کی وجہ سے ایک کھوکھلی اور بد اعتماد قسم کی شخصیت ابھر کر سامنے آتی ہے۔ میں سمجھتا ہوں کہ نطشے کا اچھائی اور برائی کے حوالے سے نقطہ نظر بہت بڑی اہمیت کا حامل ہے۔

ڈاکٹر بلند اقبال صاحب! آپ اس نقطے پر مزید روشنی ڈالنا چاہیں گے؟

ڈاکٹر بلند اقبال:

ڈاکٹر صاحب! اس نیکی و بدی کے تناظر میں نطشے ایک بڑی حیران کن بات کرتا ہے۔ وہ کہتا ہے کہ ہر انسان کے اندر قوت ارادی (Ego) کا عنصر موجود ہوتا ہے۔ جو یقین میں ڈھل کر ایک سمت عطا کرتا ہے۔ اسی قوت کو اقبال نے شاہین کے تصور اور نطشے نے سپر مین کے تصور کے ساتھ جوڑا ہے۔ ڈاکٹر خالد سہیل آپ ان دونوں تصورات کو کس نظر سے دیکھتے ہیں؟

ڈاکٹر خالد سہیل:

میری نظر میں سب سے اہم بات یہ ہے کہ نطشے کی شخصیت واضح طور پر لا مذہبیت او ر سیکولر تصورات میں ڈھلی ہوئی ہے۔ جبکہ اقبال کی شخصیت میں مذہبی پہلو جا بجا نظر آتے ہیں۔ جس کی بنا پر اس کی فلسفی مذہبی تصورات میں گوندھی ہوئی واضح ہوتی ہے۔ اگر دونوں شخصیات کا ادبی حوالے سے موازنہ کیا جائے تو میری نظر میں فریڈرک نطشے کا ادبی کینوس بہت بڑا ہے۔ نطشے نے جو سپر مین کا تصور پیش کیا ہے وہ مذہبی نظام مراتب سے ہٹ کر خالصتاً انفرادی صلاحیتوں کے بل بوتے پر پروان چڑھتا ہے۔ جبکہ دوسری طرف اقبال نے جو شاہین کا تصور پیش کیا ہے اس تصور کو انہوں نے مذہبی لبادہ اوڑھا کر اسے مذہب کے پنجرے میں قید کر دیا ہے۔ یہاں پر میں ایک اور نقطہ کی وضاحت کرنا چاہوں گا کہ بعض لوگوں کا یہ ماننا ہے کہ دہریت کا کوئی ضابطہ حیات نہیں ہوتا ہے۔ میری نظر میں یہ مفروضہ حقیقت پر مبنی نہیں ہے۔ بلکہ اگر ہم اس تصور کو نطشے کے تصورات کی روشنی میں سمجھنا چاہیں تو وہ کہتے

226

ہیں کہ ہر انسان فطری طور پر آزاد پیدا ہوتا ہے اور وہ اپنی سمجھ بوجھ کے ساتھ خود اپنا اخلاقی اور سماجی ڈھانچہ تشکیل دے سکتا ہے۔

فریڈرک نطشے فلسفے کی دنیا میں ایک بڑا مقام رکھتے ہیں۔ اب ہم نطشے کی کتاب Thus Spoke Zarathustra پر گفتگو کریں گے۔ یہ کتاب نفسیاتی، فلسفیانہ، اخلاقی اور مذہبی حوالہ سے بڑی اہمیت کی حامل ہے۔ یہ کتاب نثر میں ایک شاعری کا درجہ رکھتی ہے۔

ڈاکٹر بلند اقبال:

ڈاکٹر صاحب! ہرمن ہیسے (Hermann Hesse) کی کتاب سدھارتا کی طرح یہ کتاب بھی بہت اہمیت کی حامل ہے۔ یہ کتاب زرتشت کی زندگی کا احاطہ کرتی ہے۔ زرتشت نے صدیوں پہلے ایران کی سرزمین پر ایک خدا (Monotheism) کا تصور پیش کیا تھا۔ جب ہم اس کتاب کا مطالعہ کرتے ہیں تو ہمیں پتہ چلتا ہے کہ زرتشت نروان حاصل کرنے کے لیے پہاڑوں اور جنگلوں میں چلا جاتا ہے اور تقریباً تیس سال کے بعد ایک دن جب سورج کی پہلی کرن نمودار ہوتی ہے تو سورج سے مخاطب ہو کر کہتا ہے کہ اگر تمہاری ان کرنوں سے مستفید ہونے والے لوگ ہی موجود نہ ہوتے تو پھر تمہاری کرنوں کا کیا فائدہ ہوتا۔ زرتشت اور سورج کے درمیان بات چیت کو اگر ہم استعاراتی طور پر سمجھنا چاہیں تو ہم اس نتیجے پر پہنچیں گے کہ دراصل زرتشت کو نروان حاصل ہو چکا تھا اور اب وہ مجسم دانائی بن چکا ہے۔

اب زرتشت اس دانائی کو پیغام کی صورت میں بانٹنا چاہتے ہیں۔ زرتشت پہاڑوں سے اتر کر لوگوں کے درمیان آجاتے ہیں اور سب سے پہلے وہ ایک بوڑھے شخص سے مخاطب ہوتے ہیں۔ لیکن بوڑھا زرتشت سے کہتا ہے کہ لوگ تمہاری باتوں پر یقین نہیں کریں گے۔ زرتشت یہ بات ماننے سے انکار کرتا ہے اور کہتا ہے کہ وہ لوگوں سے مخاطب ہو گا۔ اپنا گیان اور دانائی لوگوں کو بتائے گا۔ وہ چلتے چلتے اچانک ایک ایسی جگہ پر پہنچتا ہے جہاں پر بہت سارے لوگ ہجوم کی صورت میں جمع ہیں۔ جب وہ قریب جا کر دیکھتا ہے تو پتہ چلتا ہے کہ ایک تنی ہوئی رسی پر ایک شخص چلنے کی کوشش کر رہا ہے۔ زرتشت لوگوں کی بھیڑ کا فائدہ اٹھا کر ان سے مخاطب ہوتا ہے۔ وہ کہتا ہے کہ دنیا میں جتنے بھی فلسفے ہیں، ان میں کوئی سچائی نہیں ہے بلکہ سچائی کو حاصل کرنے کے لیے آپ کو Self transformation process

سے گزرنا پڑے گا اور یہی واحد راستہ ہی تم کو سچائی کے روبرو کر دے گا۔

زرتشت کی یہ باتیں سن کر وہ لوگ اس کا مذاق اڑاتے ہیں۔ اگر ہم اس واقعہ کا بغور جائزہ لیں تو ہمیں یہ بات سمجھ میں آتی ہے کہ نطشے اس تناظر میں تنی ہوئی رسی کو ایک بطور استعارہ استعمال کرتے ہوئے کہتے ہیں کہ تم انسان اسی رسی کی طرح ہو اور تمہیں اس تجربات کی رسی پر سے گزرنا ہو گا اور یہ راستہ بہت کٹھن اور دشوار گزار ہو گا۔ کیونکہ تجربات کی تنی ہوئی رسی کے نیچے بہت بڑی بڑی مشکلات کی شکل میں کھائیاں ہیں۔ مشکلات کی ان گھاٹیوں پر تنی ہوئی رسی پر سفر کرکے ہی تم سپر مین کی طرف جاؤ گے۔ حیرت کی بات یہ ہے کہ ان سب باتوں کا بھی لوگوں پر کوئی اثر نہیں ہوتا۔ لیکن زرتشت اپنی کوشش کو جاری رکھتے ہوئے کہتا ہے کہ ہمیں اپنی سچائی کا ادراک کرنے کے لیے اپنی اندرونی طاقت کا سہارا الینا ہو گا اور یہی اندرونی طاقت ہی بقا کا سبب بنتی ہے۔

ڈاکٹر خالد سہیل:

میں ان تمام باتوں کو ارتقائی مراحل کی نظر میں دیکھنا چاہوں گا۔ جیسا کہ چارلس ڈارون نے بائیولوجیکل ارتقا کی بات کی ہے۔ سگمنڈ فرائیڈ نے نفسیاتی ارتقا کی بات کی۔ کارل مارکس نے سماجی اور معاشی ارتقا کی طرف ہماری توجہ مبذول کروائی ہے۔ بالکل اسی طرح فریڈرک نطشے نے فلاسیفیکل ارتقا پر بات کرتے ہوئے بڑی اہم بات کی ہے۔

نطشے کہتا ہے کہ ایک سخت موقف اختیار کرکے یعنی خالصتاً مذہبی، روحانی یا مادی طور پر اپنا ایک نقطہ نظر بنا کر کھڑے ہونا تو آسان عمل ہوتا ہے۔ جب کہ دوسری طرف انسان کے اندر جو مختلف تضادات پائے جاتے ہیں، ان تضادات کو اپنی تمام پیچیدگیوں کے ساتھ جذب کرنا اور ان تضادات کو تخلیقی صورت میں اظہار کرنا مشکل عمل ہوتا ہے۔ اب میں آپ کو نطشے کے چند مشہور جملے سنانا چاہتا ہوں۔ وہ کہتا ہے

"It is my ambition to say in ten sentences what other say in a whole book

یعنی میں اپنی بات کا اظہار محض دس جملوں میں کر دینا چاہتا ہوں جو دوسرے مصنف پوری کتاب میں کر پاتے ہیں۔"

وہ ایک اور جگہ لکھتا ہے:

"What does not kill me makes me stronger"

یعنی اگر کسی بحران میں ہم نہیں مرتے ہیں تو ہی ہم مضبوط ترین ہو جاتے ہو۔

اچھا نطشے کے چند جملے ایسے بھی ہیں جنہیں پڑھ کر اندازہ ہوتا ہے کہ شاید انہیں محسوس ہو رہا تھا کہ اُن کی قدردانی وہ نہ ہوئی جس کے وہ مستحق تھے مثلاً ایک جگہ انہوں نے کچھ یوں بھی لکھا ہے:

"My time has not come yet some are born posthumously"

ڈاکٹر بلند اقبال آپ اس حوالے سے کچھ کہنا چاہیں گے ؟

ڈاکٹر بلند اقبال:

جی ضرور ڈاکٹر صاحب کئی بار نطشے کو پڑھتے ہوئے یوں محسوس ہوتا ہے جیسے کہ 'گویا یہ میرے دل میں بھی تھا'۔ میں دیکھ رہا تھا کئی ایک جملے جو اِن سے وابستہ ہیں وہ ہمیں اپنے دل میں اکثر کہیں گونجتے ہوئے ملتے ہیں بس نطشے انہیں لفظ عطا کر دیتا ہے جیسے ایک بہت ہی مشہور جملہ اُن سے منسوب ہے:

"Sometime people don't want to hear the truth because they don't want their illusions destroyed"

یا ایک اور جگہ انہوں نے کہا ہے:

"I am not upset that you lied to me. I'm upset that from now on I can't believe you"

اب دیکھیے یہ جملہ کئی اعتبار سے اہم ہے یعنی نہ صرف عمومی تعلقات کے حوالے سے بلکہ خصوصی یقین کے حوالے سے کہ اکثر پیغمبرانہ سچائیوں کے پیچھے عظیم جھوٹ بھی چھپے ہوئے ہیں جو اندھے یقین کو قائم رکھنے کے لیے بولے گئے ہیں اور جب وہ جھوٹ فکر و آگہی کی وجہ سے منکشف ہوتے ہیں تو ایک عظیم تر اندرونی ٹوٹ پھوٹ کا عمل شروع ہوتا ہے اور یقین یا ایمان کی عمارت زمین بوس ہو جاتی ہے اور اُس کا کرب کہے ہوئے جھوٹ کے پہنچنے سے بہت زیادہ ہوتا ہے۔

بہر حال نطشے کی اپنی شخصیت اور اُن کی فکر اپنی جگہ مگر اُس کے پس منظر میں سماجی

نشاۃ ثانیہ کے ارتقائی عمل کو نظر انداز کرنا ممکن نہیں جس نے ایک بعد دیگرے چند سو برسوں میں یورپ کو کئی بڑے اذہان سے نواز دیا جبکہ دوسری طرف مشرق اس معاملے میں قدرے بدنصیب ثابت ہوا۔ یہاں فلسفیانہ فکر کو سرے سے پروان ہی نہیں چڑھنے دیا گیا۔ شعور اور آگہی کو مغربی علوم یا کفری علوم کا چربہ قرار دے کر پیچھے دھکیل دیا گیا۔ حالات اس قدر بنجر ہوئے کہ اب دور دور تک کوئی روشنی کی کرن دکھائی نہیں دیتی۔ بس مذہبی بنجر دماغ ہیں جو ایک ہی طرح کی باتیں الاپتے رہتے ہیں۔ گھٹن معاشرے میں اتنی بڑھ گئی ہے کہ تعفن کی بدبو سے معاشرہ سڑنے لگا ہے۔ اخلاقیات کا سارا بوجھ مذہبی کندھوں پر سوار کر دیا گیا ہے جس کے اپنے بازو ٹوٹے ہوئے ہیں اور خود اپنی آئیڈیالوجی کا بوجھ سنبھالنے کی وجہ سے بدن ہانپ رہے ہیں۔ کچھ کہنا سننا لکھنا غور و فکر کرنا سبھی کچھ ضائع ہو چکا ہے آپ خود کسی بھی شخص سے مسلم معاشرے میں کسی بھی موضوع پر بات کیجیے اور دیکھیے کچھ ہی دیر میں کیا کیا قلابے ملائے جاتے ہیں جن کا علمی یا شعوری دنیا سے دور دور تک کا کوئی ربط نہیں ہے۔ یہ سب مشرقی معاشرے میں فکری نشاۃ ثانیہ کے پیدا نہ ہونے کے نتیجے میں ہے اور اس کا خمیازہ ہماری کئی نسلوں کو اٹھانا ہے جب تک وہ علمی دنیا کو مشرق و مغرب جیسے محدود جغرافیائی دائروں سے نکال کر اپنے لامحدود شعور کا حصہ نہیں بنائیں گے۔

ڈاکٹر خالد سہیل:

بلند اقبال صاحب آپ نے بجا فرمایا۔ اچھا اب میں چلتے چلتے پروگرام کے اختتام پر نطشے کی ایک اور بات کا حوالہ دینا چاہوں گا۔ وہ کہتے ہیں:

"Convictions are more more enemies of truth than lies"

بظاہر اس کا مطلب آسان ہے مگر وہ کہنا یہی چاہ رہے ہیں کہ جھوٹ واضح طور پر جھوٹ ہوتا ہے جبکہ روایتی باتوں کو اعتقادات کے سانچے میں ڈھال کر بغیر کسی تفکر اور تدبر کے کماحقہ تسلیم کر لینا بھی جھوٹ ہی کے زمرے میں آتا ہے۔

میرے نقطہ نگاہ میں نطشے ہمیں واضح طور پر اپنی سوچ، عقل، ضمیر اور ذہانت کو استعمال کرنے کی تلقین کرتا ہے اور چیزوں کو ماننے کی بجائے پرکھنے کی طرف ہماری توجہ مبذول کرواتا ہے۔ یہاں پر ہم آپ سے اجازت چاہیں گے۔ آپ کا بہت بہت شکریہ

ژاں پال سارتر کا فلسفہ وجودیت

ڈاکٹر خالد سہیل:

آج ہم فرانس کے نامور فلسفی ژاں پال سارتر کی زندگی اور اس کے فلسفہ وجودیت پر بات کریں گے۔ سارتر کو فلسفہ وجودیت کا بانی تصور کیا جاتا ہے۔ ان کی بہت زیادہ ادبی خدمات کی وجہ سے انہیں 1964 میں ادب کے نوبل پرائز سے نواز ا گیا لیکن سارتر نے یہ ایوارڈ لینے سے انکار کر دیا اور واضح کیا کہ وہ اپنی صلاحیتوں اور فلسفے کو اس ایوارڈ میں مقید نہیں کریں گے۔ آج کے پروگرام میں ہم سارتر کی دو کتابوں پر بھی گفتگو کریں گے۔ میں اس پروگرام کے حوالہ سے کچھ کہنا چاہوں گا کہ یہ جو پروگرامز کا سلسلہ ہم نے شروع کیا تھا، یہ بنیادی طور پر میرا ایک خواب تھا جو میں اکیلا شر مندہ تعبیر نہیں کر سکتا تھا۔ میرے اس خواب کو تکمیل بخشنے میں میرے ادبی دوست ڈاکٹر بلند اقبال کا بھرپور ساتھ مجھے حاصل ہوا جس پر میں ان کا تہہ دل سے شکر گزار رہوں۔

ڈاکٹر بلند اقبال:۔

ڈاکٹر خالد سہیل میں آپ کا بہت زیادہ مشکور ہوں کہ آپ نے مجھے اس ادبی تسلسل میں متحرک رکھ کر ایک مختلف قسم کی ادبی کاوش کو فروغ دیا اور اسی کاوش کو پروان چڑھانے میں آپ کی تحریک کی بدولت بے شمار کتابیں میری نظر سے گزریں ۔ یہ پروگرام سماجی سائنسز کے دائرہ کار میں آتے ہیں۔ بد قسمتی سے آج کی مادی دنیا میں ایسے فلسفیانہ موضوعات کو زیادہ سنجیدگی سے پڑھا اور سمجھا نہیں جاتا۔ حالانکہ زندگی کی حقیقتوں اور اس کی موشگافیوں سے نبر آزما ہونے کے لیے ان موضوعات کو پڑھا اور سمجھا جانا چاہئے۔ ہم نے ان ادبی

پروگرامز میں قدیم فلسفہ پر بات کی، مڈل دور کے فلسفہ کو پرکھا اور اب ہم موجودہ دور کی فلاسفی پر بات کر رہے ہیں۔ زندگی کی بنیادوں یا مجموعی ارتقا کو سمجھنے کے لیے ان موضوعات کو جاننا، سمجھنا اور پرکھنا بہت ضروری ہے۔

ڈاکٹر خالد سہیل :۔

ژاں پال سارتر 1905 میں فرانس میں پیدا ہوئے اور وہیں 15 اپریل 1980 میں اُن کا انتقال ہوا۔ سارتر کے بچپن میں ہی ان کے والد کا انتقال ہو گیا تھا۔ 1938 میں انہوں نے ایک چھوٹا سا ناول بعنوان (Nausea) لکھا جس نے بہت زیادہ مقبولیت حاصل کی۔ سارتر کا ہم عصر البرٹ کاموز (Albert Camus) تھا۔ تاریخ کے اس اہم موڑ پر ان دونوں فلسفیوں کی تحریروں نے تہلکہ مچا دیا تھا۔

ڈاکٹر بلند اقبال :

سارتر نے اپنی زندگی میں دو عالمی جنگوں کو دیکھا۔ ان خوفناک جنگوں میں انسانیت کا بہت خون بہا۔ پہلی جنگ عظیم میں تقریباً 20 ملین لوگ لقمہ اجل بنے جبکہ دوسری جنگ عظیم میں 75 ملین لوگ جان کی بازی ہار گئے تھے۔ انسانی تاریخ کے ان خوفناک اثرات کے زیر اثر دو شخصیات پروان چڑھتی ہیں ان میں سے ایک کا نام البرٹ کاموز ہے جبکہ دوسری شخصیت کا نام ژاں پال سارتر ہے۔ سارتر نے تقریباً 33 سال کی عمر میں ایک ناول متلاہٹ یا Nausea کے نام سے لکھا تھا۔ سارتر کے فلسفہ وجودیت کو سمجھنے کیلیے اس ناول کو جاننا بہت ضروری ہے۔ اس ناول میں زیادہ کردار نہیں ہیں۔ اس ناول کا مرکزی کردار (protagonist) ایک نوجوان لڑکا ہے جس کا نام (Antoine Roquentin) ہے۔ سارتر نے اس ناول میں این ٹوائن روکیوٹین کے حوالے سے ایک مستقل سی متلاہٹ کی سی کیفیت (Nausea) کا ذکر کیا ہے۔ اس ناول کا مرکزی کردار این ٹوئن کئی دنوں سے متلاہٹ کی سی کیفیت کا شکار نظر آتا ہے۔ وہ اپنے ارد گرد پڑی ہوئی چیزوں پر غور کرتا ہے اور ان چیزوں کی حقیقت تک پہنچنا چاہتا ہے۔ جب وہ اپنے ارد گرد کی چیزوں کو دیکھ کر ان کی بنیاد پر غور کرتا ہے تو وہ پریشان ہو جاتا ہے اور اس کو متلاہٹ کی سی کیفیت شروع ہو جاتی ہے اور وہ ایک Reverse Conversion Process میں چلا جاتا ہے۔ این ٹوئن پر اس متلاہٹ کی کیفیت مسلسل

طاری رہتی ہے اور وہ اس کیفیت کی وجہ جاننے کی کوشش کرتا ہے اور وہ بے جان اجسام اور جاندار کے درمیان حقائق پر الجھنے لگتا ہے۔ وہ کبھی پتھر اور کبھی شراب کے خالی گلاس کو اٹھا کر دیکھتا ہے اور کبھی گیلے کاغذ کی لمس سے کچھ محسوس کرنے کی کوشش کرتا ہے۔ اسی کیفیت میں این ٹوئن اپنی زندگی کی تمام کشش کھو دیتا ہے۔ ایک دن وہ آئینے میں خود کو دیکھتا ہے تو وہ اپنے ہی عکس کے تخیل میں کھو جاتا ہے اور سوچنے لگتا ہے کہ آیا یہ میٹیریل جس سے وہ مل کر بنا ہے وہ کیا شے ہے اور یہ جو آئینے میں مجھے شے نظر آرہی ہے، یہ کیا ہے؟ میں خود کیا ہوں؟ یہی نہیں وہ وقت کی حقیقت پر بھی گمان رکھتا ہے۔ اُسے لگتا ہے اُس کے ارد گرد ہر شے اپنی فطرت میں کچھ اور ہے، جاندار اور بے جان اجسام کی حقیقت اور ان کی ساخت کے معنی مختلف ہیں۔ وقت کے الیوژن میں الجھا ہوا این ٹوئن کو پھر کچھ ایسے لگنے لگتا ہے کہ جیسے وہ اپنے ماضی میں قید ہو گیا ہو۔ اس کیفیت کے بعد وہ سوچتا ہے کہ اس کو موجودہ وقت کے بارے میں سوچنا چاہئے اور آج میں رہ کر زندگی گزارنی چاہئے۔ اور پھر کہانی کئی ایک فلسفیانہ مراحل سے گزرتی ہے اور بالاخر ایک دن این ٹوئن پر (Existence Precedes Essence) کی حقیقت آشکار ہوتی ہے۔ وہ شاہ بلوط کے درخت کے نیچے بیٹھ جاتا ہے اور غور و فکر میں مبتلار ہتا ہے۔ وہ درخت کی جڑ کو غور سے دیکھتا ہے تو اس کو ادراک ہوتا ہے کہ ہر چیز کی ایک جڑ ہوتی ہے اور اس کا جوہر یا (Essence) فزیکل فارم میں پروان چڑھتا ہے۔ انسانوں سے بننے والی مصنوعی اشیا میں Essence کے بعد Existence کا تصور نظر آتا ہے جبکہ مسلسل غور و فکر کرنے کے بعد اس کو یہ بات سمجھ میں آتی ہے کہ جو چیزیں ہم دیکھ رہے ہوتے ہیں وہ اس کی اصل حقیقت نہیں ہوتی پھر یوں انسانی بنیاد کے لحاظ سے وجودیت کا فلسفہ سارتر کے پاس سے (Existence Precedes Essence) متعارف ہوتا ہے یعنی یہ فکر روح کی اساسی فکر کی نفی کرتی ہے۔

خالد سہیل:۔

1943 میں سارتر کی کتاب بعنوان Being a nothingness شائع ہوئی جو کہ سارتر کی فلاسفی پر مبنی ہے۔ میں آپ کی بات بڑھاتے ہوئے یہاں کچھ باتوں کی وضاحت کرنا چاہوں گا۔ مذہبی فلاسفی کے مطابق کائنات کی حتمی سچائی یعنی جوہر (Essence) کی صورت

میں پہلے سے موجود ہے اور اس فلسفے کے مطابق نبی، بزرگ اور ولی اس حتمی سچائی کا مسلسل اعلان کرتے رہے ہیں اور ہمیں بھی انہی حتمی اور قطعی آئیڈیالوجی سے راہنمائی حاصل کرنی چاہئے۔ اسی مخصوص فریم ورک میں مذہبی لوگ اپنی زندگی بسر کرتے ہیں تا کہ اچھے انسان بن کر فلاح پاسکیں۔ جبکہ دوسری طرف سیکولر فلاسفی ہے۔ سارترے کے مطابق زندگی ایک بے معنی سی چیز ہے لیکن آپ اسی زندگی کے اندر خود معنویت ڈال سکتے ہیں۔ ہم پر ایک انسان ہونے کے ناطے سے یہ ذمہ داری ہے کہ ہم اپنی زندگی کا فائدہ اٹھائیں اور آزادی کے ساتھ اپنی اپنی زندگی کے خود معنی تلاش کریں۔

بلند اقبال۔

سارترے نے وجودیت کے اس فلسفے کو تین حصوں میں تقسیم کرکے بیان کیا ہے:

(i) Absurdity (ii) Facticity (iii) Authenticity

Absurdity کا مطلب یہ ہے کہ دنیا بڑی فضول اور مضحکہ خیز سی ایک فطری سی شے (سیارہ) ہے جو فطرت کے تغیر سے اور ہزاروں سیاروں کی طرح اچانک وجود میں آگیا ہے ۔ دراصل (Absurdity) کا تصور اس بات کی وضاحت کرتا ہے کہ دنیا میں کوئی مخصوص یا (Hard and Fast) نپا تلا اخلاقیاتی اصول نہیں ہے۔ جب کوئی قدرتی آفت آتی ہے تو اس کی زد میں نیکوکار اور بُرے ہر طرح کے لوگ یکساں آتے ہیں ۔ دنیا میں رونما ہونے والے حادثے کا شکار بغیر کسی رنگ، نسل، مذہب کے انسانوں، بڑے چھوٹے جانور، حشرات یا پرندوں کی تفریق کے ہر طرح کے جاندار اور بے جان پر اپلائی ہوتے ہیں۔ اس کے بعد دوسرا اہم نقطہ Facticity کا ہے۔ اس میں دوباتیں اہمیت کی حامل ہیں۔ Limited Sencse اور Freedom Sense

جب ہم اس دنیا میں آتے ہیں جو کہ ہمارے لیے بالکل ہی نئی ہوتی ہے اور ہم یہ تک نہیں جانتے کہ ہم اس دنیا میں کیسے آگئے سوائے اس کے کہ اور جانداروں کی طرح ہم بھی فطری طور پر اپنی اسپیشیز کی ایک آف اسپرنگ کی شکل میں ہی پیدا ہوتے ہیں۔ اب اس دنیا میں آجانے کے بعد ہم کچھ چیزوں میں محدودیت کا شکار ہوتے ہیں مثلاً قد، رنگ اور جائے پیدائش وغیرہ۔ اچھا ان سب چیزوں پر آپ کا کوئی اختیار نہیں ہے مثلاً آپ کا قد چھوٹا ہو یا

لمبا ہو، رنگ کالا ہو یا سفید، حتی کہ آپ کے پاس جائے پیدائش کی بھی چوائس نہیں ہوتی، ان سب چیزوں کو (Limited Sense) کہتے ہیں اور ان عناصر کو تبدیل بھی نہیں کیا جا سکتا۔ جبکہ دوسری طرف سارتر (Freedom Sense) کی طرف اشارہ کرتا ہے۔ وہ وضاحت کرتے ہوئے کہتا ہے کہ اپنی (Limited Sense) یعنی محدودیت سے بالاتر ہو کر (Freedom Sense) کو حاصل کرنے کا نام (Facticity) ہے۔ یعنی محدودیت سے لامحدودیت کا سفر طے کر کے حقائق شناسی تک پہنچنے کا نام Facticity ہے۔ تیسرا اہم نقطہ (Authenticity) ہے۔ یعنی شعوری طریقے سے اپنے اعمال کی ذمہ داری لینا اور اپنی خواہش کو ذاتی خواہش کے زمرے میں ڈھالنا اور اس کی مکمل ذمہ داری قبول کرنے کا نام (Authenticity) ہے۔

خالد سہیل:۔

سارتر کے مطابق انسان انفرادی اور اجتماعی طور پر اپنی زندگی میں خود معنویت پیدا کر سکتا ہے۔ سارتر کہتا ہے کہ (Consciousness) یعنی شعور ایک آئینہ کی طرح خالی ہوتا ہے۔ اگر ہم غور کریں تو دو چیزیں بڑی اہمیت کی حامل ہوتی ہیں۔ ایک یادوں کی صورت میں ہمارا ماضی ہوتا ہے اور دوسرا ان یادوں میں سے معنی کشید کرنا ہوتا ہے۔ ہم اپنی آزادی کا شعوری طور پر فائدہ اٹھا کر اپنی زندگی کے حقیقی معنی خود تلاش کر سکتے ہیں۔ یہ بہت گہرا فلسفہ ہے۔ اگر ہم سارتر کی سیاسی زندگی پر نظر ڈالیں تو ہمیں ان کی زندگی میں مختلف رنگ ملتے ہیں۔ زندگی کے ایک مرحلے پر وہ کیمونسٹ تھے اور ماؤزے تنگ کو بہت پسند کرتے تھے۔ چے گویرا سے بھی ملاقاتیں رہیں اور اپنی انہی سیاسی سرگرمیوں کی وجہ سے ان کو گرفتار بھی کر لیا گیا تھا۔ سارتر کی گرفتاری پر چارلس ڈیگال نے کہا تھا کہ (You cannot arrest sartr)۔ میری نظر میں سارتر نے ادب، سیاست اور فلسفے کو ایک نئی جہت عطا کی تھی۔

بلند اقبال:۔

سارتر کی عظمت کا اندازہ آپ اس بات سے لگا سکتے ہیں کہ انہوں نے ساری زندگی ہوٹلوں کے کمروں میں گزار دی اور اپنی کوئی ذاتی رہائش گاہ نہیں بنائی۔ ان کی شخصیت کا جو سب سے بڑا کمال ہے وہ یہ ہے کہ انہوں نے کسی بھی قسم کا ادبی ایوارڈ قبول نہیں کیا حتی کہ نوبل پرائز کو بھی ریفیوز کر دیا کہ کوئی بھی ایوارڈ فکر و خیال کو قید کر سکتی ہے اور اپنی ساری زندگی

ایک آزاد انسان کی حیثیت سے گزار دی۔وہ کہا کرتے تھے کہ کسی ادیب کو کسی طور (Institution) نہیں بنانا چاہیے اور ہر شخص کو اپنی پوری آزادی کے ساتھ سوچنے اور رائے قائم کرنے کا حق ہونا چاہئے۔میری نظر میں سارتر تنقیدی رویے کو پروان چڑھانا چاہتے تھے۔

خالد سہیل :۔

سارتر نے اپنے مختلف ڈراموں (Plays) کی صورت میں فلسفہ وجودیت کو واضح کرنے کی کوشش کی۔ایک دفعہ سارتر کا ڈرامہ بعنوان (No Exit) دیکھنے کا اتفاق ہوا۔اس ڈرامہ میں ایک ہوٹل کا وسیع و عریض کمرہ دکھایا جاتا ہے۔ہوٹل کے داخلی دروازے سے ہوٹل کا عملہ ایک خاتون مسافر کو اندر لے کر آتا ہے اور پھر دو مسافروں کو اندر لایا جاتا ہے۔اب ہوٹل کے اس کمرے میں یہ تینوں مسافر ایک دوسرے کیلیے اجنبی ہیں۔اب ہوٹل کا داخلی دروازہ بند ہو چکا ہے اور اب یہ تینوں مسافر واپس بالکل بھی نہیں جاسکتے یعنی اس کمرے کا کوئی (Exit) نہیں ہے۔ یہ کمرہ ایک جہنم کا استعارہ ہے جو غیر مذہبی پس منظر میں تخلیق کی گئی ہے۔اب ڈرامہ میں موجود خاتون سونا بالکل نہیں چاہتی اور پھر کمرے میں کوئی آئینہ نہیں ہے تو وہ عورت ایک اجنبی سے مخاطب ہوتی ہے اور کہتی ہے کہ تم مجھے اپنی آنکھوں میں جھانکنے دو تاکہ اُن میں، میں اپنا عکس دیکھ سکوں۔اسی فلسفہ کو زندگی پر بھی لاگو کیا جاسکتا ہے کہ دنیا میں آ جانے کے بعد ہم پیچھے نہیں جاسکتے بلکہ اب ہم کو آگے ہی جانا ہے۔اسی طرح سارتر نے بیشمار ڈرامے (Plays) ڈرامے لکھے جن میں Dirty hand اور Respectable prostitute سرفہرست ہے۔ان ڈراموں میں سارتر نے بہت گہر افلسفہ بیان کیا ہے۔میں یہاں سارتر کی محبوبہ اور اس کی ادبی دوست (Simone de Beauvoir) کا ذکر کرنا چاہوں گا۔ یہ تعلق 930 میں ایک یونیورسٹی سے شروع ہوتا ہے اور یہ تعلق تقریباً 50 سال تک چلتا ہے۔ میری نظر میں سارتر نے سیاسی زندگی اور سیاست اور اس طرح سے ناول، ڈرامہ اور فلسفہ کو نئی جہت سے ہمکنار کیا تھا۔ ان کی مقبولیت کا یہ عالم تھا کہ جب سارتر کی (Funeral Ceremony) ہوئی تو اس میں لاکھوں لوگ شریک ہوئے تھے۔

بلند اقبال :۔

ادبی دنیا میں البرٹ کاموز اور سارتر بڑے گہرے دوست تھے۔ کاموز کی قبل

الزوقت موت ہوگئی تھی اچانک ایک کار حادثے میں انتقال کر گیا تھا اس حادثے کے بعد سارتر نے ایک انٹرویو میں یہ کہا تھا کہ البرٹ کاموز میرا واحد اچھا دوست تھا۔ حالانکہ ابتدائی زمانے میں اچھے دوست رہنے کے بعد ایک طویل عرصے تک سارتر اور کاموز کے درمیان مختلف سیاسی اور ادبی اختلافات اور فکری انداز میں فرق کی وجہ سے (جس میں کمیونزم کی مخالفت اور موافقت بھی شامل ہے) کافی شدت سے دوری آ چکی تھی ۔ جہاں کاموز کو اپنی ادبی تخلیقات پر شہرت نصیب ہوئی، ادب کا نوبل پرائز بھی ملا وہاں دوسری طرف سارتر کے فلسفہ وجودیت نے خوب ہی تہلکہ مچایا اور اپنی فلسفیانہ فکر سے ایک نئی طرز کی شعوری دنیا ادب کو نواز دی۔

خالد سہیل:۔

ایک کتاب ہے جس کا نام (Adieux; Farewell to Sartre) ہے یہ ایک تحفہ ہے جو سیمون نے سارتر کی وفات پر دیا تھا۔ سیمون اور سارتر کی دوستی محبت اور عشق پچاس برسوں پر مبنی تھا۔ نظریاتی طور پر یہ دونوں خدا کو نہیں مانتے تھے ۔ جب سارتر کا انتقال ہوا تو سیمون نے ایک جملہ لکھا کہ His death does not separate us. My death will not bring us Together Again. یعنی اُس کی موت نے ہمیں جدا کر دیا اور میری موت ہمیں دوبارہ نہیں ملائے گی۔ یہ ایک سیکولر آدمی کا دوسرے سیکولر آدمی کیلیے خراج تحسین ہے ۔

بلند اقبال:۔

سارتر کا فلسفہ بہت بڑا ہے جس نے ایک شعوری پیمانہ دیا ہے کہ زندگی کیا ہے اور اس میں ہم معنویت کیسے پیدا کر سکتے ہیں۔ اس فلسفے نے انسانی زندگی میں معنویت کے ہر زاویے کو کھول کر رکھ دیا ہے۔ یہ جو ہم گناہ و ثواب، جنت اور دوزخ کے نام پر مصنوعی اخلاقیات کی پرورش کرتے ہیں اور پھر اُس کی ناکامیوں کی ایک صدیوں بھری تاریخ رکھتے ہیں اُسے فلسفیانہ تجزیے کے سپرد کر دیا بلکہ جس کی وجہ سے منافقت کے نقاب چڑھائے مذہبی تہذیب کی طرف اشارہ کر کے فلسفہ وجودیت نے اس کو تار تار کر دیا ہے۔ جہاں تک سیمون کا تعلق ہے وہ مغرب میں فیمنسٹ تحریک کی بنیاد قائم کرنے والی ادیبہ ہیں۔ انہوں

نے ایک جگہ مردوں سے مخاطب ہو کر کہا تھا کہ تم عورت کے پر کاٹ کر اُس سے کہتے ہو کہ تم اُڑ نہیں سکتی؟ مگر ڈاکٹر صاحب یہ اس قسم کی باتیں ہیں جو سیاسی، معاشی اور سماجی طور پر بانجھ معاشروں میں نہیں کی جا سکتی اور جب شعور و فکر پیدا کرنے کی گنجائش ہی ختم کر دی جائے تو پھر ایسے معاشرے میں ذہنی اپاہج ہی پیدا ہوں گے۔

خالد سہیل:۔

سارترنے فرانس میں رہتے ہوئے فرانس کی حکومت کو سیاسی وجوہات کی وجہ سے چیلنج کیا تھا، یہی نہیں انہوں نے کالوں (Blacks) کو سپورٹ کیا تھا اور خواتین کے لیے بھی آواز اٹھائی تھی۔ سارترنے ہمیں بتایا کہ ہمارا یہ جو نسلی تعصب ہے یہ کس حد تک ہمیں متاثر کرتا ہے۔ اسی انداز سے سارترنے یہودیوں پر ہونے والے ظلم کی وجہ سے اُن کو سپورٹ بھی کیا تھا۔

اصطلاحات کی وضاحت

INTELLECTUALISATION PROCESS

عقلی رنگ دینا۔ عقل سے کام لینا۔ عقلیت کے رنگ میں رنگنا یا رنگا جانا

INSOMNIA

بے خوابی کا مرض

HERD INSTINCT

اجتماعی ذہنی کیفیت یا خصلت

SELF TRANSFORMATION PROCESS

خود شناسی اور خود آگہی کا عمل

چارلس ڈارون اور رچرڈ ڈاکنز کی دانائی

ڈاکٹر خالد سہیل:

ناظرین کرام! آج ہم چارلس رابرٹ ڈارون کی بات کر رہے ہیں جسے دنیا چارلس ڈارون کے نام سے جانتی ہے۔ میں سمجھتا ہوں کہ چارلس ڈارون کی ارتقا کی تھیوری نے سائنس میں ایک تہلکہ مچا دینے کے ساتھ ساتھ مذہبی دنیا میں بھی طوفان کھڑا کر دیا تھا۔ ڈارون کی تھیوری سے یہودیت، عیسائیت حتیٰ کہ اسلام کی طرف سے بھی بہت زیادہ ہنگامہ ہوا۔ پچھلی چند دہائیوں میں جب بھی میں نے مختلف مکاتبِ فکر کے مردوں اور عورتوں سے ڈارون کے نظریہ ارتقا کے بارے میں تبادلہ خیال کیا تو مجھے یہ جان کر حیرانی ہوئی کہ ان میں سے اکثر نے یا تو اس نظریے کو سنجیدگی سے پڑھا ہی نہیں تھا اور اگر پڑھا تھا تو صحیح طریقے سے سمجھا نہیں تھا کیونکہ وہ سائنس کے سنجیدہ طالب علم نہیں تھے۔ میں ڈارون کی زندگی کی بات کرنا چاہوں گا کیونکہ ان کے تجربات کی طرح ان کی ذاتی زندگی بھی دلچسپ تھی۔ آپ زولو جسٹ تھے۔ ان کی پرندوں اور انسانوں کے بارے میں کتابیں بہت مشہور ہوئیں۔ ان میں سے ایک The origin of species ہے اور دوسری The Descent of Man تھی۔ اس کے علاوہ ان کی The Autobiography of Charles Darwin بہت زیادہ مشہور ہوئی۔ دنیا کے بہت سے مذاہب کے پیروکاروں کا یہ ایمان ہے کہ انسان کرہ ارض پر جنت سے اترا ہے اور اس کی تخلیق باقی جانوروں، پرندوں اور مچھلیوں کی تخلیق سے مختلف ہے۔ اس مذہبی نظریے کے مقابلے میں ڈارون نے یہ سائنسی نظریہ پیش کیا کہ انسان کی تخلیق لاکھوں سالوں کے حیاتیاتی ارتقا کا نتیجہ ہے اور انسانوں، جانوروں، پرندوں اور

مچھلیوں کے آبا و اجداد مشترک ہیں۔ ان کتابوں کے حوالے سے بھی آج ہم بات کریں گے۔ لیکن اس سے پہلے کہ ہم ڈارون کے حوالے سے بات کریں ہم یہ دیکھنا چاہتے ہیں کہ وہ دور کیسا تھا جس میں ڈارون پیدا ہوئے تھے۔ یہ انیسویں صدی کا دور ہے۔ یہ 1809ء میں پیدا ہوئے۔ اور 1882ء میں ان کا انتقال ہو گیا۔ ڈارون کی تھیوری نے نہ صرف سائنس کو بلکہ نفسیات، سوشیالوجی، انتھرا پولوجی الغرض زندگی کے ہر پہلو کو متاثر کیا۔ حتیٰ کہ اس نے کائنات کو دیکھنے کا نقطہ نظر بھی یکسر بدل کر رکھ دیا۔ ان سے پہلے یہ خیال تھا کہ دنیا میں جو ہماری species ہیں کہ جیسے بندر، پرندے یا جانور ہیں۔ ان سب کی پیدائش یا ان کا کرۂ ارض پر وجود میں آنا اور ان سب کا ماخذ مختلف ہیں۔ ڈارون وہ پہلے انسان تھے جنہوں نے سائنسی لحاظ سے یہ ثابت کیا کہ ہم در حقیقت آپس میں جڑے ہوئے ہیں۔ جانوروں، پرندوں اور ہمارے آبا و اجداد ایک ہی ہیں۔ اس لحاظ سے The origin of species ایک بالکل نیا نظریہ تھا۔ یہ سب باتیں جس قدر دلچسپ ہیں اسی قدر متنازع فیہ بھی ہیں۔ ان باتوں پہ آج اکیسویں صدی میں بھی تنقید کی جاتی ہے اور بہت سارے لوگ اس ارتقا کی تھیوری کو آج بھی نہیں مانتے ہیں۔ لیکن بطور سائنسدان میں اس تھیوری کو مانتا ہوں۔

تو بلند اقبال صاحب آپ بتائیں کہ جب آپ نے ڈارون کو پڑھا تو آپ کے ذہن میں ان کی زندگی، شخصیت، نظریہ ارتقا کے بارے میں کیا خاکہ بنا؟ آپ اپنے نقطہ نظر کے حوالے سے ناظرین کو آگاہ کریں۔

ڈاکٹر بلند اقبال:

ڈاکٹر صاحب، مزید ار بات یہ ہے کہ ڈارون کو پڑھتے پڑھتے میرا ذہن خود بخود گلیلیو کی طرف چلا گیا اور مجھے یاد آیا کہ گلیلیو نے کہا تھا کہ ہمارا یہ ماننا کہ ہم کائنات کا مرکز ہیں، حقیقت میں ایسا نہیں ہے۔ اس سے پہلے مذہبی نظریہ یہی کہتا تھا کہ کائنات کو خدا نے اپنے ہاتھوں سے بنایا اور ہم انسان اس کائنات کا مرکز ہیں۔ لیکن جب ڈارون نے تھیوری آف نیچرل سلیکشن کی بات کی تو انہوں نے ایک طرح سے گلیلیو کی بات پر مہر ثبت کر دی۔ اور انہوں نے ہمیں بتایا کہ اصل بات یہ ہے کہ جو بائیولوجیکل جنس یا حیات طاقتور ہو گی وہی زندہ بچے گی یعنی انہوں نے The survival of fittest کی بات کی کہ انسانی بقا میں قدرت

کے چناؤ یعنی Natural Selection کا عمل دخل ہے اور اس میں مائیکرو اور میکرو ایوولوشن (Micro and Macro Evolution) شامل ہے۔

ناظرین کرام یہ ڈارون وہی ہیں جسے اس کے دور میں کہا گیا تھا کہ یہ یورپ کا خطرناک ترین انسان ہے۔ (Darwin; The most dangerous person in England) اس بات کی وجہ کیا تھی اس بات کو بھی سمجھنے کے لیے ان کی ذاتی زندگی پہ نظر ڈالتے ہیں کہ وہ کس قدر اپنے کام سے مخلص Devoted تھے اور ان کا پسندیدہ سبجیکٹ ایک سماجی فکری انقلاب لا سکتا تھا۔ یہ انگلینڈ میں شریوز بری (Shrewsbury) نامی علاقے میں پیدا ہوئے اور ایک ڈاکٹر کے بیٹے تھے۔ اِن کے دادا سائنسدان تھے اور والدہ کا تعلق بھی بے انتہا پڑھے لکھے گھرانے سے تھا۔ ڈارون طالب علمی کے زمانے میں بہت زیادہ ذہین طالب علموں میں شمار نہیں ہوتے تھے۔ اُن کے والد کی خواہش تھی کہ وہ اُن کی طرح مستقبل میں ڈاکٹر بنے شاید اسی لیے فرمابردار ڈارون نے والد کی خواہش کی پیروی کرتے ہوئے ایڈنبرگ یونیورسٹی جوائن کی۔ مگر ابھی دوسرے سال ہی میں تھے تو انہوں نے یونیورسٹی چھوڑ دی اور پھر کیمرج یونیورسٹی میں داخلہ لے لیا جہاں انہوں نے میڈیسن کے ساتھ ساتھ مذہب کا مطالعہ بھی شروع کیا۔ مگر اس دوران بھی ان کا دل مذہب سے زیادہ زوالوجی کی طرف مائل ہوا اور اب وہ مذہب یا میڈیسن کے بجائے حشرات (Beetles) یا کیڑوں وغیرہ کی تحقیق میں زیادہ وقت صرف کرتے رہے۔ اُس دور میں ڈارون کا تعلق میڈیکل سائنسز سے زیادہ نیچرل سائنسز کے ڈیپارٹمنٹ سے رہا، وہ وہاں موجود زوالوجسٹ سے مسلسل رابطے میں رہے اور اپنی ریسرچ شیئر کرتے رہے۔ ڈارون کے اس فیصلے کو ان کے والد نے پسند نہیں کیا جب انہوں نے اپنی میڈیکل کی ڈگری مکمل نہیں کی اور بجائے اس کے اپنے شوق کے پیچھے چلتے گئے۔ کیمرج یونیورسٹی سے جب انہوں نے اپنی تھیالوجی یعنی مذہب میں ڈگری مکمل کی تو اس کے بعد انہوں نے دنیا کے وزٹ کا پروگرام بنایا۔ اس سلسلے میں پہلے وہ پیرس جانے والے تھے کہ اچانک وہ دوست جس کے ساتھ انہوں نے سفر کرنا تھا، اُس کی وفات ہو گئی اور پھر اس کے بعد یوں ہوا کہ ایک اور بحری جہاز جس کا نام بیگل (Beagle) تھا انہوں نے ڈارون کو خط لکھا اور کہا کہ یہ جہاز ایک طویل دورے

کے لیے دنیا کے سفر کے لیے جا رہا ہے جو مختلف براعظموں سے گزرے گا اور اگر وہ بطور زوالوجسٹ چلنا چاہیں تو ان کے لیے جگہ موجود ہے، یوں ڈارون کا پانچ سال کے لیے سفر کا آغاز ہوا۔ 1827ء تک ان کی میڈیسن کی ڈگری نامکمل رہی۔ 1829ء میں انہوں نے تھیالوجی کو پڑھا۔ 1831 میں یہ بحری جہاز کے ساتھ چلے گئے۔ ان کا بحری جہاز بیگل نیوزی لینڈ، نارتھ امریکہ، کیریبین، اسٹریلیا، بلگیریا اور مغربی افریقی حصوں سے ہوتا ہوا دور افتادہ ممالک سے گزرتا ہوا اور ڈارون اس سارے عرصے میں وہ زمانے بھر کے فوسلز، پلانٹس اور چٹانوں وغیرہ کے نمونے جمع کرتے رہے اور انہیں بکسوں میں کیمبرج بھیجتے رہے۔ پانچ برس بعد جب وہ واپس انگلینڈ پہنچے تو انہوں نے ان نمونوں پر باضابطہ تحقیق شروع کی۔

ڈاکٹر خالد سہیل:

بلند اقبال صاحب! ڈارون کئی ممالک اور جزیروں کے سفر اور تیس برس کی تحقیق کے بعد جن نتائج تک پہنچے تھے۔ وہ ان نتائج کو چھپانے سے گھبراتے بھی تھے کیونکہ وہ سمجھتے تھے کہ جو چیزیں میں جمع کر رہا ہوں اگر میں نے ان کو عوام الناس پر واضح کر دیا تو مجھ پر اعتراضات ہوں گے۔ ان کی بیوی ایما وج وڈ (Emma Wedgwood) بہت زیادہ مذہبی تھیں، انہوں نے بھی انہیں ڈرایا کہ یہ باتیں تو عیسائیت کے خلاف ہیں، اگر آپ نے یہ نتائج عوام کے سامنے پیش کیے تو بہت سخت مخالفت ہو گی۔ اس تھیوری پہ فتوے لگ جائیں گے اور روایتی پادری ان کے نظریے کو بائبل کی تعلیمات کے خلاف جان کر اُن کا دائرہ حیات تنگ کر دیں گے۔

اب مزے کی بات یہ ہے کہ 1858ء میں ان کے دوست الفریڈ رسل ویلک (Alfred Russel Wallac) جو کہ ڈارون کے شاگرد تھے اور وہ ڈارون کو اپنا سینئر دوست مانتے تھے۔ ایک دن ان کا ایک خط انہیں آیا جس میں انہوں نے کہا کہ میں آپ کو ایک آرٹیکل بھیج رہا ہوں۔ آپ اسے پڑھ کر اس کے بارے میں اپنی رائے دیں۔ ڈارون یہ دیکھ کر حیران رہ گئے کہ اس میں ان کے شاگرد نے ڈارون کی اپنی 'ارتقا کی تھیوری' کی تھیوری کی سمری پیش کر دی تھی۔ اب یہ بہت پریشان ہوئے کہ میری تھیوری تو الفریڈ نے پیش کر دی ہے۔ اس موقع پر ڈارون نے اپنے دوستوں سے مشورہ کیا کہ اب وہ کیا کریں؟ تو دوستوں نے کہا کہ ہم ایک سیمینار منعقد کرواتے ہیں اُس میں الفریڈ اور آپ دونوں اپنا اپنا پیپر پڑھیں۔ تو اس

واقعہ سے نفسیاتی طور پر ڈارون مجبور ہو گئے تھے کہ بیس سال سے وہ جو ریسرچ کر رہے تھے اُن پر مشتمل کتاب The origin of species شائع کی جائے۔ دوسری طرف جب یہ کتاب پبلشرز کے پاس گئی تو انہوں نے بھی اسے کچھ خاص لفٹ نہیں کروائی کیونکہ ان کا خیال تھا کہ نہ تو یہ فروخت ہو گی اور نہ ہی اسے کوئی پڑھے گا۔ اس کی ایک وجہ یہ بھی تھی کہ ڈارون نے کتاب میں بہت زیادہ سائنسی اصطلاحات کا استعمال کر رکھا تھا۔ لیکن آج وہی کتاب دنیا کی بیسٹ سیلرز میں سے ایک ہے اور اب تک اس کی لاکھوں کاپیاں فروخت ہو چکی ہیں۔

عیسائی پادریوں کا کہنا تھا کہ بائبل میں آیا ہے کہ کرۂ ارض کی عمر چھ ہزار برس ہے اور آدم جنت سے زمین پر آیا ہے۔ ڈارون نے ثابت کیا کہ انسان لاکھوں برس کے ارتقا اور قدرتی چناؤ(natural selection)کا ماحصل ہے۔ عیسائی دنیا میں یہ تضاد آج تک موجود ہے۔ روایتی عیسائی اور پادری ڈارون کے نظریے کو نہیں مانتے اور کہتے ہیں کہ یہ عیسائی تعلیمات کے خلاف ہے۔ روشن خیال عیسائی ڈارون کے نظریے کو مانتے ہیں اور سمجھتے ہیں کہ انجیل کی تعلیمات اور ڈارون کے نظریے میں کوئی تضاد نہیں۔ ان کا کہنا ہے کہ انجیل لوک ورثہ اور اخلاقیات کی کتاب ہے سائنس کی نہیں۔ اس لیے ہمیں انجیل کی دیگر ادب عالیہ کی طرح استعاراتی تفسیر کرنی چاہیے نہ کہ لغوی۔

بہر حال جب یہ کتاب چھپ گئی تو یہ بات کھل کر سامنے آ گئی کہ کتاب چرچ کی فکر کے سراسر خلاف ہے۔ ڈارون کی زندگی میں ہی اس کی حمایت اور مخالفت کرنے والوں میں مناظرے ہوتے رہے لیکن وہ خاموشی سے اپنا تحقیقی اور تخلیقی کام کرتے رہے اور جہالت کی تاریکیوں میں علم و دانش کی شمعیں جلاتے رہے۔ فوت ہونے سے پہلے انہوں نے ایک اور کتاب لکھی تھی جس کا نام The Descent of Man تھا۔ اس کتاب میں ڈارون نے ثابت کیا کہ انسانوں اور حیوانوں کی بہت سی ذہنی خصوصیات مشترک ہیں اور انسانی دماغ جانوروں کے دماغ کی ارتقا یافتہ صورت ہے۔ ڈارون نے کہا کہ رحم مادر میں انسانی بچے کا دماغ جانوروں کے دماغ کی ارتقا یافتہ صورت ہے۔ ڈارون نے کہا کہ رحم مادر میں انسانی بچے کا دماغ ساتویں مہینے میں اتنا نشو و نما پا چکا ہوتا ہے جتنا کہ بندر کا دماغ جوانی میں ہوتا ہے۔ اسی لیے حیوانوں اور انسانوں کی ذہنی اور جذباتی خصوصیات میں مماثلت پائی جاتی ہے۔ ڈارون نے ثابت کیا کہ

انسانوں کی طرح جانور بھی خوش ہوتے ہیں اور ایک دوسرے سے کھیلتے اور شرارت کرتے ہیں۔ خوشی کی خصوصیات کے ساتھ ساتھ جانور غم کا اظہار بھی کرتے ہیں اور جب انسانوں کی طرح خوفزدہ ہوتے ہیں تو ان کے دل زور زور سے دھڑکنے لگتے ہیں اور ان کے بال کھڑے ہو جاتے ہیں۔ اگر جانوروں کا کوئی قریبی رشتہ دار فوت ہو جائے تو وہ دکھی بھی ہوتے ہیں۔ جب بندروں کے بچے یتیم ہو جاتے ہیں تو انہیں دوسرے بندر پالتے ہیں۔ جانور انسانوں کی طرح محبت بھی کرتے ہیں۔ کتے اپنے مالک کے بہت وفادار ہوتے ہیں۔ جانوروں کو حسن کا بھی احساس ہوتا ہے۔ مور کا رقص اس کی ایک اعلیٰ مثال ہے۔ ڈارون کا کہنا تھا کہ جو چیز ارتقا کے حوالے سے انسانوں کو باقی جانوروں سے ممتاز کرتی ہے وہ اس کے الفاظ اور زبان ہیں۔ زبان کی وجہ سے انسانوں نے شاعری اور ادب، سائنس اور ٹیکنالوجی، نفسیات اور سماجیات کو تخلیق کیا اور کلچر اور تہذیب کو فروغ دیا۔

تو بلند اقبال اب آپ ناظرین کے ساتھ تھیوری آف نیچرل سیلیکشن کا لب لباب شیئر کریں۔ تا کہ پھر اس کے بعد ہم رچرڈ ڈاکنز کے حوالے سے بات کریں۔

ڈاکٹر بلند اقبال:

ڈاکٹر صاحب جہاں سے آپ نے بات ختم کی ہے چلیں میں اپنی بات وہیں سے شروع کرتا ہوں کہ 4.5 بلین سال پہلے دنیا کا آغاز ہوا۔ ڈارون نے کہا کہ ہمارا شمار بھی ان دس سے پندرہ ملین Species میں ہے یعنی ہم ان سے حیاتیاتی حوالے سے مختلف نہیں تو یہ سوال پیدا ہوتا ہے کہ ہم اور ان میں فرق کیا ہے؟ اس کے جواب میں کئی ایک ڈائمنشن زیر بات ہو سکتی ہے مگر کچھ دیر حیاتیاتی تصور پر رہیں تو ڈارون کا کہنا ہے کہ یہ جو نیچرل سیلیکشن کی تھیوری ہے اس میں سیلیکشن کا عمل قطعی بے ہنگم (Random) ہے۔ یعنی اس کے پیچھے کوئی منظم پلان نہیں ہے بلکہ یہ صرف Survival of the fittest والی بات ہے یعنی جو بہترین یا طاقتور ہو گا وہ زندہ رہ جائے گا۔ ڈارون نے یقیناً یہ کوئی فرضی بات نہیں کہہ دی ہے بلکہ زوالوجی کے قوانین کے مطابق انہوں نے اس امر کے لیے طویل تحقیق کی ہے۔ انہوں نے پانچ سالہ بحری سفر کے دوران مختلف نمونے اکٹھے کیے تھے۔ ان کے مطابق انہوں نے ثابت کیا کہ ایسے بہت سارے پرندے ہیں۔ وہ ایک ہی نسل کے ہونے کے

باوجود مختلف سائز کی چونچ رکھتے ہیں جو ان کی ضرورت کے لحاظ سے صدیوں میں بدلتی چلی گئی ہیں۔ اب ان میں یہ فرق جغرافیائی لحاظ سے بھی ہے اور Survival کے لحاظ سے بھی۔ انہوں نے کہا کہ ایسی ہزاروں مثالیں ہیں مثلا وہیل مچھلی ہے جو کہ حقیقت میں ایک زمینی جانور ہے۔ وہیل پانی کا جانور نہیں ہے۔ یہ بات بالکل ایسے ہی ہے جب ہم یہ کہتے ہیں کہ ڈائنوسار چلے گئے ہیں تو کیا وہ واقعی چلے گئے ہیں؟ یہ بھی ہو سکتا ہے کہ تبدیلی ہیئت یعنی میٹامارفوسس (Metamorphosis) کے ذریعے سے ڈائنوسور کسی اور جانور کی شکل میں ڈھل گئے ہوں۔ یوں یہ بات آگے جاکر انسانوں میں بھی ملتی ہے کہ انسان کا انسان کی شکل میں وجود میں آنا اصل میں 4.5 بلین سال کا ایک ارتقائی عمل ہے۔ یہ بات بالکل ایسی ہی ہے جیسا کہ تتلی کے خوبصورت رنگ ہیں اور ہم انہیں اکثر دیکھ کر سراہتے ہیں کہ کیا خوبصورت رنگوں کا مرکب ہے۔ ہم ظاہر ہے اس بیک گراونڈ میں نہیں جاتے ہیں کہ یہ رنگ جو اس ترتیب میں آئے ہیں انہیں اپنی شکل متعین کرتے کرتے 4.5 بلین سال لگے ہیں۔ پہلے چند رنگ پروں پر بنے جو جینیٹک وجہ سے نئی آف اسپرنگ میں ظاہر ہوئے پھر کر اس بریڈنگ کے بعد مزید نئی قسم کی تتلیاں پیدا ہوئیں جس سے اور نئے رنگ شامل ہوئے۔ ظاہر ہے یہ سو دو سو برس کی بات نہیں ہے بلکہ لاکھوں کروڑوں برسوں کا قصہ ہے۔ ظاہر ہے ہماری طبعی عمر لگ بھگ ستر سال ہے۔ یہ ستر برس کی عمر بھلا کیسے 4.5 بلین سالوں کا احاطہ کر سکتی ہے؟ میں نے مولانا اسرار احمد کی ایک تقریر سنی تھی جس میں ان کا کہنا تھا کہ یہی کوئی دس ہزار سال پہلے ہی انسان وجود میں آیا ہے۔ تو کہنا یہ ہے کہ دس ہزار سال پہلے انسان نہیں بنا تھا بلکہ 4.5 بلین سال پہلے دنیا میں انسان ایک خلیے کی شکل میں بنا تھا اور پھر یہ مائیکرو ایوولوشن کا عمل ہے جو مختلف ماحولیاتی تبدیلیوں اور متنوع جغرافیائی وجوہات کی بنا پر اپنی بقا کی جنگ لڑتے ہوئے صدیوں تک مختلف شکلیں بدل کر اس حالت میں پہنچا ہے اور آج بھی ان میں مائکرو تبدیلیاں جاری ہیں۔ مختصرا پرندوں، جانوروں اور انسان بلکہ ہر وہ چیز جس کو ہم زندگی کہتے ہیں، ان کی شکل بدلتی رہتی ہے اور آج دنیا جو کچھ بھی ہے، اسے اس حالت میں آنے کے لیے 4.5 بلین سال لگے ہیں۔ اچھا ظاہر ہے اس مائیکرو ایوولوشن سے یہ میکرو ایوولوشن کی صورت بنی ہے اور یوں کر اس بریڈنگ کی صورت

میں مختلف جانور آپس میں مل کر اور قسمیں بناتے رہے ہیں یوں لاکھوں کروڑوں اسپیشیز بنتی چلی گئی ہیں۔

ڈاکٹر خالد سہیل:

اسی بات کو میں آگے بڑھاؤں تو میں کچھ دیر کے لیے سٹیفن ہاکنگ کی طرف آتا ہوں۔ سٹیفن ہاکنگ کے مطابق ہماری یہ پوری کہکشاں 13.7 بلین سال کی ہے۔ پھر جیسے آپ نے کہا کہ زمین 4.5 بلین سال پہلے کی ہے۔ زندگی 4 بلین سال پہلے سمندر کی گہرائیوں میں وجود میں آئی اور ہم انسان ایک لاکھ سال پہلے وجود میں آئے اور یہ سب کچھ جو انسان کا بن مانس سے ارتقا افریقہ سے شروع ہوا تھا وہ لاکھوں برسوں میں پورے کرۂ ارض پر پھیل گیا اور اس میں مشرق مغرب شمال جنوب ہر ایک سمت میں مختلف قسموں یا انسانوں جیسی Species شامل ہیں۔

اس بات کی تصدیق رچرڈ ڈاکنز کی کتاب The Ancestors Tale سے ہوتی ہے۔ جس میں وہ ہمیں اس کرۂ ارض پر زندگی کی ابتدا کی طرف لے جاتے ہیں اور ہمیں سمجھاتے ہیں کہ کس طرح سے تمام جانوروں کے آباؤ اجداد ایک ہیں اور وہ لوگ جو ارتقا کی تھیوری کو مکمل طور پر نہیں جانتے ہیں، ان کا ماننا ہے کہ جیسے بندر انسان بن گئے تو اب انسان کچھ اور کیوں نہیں بن رہے ہیں۔ تو میں یہ واضح کرنا چاہتا ہوں کہ رچرڈ ڈاکنز کی کتاب The Ancestors Tale میں وہ لکھتے ہیں کہ اگر ہم وقت میں پیچھے کی طرف چلتے جاتے جائیں تو بندروں کی نسل جنہیں ہم Apes کہتے ہیں اور انسانوں کی نسل جنہیں ہم Homo Sapians کہتے ہیں۔ ان دونوں کے آباو اجداد ایک ہی ہیں۔ اس کتاب میں انہوں نے ثابت کیا کہ اگر ہم انسانوں کے کروموسومز، جینز اور ڈی این اے کا جانوروں، پرندوں اور مچھلیوں کے کروموسومز، جینز اور ڈی این اے سے مقابلہ کریں تو ثابت کر سکتے ہیں کہ ان کے آباو اجداد مشترک ہیں۔

اس کتاب کا میں آپ کو ایک پیرا گراف سنانا چاہتا ہوں۔ جس کا میں نے اردو ترجمہ کیا ہے۔ رچرڈ ڈاکنز نے اپنی کتاب میں اپنی تحقیق سے جو تفصیلات بیان کی ہیں، ان کے مطابق انسانوں کا جنہیں سائنس کی زبان میں ہم Homo Sapiens کہتے ہیں، ان کا اپنے آباو اجداد

سے کچھ اس طرح سے رشتہ ملتا ہے۔

Homo Erectus سے رشتہ تقریباً ایک ملین سال پہلے،

Chimpanzee & Gorilla سے رشتہ 5 سے 7 ملین سال پہلے،

Orangutans & Gibbons سے 18 ملین سال پہلے،

Monkeys سے رشتہ 25 سے 40 ملین سال پہلے،

Rhodents & Rabbits سے رشتہ 60 سے 80 ملین سال پہلے،

Fish & Shark سے 400 سے 500 ملین سال پہلے،

Amoeba, Fungi, Flatworms سے 600 سے 800 ملین سال پہلے۔

جدید سائنس کی اس تحقیق کو چٹانوں میں چھپے فوصل نے بہت مدد کی۔ فوصل میں وہ راز پائے گئے جو سائنسدانوں کی تحقیق کے لیے اہم ہیں۔ ڈارون کا نظریہ ارتقا اور نیچرل سیلیکشن کے مطابق جو ذی حیات سخت حالات کا سامنا کر سکے وہ زندہ رہے اور جو مقابلہ نہ کر سکے وہ نیست و نبود ہو گئے۔ میں ان چند جملوں کے اندر یہ بتانا چاہتا ہوں کہ اگر ہم پیچھے کی طرف سفر کرتے چلے جائیں تو ہمارے آباؤ اجداد ایک خلوی جاندار امیبا سے جا ملتے ہیں۔ یعنی سمندر کی اتھاہ گہرائیوں میں زندگی کا آغاز ہوا۔ رچرڈ ڈاکنز نے یہ بہت خوبصورت بات کی کہ صرف زندگی کا پیدا ہونا ہی اہم نہیں ہے بلکہ اس سے زیادہ اہم زندگی کا دوبارہ پیدا کرنا ہے، وہ جو Mitochondria اور DNA ہیں، یہ چیزیں دوبارہ کیسے پیدا ہوتی ہیں؟

انسانوں کے خلیوں میں جو ڈی این اے ہوتا ہے وہ نسل در نسل چلتا ہے۔ ان پر یورپ کے سائنسدان برائن سائکس (Bryan Sykes) نے کافی تحقیق کی ہے۔ جب اس کی کتاب Seven Daughters Of Eve چھپی تو ساری دنیا نے اپنے آباؤ اجداد اور اپنا شجرہ نسب جاننے کے لیے اپنا لعاب دہن بھیجا۔ اس طرح لاکھوں لوگوں کے ڈی این اے سے یہ تحقیق نئے نتائج پیش کر رہی تھی۔ سائنس ثابت کر چکی ہے کہ انسانی بچے میں جو کروموسوم ہوتے ہیں، ان میں سے دو کروموسوم جنسی کروموسوم (Sex chromosome) کہلاتے ہیں۔ کیونکہ وہ فیصلہ کرتے ہیں کہ بچہ لڑکا ہو گا یا لڑکی۔ لڑکی میں دونوں کروموسوم XX ہوتے ہیں۔ جن میں سے ایک X کروموسوم باپ کی طرف سے اور ایک X کروموسوم ماں

سے آتا ہے۔اس کے مقابلے میں لڑکوں کے دو کروموسوم XY ہوتے ہیں۔X کروموسوم ماں کی طرف سے آتا ہے اور Y باپ کی طرف سے اس لیے یہ کہنا کہ لڑکی اور لڑکے کا فیصلہ ماں کرتی ہے سائنسی حوالے سے غلط ہے۔

رچرڈ ڈاکنز کی Selfish Gene کے نام سے ایک کتاب ہے۔ جو بہت زیادہ مشہور ہوئی۔ بلکہ یہ پہلی کتاب ہے جس سے یہ بطور بیالوجسٹ مشہور ہوئے۔ان کی کتاب The Ancestor Tail اتنی زیادہ مشہور نہیں ہوئی۔ لیکن ارتقا کے لحاظ سے اہم ہے۔

تو آپ بلند اقبال صاحب بتائیں کہ رچرڈ ڈاکنز کی کتاب Selfish Gene کے بارے میں آپ کی کیا رائے ہے؟

ڈاکٹر بلند اقبال:

ڈاکٹر صاحب: رچرڈ ڈاکنز سے یوں تو ہمارے بہت سارے ناظرین واقف ہی ہیں مگر جنہیں پتہ نہیں ہے ان کو بتاتا چلوں کہ یہ کیمبرج یونیورسٹی کے ریٹائرڈ پروفیسر ہیں اور God Delusion جیسی متنازعہ کتاب کے مصنف ہیں۔ جس کی وجہ سے ان کا انگلینڈ کی مشہور مگر متنازعہ شخصیت میں شمار ہوتا ہے۔ ان کی یہ کتاب 2006ء میں آئی تھی۔ اصل میں ڈارون سے رچرڈ ڈاکنز کی طرف آنے کا مقصد بھی یہی تھا کہ رچرڈ ڈاکنز نے ڈارون ہی کی کی سمت میں ایک قدم اور آگے بڑھایا ہے ۔ کیونکہ جب ڈارون نے بات کی تھی تو اس وقت Genetic Science کا تصور نہیں تھا۔تب تک ہمیں DNA اور Ribonuclic Acid کا علم نہیں تھا۔ یہ رچرڈ ڈاکنز ہیں، وہ اصل میں مائیکرو ایوولوشن بات کر رہے ہیں۔ یعنی پہلی دفعہ ہمیں علم ہوا کہ یہ مائیکرو ایوولوشن ہے کسی بھی جاندار اور پودوں کی ماحول کے لحاظ سے مائکرو تبدیلی آتی ہے اور یہ تبدیلی کئی بلین سالوں میں رونما ہوتی ہے۔ جینز جو ڈی این اے کا سب سے چھوٹا یونٹ ہوتا ہے وہاں یہ تبدیلی وقوع پذیر ہوتی ہے۔Gene کے اندر پور ایک نیوکلیائی ڈھانچہ Alleles کا ہوتا ہے۔ڈاکنز کہتا ہے کہ اس ساخت میں صرف زندہ رہنے والی پروٹین ہی نہیں ہوتی ہیں بلکہ یہ اصل میں ماحول کے لحاظ سے ایک دوسرے کے ساتھ سخت مسابقت بھی رکھتی ہیں اور ان میں جو مضبوط ہوتی ہیں، وہ آگے نکل جاتی ہیں۔اسی خیال کے پس منظر میں ان کی کتاب The Selfish Gene آئی تھی۔ لیکن پھر

اس میں انہوں نے ایک اور چیز کا اضافہ کیا اور وہ اضافی شے میم Meme تھی۔ یہ جو میم ہے اس کا تعلق کلچر سے ہے۔ وہ کہتے ہیں کہ میم بھی جین کی طرح ہے مگر یہ اپنے اندر تمام کلچر سمیٹے ہوئے ہے یعنی اس کے اندر کلچر کی جین ہوتی ہے (It is like a change in the whole culture) ۔ جینز جس طرح سے Propagate ہوتی ہے یا Multiply ہوتی ہے ٹھیک اسی طرح میم کی ساخت بھی بدلتی ہے۔ ابتدا میں ڈاکنز نے اسے میٹا مارفیکل انداز میں بیان کیا تھا مگر بعد میں اُن کے سائنسدان دوستوں نے انہیں اسے Biological Phenomenon کی شکل میں بیان کیا اور اُس کی بیالوجیکل حیثیت کا تعین کیا۔ سیلفش جین کے بعد ڈاکنز کی ایک اور کتاب The Extended Phenotype آئی جس میں انہوں نے جین کے کردار کو اگلے درجے پر لے جا کر بیان کیا ہے۔ اُن کے مطابق جین مافولوجی، فریالوجی، بائو کیمیکل اور کیمیکل اسٹکر میں ماحولیاتی تبدیلی کے لحاظ سے حصہ لیتی ہے۔ اس کی ایک مثال انسانی آنکھ کے حوالے سے دی جاسکتی ہے کہ آنکھ جینز کے ذریعے دیکھنے والے خلیات کو اپنے آف اسپرنگ میں ٹرانسفر کرتی ہے مگر آنکھ کے مختلف کلر ز فینو ٹائپ کے بدولت ماحولیاتی تبدیلیوں کی وجہ سے بنتے ہیں ۔ بہر حال یہ کتاب ایک تفصیلی مطالعہ کی متقاضی ہے ۔ رچرڈ ڈاکنز کی جب God Delusion آئی تو انہوں نے خدا کی موجودگی کو حیاتیاتی ارتقائی عمل اور مائکرو بیالوجیکل سائنس کی مدد سے انسانی ڈلیوژن یا نفسیاتی بیماری ثابت کرنے کی کوشش کی۔ اس کتاب کے بعد رچرڈ ڈاکنز کی ایک اور کتاب نے سائنس اور مذہب کی دنیا میں تہلکہ مچا دیا جس کا نام The Blind Watchmaker تھا جس کے مطابق کائنات چل تو رہی ہے مگر اس کو بنانے والا ایک بلائنڈ واچ میکر سے زیادہ نہیں یعنی یہ مشین ایک لیونگ انٹر ڈیپنڈنٹ پر اسس کی مدد سے چل رہی ہے اور اس کے پیچھے کوئی مافوق الفطرت خدا نہیں بلکہ محض فطری قوتیں ہے ۔

ڈاکٹر خالد سہیل:

ہم جو کئی حوالوں سے بات آگے بڑھا رہے ہیں، وہ سائنسی انداز از فکر کے مطابق انسانی ارتقا کی ہے۔ بلند اقبال صاحب ایک دفعہ ہم بات کر رہے تھے کہ مسلم فلاسفرز کے نزدیک مذہب اور سائنس میں کوئی تضاد نہیں ہے۔ لیکن اب موجودہ دور میں ڈارون اور

رچرڈ ڈاکنز کی تھیوریز کے بعد مذہب اور سائنس میں موجود تضاد بالکل نمایاں سطح پر آگیا ہے۔ اس لیے اب یہاں میں کچھ لمحات کے لیے رکنا چاہتا ہوں اور بتانا چاہتا ہوں کہ عیسائیت نے ڈارون کی تھیوری کو قبول نہیں کیا۔ انہوں نے کہا تھا کہ 6 ہزار سال یا 10 ہزار سال پہلے کائنات بنی۔ جو مسلمان ہیں، انہوں نے بھی کہا کہ کائنات چھ دن میں بنی ہے اور ساتویں دن خدا آرام کرتا ہے۔ اگر آپ مولانا مودودی، غلام احمد پرویز، ابوالکلام آزاد جیسے لوگوں کی کتابیں پڑھیں تو ایک گروپ کہتا ہے کہ قرآن اور ارتقا کی تھیوری میں تضاد ہے اور یہ دونوں ایک دوسرے کی ضد کی ہیں۔ اپنی تفاسیر میں وہ لکھتے ہیں کہ خدا نے آدم اور حوا کو پیدا کیا۔ ان کی پیدائش جنت جیسے کسی اعلیٰ مقام پر ہوئی اور پھر انہیں زمین پر بھیج دیا گیا۔

اب دلچسپ بات یہ ہے کہ جب میں نے غور سے پڑھا تو میں نے جانا کہ قرآن میں ''نفس واحدہ'' کا ایک ذکر ملتا ہے۔ اس کا ترجمہ تمام مسلم فلاسفر نے ارتقا کی تھیوری سے پہلے ''آدم'' سے کیا۔ یعنی نفس واحدہ سے مراد آدم ہے اور ساری دنیا کے انسان آدم سے بنے ہیں۔ لیکن جب میں نے ابوالکلام آزاد کی تفسیر پڑھی تو میں حیران رہ گیا کہ انہوں نے نفس واحدہ کا ترجمہ انگریزی میں کیا تھا۔ انہوں نے نفس واحدہ کا ترجمہ Unicellular organism سے کیا۔ نفس یعنی Cell اور واحدہ مطلب Unicellular اور پھر انہوں نے قرآن سے سات سے آٹھ آیات لیں۔ ایک آیت میں ہے کہ زندگی پانی سے آئی ہے۔ ایک اور آیت میں کہا کہ تم گوشت کا لوتھڑا تھے اور پھر انہوں نے یہ ثابت کرنے کی کوشش کہ یہ جو پوری ارتقا کی تھیوری ہے، اس کا قرآن کے ساتھ کوئی تضاد نہیں ہے۔ بلکہ قرآن اسے زیادہ وضاحت سے بیان کرتا ہے۔ اور پھر اگلی بات یہ کہہ دی کہ یہ باتیں 1500 سال پہلے ہی قرآن میں کہہ دی گئی تھیں، سائنس تو ان کو اب دریافت کر رہی ہے۔ اچھا دوسری طرف بعض مسلمانوں کا خیال ہے کہ سائنس کی تحقیق کا مذہبی کتابوں سے کوئی تعلق نہیں۔ ہمیں سائنس کی تحقیق کے نتائج کو قبول کرنا چاہیے اور اس بات کی فکر نہیں کرنی چاہیے کہ آسمانی کتابیں ان سے اتفاق کرتی ہیں یا نہیں۔ ویسے بھی آسمانی کتابوں کی اتنی ہی تفسیریں ہیں جتنے عالم اور فرقے۔ بعض دفعہ وہ تفسیریں مختلف ہی نہیں متضاد بھی ہوتی ہیں۔

اب میں آپ کو ایک ذاتی بات بتاؤں۔ جب میں نے میڈیکل کالج میں ارتقا کی

تھیوری پڑھی تو جس بات نے مجھے اس تھیوری پر قائل کیا وہ میری Embrology کی اسٹڈی تھی۔ اس علم کے مطابق جب بچہ Conceive ہوتا ہے تو ایک اسپرم اور ایک اووم (Ovum) کے ملنے سے ایک ذائی گوٹ (Zygot) بنتا ہے۔ جو کہ امیبا کی طرح کا ایک یک خلوی Cell ہے۔ تو اب اگر اس کا ارتقا دیکھیں تو انسانی بچہ پہلے یک خلوی ہوتا ہے، پھر وہ مچھلی کی طرح نظر آتا ہے، پھر کسی پرندے کی طرح دکھائی دیتا ہے، پھر وہ میمملز کی طرح لگنے لگتا ہے۔ ساتویں مہینے تک انسانی بچہ Adult Ape کی سطح تک پہنچ جاتا ہے۔ اس کے بعد آخری مہینے میں Brain Cerebral Cortex بنتا ہے اور پھر مزید ارتقا ہوتا ہے۔ تو میں یہ عرض کرنا چاہتا ہوں کہ وہ لوگ جو ڈارون کی ارتقا کی تھیوری کو شک کی نگاہ سے دیکھتے ہیں یا اسے یکسر مانتے ہی نہیں ہیں یا وہ یہ سمجھتے ہیں کہ اس کا مذہب سے اختلاف ہے۔ وہ انسانی بچے کے نشوونما پانے کے مراحل کو غور سے دیکھیں اگر وہ انسانی بچے کا رحم مادر میں ہر ماہ الٹرا ساؤنڈ (Ultrasound) دیکھیں تو شائد اپنی رائے بدل لیں۔

بہت سے مسلمان جو ڈارون کے نظریے کو نہیں مانتے، اس حقیقت سے بے خبر ہیں کہ ڈارون سے پہلے جن فلاسفروں نے ارتقا کے نظریے کو پیش کیا تھا ان میں مسلم فلاسفر ابن خلدون بھی شامل تھے۔ ابن خلدون نے اپنی مشہور تصنیف 'مقدمے' میں لکھا تھا۔ کرۂ ارض پر ارتقائی لاکھوں سال سے ہو رہا ہے پہلے یہاں صرف معدنیات تھیں، پھر نباتات بنے، پھر سمندر میں زندگی پیدا ہوئی، پھر مچھلیاں بنیں، پھر جانور بنے، پھر انسان بنے یعنی ارتقا کی ہر منزل کی انتہا اگلی منزل کی ابتدا بنی۔

یوں ہمیں معلوم ہوتا ہے کہ ارتقا کا نظریہ پہلے سے موجود تھا۔ ڈارون نے اس کا سائنسی ثبوت پیش کیا۔ اس طرح ارتقا کا نظریہ جو فلسفے کی کتابوں میں پیش کیا جاتا تھا، سائنس کی کتابوں میں داخل ہو سکا۔ ڈارون کے بعد کئی اور سائنسدانوں نے اس نظریے کے مزید سائنسی ثبوت فراہم کیے اور یوں چارلس ڈارون کے نظریے نے انسانی شعور کے ارتقا میں اہم کردار ادا کیا ہے۔ ڈارون کے نظریے نے وہ بنیادیں فراہم کیں جس پر کارل مارکس، سگمنڈ فرائیڈ اور رچرڈ ڈاکنز جیسے ماہرین سماجیات، نفسیات اور حیاتیات نے سائنس کی بلند و بالا عمارتیں تعمیر کیں۔

اس کے بعد بھی جن مسلمان دوستوں کو ڈارون کی تھیوری پر اعتراض ہو تو ان سے درخواست ہے کہ وہ مولانا ابوالکلام کی تفسیر پڑھیں۔ وہ ایسا کریں تو وہ بڑی آسانی سے سمجھ سکیں گے کہ مذہب اور سائنس کے درمیان اگر بعض حوالوں سے ٹکراو ہے تو بعض حوالوں سے مماثلت بھی ہے۔ ہم نے کچھ باتیں ڈارون کی سوانح حیات کے بارے میں کی تھیں۔ اب رچرڈ ڈاکنز کی ذات کے اس پہلو کی بات کرتے ہیں جو مذہب کے حوالے سے ہے۔ تو بلند اقبال صاحب! اس بارے میں آپ کی کیا رائے ہے؟

ڈاکٹر بلند اقبال:

ڈاکٹر صاحب! رچرڈ ڈاکنز کی کتاب God Delusion سنہ 2006ء میں آئی۔ اس سلسلے میں غورطلب بات یہ ہے کہ ستمبر 2001ء میں 9/11 کا واقعہ ہوا تھا جس پر جارج بش نے ایک جملہ کہا تھا کہ "خدا کی طرف سے مجھے حکم آیا ہے کہ ان علاقوں پر حملہ کرو۔" یہ جملہ بہت مشہور یا بدنام ہوا تھا۔ میرا خیال ہے کہ یہ جملہ اس کے جواب میں تھا جب اسامہ بن لادن نے حملے کی ذمے داری قبول کی تھی اور یہ موقف اختیار کیا تھا کہ یہ حملہ خدا کی طرف سے ہے۔ اس طرح دو مذہبی ذہنوں نے خدا کے حکم کو جواز بنا کر جنگ کا آغاز کیا تھا۔

رچرڈ ڈاکنز کی اس کتاب سے پہلے بہت ساری کتابیں آ چکی تھیں جن میں انہوں نے مدافعانہ رویہ ضرور اختیار کر رکھا تھا۔ لیکن کبھی اس طرح کھل کے مذہب کے خلاف جارحانہ نہیں ہوئے تھے۔ بلکہ وہ پانچ سے چھ سال تک رکے رہے کیونکہ ان کے پبلشر زنے بھی منع کیا تھا کہ God Delusion جیسی کتاب نہ لکھو کیونکہ یہ مذہب پر باضابطہ حملہ ہو جائے گا۔ لیکن اس دوران اُن کی کئی ایک کتابیں آتی رہیں۔ کئی ایک مصنفین کہتے ہیں کہ اس دور میں ایک Unholy Trinity بن گئی تھی۔ جن میں رچرڈ ڈاکنز، کرسٹوفر ہچنز (Christopher Hitchens) اور سیم حارث شامل ہیں۔ جب چار سال بعد ان کی کتاب مارکیٹ میں آئی تو اس کی 3.5 ملین کاپیاں فروخت ہوئیں۔ رچرڈ ڈاکنز کے مطابق 3.5 ملین اس کا ایک Unauthorized عربی ورژن سعودی عرب میں ڈاؤن لوڈ ہوا۔ جسے سعودی لوگوں نے پڑھا۔

اگر ہم کتاب پر کھل کر بات کریں تو ہم دیکھتے ہیں کہ انہوں نے مذہب پر بہت ہی

کھلے ڈھلے انداز میں بات کی ہے۔ انہوں نے کہا کہ:

"When one person suffers from delusion, it is called insanity. When the whole population suffer delusion, it is called religion"

اور اس طرح انہوں نے Delusion کو مذہب سے جوڑ دیا۔ یعنی یہ ایک دیوانگی ہے جو تمام دنیا میں ارتقائی عمل سے پھیل چکی ہے۔ یوں یہ بڑی اہم بات ہے کیونکہ اس کتاب میں انہوں نے مذہب کو بیماری سے تشبیہ دے کر چیلنج کر دیا ہے اور یوں انہوں نے پورے کے پورے مذہبی تصور پر اعتراض کر دیا ہے۔ انہوں نے کہا کہ میں چار باتیں کرنا چاہتا ہوں۔

(1) پہلی بات تو یہ ہے کہ جہاں تک دہریت کا تعلق ہے اگر آپ ایک دہریے ہیں تو آپ کو اس بات پر فخر ہونا چاہیے۔ آپ کو اس کے لیے معذرت خواہانہ رویہ اختیار کرنے کی کوئی ضرورت نہیں ہے۔

(2) آپ دہریے ہیں تو آپ کہہ سکتے ہیں کہ آپ کے اپنے اخلاقیات کے معیار ہیں اور ان کا کسی بھی مذہب سے تعلق نہیں ہے۔ جس کا مطلب ہوا کہ آپ ایک دہریے ہو کر بھی خوش اور مطمئن ہو سکتے ہیں اور آپ کو کسی بھی مذہب کی ضرورت نہیں ہے۔

(3) تیسری بات جو انہوں نے کہی کہ مذہبی تھیوری، جتنی بھی اچھی کیوں نہ ہو یہ تھیوری ہمیشہ آف نیچرل سلیکشن سے نیچے ہی ہے۔

(4) اور چوتھی بات جو انہوں نے کہی کہ مذہبی سوچ کے نتائج بہت بھیانک ہوتے ہیں۔ انسانی تاریخ میں یہ اثرات بہت زیادہ زہریلے رہے ہیں۔ اس حوالے سے سب سے زیادہ جو نقطہ انہوں نے نمایاں کیا وہ بچوں کے حوالے سے ہے کہ بچہ بس بچہ ہوتا ہے وہ ہندو بچہ، مسلم بچہ یا کیتھولک بچہ نہیں ہوا کرتا۔ یہ تقسیم غیر فطری ہے۔ مذہبی اسکول بچوں کو انسان کا بچہ بنانے کی بجائے کچھ اور بنا دیتے ہیں۔ اس نقطہ کے بعد انہوں نے اس طرح کی تربیت کے نتائج کے بارے میں بات کی ہے کہ کس طرح سے یہ تربیت بنیاد پرستی اور انتہا پسندی کی طرف لے جاتی ہے۔

اسی کتاب میں انہوں نے Homosexuality پر مذہبی نقطہ نظر کے حوالے سے بھی بات کی۔ الغرض انہوں نے ہر لحاظ سے مذہب میں موجود تمام سوالیہ نشانات پر بات

کی۔ کتاب کے آغاز میں رچرڈ ڈاکنز نے ایک جملہ بہت دلچسپ لکھا ہے "میرے لیے یہ کافی ہے کہ میرے گھر کی بیک یارڈ میں باغ ہے۔ مجھے اس بات پر یقین کرنے کی ضرورت نہیں ہے کہ اس کے نیچے پریاں بھی ہیں۔"

ڈاکٹر خالد سہیل:

چونکہ ہماری گفتگو بہت اوپن ہے تو میرے رچرڈ ڈاکنز سے جو نظریاتی اختلاف ہے میں ان پر بات کرنا چاہتا ہوں۔ انہوں نے اپنی کتاب کے دیباچے میں لکھا ہے کہ انہوں نے بہت سارے سائیکاٹرسٹ سے مشورہ کیا تو انہوں نے کہا کہ آپ لفظ Delusion کا غلط استعمال کر رہے ہیں۔ تو میں بحیثیت سائیکاٹرسٹ ان لوگوں سے متفق ہوں۔ کیونکہ ایک فرد کی Delusion جو ہے وہ ایک الگ بات ہے۔ لیکن مذہب کی کلچرل اہمیت بہر حال ضرور ہے اس لیے مذہب کو ایک نفسیاتی بیماری ظاہر کرنے کی کوشش کی ہے۔

اگرچہ میں بھی ایک دہریہ ہوں لیکن میں ایک ہیومنسٹ بھی ہوں۔ اس لیے میں سمجھتا ہوں کہ انہوں نے مذہب کے لیے یہ لفظ استعمال کر کے کچھ زیادتی کر دی ہے اور اس کی وجہ ان کا مزاج ہے اور اس شدت کی وجہ سے معاشرے میں ایک رد عمل بھی ہے۔ میں یہ سمجھتا ہوں کہ وہ جو کلچرل اعتقادات ہیں جو مذہب کے حوالے سے ہیں۔ وہ لوگوں کے اندر ایک کلچرل اور سوشل عنصر ہے۔ وہ نفسیاتی مرض نہیں ہے کیونکہ جب ہم Delusion کی بات کرتے ہیں تو وہ بات یہ ہے کہ ایک پیرانائڈ شخص کہتا ہے کہ لوگ مجھے قتل کر رہے ہیں یا میری بیوی مجھے زہر دے رہی ہے تو آپ اس کا نفسیاتی علاج کرتے ہیں۔ جس کی خاطر آپ اسے مینٹل ہسپتال میں داخل کرواتے ہیں۔ اسے آپ Shock Treatment دیتے ہیں یا اُسے آپ ادویات دیتے ہیں۔ تو بہر حال میں کہہ رہا ہوں کہ خدا کے بارے میں جو سوچ، فلاسفی یا آئیڈیا ہے اس کو Delusion کہنے کے نظریے سے میں اتفاق نہیں کرتا۔ انہوں نے ایک طرح سے Poetic Licence استعمال کیا ہے۔ میں سمجھتا ہوں کہ جب تک وہ ایک سائنسدان یا بیالوجسٹ کی حیثیت سے بات کر رہے تھے یعنی جب انہوں نے Selfish Gene کی بات کی تھی، اس وقت تک ان کا مقام ایک سائنس دان کے طور پر تھا۔ لیکن جب انہوں نے God Delusion نامی کتاب شائع کر دی تو اس میں ایک قسم کی

شدت ہے اور اس نے سماجی تضاد کو جنم دیا۔ لیکن یہ بھی ایک حقیقت ہے کہ آہستہ آہستہ اس شدت میں کمی آرہی ہے اور مذہبی لوگوں اور سائنسی لوگوں کے درمیان دوبارہ مکالمہ شروع ہورہا ہے۔ میری یہ سوچ ہے کہ یہ جو کھلا محاذ ہوتا ہے، اس میں بعض دفعہ لوگ اکیلے رہ جاتے ہیں اور اپنے اپنے کونے میں جا کر پناہ گزین ہو جاتے ہیں۔ جس سے صحت مند مکالمے کی فضا مجروح ہو جاتی ہے۔ میں یہ سمجھتا ہوں کہ سائنس اور سوشیالوجی کے آگے بڑھنے کے لیے پہلی شرط ہے کہ مختلف الخیال لوگوں کے درمیان مکالمہ ہو اور دوسری شرط ہے کہ یہ مکالمہ نرمی و تہذیب سے بھرپور ہو۔ یہی وجہ ہے کہ اکثر دہریے اپنے آپ کو ہیومنسٹ بھی کہتے ہیں کیونکہ اس طرح بات میں ایک طرح کی نرمی و تہذیب در آتی ہے۔

یہ تو خیر میری رائے تھی۔ اب میں بلند اقبال صاحب آپ سے جاننا چاہوں گا کہ آپ کے خیال میں کھلم کھلا محاذ بہتر ہے یا ایک سیکولر طرز عمل اچھا ہوتا ہے جس میں ڈائیلاگ جاری رہتا ہے؟

ڈاکٹر بلند اقبال:

ڈاکٹر صاحب! آپ کی رائے بالکل ٹھیک ہے۔ رچرڈ ڈاکنز کی طرف سے معاملات میں شدت ہے۔ میرا خیال ہے کہ Capitalist سوسائٹی کا ایک مزاج بھی ہے جہاں نظریات بھی فروخت ہوتے ہیں۔ اب جیسا کہ مارکیٹ کے حوالے سے دیکھا جائے تو رچرڈ ڈاکنز کی کتاب God Delusion کی 3.5 ملین کاپیاں فروخت ہوئی ہیں۔ دیکھیے نا ڈاکنز بھی اس کتاب کی وجہ سے کروڑپتی ہو گیا۔ مگر دوسری بات یہ بھی ہے کہ تمام چیزیں جو متنازع ہوں، وہ فروخت ہو جائے ضروری نہیں بلکہ اُس کی ایک علمی ویلیو کا ہونا بھی ضروری ہے۔ اس کتاب کا مطالعہ بتاتا ہے کہ یہ سائنسی اعتبار سے کافی وزنی کتاب ہے کیونکہ بہر حال رچرڈ ڈاکنز ایک بڑی علمی شخصیت ہیں جس کا اندازہ اُن کی تمام کتابوں سے اچھی طرح ہو جاتا ہے۔ کتاب کے موضوع کو مکمل طور پر ڈسکس کرنے کی غرض سے میں کہوں گا کہ رچرڈ ڈاکنز نے کتاب کے پہلے حصے میں God Hypothesis کی بات کی ہے۔ اس نے آئن سٹائن اور سٹیفن ہاکنگ کا خدا کی ذات کے بارے میں فزکس کے پس منظر میں جو نقطہ نظر ہے اس کو بنیاد بنایا اور پھر اس کا عیسائیت کے خدائی تصور کے ساتھ موازنہ کیا اور یوں ان دونوں انتہاؤں کے

درمیان ایک واضح لائن کھینچ دی۔ انہوں نے ثابت کرنے کی کوشش کی کہ سائنسی نقطہ نظر ہر لحاظ سے قابلِ فہم ہے۔ مذہب کی بات کرتے ہوئے انہوں نے میم اور جینز کے تصور کو آپس میں ملایا اور اپنی بات کی وضاحت کے لیے اس کا استعمال کیا۔

ڈاکٹر خالد سہیل:

بلند اقبال صاحب! میں کچھ دیر کے لیے دوبارہ چارلس ڈارون پہ آنا چاہتا ہوں۔ انہوں نے فوت ہونے سے ایک دو سال پہلے خود نوشت تحریر کی۔ اب ہوا یہ ہے کہ اس کے شائع ہونے سے پہلے ہی وہ فوت ہوگئے۔ ان کی بیگم صاحبہ بہت مذہبی تھیں۔ انہوں نے ڈارون کے مرنے کے بعد اس کتاب میں سے کچھ ابواب خارج کر دیے اور باقی ماندہ مسودہ شائع کروا دیا۔ مگر جب ڈارون کی Grand daughter نے اس کتاب کو پڑھا تو انہیں پتہ چلا کہ ان کی Grand mother نے اس میں کچھ چیزیں ایڈٹ کر دی تھیں۔ یہ وہ ابواب تھے جن میں ڈارون نے کھلے انداز میں اپنے دہریا ہونے کا ذکر کیا تھا۔ مزے کی بات یہ تھی کہ ان کی پوتی نے خود نوشت کے وہ ابواب بھی شامل کر دیے۔ لیکن انہوں نے بھی اصل وجہ نہیں بتائی کہ یہ ڈارون کی دہریت کے اقرار کی وجہ سے نکالے گئے تھے بلکہ انہوں نے ان ابواب کے نکالے جانے کا جواز یہ پیش کیا کہ ان ابواب کو اس سے پہلے اس لیے کتاب کا حصہ نہیں بنایا گیا تھا کیونکہ یہ ادبی طور پر ایک کمزور تحریر تھی۔ تو بتانا میں یہ چاہ رہا ہوں کہ اب ان کی نئی خود نوشت ہے اور یہ ہر طرح سے مکمل ہے۔ اسے پڑھ کر صاف اندازہ ہوتا ہے کہ انہیں اپنے دہریے ہونے پر کوئی افسوس نہیں تھا۔

لیکن وہ ایک شائستہ طرزِ عمل کے مالک تھے۔ یہ بات میں اس لیے دہرا رہا ہوں کیونکہ باتیں وہی ہیں جو رچرڈ ڈاکنز نے کی ہیں لیکن ڈارون کا طرزِ عمل متحمل مزاج ہے۔ جیسے کہ تصوف کے بارے میں کہا جاتا ہے کہ کچھ صوفی جمالی ہوتے ہیں اور کچھ جلالی ہوتے ہیں تو رچرڈ ڈاکنز کا مزاج جلالی ہے۔ ان کے مزاج میں ایک شدت ہے۔ جیسے کہ وہ سمجھتے ہیں کہ پوپ کو براہِ راست آڑے ہاتھوں لینا چاہیے۔ مثلاً انہوں نے کہا کہ پوپ جب لندن آئے گا تو ہم اس بات کا احتجاج کریں گے کہ چرچ کے اندر جو Sexual abuse ہو رہے ہیں وہ اس کی پشت پناہی کر رہے ہیں۔ رچرڈ ڈاکنز سمجھتے ہیں کہ ہمیں چرچ اور اس طرزِ عمل کو بے نقاب

256

کرنا چاہیے۔ ان کے مقابلے میں ڈارون جو تھے ان کا مزاج حلیم الطبع تھا۔ تو میں عرض یہ کرنا چاہ رہا ہوں کہ کچھ سائنسدانوں کا اور دہریوں کا طرز عمل نرم ہوتا ہے۔ وہ حلیم طبع ہوتے ہیں۔ یعنی وہ سائنس پر زیادہ فوکس کرتے ہیں۔ کچھ کا طرز عمل جلالی ہوتا ہے۔ جیسا کہ ہم نے سارتر کا طرز عمل دیکھا کہ جب Existentialism کی بات کر رہے تھے تو ان کا طرز عمل تھوڑا اجمالی ہے۔ اس کے برعکس نطشے کا طرز عمل جلالی ہے۔ بالکل اسی طرح رچرڈ ڈاکنز کے اندر ایک طرح کی شدت ہے۔ وہ یہ سمجھتے ہیں کہ ہمیں کھل کر سچ کہنا چاہیے۔ اس کے لیے اس بات کی پرواہ ہرگز نہیں کرنی چاہیے کہ سچ کتنا کڑوا ہے۔ میں ایک سائیکاٹرسٹ ہونے کے ناتے بات کر رہا ہوں کہ جب ہم کسی سائنسدان کی بات کر رہے ہیں تو ہمیں یہ بھی دیکھنا چاہیے کہ اس کی شخصیت کس طرح سے اس کی تحریر پر اثر انداز ہوتی ہے۔ کیونکہ اگر لکھنے والے کے اندر شدت ہے تو اس کو پڑھنے والوں کے اندر بھی شدت آ جائے گی کیونکہ لوگوں کا ایک خاص گروہ اس کی پیروی کر رہا ہوتا ہے۔

اچھا اب ہم گفتگو کو سمیٹتے ہیں۔ بلند اقبال صاحب اب آپ بتائیں کہ آج جب ڈارون کی تھیوری کو 150 سال ہو چکے ہیں تو آپ کے خیال میں اس سارے عرصے میں ارتقا کے نظریے نے لوگوں کی سوچ و فکر پر کیا اثر ڈالا ہے؟

ڈاکٹر بلند اقبال:

ڈاکٹر صاحب: میں یہاں دو تین باتیں کہنا چاہتا ہوں۔ پہلی بات تو یہ ہے کہ رچرڈ ڈاکنز کے حوالے سے دیکھیں تو ایک نیا تصور جنم لیتا ہوا دیکھائی دیتا ہے جسے ہم New Atheism کہتے ہیں۔ اس بات کا مطلب یہ کہ اگر آپ ایک دہریے ہیں تو آپ کو اس بات کا واضح اعلان کرنا چاہیے۔ وہ بہت واضح انداز میں یہ بات کہہ رہے ہیں کہ مذہب پر باقاعدہ حملہ ہونا چاہیے اور مذہب کو پیچھے دھکیل دینا چاہیے۔ وہ اس موضوع پر باقاعدہ لکھ رہے ہیں۔ میں ذاتی طور پر اس طرز فکر کو منفی سمجھتا ہوں۔ کیونکہ اس سے باقاعدہ ٹکراو کے امکانات پیدا ہوتے ہیں۔

دوسری بات یہ کہ جب ہم ڈارون کی تھیوری کی طرف دیکھتے ہیں تو اس کا ایک اثر ہمیں ایڈمنڈ اسپنسر (Edmund Spenser) کی طرف نظر آتا ہے۔ اسپنسر کے ہاں ہمیں سوشل ڈاروزم ملتی ہے۔ یعنی معاشرے میں صرف وہی شخص زندہ رہ سکتا ہے جو مضبوط ہو گا

اور حالات سے لڑنے کی طاقت رکھتا ہو گا۔اس طرح Social Democracy کی تھیوری سامنے آ گئی۔یعنی Western or White Race کیونکہ مضبوط race ہے اس لیے ذہنی طور پر بہت زیادہ آگے نکل چکی ہے۔اس لیے اب یہی لوگ دنیا پر بھی حکومت کریں گے۔میرے نزدیک اس طرح کے تصورات سے بہت سارے منفی تاثرات جنم لیتے ہیں۔

اب رہ گئی بات کہ ان تمام باتوں کا آج کے دور پر کیسا اثر ہوا ہے؟تو میں سمجھتا ہوں کہ اگرچہ اس تھیوری میں زندگی کے آغاز کی ایک سائنسی شکل نظر آتی ہے جو اپنے مضبوط و مربوط دلائل کی عمارت پر کھڑی ہوئی ہے۔اب یہ سوال کہ پہلا سیل کہاں سے آیا یا زندگی کی پہلی رمق کہاں اور کیسے پیدا ہوئی تو مذہبی کہانیاں بھی بس اپنے تئیں قصے کہانیوں میں الجھا کر رکھتی ہیں جو منطقی ذہنوں کو مطمئن کرنے سے قطعی قاصر ہے کیونکہ اُس میں عقلی دلائل کے بجائے دیومالائی قصے کہانیوں پر عقیدہ لا کر کام چلانے پر راضی کیا گیا ہے۔سائنسی یا فلسفیانہ یا منطقی ذہن ان باتوں کو محض اپنی مذہبی زندگی، جو انہیں معاشرتی زندگی کے خاطر ضروری محسوس ہوتی ہے، میں اطمینان رکھنے کی خاطر کام چلانے کی حد تک رکھتے ہیں ان پر زیادہ غور خوص کر کے وقت ضائع نہیں کرتے۔بہر حال یہ سوال شاید ہمیشہ سوال ہی رہے گا کیونکہ بلین برسوں پہلے ہونے والے واقعے کی کوئی شہادت موجود نہیں ہے سوائے سائنسی تھیوریز اور اندھے مذہبی عقائد کے۔۔لیکن کسی بھی زی شعور کو اس بات سے انکار نہیں کرنا چاہیے کہ سائنسی اسکالرز اور فلاسفرز کی کتابیں پڑھنے سے کم از کم سوچ و فکر اور شعور کے لیے نیا ذہن ضرور کھل جاتا ہے کیونکہ ایسے تصورات کے اندر وسیع تر گنجائش موجود ہوتی ہے کہ ذہن ارتقا کی نئی منزلوں کی طرف سفر کرے جبکہ دوسری طرف مذہبی ذہن صرف ماضی پرست ہی رہتا ہے بلکہ وقت کے ساتھ ٹھیرے ہوئے تالاب کے پانی کی طرح تعفن زدہ ہو جاتا ہے۔کیونکہ زندگی ایک فطری ارتقا کا نام ہے اس لیے سائنسی فکر ایک مثبت تحریک کا اشارہ ہے۔

ڈاکٹر خالد سہیل:

اب گفتگو کا اختتام میں کچھ اس طرح کرنا چاہتا ہوں کہ یہ دونوں صاحبان بنیادی طور پر بیالوجسٹ ہیں اور انسانی بیالوجی کے حوالے سے بات کر رہے ہیں۔میں سمجھتا ہوں کہ جب یہ نفسیات یا کلچر کی بات کرتے ہیں تو ان لوگوں کا ان موضوعات پر علم اس قدر مکمل

نہیں ہے جتنا بیالوجی پر ہے۔ جیسا کہ آپ نے سوشل ڈاروِنزم کی بات ہے تو میں سمجھتا ہوں کہ اس سلسلے میں ایک ہمدردی کی ضرورت ہے یعنی معاشرے میں جو کمزور لوگ ہیں، چاہے وہ عورتیں ہوں یا بچے ہوں یا مزدور۔ ان سب لوگوں کے لیے ہمارے دل میں ہمدردی کا جذبہ ہونا چاہیے۔ ہمیں اس بارے میں ضرور سوچنا چاہیے کہ ہم ان لوگوں کا ہاتھ پکڑیں اور ساتھ لے کر چلیں۔ ہم سب کو ایک عالمگیر سچائی کو نہیں بھولنا چاہیے کہ A chain is no stronger than its weakest link.

یہاں پر ہم آپ سے اجازت چاہتے ہیں۔ آپ کا بہت بہت شکریہ۔

اصطلاحات کی وضاحت

NATURAL SELECTION

قدرت نے ایک چھوٹے کیڑے میں یہ صلاحیت رکھی ہے کہ وہ کسی بڑے جانور کے شکار سے کیسے بچ سکتا ہے۔ اس کے برعکس بڑے جانور کو بھی اس کیڑے کے حملے سے بچنے کے لیے صلاحیت ہوتی ہے۔ اس طرح دونوں میں ہونے والی جسمانی تبدیلیاں ہی نیچرل سیلیکشن کہلاتی ہیں۔

MICRO-EVOLUTION

مائیکرو ایوولوشن سے مراد جینز کے اندر موجود الیل میں ہونے والی تبدیلیاں ہیں۔

MACRO-EVOLUTION

میکرو ایوولوشن کے وجود میں آنے کے لیے کافی عرصہ درکار ہوتا ہے۔ اس قسم کے ارتقا میں تبدیلی بڑی بڑی سطح پر ہوتی ہے۔ جس میں کبھی کبھار دو مختلف Species مل کر تیسری Species کو جنم دیتی ہیں تو کبھی کبھار ایک ہی Species سے منسلک خصوصیات میں فرق آ جاتا ہے۔

METAMORPHOSIS

ایک ایسا عمل جس میں جاندار پیدائش کے بعد خود میں تیزی سے تبدیلیاں پیدا کرتے ہیں۔

BREEDING

لفظ بریڈنگ سے مراد ہے کہ ایک جانور یا پودے کی بائیولوجیکل خصوصیات میں
رد و بدل کرتا ہے کہ اس کی پیداوار یا افادیت میں اضافہ کیا جا سکے۔

APES

Apes کا تعلق Old World Monkeys سے ہے۔ یہ جانور اپنے آبا و اجداد سے
کافی حد تک مختلف ہے کیونکہ یہ اپنے کندھے کو بڑی حد تک آزادانہ حرکت دے سکتے ہیں.

GENES

جینز ایک جاندار کی بائیولوجیکل خصوصیات کی وراثت کو دوسرے جاندار میں منتقل
کرنے کا کام کرتے ہیں۔ یوں ایک نسل کی خصوصیات دوسری نسل میں منتقل ہو جاتی ہیں

DNA

ایک ڈبل اسٹینڈرڈ تھرید ہوتا ہے جو مل کر کروموسومز بناتا ہے۔

RIBONUCLEIC ACID

ایک سنگل اسٹینڈرڈ تھرید ہوتا ہے جو مل کر رائبوسومل پروٹین بناتا ہے۔

ALLELS

ایلیل ایک جینز کی ممکنہ شکل ہے۔ اکثر و بیشتر ایک جین دو ایلیلوں پر مشتمل
ہوتا ہے۔ ان دونوں میں سے ایک ایلیل طاقتور یا غالب ہوتا ہے جبکہ دوسرا ایلیل کمزور یا
مغلوب ہوتا ہے۔ اگر دونوں ایلیلوں میں مسابقت ہوتی ہے تو غالب ایلیل کی خصوصیات
نمایاں ہو جاتی ہیں۔

ایلیل کا ذکر سب سے پہلے جارج مینڈل نے Law of Segregation میں کیا تھا۔

MORPHOLOGY

بائیولوجی کی اس شاخ میں جانداروں کی ساخت کا سائنسی مطالعہ کیا جاتا ہے

PHYSIOLOGY

جانداروں کے جسم میں سر انجام پانے والے افعال کا مطالعہ فزیالوجی کہلاتا ہے۔

BIO-CHEMISTRY

کیمسٹری کی وہ شاخ جس میں جانداروں میں ہونے والے کیمیائی عوامل، ترکیب اور ساخت کا مطالعہ کیا جاتا ہے۔

EMBRYOLOGY

ایمبریو (بیج سے یا زائی گوٹ) سے مکمل جاندار بننے تک مراحل کا مطالعہ۔

OVUM

عورت کا ایک ایسا میچور سیل جو نسل کشی کی اہلیت رکھتا ہو اور جب اس کا ملاپ مرد کے اسپرم سے ہو تو اس کے اندر ایمبریو بننے کی صلاحیت ہو۔

ZIGOTE

ایک ایسا سیل جو مرد کے سپرم (sperm) اور عورت کے ایگ (Egg) سے مل کر وجود میں آیا ہو۔

CEREBELAR CORTEX

اس کا تعلق انسانی دماغ کی ساخت سے ہے۔ دماغ کا یہ حصہ تین مختلف پرتوں پر مشتمل ہوتا ہے۔ دماغ کے اس حصے کا تعلق سوچنے سمجھنے اور منصوبہ بندی سے ہے۔

BRAIN

یہ جانوروں اور انسانوں میں ماسٹر کنٹرول سنٹر ہوتا ہے جو پورے جسم میں ہونے والے افعال کو کنٹرول کرتا ہے۔ یہ ہڈیوں میں بند ہوتا ہے۔ برین اور سپائنل کارڈ مل کر سنٹرل نروس سسٹم بناتے ہیں۔

HOMOSEXUALITY

یہ ایک ہی جنس کے دو انسانوں کے درمیان ہونے والی رومانوی کشش یا جنسی کشش سے پیدا ہونے والے جنسی تعلق کا نام ہے۔

SHOCK TREATMENT

ایسی نفسیاتی تھیراپی جس میں مریض کا علاج بجلی کے جھٹکوں سے کیا جاتا ہے۔

POETIC LICENCE

ادب کی دنیا میں مصنف یا شاعر کو دیا جانے والا حق جس کے تحت یہ فرض کر لیا جاتا

ہے کسی بھی لفظ کے متعین معنی سے ہٹ کر یا اس میں تبدیلی کر کے اپنی مرضی کے معنی اخذ کر سکتا ہے۔

RANDOM THEORY

اس تھیوری کا مطلب یہ ہے کہ کسی بھی چیز کا مخصوص طے شدہ ڈیزائن کے بغیر وجود میں آنا۔ بلاشبہ یہ ڈارون کے نظری ارتقا میں بنیادی اہمیت رکھتا ہے۔ جس کے مطابق کائنات اور زمین پر موجود آنے والی زندگی بغیر کسی مخصوص طے شدہ سانچے یا ڈھانچے وجود میں آتی ہے۔

سگمنڈ فرائیڈ اور نفسیاتی دانائی

ڈاکٹر خالد سہیل:

خواتین و حضرات ہم سگمنڈ فرائیڈ اور تحلیل نفسی Psychoanalysis کے حوالے سے بات کریں گے۔ سگمنڈ فرائیڈ نے نفسیات کی دنیا میں ایک تہلکہ مچا دیا ہے۔ سگمنڈ فرائیڈ سے پہلے جو نفسیاتی سائنس تھی وہ بہت ہی جامد حالت میں تھی۔ یہاں پر میں Motion Picture کی مثال دینا چاہتا ہوں کہ اس سے پہلے Still Photography ہوتی تھی اور کسی نے یہ دریافت کیا کہ اگر آپ تیس فریم ایک سیکنڈ میں چلائیں تو وہ Motion picture ہو جاتی ہے۔ اسی طرح نفسیات کے حوالے سے جو جامد کیفیت تھی فرائیڈ نے اس میں تحریک پیدا کی۔ فرائیڈ نے جو مکتب فکر متعارف کروایا، اسے ہم تحلیل نفسی کہتے ہیں۔ جس نے صرف نفسیات کو ہی نہیں وسعت بخشی بلکہ ادب، سماجیات، حیاتیات، اخلاقیات کو بھی متاثر کیا۔ اپنی تحقیقات سے فرائیڈ نے معاشرے کی شعور، لاشعور اور تحت الشعور جیسی تمام کھڑکیاں کھولیں۔ جس نے انسانی دماغ میں جو تاریکی تھی اس میں خاص طرح کی روشنی پیدا کی اور ہم انسانی دماغ کے اندر جھانکنے کے قابل ہوئے۔ فرائیڈ نے خوابوں کو بھی ایک خاص انداز سے دیکھا۔

تو آج ہم ان سارے موضوعات پر اس پروگرام میں بات کریں گے کہ کس طرح فرائیڈ پہلے صرف ایک ڈاکٹر تھے۔ پھر اس کے بعد کیسے وہ تجزیہ کار بنے اور پھر کیسے اپنے تجزیوں کے ذریعے انہوں نے اپنے مریضوں کے مسائل حل کیے اور یہ کہ اس دور میں نفسیاتی مسائل کیا تھے اور آج آہستہ آہستہ ان میں کیا تبدیلی آئی ہے۔ اور اتنے عرصے بعد

آج سگمنڈ فرائیڈ کا کیا مقام ہے؟

قارئین کرام! سگمنڈ فرائیڈ 1856 میں پیدا ہوئے اور 1949 میں یہ فوت ہوئے۔ اس لحاظ سے یہ انیسویں صدی اور بیسویں صدی کے درمیان کے عرصے میں رہے یعنی دونوں اطراف کی تبدیلیوں سے اثر انداز بھی ہوئے۔۔ اب میں بلند اقبال صاحب کی طرف آتا ہوں کیونکہ میں جاننا چاہتا ہوں کہ جب بلند اقبال صاحب نے سگمنڈ فرائیڈ کو پڑھا یا سنا تو اس وقت ان کا فرائیڈ کی ذات کے بارے میں مجموعی تاثر کیا بنا؟

ڈاکٹر بلند اقبال:

ڈاکٹر صاحب ویسے فرائیڈ کے بارے میں یہ کہا جا سکتا ہے کہ یہ ایک ایسے ماہر نفسیات ہیں جن کے پاس سے نفسیاتی فکر کا مکمل طور پر ایک نیا وژن آتا ہوا دکھائی دیتا ہے۔ نفسیات کی دنیا میں آپ کو تحلیل نفسی کا بانی کہا جاتا ہے۔ انہوں نے بتایا کہ انسانی نفسیات میں Behaviour کیسے پروان چڑھتا ہے؟ میرے علم کے مطابق فرائیڈ سے پہلے کسی نے بھی اس طرح اتنی وضاحت کے ساتھ شعور (Consciousness)، تحت الشعور (Sub Consciousness) اور لاشعور (Un Consciousness) کا تصور نہیں دیا تھا۔ فرائیڈ نے ان تصورات کو سماج کے اور تصورات سے بھی جوڑا اور اُس کے دامن کو وسیع کرکے بہتر طور پر تشریح فرمائی اور یہ بھی کہ نفسیاتی بیماریاں کس طرح سے اس خیال سے وابستہ ہیں؟

قارئین کرام میں چاہوں گا کہ فرائیڈ کے نظریات پر بات کرنے سے پہلے ان کی زندگی کے بارے میں بات ہو جائے۔ سگمنڈ فرائیڈ آسٹریا میں رہے اور ان کی ساری زندگی وی آنا میں گزری۔ وہ ایک بزنس فیملی سے تعلق رکھتے تھے۔ وی آنا یونیورسٹی سے ہی انہوں نے میڈیسن کی ڈگری لی مگر ان کی دلچسپی ایک عام ڈاکٹر کی میڈیسن پریکٹس سے زیادہ ریسرچ میں تھی۔ یہی وجہ ہے کہ شروع میں وہ جہاں کوکین کے سرجیکل استعمال اور انسانی دماغ پر مختلف تحقیقات کرتے رہے تو بعد میں بھی نفسیات کی دنیا میں تحقیق کرے نئے تصورات کے ساتھ ہی مریضوں کی منیجمنٹ کی، جس کا تعلق بھی ریسرچ کے ذریعے سے اپنے دیئے گئے تصورات کو درست ثابت کرنا تھا۔ ظاہر ہے اس کے لیے انہوں نے کئی ایک کتابیں بھی لکھیں۔ ڈاکٹر صاحب آپ کو وہ واقعہ یاد ہے جو فرائیڈ کے حوالے سے بہت مشہور ہے ۔ وہ جو

ایک ہسٹیریا کی مریضہ کے حوالے سے تھا جس نے اُن کے ماہر نفسیات دوست کو پریشان کر دیا تھا۔ اُسے ذرا اپنے ناظرین سے شئیر کیجیے گا ممکن ہے وہ بھی انجوائے کریں۔

ڈاکٹر خالد سہیل:

جی ہاں یہ ایک دلچسپ واقعہ ہے۔ اس سے ہمیں پتہ چلتا ہے کہ کیسے فرائیڈ ڈاکٹر سے ماہر نفسیات بنے۔ واقعہ یہ کہ وی آنا ہی میں ایک اور ڈاکٹر تھے جس کا نام ڈاکٹر جوزف برائر(Joseph Breur) تھا۔ وہ بھی ماہر نفسیات تھے اور پریکٹس کر رہے تھے۔ ان کے پاس ایک مریضہ آئی جو بعد میں نفسیات کی تاریخ میں "اینا او(Anna O)" کے نام سے جانی گئی۔ وہ خاتون جب علاج کروا رہی تھی تو وہ ڈاکٹر برائر کے عشق میں گرفتار ہو گئی۔ ایک دن اینا او نے اس سے کہا کہ میں حاملہ ہو گئی ہوں اور میں شہر میں مشہور کر دوں گی کہ تم ہی میرے بچے کے باپ ہو۔ کیونکہ وہ بڑے نیک اور شریف النفس انسان تھے۔ اس لیے بہت پریشان ہوئے کہ ان کی عزت، شہرت برباد ہو جائے گی۔ انہوں نے اپنا کلینک بند کیا اور بیگم بچوں کو ساتھ لے کر کسی اور شہر چلے گئے۔ لیکن جانے سے پہلے انہوں نے اپنی مریضہ کو فرائیڈ کے پاس علاج لیے بھیج دیا۔ اس طرح اینا او فرائیڈ کے پاس علاج کے لیے آگئی۔ یہاں یہ بات بتاتا چلوں کہ فرائیڈ اپنے پیشے میں بہت حد تک پروفیشنل اور ڈسیپلین تھے۔ اُن کے برعکس برائر اپنے مریضوں کے ساتھ بڑی بے تکلفی کے ساتھ پیش آتے تھے۔ یہ بھی اپنے مریضوں کے ساتھ گفتگو کرتے تھے لیکن مجموعی طور پر یہ بہت سنجیدہ رہتے تھے۔ فرائیڈ نے جب اینا او کا علاج شروع کیا تو اسے پتہ چلا کہ اینا او حاملہ نہیں ہے بلکہ جس مرض کا وہ شکار ہے اسے ہسٹریا (Hysteria) کہتے ہیں اور اس مرض کا تعلق Sexual Repression سے ہے اور یہ کہ کس طرح ہسٹریا کی مریضہ اپنے جنسی جذبات و احساسات و خیالات کو دباتی ہے۔ اس سے مسائل پیدا ہوتے ہیں۔ بعد میں برائر اور فرائیڈ دونوں نے مل کر ہسٹریا پر ایک آرٹیکل بھی لکھا۔ لہذا یہاں اس کیس سے فرائیڈ کی تحقیق ہسٹریا پر شروع ہو گئی۔ اس لیے جو لوگ فرائیڈ، برائر اور ہسٹریا کے بارے میں سنجیدگی سے پڑھنا چاہتے ہیں۔ ان کے لیے یہ واقعہ بہت اہمیت کا حامل ہے۔

ڈاکٹر بلند اقبال:

ڈاکٹر صاحب یہاں سے ہم سیدھا ان کے لاشعور کے تصور کی طرف چلتے ہیں۔ کیونکہ سگمنڈ فرائیڈ نے شعور، تحت الشعور اور لاشعور میں سے سب سے زیادہ توجہ مرکوز رکھی ہے۔ ان کا کہنا ہے کہ شعور و لاشعور کا معاملہ ٹپ آف آئس برگ کی طرح ہے یعنی جس طرح آئس برگ کا معمولی سا حصہ سطح سمندر پر نظر آتا ہے جبکہ بڑا حصہ پانی کے اندر چھپا ہوتا ہے۔ اسی طرح ہمارا شعور تو بس ایک معمولی سی تہہ ہے اور ہماری زندگی اُس کے ارد گرد گھومتی ہوئی دکھائی دیتی ہے کہ بس اسی کا کسی حد تک ادراک ہوتا رہتا ہے مگر اصل چیز تو لاشعور ہے جو کہ ہماری اصل نفسیات کی وجہ بنتا ہے جو ہمارے اندر پیدائش کے بعد کے تجربات سے اپنی جڑیں پھیلاتا رہتا ہے جس کا ہمیں ادراک تک نہیں ہوتا مگر وہی ہمارے شعور کی اصل تربیت گاہ ہوتا ہے۔ اچھا شعور اور لاشعور کے درمیان تحت الشعور ایک پل کی طرح ہوتا ہے۔ جس کے ذریعے سے خیالات و تصورات لاشعور سے شعور میں ٹرانسفر ہوتے ہیں۔ اس بات کو یوں سمجھ لیں کہ چھپی ہوئی معلومات ہیں جو لاشعور میں ہیں وہ تحت الشعور کے ذریعے سے شعور میں آتی ہیں۔

فرائیڈ نے مزید ایک نئی چیز متعارف کروائی جسے ہم (Psych Apparatus) کہہ سکتے ہیں۔ یہ اڈ (Id)، ایگو (Ego) اور سپر ایگو (Super-ego) پہ مشتمل ہے۔ یہاں پر یہ وضاحت ضروری ہے کہ یہ دماغ کا کوئی ساختی یا اناٹومیکل ڈھانچہ نہیں ہے بلکہ انسانی دماغ کی نفسیاتی ساخت کو سمجھنے کے لیے ایک گہری اور جامع فرضی تقسیم ہے یعنی نفسیاتی فنکشنل ڈیویژن ہے۔ فرائیڈ نے اس کو کچھ اس طرح سے پیش کیا ہے کہ Id ہماری حیوانی جبلت کو ظاہر کرتا ہے۔ یہ ہماری اسی طرح کی Instinct Drive ہی ہے جیسے کہ تمام جانوروں میں پائی جاتی ہے جیسا کہ کھانا، پینا، سانس لینا یا پھر سیکس کرنا۔ یہ سب کچھ حیوانی جبلتیں ہیں جو انسانوں میں پائی جاتی ہیں کیونکہ انسان بہر حال ایک جانور ہی ہے جسے ہم تہذیب یافتہ جانور کہہ سکتے ہیں۔ اسی طرح دوسرا سائیک ایپ ایگو Ego ہے جو در حقیقت ہمارا سیلف ہے۔ یعنی اڈ جیسی Drive پر ہمارا اظہار ہمارا سیلف یعنی ایگو ہے جو فطری طرز کا ہوتا ہے بالکل ایسے ہی جیسے کہ ایک جانور اپنی فطری خواہش پر اظہار کرتا ہے مگر اس کو تہذیب یافتہ کرنے کے

لیے فرائیڈ نے ایک تیسرے ایپ کو متعارف کروایا جسے اُس نے سپر ایگو کا نام دیا جو ہمارے سیلف یا ایگو کو کنٹرول میں رکھتا ہے۔ عام زبان میں اسے ہم ضمیر کہہ سکتے ہیں گو کہ ضمیر ایک ذرا زیادہ اضافی سا لفظ ہے کیونکہ اُس کے مختلف تہذیب میں مختلف معنی ہیں۔ اگر ہم صرف بنیادی معنوں تک محدود کر لیں تو یہ کہہ سکتے ہیں کہ سپر ایگو دراصل ایگو کو ایک توازن میں رکھتا ہے یا یوں کہیے اپنی اپنی انفرادی یا سماجی ضروریات اور پابندیوں کے لحاظ سے۔ آگے فرائیڈ ہمیں یہ سمجھانے کی کوشش کرتا ہے کہ اگر بچپن میں ہماری پرورش کے دوران کسی بھی قسم کے تضادات ہمیں نفسیاتی طور پر ملیں تو ہمارا ایگو متاثر ہو کر اپنا اظہار کرتا ہے۔ ایگو اور سپر ایگو کی غیر متوازن شکل ہمیں اُسی لحاظ سے نفسیاتی طور پر بیمار کر دیتی ہے یعنی اگر تضاد زیادہ ہو تو سائیکوسس اور کم ہو تو نیوروسس ہو جاتا ہے۔ فرائیڈ کے مطابق ہماری نفسیات میں ایک پورا ڈیفنس کا نظام ہوتا ہے جو ایگو اور سپر ایگو کے درمیان توازن قائم کرنے کی جدوجہد میں مصروف رہتا ہے۔

ڈاکٹر صاحب کچھ اس ڈیفنس میکینزم پر بات کیجیے گا پلیز!

ڈاکٹر خالد سہیل:

میں آپ ہی کی بات کو آگے بڑھاتا ہوں۔ فرائیڈ نے جو لفظ خود استعمال کیا وہ یہ ہے کہ جو پہلا دفاعی نظام ہے وہ دبانا یا جبر کرنا (Repression) ہے۔ یعنی وہ تمام خیالات، جذبات و احساسات جو شعوری طور پر انسان کے لیے بہت تکلیف دہ اور پریشان کن ہوتے ہیں مثلاً کوئی حادثہ ہو گیا، کوئی ناخوشگوار واقعہ ہو گیا ہو تو لاشعور اسے دبا دیتا ہے۔ یہ جذبات اور تضادات لاشعور میں جا کر ذہنی عوارض پیدا کرتے ہیں۔ اس سے آگے جو تھوڑا کم صحت مند ہے۔ اسے ہم acting-out کہہ سکتے ہیں۔ مثلاً ایک نوجوان ہے کسی بھی وجہ سے اسے باپ پہ غصہ ہے لیکن باپ سے بات کرنے کی بجائے ہمسایہ میں لڑ رہا ہے یا جا کر کوئی کھڑکی توڑ دی یعنی وہ جو غیر صحت مندانہ جذبات ہیں، اس کے زیر اثر اس نے معاشرے میں تخریبی کام کیے۔ پھر فرائیڈ نے بتایا کہ جب بچہ جوان ہو جاتا ہے تو اس وقت کچھ میچور دفاعی نظام ہیں جو صحت مند لوگ استعمال کرتے ہیں۔ جس کی ایک مثال مزاح ہے۔ مزاح کے ذریعے کوئی بھی انسان بڑی آسانی سے ہنستے مسکراتے ہوئے وہ بات کہہ سکتا ہے جو کہ عام طور پر سنجیدگی

سے کہنا ممکن نہیں ہوتا ہے۔ بالکل اسی طرح کبھی کبھار آپ دیکھتے ہیں جیسے کسی کی والدہ فوت ہو گئی اور وہ ہنس رہا ہے۔ اس صورتحال کا مطلب یہ ہوا کہ وہ اس بات کو قبول ہی نہیں کر رہا ہے۔ میری والدہ فوت ہو گئی ہے۔ وہ خوش رہنا چاہتا ہے یعنی وہ حقیقت کو جھٹلا رہا ہے۔ جسے ہم Denial کہتے ہیں، مگر انسانی نفسیات کی میچور سطح یہ ہے کہ ایسے احساسات جو معاشرے میں ناقابل قبول ہیں انہیں کوئی ایسا رنگ دینا کہ معاشرتی طور پر انہیں قبول کر لیا جائے اور انسان کا کیتھارسس بھی ہو جائے۔ مثال کے طور پہ آپ مارنا پیٹنا چاہتے ہیں کیونکہ آپ کے اندر جارحیت ہے۔ تو اس کا بہترین حل یہ ہے کہ آپ اپنی اس خواہش یا احساس کو اس رنگ میں لے آئیں جو معاشرتی طور پر قابل قبول ہو۔ تا کہ اس کی بجائے کہ آپ پکڑے جائیں اور پولیس کے ہاتھوں جیل میں چلے جائیں۔ اس لیے بہتر یہ ہے کہ آپ ایسا پیشہ اختیار کر لیں جس سے آپ اپنی جارحیت کا علاج کر سکیں۔ مثلاً آپ محمد علی باکسر بن گئے یا پھر آپ ایک پہلوان بن گئے۔ یہ بات اب معاشرتی سطح پر قابل قبول ہے کہ آپ پہلوان یا باکسر بنیں تو آپ یہ کام کر لیں اور آپ کو پیسے بھی ملیں۔ اسی طرح اگر آپ کی خواہش ہے کہ آپ تیز رفتار گاڑی چلائیں تو ایمبولینس یا فائر بریگیڈ کے ڈرائیور بن جائیں وگرنہ آپ تیز رفتاری کے الزام میں پکڑ لیے جائیں گے۔ اسے sublimation کہا جاتا ہے۔ اس طرح سگمنڈ فرائیڈ نے بنیادی طور پر ایک ڈھانچہ دیا جس کی مدد سے یہ سمجھنا آسان ہو گیا کہ انسان کی جو شخصیت اور سوچ ہے وہ مرحلہ وار بڑھتی ہے اور آپ بتدریج (mature) ہوتے ہیں۔ تو اس پیمانہ پر آپ کسی کی بھی شخصیت کی میچورٹی کو جانچ سکتے ہیں۔ فرائیڈ سے پہلے یہ تصور نہیں تھا کہ شخصیت کیا ہے؟ اس کا لاشعور کے ساتھ کیا تعلق ہے؟ وہ کس طرح سے آپ اپنی ذات کے بارے میں بات کر سکتے ہیں۔ بہرحال میں سمجھتا ہوں کہ اپنی اس دریافت سے فرائیڈ نے علم نفسیات میں بہت بڑا حصہ شامل کیا ہے۔ تو بلند اقبال صاحب آپ نے جب فرائیڈ کو پڑھا تو اس کے علاوہ آپ کو اور کیا محسوس ہوا۔

ڈاکٹر بلند اقبال:

فرائیڈ کے نفسیاتی تصورات میں سب سے اہم حصہ مجھے وہ کبھی محسوس ہوا جہاں وہ خاص طور پر بچے کی نشو و نما پر زور دیتا ہے۔ یہاں فرائیڈ نے بالکل ایک نیا تصور دیا ہے۔ انہوں نے کہا

کہ یہ جو کچھ بھی ہمارے تاثرات ہوتے ہیں، ہمارے لاشعور میں جو بھی ہمارے خوف ہیں، پرابلم ہیں، جو سپر ایگو سے کنٹرول نہیں ہو پاتے ہیں اور اس شکل میں ہمارے سامنے آتے ہیں۔ اس کو دیکھنے اور سمجھنے کے لیے ضروری ہو گا کہ ہم بچے کی نشوونما کو دیکھیں کہ بچے کی نشوونما کیسے ہوئی ہے۔ اس کام کے لیے فرائیڈ نے عمر کے ادوار کو پانچ حصوں میں تقسیم کیا ہے۔

انہوں نے کہا کہ بچے کی نشوونما کا جو پہلا سال ہوتا ہے وہ Oral Phase/stage ہوتا ہے۔ Oral سے مراد وہ دور ہے جب بچہ ماں کے ساتھ براہ راست رابطے میں آتا ہے یعنی یہ ماں کا دودھ پینے کا دور ہے۔ یہ پہلے ایک سال کا دورانیہ ہوتا ہے۔

فرائیڈ کے مطابق دوسرا دور Anal Phase کا ہوتا ہے۔ یہ دو سے تین سال تک کا دور ہوتا ہے۔ یعنی اس دور میں بچہ ٹائیلٹ ٹریننگ کرتا ہے۔ یعنی جسے ہم Bowel Defection کہتے ہیں یا Bowel کو کنٹرول کرنے کا جو عمل ہے۔ اس عمل کا بھی بچے کی نفسیات سے گہرا تعلق بنتا ہے۔

فرائیڈ کے مطابق تیسرا دور phallic phase ہے۔ اس دور تک بچہ اگلے چند برسوں کا ہے۔ اور وہ اپنے اعضائے تناسل / جنسی اعضا کے ساتھ مانوس ہونا شروع ہو جاتا ہے۔ اسے اس بات کا اندازہ ہونے لگتا ہے کہ وہ لڑکا ہے یا لڑکی۔ اُسے اندازہ ہو جاتا ہے کہ یہ اس کا باپ ہے اور وہ اس کی ماں ہے۔ یوں ایک طرح سے جنسی فرق کے احساس سے ایک بچے کا اپنی ماں کے ساتھ اور لڑکی کا اپنے باپ کے ساتھ ایک خصوصی ربط بھی پیدا ہو جاتا ہے۔ اس دور میں بچے کے لاشعور میں یہ سوالات جنم لینا شروع ہو جاتے ہیں کہ ماں اور باپ میں جنسی فرق کیوں ہے؟

اس کے بعد ایک دور آتا ہے جسے وہ Latency Phase کہتے ہیں۔ اس دور میں کچھ خصوصی نفسیاتی تبدیلیاں نہیں ہوتی بس بچہ جسمانی لحاظ سے بڑا ہو رہا ہوتا ہے۔

فرائیڈ کا کہنا ہے کہ اس کے بعد Genital Phase آتا ہے۔ یہاں پہنچ کر بچہ اپنے سیکس کے بارے میں پہچاننے لگتا ہے کہ میں مرد ہوں یا عورت یعنی وہ ایک حقیقی جنسی دنیا میں آ جاتا ہے۔ سگمنڈ فرائیڈ کا ماننا ہے کہ بچے کی جسمانی و نفسیاتی نشوونما کی یہ پانچوں منزلیں بہت زیادہ اہمیت کی حامل ہیں کیونکہ اگر ان میں سے کسی بھی منزل پہ نفسیاتی گروتھ کے

دوران کوئی پر ابلم ہوتی ہے تو اس سے Personality Disorder پیدا ہو جاتا ہے۔

فرائیڈ کے مطابق اگر ان متذکرہ ادوار میں سے کوئی بھی دور ادھورا رہ جائے یا ضرورت سے زیادہ لمبا ہو جائے یا کوئی بھی نفسیاتی الجھن ہو جائے تو نفسیاتی مسائل جنم لیتے ہیں۔ مثلاً اگر Oral Phase زیادہ لمبا ہو جاتا ہے یا جلدی ختم ہو جاتا ہے یعنی بچہ ماں کے ساتھ دیر تک رہتا ہے یا ماں جلدی بچے کا دودھ چھڑوا دیتی ہے تو ایسی صورت میں Oral Personality جنم لیتی ہے۔ اس کے اپنے کچھ مخصوص فیچرز ہیں۔ جسے ہم آگے ڈسکس کریں گے۔ بالکل ایسے ہی اگر Anal Phase پورا نہیں ہوتا ہے۔ یعنی اگر وہ زیادہ مختصر ہوتا ہے یا بہت زیادہ طویل ہو جائے تو اس کے فیچرز شخصیت میں ایب نارمل صورت میں پیدا ہو جاتے ہیں تو ایسی صورت میں متعدد شخصیت (Anal Personality) پیدا ہوتی ہے۔ تیسرا دور تو بہت ہی اہم ہے جس پہ کافی ڈسکشن ہو جائے گی جو کہ Phallic Phase ہے۔ اگر اس کے اندر مسئلہ ہو جائے تو ایڈی پس کمپلیکس Oedipus Complex یا پھر الیکٹرا کمپلیکس (Electra Complex) جنم لیتا ہے۔ یہ پر ابلم جب بہت زیادہ پھیلتا ہے تو Neurosis یا پھر Psychosis اور کئی ایسی چیزیں نظر آتی ہیں۔ اچھا فرائیڈ نے اس نفسیاتی کیفیت کو مذہب کی پیچیدگیوں سے بھی جوڑا ہے۔ تو یوں انہوں نے بچے کی نفسیاتی نشوونما کی ساری منزلوں کا ذکر کر دیا۔ ان سب باتوں کے علاوہ فرائیڈ نے یہ بھی بتایا کہ ایگو اصل میں طفولیت / بچپن کے ایک مخصوص دور میں پیدا ہوتا ہے اور سپر ایگو جب ہی جنم لیتا ہے جب بچہ Phalic Phase سے آگے نکل چکا ہوتا ہے۔ یعنی ان اسٹیج کا دورانیہ بھی بہت اہم ہے۔ اگر اس دورانیہ میں کمی یا زیادتی ہو تو اس کے بھی اثرات انسانی نفسیات پر پڑتے ہیں

ڈاکٹر خالد سہیل:

میں آپ کی اسی بات کو آگے بڑھاتا ہوں۔ جن نفسیاتی مسائل کا آپ ذکر کر رہے ہیں میں آپ کو ان سب مسائل کی ایک ایک مثال دے دیتا ہوں۔ جس سے بات کو سمجھنا مزید آسان ہو جائے گا۔ نفسیاتی مسائل میں سب سے پہلا Oral Phase ہے۔ وہ تمام افراد جن کا یہ دور مکمل طور پر اختتام پذیر نہیں ہوتا ہے انہیں اورل پرسنالٹی کہا جاتا ہے۔ ایسے

لوگ ہر چیز کو منہ میں ڈالتے ہیں۔ فرائیڈ کے مطابق وہ تمام افراد جو سگریٹ پیتے ہیں یا جو بہت زیادہ کھانا کھاتے ہیں اور بہت موٹے ہو جاتے ہیں حتٰی کہ جو شراب پیتے ہیں مطلب یہ کہ جتنی بھی قسم کی علتیں ہیں وہ سب کی سب اورل فیز کے مسائل ہی سمجھے جائیں گے۔

انسانی نفسیات میں دوسرا دور Anal Phase کا ہوتا ہے۔ اس دور میں کمی اس طرح ہو سکتی ہے کہ آپ کی پوری طرح سے ٹائلٹ ٹریننگ نہیں ہوئی اور آپ کا خود پہ پورا کنٹرول نہیں ہے۔ تو یہ ایک کنٹرول فیچر ہے۔ تو اس پرابلم میں ایسے لوگ سامنے آتے ہیں جنہیں ہم Obsessive Complex Disorder کہتے ہیں۔ ایسے لوگ بار بار ہاتھ دھوتے ہیں۔ بار بار چیزوں کو ٹھیک کرتے ہیں۔ ان کے اندر جو کامل بننے کی خواہش ہے اصل میں وہ لاشعور میں موجود خود پر کنٹرول حاصل کرنے کی خواہش ہے۔ فرائیڈ کے خیال میں ایسے لوگوں کے اینل فیز میں کوئی پرابلم رہ گیا ہوتا ہے۔ بچے کی نفسیاتی نشوونما کے مکمل عمل میں ایک نظریہ جو بہت زیادہ مشہور ہوا بلکہ یوں کہہ لیں کہ سب سے زیادہ بدنام ہوا وہ ایڈی پس کمپلیکس ہے۔

ڈاکٹر بلند اقبال:

ڈاکٹر صاحب یہ ایک بہت ہی پیچیدہ معاملہ ہے کیونکہ یہ ساری باتیں لاشعور سے متعلق ہیں۔ اس لیے اس کو سمجھنے کے لیے ہمیں ایک نفسیات کا طالب علم بن کر سوچنا ہو گا نہ کہ ایک عام سماجی یا مذہبی انسان بن کر کیونکہ یہ سخت قسم کا نفسیاتی تجزیہ ہے جو ہماری سماجی اور مذہبی تعمیر کو بری طرح سے جھنجوڑ دیتا ہے۔ یہ بچے کی نفسیاتی نشوونما کا وہ مرحلہ ہے جب وہ Phalic Phase میں آتا ہے۔ یہ تقریباً تین سے پانچ سال کی عمر ہوتی ہے۔ مثلاً بچہ جب ماں کے ساتھ رابطے میں ہوتا ہے۔ یعنی یہ وہ دور ہوتا ہے جب بچہ ماں کا دودھ پی رہا ہوتا ہے۔ اس مرحلے کے حوالے سے فرائیڈ کہتا ہے کہ بچے کو پہلے سیکس کا جو لاشعوری ذائقہ ملتا ہے وہ ماں ہی سے ملتا ہے۔ تو اس طرح ماں کے ساتھ ایک قسم کا رشتہ قائم ہو جاتا ہے۔ اس رشتے کے ساتھ جڑے احساسات کو فرائیڈ نے غلط یا صحیح نہیں کہا۔ کیونکہ فرائیڈ کے خیال میں کہ انسانی نفسیاتی بنیادوں میں جنس کا ایک اہم کردار ہے۔ جب بچے کی ماں کے ساتھ وابستگی ہوتی ہے اور اسے ماں کی قربت میسر ہوتی ہے تو اس وقت بچے کے ذہن میں بہت سارے سوالات جنم لیتے ہیں۔ بچے کی ماں کے لیے قربت باپ کے لیے ایک جیلسی کا احساس پیدا کرتی

ہے یوں اُس کے لاشعور میں ماں کے حصول کی جنگ شروع ہو جاتی ہے ۔ ماں اور بیٹے کے درمیان کا یہ یک طرفہ کمپلیکس بچے میں Oedipus Complex کے لیے بنیادیں فراہم کرتا ہے ۔ یہ احساس اگر repress ہو جائے تو پر سنیلٹی میں احساس جرم اور گناہ guilt پیدا کرتا ہے ۔ باپ اور بیٹے کے درمیان اسے Oedipus Complex جبکہ ماں اور بچی کے درمیان Electra Complex پیدا ہوتا ہے یعنی بچی اپنی ماں سے باپ کی وجہ سے جیلسی محسوس کرتی ہے ۔ یہ احساس Phallic Stage کے دوران پیدا ہو سکتا ہے اس کے بعد بچہ عموماً ایسے احساس کا شکار نہیں ہوتا۔

ڈاکٹر خالد سہیل:

اب اس بات کا تعلق ہم جوانی اور اس کے بعد کے انسانی تعلقات سے کریں تو فرائیڈ کے مطابق جن لوگوں کا ایڈی پس کا مسئلہ حل ہو گیا انہوں نے اپنی والدہ کو والد کے لیے چھوڑ دیا۔ ایسے لوگ نئے تعلق کی تلاش میں نکل کھڑے ہوئے اور بعد میں اپنی محبوبہ یا بیوی کے ساتھ رومانوی تعلق قائم کر لیا۔ فرائیڈ کہتا ہے کہ وہ لوگ جن کے تعلقات اپنی محبوبہ یا بیوی کے ساتھ رومانوی اور جذباتی طور پر نہیں ہوتے ہیں ان کا ایڈی پس کمپلیکس کا مسئلہ اپنی جگہ قائم ہوتا ہے۔ اس کی اپنی والدہ کے ساتھ جو جذباتی نال (Emotional Embilical Cord) کٹی ہوئی نہیں ہوتی ہے۔ اس بات کو اگر ہم اپنے پاکستانی کلچر میں ساس بہو کے جھگڑے کی شکل میں دیکھیں تو فرائیڈ اس حوالے سے کہتے ہیں کہ بیٹا جذباتی طور پر اپنی والدہ کے ساتھ جڑا ہوا ہے۔ اس لیے اپنی ماں کے ساتھ ایک فاصلہ نہیں رکھ سکتا ہے۔ اس وجہ سے جب وہ اپنی بیوی کے پاس جاتا ہے تو وہ لاشعوری طور پر تیار نہیں ہوتا ہے۔ یعنی وہ نفسیاتی میچور نہیں ہوتا ہے، اسی لیے اپنی بیوی کے ساتھ توازن سے تعلقات قائم نہیں کر سکتا ہے۔ اس کے برعکس جو اس کمپلیکس کو حل کر چکے ہوتے ہیں وہ ایک متوازن رشتہ قائم کرتے ہیں۔ اسی طرح جو لڑکی ہے اگر اس نے اپنے الیکٹرا کمپلیکس کو حل کر لیا تو اس نے والد کو والدہ کے لیے چھوڑ دیا اور اپنے لیے ایک شوہر یا محبوب تلاش کر لیا۔ اس طرح فرائیڈ کی جو تھیوری ہے اس میں پیچیدگی ہے۔ کیونکہ فرائیڈ جوانی اور درمیانی عمر کے جو مسائل ہیں انہیں بچپن کے ان سالوں کے ساتھ جوڑتا ہے جن میں ان کی نفسیاتی نشو و نما ہو رہی ہوتی ہے۔

اسی احساس کو فرائیڈ مذہب اور سیکس کے ساتھ ساتھ جوڑتا ہے۔ اس کے علاوہ وہ بتاتا ہے کہ کس طرح سے سپر ایگو کا عنصر معاشرے اور کلچر کی Conditioning کے ساتھ جڑا ہوا ہے۔

توبلند اقبال صاحب میں آپ سے جاننا چاہوں گا کہ آپ کیسے فرائیڈ کی تھیوری کو مذہب اور سیکس کے لحاظ سے دیکھتے ہیں؟

ڈاکٹر بلند اقبال:

ڈاکٹر صاحب یہ بہت ہی پیچیدہ معاملہ ہے۔ ایک تو فرائیڈ کی رائے مذہب کے لحاظ سے بہت ہی زیادہ جارحانہ ہے۔ ان کے مطابق مذہب Universal Obessive Neurosis ہے۔ اور اس کا تعلق Unresolved Oedipus Complex سے ہے۔ اس نقطہ کو اس نے ڈارون ازم سے جوڑا ہے۔ انہوں نے کہا ہے کہ ہمیں چاہیے کہ ہم لاکھوں سال پیچھے مڑ کر دیکھیں اور اس دور میں چلے جائیں یعنی انسان جب کم و بیش جانوروں کی طرح یا وحشیوں کی طرح غاروں میں رہتا تھا۔ اس وقت survival کے خاطر قبائل کی شکل میں انسان رہتا تھا۔ ایسے میں سب ایک بڑے خاندان کی طرح ساتھ ساتھ ہی رہتے تھے۔ اُن کے درمیان کوئی سماجی اصول و ضوابط نہیں تھے اور اگر تھے بھی تو بہت ہی نچلے درجے کے۔ یعنی وہ جنگلی انداز میں رہتے تھے۔ قبیلہ کا سردار باپ کی حیثیت رکھتا تھا اور وہ کسی بھی عورت کے ساتھ جنسی تعلق قائم کر سکتا تھا۔ ظاہر ہے جیلسی ایک فطری عمل ہے جو جانوروں تک میں ملتی ہے تو وہ اس دور میں قبائل میں بھی پیدا ہوتی تھی۔ قبائل میں کوئی نہ کوئی ایسا کردار پیدا ہو جاتا تھا جو قبیلے کے سردار کو جیلسی کے خاطر مار دیتا ہے اور اپنی مرضی کی عورت اُس سے لے لیتا تھا۔ لیکن چونکہ قبیلے کے سردار کی حیثیت ایک باپ کی سی ہوتی تھی اس لیے اُس شخص میں ایک اندرونی احساس گناہ بھی پیدا ہو جاتا ہے یعنی دوسرے الفاظ میں ایڈی پس کمپلیکس پیدا ہو جاتا ہے۔ جوں جوں یہ ایڈی پس کمپلیکس پھیلتا جاتا ہے یہ اتنا زیادہ احساس گناہ پیدا کرتا ہے کہ آخرکار وہ کسی بھی جانور یا قریب ترین شے کی قربانی اُس احساس گناہ کے علاج کے طور پر کرنے لگتے ہیں۔ فرائیڈ نے یہ بات اپنی کتاب Totem & Taboo میں لکھی ہے۔ یعنی یہاں سے ٹوٹم کا تصور پیدا ہوتا ہے کہ یہ وہ مقدس علامت ہے جس کو خدا کہتے ہیں اور اس کے آگے وہ ہاتھ جوڑ لیتے ہیں اور یوں ٹوٹم اور ٹیبو کی بات شروع

ہو جاتی ہے۔ اسی لحاظ سے پھر تہذیبی ارتقاہوتاہے اور قبائل کے قوانین بنائے جاتے ہیں کہ اپنے خونی رشتوں کے ساتھ جنسی ملاپ (Incest) نہیں کرناہے اور ٹوٹم یعنی مقدس باپ کا خون نہیں کرناہے۔ اور یوں فرائیڈ کے مطابق خدا کا تصور اُس مقدس باپ میں سے نمودار ہوتاہے جو بعد میں آسمانی آفات سے بچاؤ کی وجہ سے بڑے تصور میں ڈھل جاتاہے۔ قبائل کا سردار اور کائنات کا سردار محدود اور لامحدود بنیادوں پر بچے کے باپ اور ساری دنیا کے انسانوں کے باپ کے لاشعوری تصور کے تعلق کو ظاہر کرتاہے۔ ایک طاقتور اور سب کچھ جاننے والا Omnipotent and Omniscience بچے کا تصوراتی باپ جو واقعی اُس کے بچپن یا پیدائش کے بعد survival کا سبب بناتھا وہی تصور اُس کے بڑے ہونے کے بعد اُسے زندگی کے مسائل، بیماریوں، دکھوں اور تکالیف کا نجات دہندہ بن کر آسمانی خدا کے روپ میں ڈھل جاتاہے جس کی گود میں سمٹ کروہ اپنانفسیاتی علاج کرتاہے۔ فرائیڈنے خدا کے مذہبی تصور کی بنیاد کو اسی لیے باپ اور بیٹے کے درمیان لاشعور میں دبے ہوئے Oedipus Complex سے جوڑاہے۔ فرائیڈ نے اپنی بات کو مزید آگے بڑھایا ہے اور اسے ایک ٹرائنگل کی مدد سے سمجھایا ہے۔

(i)ANIMISM (ii) RELIGION (iii) SCIENCE

ANIMISM سے مراد اُس مذہبی تصور حیات سے جو تمام بے جان اور جاندار اشیا میں روح موجودگی کے حوالے سے دیاگیاہے۔ فرائیڈنے اس تصور کو ہربرٹ اسپینسر اور انیڈریو لینگ جیسے انتھوپولوجسٹ سے متاثر ہو کر ڈیولپ کیا تھا جنہوں نے اس تصور کو Primitive Culture سے جوڑا تھا۔ نفسیات میں فرائیڈنے اس phenomenon کو پروجیکشن جیسے ڈیفنس میکینزم کے پس منظر میں سمجھانے کی کوشش کی ہے۔1912 میں فرائیڈنے Animistic thoughts کے تعلق کو Taboo اور Danger کے درمیان اور Projection کے ساتھ ملانے کا ذکر اپنی کتاب میں کیا تھا۔ یعنی ابتدائی قبائل میں انسان کے ارد گرد موجود ہر ایک خطرناک اتفاق اُسے ایک عجیب الخلقت دنیا میں ایسی اشیا اور فلک و آسمان کے درمیان رہنے اور سہنے پر مجبور کر رہا تھا جسے وہ خدائی روح سمجھتا تھا اور یہ روح ہر ایک جاندار بلکہ بے جان شئے میں موجود تھی۔ پروجیکشن سے مراد ایک فرد کا اُن خیالات

سے نجات دلانے کی خاطر جو اُسے ناپسند ہو کسی اور شے پر الزام دھرنے کا عمل ہے۔ مثلا ایک عورت جو اپنے شوہر سے بے وفائی کی مرتکب ہو رہی ہو اور مسلسل خود کو یقین دلا رہی ہو کہ دراصل اُس کا شوہر اُس کے ساتھ وفا نہیں کرتا ہے۔ یا ایک شوہر جو اپنی بیوی پر بلاوجہ غصہ کرتا ہو یا مارتا پیٹتا ہو مگر اپنے اندر کی اُس نفرت انگیز مزاج کو قبول کرنے کے بجائے ہر بار یہی کہے کہ میرا anger management کا پرابلم ہے۔ فرائیڈ کا کہنا ہے

"Every danger springs from the hostile intention of some being with a soul like himself, and this is as much the case with danger which threaten him from some natural force as it is from other human being or animal but on the other hand, he is accustomed to project his own internal impulses of hostility on the external world."

فرائیڈ کا Concept of animism اُس کے Totten & Taboo میں مزید ڈیولپ ہوتا ہے جب وہ اسے Omnipotence کے میجیکل امیج سے جوڑتا ہے جو پہلے پہل انٹیلیکچوئل ہو کر مذہبی میتھالوجیکل تصور سے اور بعد میں سائنس سے تشریح پاتا ہے۔ لاشعور سے شعور کی نفسیاتی توجہات کو فرائیڈ نے اپنی کتاب میں بہت تفصیل میں فلسفیانہ انداز میں بیان کیا ہے۔

ڈاکٹر خالد سہیل:

آپ نے بڑی سنجیدہ گفتگو کی ہے۔ اب ماحول کو ہم ذرا خوشگوار کر لیتے ہیں۔ میں اپنی بات کو اپنی پچھلی گفتگو سے جوڑتا ہوں۔ یہ فرائیڈ، کارل مارکس، نطشے یا رچرڈ ڈاکنز ہو یہ تمام مذہب کو ایک بیماری سمجھتے ہیں۔ لیکن میں اگر اپنی بات کروں تو میں ایک دہریا ہوں لیکن ہیومینسٹ ہوں۔ میں سمجھتا ہوں کہ ہمیں مذہب کو ایک کلچر کے طور پر دیکھنا چاہیے اور اسے اسی لحاظ سے عزت دینی چاہیے کیونکہ یہ لوگوں کا ایک طرز زندگی ہے۔ فرائیڈ اسے ذہنی خلل کہہ رہے ہیں۔ نطشے کہتے ہیں کہ خدا ہی مر گیا ہے، کارل مارکس نے اسے افیون کہا اور رچرڈ ڈاکنز نے اسے پاگل پن کہا۔ تو میں یہ کہنے کی کوشش کر رہا ہوں کہ ایسی بات کہنا مناسب نہیں ہے یہ ہمارے ناظرین کے لیے مشکل ہو گا کیونکہ ان میں اکثر مذہب کو ماننے والے ہیں۔

275

مغربی فلسفے کے اندر مذہب کے بارے میں بہت ہی جارحانہ احساس ملتا ہے۔ اس لیے مغرب میں آہستہ آہستہ مذہب اور سائنس الگ الگ ہوگئے ہیں۔ فرائیڈ کے نقطہ نظر کے مطابق جوں جوں سائنس آگے بڑھ رہی ہے جیسا کہ نفسیات، سماجیات، فزکس وغیرہ میں نت نئی دریافتیں ہو رہی ہیں تو اس کی وجہ سے اتنا ہی مذہب آہستہ آہستہ پیچھے جا رہا ہے۔ اس بات کا ذکر فرائیڈ نے اپنی کتاب The Future of an illusion میں کیا ہے۔ میں چاہوں گا کہ ناظرین کرام یہ ساٹھ سے ستر صفحات پہ مشتمل کتاب کو ضرور پڑھیں۔ فرائیڈ نے یہ کتاب اپنی وفات سے کچھ عرصہ قبل 1937ء میں لکھی تھی۔ اس طرح یہ ان کی عمر بھر کی فلاسفی کا نچوڑ ہے۔ میں نے اس کتاب کا اردو میں ترجمہ کیا تھا جو میری کتاب ”انسانی شعور کا ارتقا“ میں شامل ہے۔ بہرحال میں یہ کہنا چاہ رہا ہوں کہ فرائیڈ نے روایتی مذہبی سوچ کے حوالے سے سوالیہ نشان ڈالا ہے۔ فرائیڈ کے نزدیک سائنسی، نفسیاتی اور حقیقت پسندانہ سوچ مثبت انداز فکر ہے۔ مذہب، روایت اور کلچر کے حوالے سے اس کا کہنا ہے کہ ان کے ماننے والوں سے جب پوچھا جاتا ہے کہ آپ یہ ساری چیزیں کیوں مانتے ہیں تو وہ کہتے ہیں یہ سب صدیوں سے نسل در نسل مانا جا رہا ہے۔ جبکہ فرائیڈ کا کہنا ہے کہ بیسویں صدی میں اتنا شعور بیدار ہو گیا ہے کہ ہم منطقی، عقلی اور تنقیدی نقطہ نظر سے چیزوں کو دیکھیں اور لاشعور سے شعور کی طرف کا سفر زیادہ اہمیت کا حامل ہے اس لیے اس کو سیکھا اور سمجھا جائے۔

خواتین و حضرات آج ہم سگمنڈ فرائیڈ کے طریقہ علاج تحلیل نفسی کی بات کرتے ہیں۔ فرائیڈ نے اس خاص طریقہ علاج کی پریکٹس وی آئنا میں اپنے کلینک میں کی۔ ماہر نفسیات ہونے کے ناتے مجھے شوق تھا کہ میں جب بھی وہاں جاؤں تو وہ گھر دیکھوں۔ اس لیے جب میں وی آئنا گیا تو فرائیڈ کے گھر گیا جہاں اس نے کلینک بنایا تھا۔ وہاں میں نے ایک صوفہ دیکھا جسے Freudin Couch کہا جاتا ہے۔ وہاں جو قالین ہے جو انہوں نے اس صوفے پہ بچھا رکھا تھا وہ کوئی افغانی یا ایرانی قالین لگتا ہے۔ اسے دیکھ کر نہیں لگتا کہ یہ کوئی یورپ کی بات ہے۔ اگر آپ اسے دیکھنے کے شوقین ہیں تو آپ اسے گوگل کر کے دیکھ سکتے ہیں۔

میں ایک سائیکو تھراپسٹ ہونے کے ناتے آپ سے بات کرنا چاہتا ہوں کہ فرائیڈ کا آئیڈیا کیا تھا؟ دراصل وہ لاشعور تک رسائی حاصل کرنا چاہتا تھا۔ کیونکہ جب تک مریض

شعوری طور پر گفتگو کرتا رہے گا تب تک مسئلہ کی جڑ ہاتھ میں نہیں آئے گی۔ تو انہوں نے ایک ایسا طریقہ علاج استعمال کیا جسے Free Association کا نام دیا۔ اس کا طریقہ کار یہ تھا کہ مریض یا مریضہ کو لٹا دیا اور ان سے ایک سوال کیا جائے یا ایک جملہ بول دیا جائے مثلاً آپ کا اپنی ماں کے بارے میں کیا خیال ہے؟ اس کے بعد مریض یا مریضہ سے کہا جائے کہ آپ اپنی باتیں کرتے جائیں۔ چاہے ان کی باتیں بے ترتیب و بے ہنگم ہی کیوں نہ ہوں۔ لیکن مریض یا مریضہ سے کہا جاتا تھا کہ وہ بولتا ہی چلا جائے اور فرائیڈ صوفے کے پیچھے بیٹھ کر ان کی باتیں نوٹ کرتا رہتا تھا اور یوں پورا ایک گھنٹہ گفتگو ہوتی رہتی تھی۔ اس طرح فرائیڈ مسئلے کی تہہ تک پہنچتے تھے اور اس بات کا پتہ چلاتے تھے کہ لاشعور کس قسم کا دفاعی نظام استعمال کر رہا ہے۔ اس کے بعد وہ مریض کا علاج شروع کرتے تھے۔

یہ ایک حقیقت ہے کہ جب مریض بیمار ہوتا ہے تو وہ چیزوں کو شعور سے لاشعور میں لے جاتا ہے اور دوران علاج جب وہ چیزیں لاشعور سے شعور میں آتی ہیں تو مریض کو اندازہ ہونے لگتا ہے کہ میں کن الجھنوں میں گرفتار تھا۔ اب میں آپ کو ایک مثال دے کر سمجھانے کی کوشش کرتا ہوں کہ تحلیل نفسی اور خواب کے تجزیے کے درمیان جو رشتہ ہے اس میں دفاعی نظام کس طرح سے کام کرتا ہے۔ اس کی ایک نوجوان آدمی کی تھی۔ اس نے آ کر فرائیڈ کو بتایا کہ خواب میں اس نے ایک کتے کو ٹھوکر لگائی۔ جب مریض نے دیکھا کہ کتے نے جیسے ہی گردن ہلائی تو وہاں کتے کا سر نہیں تھا بلکہ اس کے والد کا سر تھا یعنی اس کو اپنے والد کا سر کتے کے جسم پر نظر آیا۔ اس خواب کی فرائیڈ نے تشریح کچھ اس طرح سے کی کہ اس مریض کو شعوری زندگی میں اپنے باپ پر بہت غصہ تھا۔ جس کی وجہ سے اس کا جی چاہتا تھا کہ باپ کو ٹھوکر مارے لیکن وہ شعوری طور پر اگر ایسا سوچتا تھا تو احساس گناہ کے بوجھ تلے دب جاتا تھا۔ کیونکہ مذہبی اور روایتی طور پر اسے سکھایا گیا تھا کہ اسے باپ کی عزت کرنی چاہیے لیکن حقیقت یہ ہے کہ اسے باپ پر غصہ ہے۔ اب یہاں پر تضاد پیدا ہو گیا۔ وہ دو احساسات کے درمیان تھا، وہ باپ کو ٹھوکر مارے یا باپ کی عزت کی جانی چاہیے۔ جب وہ شعوری طور پر اس کا حل تلاش نہ کر سکا تو اس نے اس خیال کو اپنے لاشعور میں دھکیل دیا۔ تو لاشعور میں باپ کی شبیہ کتے جیسی بن گئی جو اُس کے لیے متضاد خیال یا کی الجھن کو دور کرنے کے لیے

Unresolved Conflict تھا اس نے خواب میں باپ کو ٹھوکر مار دی تو یوں اس مثال سے آپ کے لیے لاشعور اور خواب کے درمیان موجود دفاعی نظام سمجھنے میں آسانی ہوئی ہو گی۔ مزید بتاتا چلوں کہ عام حالات میں کتا اور انسان نہیں ملتے ہیں لیکن خواب میں مل گئے، اس عمل کو Condensation کہتے ہیں۔ اس طرز علاج سے فرائیڈ کو اس مریض کے لاشعور میں موجود مسئلے کا پتہ چل گیا اور اس مرض کی تشخیص کرنے میں مدد ملی۔ تو اس کے پیچھے یہی آئیڈیا تھا کہ جیسے جیسے مریض Free Association کرتا ہے وہ بہتر ہوتا چلا جاتا ہے۔

اس کے علاوہ فرائیڈ نے بتایا کہ یہ جو Transference اور Counter Transference ہے یعنی مریضہ اپنے تھراپسٹ کے بارے میں جو احساسات لے آتی ہے وہ اصل میں تھراپسٹ کے بارے میں نہیں ہوتے ہیں۔ بلکہ وہ باپ کے بارے میں ہوتے ہیں یا اس کے سابقہ شوہر کے بارے میں ہوتے ہیں۔ اور جتنی بھی باتیں مریضہ کرتی ہے، وہ سب کی سب ماضی کی باتیں ہیں۔ اسی طرح جو مرد ہیں اگر اس نے اپنی والدہ کے ساتھ جو لاشعوری تضاد کو حل نہیں کیا تو پھر وہ تھراپسٹ کو ٹرانسفر کرتا ہے۔ دوسری طرف جو تھراپسٹ ہے اس کا اپنا ایک Counter Transference ہوتا ہے جیسا کہ اس کو مریض پہ غصہ آگیا۔ مریض کے بارے میں مایوس ہوا۔ تو بہر حال یہ ایک پر اسس ہے جو دو سال، تین سال، چار سال، پانچ سال تک چلتا رہتا ہے اور بتدریج مریض اپنے مسائل سے آگاہ ہوتا رہتا ہے۔ مسائل کو سلجھاتا ہے اور آہستہ آہستہ اس کی ذہنی صحت بہتر ہوتی ہے۔ تو یہ تصور بعد میں یورپ اور شمالی امریکہ میں بہت مشہور ہوا اور کئی دہائیوں تک لوگ فرائیڈ کے کلاسیکل تجزیے کی پریکٹس کرتے رہے۔ اس موضوع پر ہم بعد میں بات کریں گے کہ اکیسویں صدی میں فرائیڈ کی تھیوری کیسے بہتر طور پر بدلی گئی ہے۔

بلند اقبال صاحب یہاں پر میں آپ سے جاننا چاہتا ہوں کہ فرائیڈ کا جو خوابوں کی تعبیر سے متعلق تصور ہے اس کے بارے میں آپ کی کیا رائے ہے؟

ڈاکٹر بلند اقبال:

ڈاکٹر صاحب یہ بھی ایک نئی بات تھی جو فرائیڈ کے پاس سے آئی تھی اور اس سے پہلے خوابوں کو کبھی بھی ماضی سے جوڑا نہیں گیا تھا۔ بلکہ خواب کو مستقبل کی پیشین گوئی سے

جوڑا جاتا تھا۔ اس کے علاوہ خواب میں نظر آنے والی ہر چیز کے بارے میں کوئی وضاحت جوڑی جاتی تھی۔ جیسے خواب میں اگر شے سفید نظر آتی ہے تو اس کا خاص مطلب لیا جاتا تھا۔ لیکن فرائیڈ نے بتایا کہ خواب کی مخصوص وضاحتیں نہیں ہو سکتی ہیں، یہ سب لا علمی کی باتیں ہیں بلکہ خواب کو سمجھنے کے لیے ضروری ہے کہ آپ کو مریض کی مکمل ہسٹری پتہ ہو اور یوں مریض کی ہسٹری ایک ایسا پیمانہ ہوتا ہے جس سے اس کے خوابوں کا سراغ لگایا جا سکتا ہے۔ فرائیڈ نے مزید وضاحت کرتے ہوئے بتایا کہ خواب بھی دو طرح کے ہوتے ہیں۔ ایک وہ ہوتے ہیں جو Manifest ہو جاتے ہے اور دوسری قسم کے خواب Latin کہلاتے ہیں۔ پہلی قسم کا خواب وہ ہوتا ہے جو نیند کے سائیکل کے ایک مخصوص مرحلہ میں اگر آئے تو ہی نظر آتا ہے اور اکثر جاگنے کے بعد یاد بھی رہتا ہے۔ دوسری طرف Latin خواب وہ ہوتے ہیں جس میں علامتوں کی شکل میں اشیا نظر آتی ہیں یعنی ماہر نفسیات علامتوں سے مریض کے لاشعور کا مطالعہ کرتا ہے اور یوں لاشعور کے Conflicts کا اندازہ ہوتا ہے۔ ایک بات طے ہے کہ یہ علامتیں اس قدر زیادہ ہوتی ہیں اور مختلف قسم کی ہوتی ہیں کہ ہم کوئی یونیورسل ٹول (Universal Tool) یا ٹرمنالوجیز نہیں بنا سکتے۔

خواب کو فرائیڈ نے تین مراحل میں بیان کیا ہے اور بتایا کہ اگر ہم خوابوں کی تعبیر پہ کام کرنا چاہتے ہیں تو ہمیں Condensation کے عمل کو ضرور سمجھنا ہو گا۔ یعنی فرض کریں کہ ایک آدمی ایک عورت کو خواب میں دیکھتا ہے تو یہ لازمی نہیں ہے کہ وہ آدمی اس کا محبوب ہی ہو، بلکہ وہ اس کا باپ بھی ہو سکتا ہے۔ مطلب یہ ہوا کہ کہیں نہ کہیں کوئی تضاد لاشعور میں چھپا بیٹھا ہے۔ خواب میں وہ اس لیے نظر آ گیا کیونکہ خواب میں دفاعی نظام سونے کے دوران کم ہو جاتا ہے تو وہ چیز نظر آ جاتی ہے۔ یہاں پر Displacement کا تصور سامنے آتا ہے کہ کیسے Condensation کے بعد Displacement ہو جاتی ہے اور علامات بھی اسی لحاظ سے ظاہر ہو جاتی ہیں۔ یعنی یہ ضروری نہیں ہے کہ ایک پرندہ نظر آ رہا ہے تو وہ کوئی مخصوص چیز ہو، بلکہ وہ کسی اور شے کا علامتی اظہار بھی ہو سکتا ہے۔ تیسری بات خواب کی تعبیر یوں بھی ہے کہ خواب میں نظر آنے والے واقعات کی ترتیب ضروری نہیں کہ لاشعور کے خیالات کی عین ترتیب میں ریفلیکٹ ہو۔ یعنی تمام واقعات کو آپس میں جوڑنا

ایک ماہر نفسیات کا ہنر ہوتا ہے تو پھر یوں خواب کے حوالے سے کوئی حتمی بات کسی حد تک کی جا سکتی ہے۔ یعنی فرائیڈ کا نقطہ نظر مذہبی طرزِ تعبیر سے قطعی مختلف ہے اور ہو گا یہ بھی ظاہر ہے یعنی مذہبی نقطہ نظر والے خواب کو مستقبل سے جوڑ دیتے ہیں لیکن فرائیڈ کے نزدیک خواب سراسر ماضی سے وابستہ خیالات، احساسات و تجربات پر مبنی ہوتے ہیں جو لاشعور میں غیر محسوس طریقے سے موجود ہوتے ہیں۔

ڈاکٹر خالد سہیل:

بلند اقبال صاحب، کیونکہ میں نفسیات کا طالب علم ہوں اس لیے میں نے اس علم کو مفصل پڑھنے کی کوشش کی ہے۔ فرائیڈ کے ایک ہم عصر کارل یونگ بھی تھے۔ جو بیک وقت ان کے طالب علم بھی تھے اور دوست بھی اور کولیگ بھی۔۔ عمر میں فرائیڈ سے بیس سال چھوٹے تھے۔ فرائیڈ ایک وقت تھا انہیں اپنا بیٹا بھی کہا کرتے تھے۔ لیکن ان کے درمیان میں پھر سخت تضاد پیدا ہوا۔ کارل یونگ کو شکایت تھی کہ فرائیڈ ہر چیز میں جنس کا عنصر لے آتے ہیں کیونکہ جنس سے مغلوب ہیں۔ دوسری طرف فرائیڈ کا اعتراض یہ تھا کہ کارل یونگ ہر چیز میں روحانیت کو لے آتے ہیں اور ایک طرح سے سائنس کے راستے سے ہٹ کر مذہب کے زیادہ قریب ہو جاتے ہیں اور چیزوں کو مذہبی رنگ میں دیکھتے ہیں۔

موجودہ دور میں (Erich Fromm) ایسے ماہر نفسیات ہیں جنہوں نے فرائیڈین نفسیات (Freudian) (Psychology) اور مارکسی فلسفے (Marixist Philosophy) کے درمیان ایک پل تعمیر کیا۔ اس کے علاوہ وقت گزرنے کے ساتھ ساتھ موجودہ ماہرین نفسیات نے نہ صرف فرائیڈ کی تھیوریز سے فائدہ اٹھایا ہے بلکہ اس میں مزید بہتری لائی ہے۔ اب جو تھیراپی فرائیڈ چار سال، پانچ سال، چھ سال میں کرتے تھے۔ یہ اب بتدریج چند مہینوں میں ہونے لگی ہے اسے Short term dynamic psychotherapy کہا جاتا ہے۔ اس سلسلے میں بہت سارے ماہرین نے کام کیا ہے جن میں پیٹر سیفیونیوک ہیں۔ بلکہ ایک ایرانی ڈاکٹر ہیں جنہوں نے فرائیڈ کی تھیوریز پہ مزید کام کیا ہے۔ تو میں بالخصوص ہمارے مسلمان ناظرین کو بتاتا چلوں کہ Habab Davanloo کی کتاب Short term dynamic psychotherapy ہے۔ اس کتاب میں انہوں نے اپنی ریسرچ سے یہ ثابت کیا کہ کیسے وہ

تھیراپی جو چھ سال میں ہوتی تھی اب وہ چھ مہینے میں ہو سکتی ہے۔ یہ تھیوری موجودہ دور کے نفسیات دانوں کے درمیان بہت زیادہ مشہور ہوئی۔ یہ کتاب لکھنے سے پہلے انہوں نے سینکڑوں ہزاروں لوگوں کے انٹرویوز دیکھے اور ان کا تجزیہ کیا اور پھر ان میں سے جو خاص باتیں تھیں وہ نکال لی اور اب وہ طلبا کو تربیت دیتے ہیں کہ کیسے آپ ڈائنامک تھیراپی کرکے وہ رزلٹ پیدا کرسکتے ہیں جنہیں فرائیڈ کئی سالوں میں کیا کرتے تھے۔

بہر حال یہ چاہ رہا ہوں کے بے شک فرائیڈ کا مکمل طور پر تجزیاتی انداز فکر نہ بھی سہی لیکن اس سے بہت سی علم نفسیات کی شاخیں نکلیں۔ اس نے بہت سارے ماہرین کو متاثر کیا اور آج فرائیڈین سائیکالوجی کے بہت سارے تصورات ہیں جو نفسیاتی طریقہ علاج میں کار گر ہیں۔ جیسے کہ ایک ان کا Rationalization کا تصور ہے۔ سقراط نے کہا تھا کہ ہم انسان Rational Being ہے۔ لیکن فرائیڈ نے کہا کہ ہم Emotional Being ہیں۔ مطلب یہ کہ فرائیڈ کا خیال تھا کہ ہم انسان جذباتی فیصلے کرتے ہیں۔ مثال کے طور پر اگر آپ کو کوئی شخص پسند آگیا ہے تو یہ عمل لاشعوری طور پر ہو گا۔ لیکن اگر آپ سے کوئی پوچھے کہ بلند اقبال صاحب آپ کو محمد جمیل صاحب کیوں پسند ہیں تو آپ کا ذہن اس کے لیے منطقی جواب تلاش کرے گا۔ مثلاً آپ کہتے ہیں کہ یار یہ بہت خوش الحان ہیں یا ان کو ادب کا بہت شوق ہے یا یہ ڈاکٹر ہیں۔ آپ اس جیسے کئی جواز دیں گے لیکن یہ سب اصل جواز نہیں ہیں کیونکہ وہ ڈاکٹر نہ بھی ہوتے تو بھی آپ کو پسند آتے۔ لہذا اس طرح سے چیزوں کو سمجھنا اور بیان کرنا (Rationalization) ہے۔ میں سمجھتا ہوں کہ فرائیڈ نے اس طرح کے تصورات متعارف کروائے جو آج تک بہت مشہور ہیں۔

اب میں ان کی ذاتی زندگی کی طرف آنا چاہتا ہوں۔ کیونکہ ہم پروگرام کے اختتام کی طرف جا رہے ہیں۔ فرائیڈ یہودی النسل تھے، اس لیے انہیں بہت سارے مسائل کا سامنا رہا۔ عمر کے آخری حصے میں انہیں وی آنا (جرمنی) کو چھوڑ کر لندن میں قیام کرنا پڑا۔ ان کو جبڑے کا مسئلہ تھا۔ اس کے علاج کے سلسلے میں ان کے دو آپریشن بھی ہوئے لیکن پھر بھی مکمل تکلیف سے جان نہ چھوٹی اور وہ ساری زندگی Pain Killers کھاتے رہے۔ بالآخر ان کی زندگی کا انجام جبڑے کے کینسر کی وجہ سے ہوا۔

281

اب آپ پلیز گفتگو کو سمیٹ دیجیے۔

ڈاکٹر بلند اقبال:

ڈاکٹر صاحب بلاشبہ نفسیات کا مضمون ایک وسیع مضمون ہے۔ آپ اس کی وسعت و اہمیت کا اندازہ بحیثیت سائیکاٹرسٹ زیادہ بہتر انداز میں کر سکتے ہیں۔ میں یہاں ایک جملہ البتہ ضرور کہوں گا کہ یہ ٹھیک ہے کہ ہم فرائیڈ کی تھیوریز کو ثابت نہیں کر سکتے مگر انہیں غلط بھی نہیں کہہ سکتے۔ ان پر تنقید اس حوالے سے بڑی اہم بھی ہے کہ ان کی کہی ہوئی بات اس قدر رجحات ہیں کہ ہم اسے ایک رخ سے لیتے ہیں اور اعتراض کرتے ہیں تو وہی بات دوسرے رخ سے ایک نئے معنی لے کر سامنے آ جاتی ہے۔ ایک اور اہم بات یہ ہے کہ فرائیڈ کے یہاں میڈیسن کا استعمال نہیں ہے۔ ان کا خیال تھا کہ میڈیسن دینے سے نفسیاتی مسائل سلجھنے کے بجائے اُلجھ ۔ اُن کے یہاں ڈائیلاگ ہے صرف ڈائیلاگ۔ اور یہ بات خود بہت وزن رکھتی ہے۔

ڈاکٹر خالد سہیل:

پروگرام کے اختتام پر میں شکریہ ادا کرنا چاہوں گا بلند اقبال صاحب۔ آج اس موضوع پر اچھی سیر حاصل گفتگو رہی۔ شکریہ آپ کا ناظرین کرام ہم یہاں اب آپ سے اجازت چاہتے ہیں۔

اصطلاحات کی وضاحت

SCHIZOPHRENIA

شدید ذہنی خرابی ہے جو انسان کی سوچنے، محسوس کرنے اور دوسرے افراد کے ساتھ برتاؤ کے عمل کو متاثر کرتی ہے۔ شیزوفرینیا کے متاثرہ افراد کو دیکھ کر ایسا محسوس ہوتا ہے جیسے ان کا حقیقی دنیا کے ساتھ کوئی تعلق نہیں ہے۔

SEXUAL REPRESSION

ایسی ذہنی کیفیت جس کے تحت فرد اپنی جنسی خواہش کا اظہار کرنے کی بجائے اسے لاشعوری طور پر دباتا ہے۔ اس امر کا تعلق احساس ندامت، شرم یا جنسی رجحانات کی طرف زیادہ رغبت سے ہے۔ اس سے بڑھ کر اس بیماری کا کلچر اور اخلاقیات کے مروجہ نظام سے

بہت گہرا تعلق ہے۔

DEFENCE MECHANISM

لاشعوری طور پر اپنائی جانے والی وہ تمام حکمت عملیاں جو انسان کو مختلف قسم کے ناقابل قبول خیالات واحساسات کی پریشانی سے بچانے کے لیے ذہن اپناتا ہے۔

PSYCHOSIS

شدید قسم کی ذہنی خرابی جو حقیقی دنیا سے دور لے جاتی ہے۔ وہ تمام افراد جو اس بیماری کا شکار ہیں انہیں وہم یا فریب نگاہ جیسے تجربات کا سامنا رہتا ہے۔ فریب نگاہ بصری تجربہ ہے جو کہ کسی بھی اصل محرک کی غیر موجودگی میں ہوتا ہے۔ دیوانگی کی اس حد میں کچھ آوازیں سنائی بھی دیتی ہیں اور دکھائی بھی دیتا ہے جو اصل میں نہیں ہوتا۔

NEUROSIS

یہ سائکوسس سے ذرا کم درجے کی بیماری ہے۔ اس میں سائیکوسس کی طرح مکمل دیوانگی نہیں ہوتی بلکہ معمولی درجے کی نفسیاتی خرابی ہو جاتی ہے جیسے موڈ ڈس آرڈر (Depression or Mania) یا Obsessive compulsive Disorder وغیرہ

PERSONALITY DISORDER

شخصیت سے مراد کسی بھی شخص کا سوچنے، محسوس کرنے اور دوسرے شخص کے ساتھ برتاؤ کرنے کا انداز ہے۔ یہ خصوصیات ایک انسان سے دوسرے انسان کو ممتاز کرتی ہیں۔ ذاتی تجربات، ماحول اور وراثتی خصوصیات کسی بھی شخص کی ذات کو متاثر کرتی ہیں۔

شخصیت میں خرابی سے مراد ایک شخص کا دوسرے اشخاص کے ساتھ برتاؤ کرنے، دوسرے لوگوں کے بارے میں سوچنے اور اس سے جڑے احساسات کو محسوس کرنے میں خرابی پیدا ہونے سے متعلق ہے۔ ایسا شخص کسی بھی کیفیت کو بہتر انداز میں سمجھ سکتا ہے اور نہ ہی دوسروں کے ساتھ صحت مند بنیادوں پر رشتہ قائم رکھ سکتا ہے۔ جس سے اس شخص کے لیے معاشرتی مسائل پیدا ہوتے ہیں اور آہستہ آہستہ وہ شخص لوگوں کی نظر میں ناپسندیدہ ٹھہرتا ہے۔

OBSESSIVE COMPULSIVE DISORDER

ہر عمر کا شخص اور تمام مکتبہ فکر سے تعلق رکھنے والے افراد اس ذہنی مرض میں مبتلا ہو سکتے ہیں۔ اس نفسیاتی بیماری کے زیر اثر کوئی بھی شخص اس وقت آتا ہے جب وہ کوئی خیال، واہم یا خوف اپنے ذہن پر طاری کر لیتا ہے۔ بیماری میں مبتلا شخص بظاہر اس خیال یا خوف کو نظر انداز یار د کرنے کی کوشش کرتا ہے۔ لیکن اس کے نتیجے میں بے چینی اور پریشانی مزید بڑھ جاتی ہے۔ آخر کار مریض خود پر ذہنی دباو کم کرنے کے لیے لاشعوری طور پر کچھ کام بار بار کرنے لگتا ہے۔ مثلاً اگر ایک مریض کو جراثیم سے آلودہ ہونے کا خوف ہو جائے تو وہ بار بار اپنے ہاتھ دھونے لگے گا۔

UMBLICAL CORD

یہ ایک نالی ہوتی ہے جو پیدائش سے قبل (جب بچہ رحم مادر میں ہوتا ہے) بچے کو اپنی ماں سے جوڑتی ہے۔ بچہ اس نالی کے ذریعے ماں سے آکسیجن اور خوراک حاصل کرتا ہے۔

CONDITIONING

اس لفظ سے مراد مخصوص نوعیت کے خیالات و افکار ہیں جن سے ہماری معاشرتی سوچ، فکر اور عمل کی بنیادیں تعمیر پاتی ہیں۔ ہماری ذہنی نشوونما انہیں قواعد و ضوابط کے مطابق کی جاتی ہے۔ وقت گزرنے کے ساتھ جیسے جیسے ہم انسان بڑے ہوتے ہیں ہم انہیں حدود و قوانین کو حتمی ماننے لگتے ہیں۔ ہمارا مجموعی معاشرتی طرز عمل انہی Conditions کی عکاسی کرنے لگتا ہے۔ مثلاً برصغیر پاک و ہند میں یہ Conditioning ترتیب دینے میں مذہبی اقدار کا بنیادی کردار ہے۔ جبکہ مغربی ممالک میں ہیومن ازم کا عنصر معاشرتی Conditioning کی بنیادوں میں رچا بسا ہے۔

UNIVERSAL OBSESSIONAL NEUROSIS

یہ اصطلاح ایسی حالت کو ظاہر کرتی ہے جب مریض کا دماغ اپنی مرضی کے خلاف الفاظ، تصاویر اور خیالات سے بھرا ہوا ہو گا۔ تاہم بظاہر مریض کا شعور اپنی درست حالت میں ہوتا ہے۔ اور منطقی انداز سے غور و فکر کرنے کی صلاحیت اپنی جگہ صحیح سلامت ہوتی ہے۔ یہ غالب خیالات عارضی طور پر مریض کو خیال اور عمل کی آزادی سے محروم کر دیتے ہیں۔

CONDENSATION

فرائیڈ کے مطابق Condensation دو یا دو سے زیادہ واقعات کی Displacement کا نتیجہ ہے۔ فرائیڈ کے نزدیک Displacement سے مراد خواب کے اندر حقیقت کو مسخ کرنا ہے۔ جس سے خواب اصل واقعہ کو کسی واہمہ میں بدل دیتا ہے۔ جس کی وجہ سے شخص کی توجہ کسی زیادہ خاص واقعہ سے کم خاص واقعہ کی طرف منتقل ہو جاتی ہے۔ Condensation کا عمل بھیس بدل کر سینسر شپ سے بچنے کا کام بھی کر سکتا ہے۔ فرائیڈ کا ماننا ہے کہ جس قدر وسیع خواب کا محرک ہوتا ہے اس کے مقابلے میں خواب مختصر، چھوٹا سا اور علامتی ہوتا ہے۔

TRANSFERENCE

اس اصطلاح سے مراد وہ لاشعوری پروجیکشن کا عمل ہے جس سے کوئی شخص اپنے والدین سے جڑے احساسات کو اپنے تھراپسٹ سے جوڑ دیتا ہے۔ اس کا تعلق عام طور پر بچپن سے جڑے ابتدائی رشتوں سے ہوتا ہے۔ اکثر اوقات اس پروجیکشن کو مناسب نہیں سمجھا جاتا ہے۔

COUNTER TRANSFERANCE

اس اصطلاح سے مراد تھراپسٹ کے احساسات و جذبات کا مریض کے ساتھ جذباتی الجھاو ہے۔

DISPLACEMENT

یہ وہ لاشعوری دفاعی نظام ہے جس کے تحت ایک شخص اپنے منفی جذبات، محرکات، ناکامیوں، محرومیوں سے چھٹکارا حاصل کرنے یا کسی حد تک کم کرنے کے لیے اپنے جذبات کی اصل شکل کو کسی اور معتدل حالت میں بدل لیتا ہے۔ یہ ایک تخریبی عمل ہے۔

SUBLIMATION

Sublimation کا امر Displacement کی طرح ہوتا ہے۔ لیکن یہ اس وقت رونما ہوتا ہے جب ہم اپنے جذبات کو تخریب کاری کی بجائے تعمیری سرگرمی سے جوڑ لیتے ہیں۔ مثلاً اپنی محرومیوں اور ناکامیوں کو فنکارانہ اظہار دے دینا۔

بہت سارے فنکار اور موسیقاروں نے اپنی ناخوشگوار زندگیوں کے بیان کے لیے فنکارانہ اظہار کو استعمال کیا ہے۔

PROJECTION

اس امر کے تحت فرد اپنے خیالات، احساسات اور محرکات کو دوسرے شخص سے منسوب کر دیتا ہے۔ عام طور پر احساس جرم سے وابستہ تمام تر ایسے خیالات دوسرے شخص سے منسوب کیے جاتے ہیں۔

DENIAL

سچائی کا انکار جو اٹل حقیقت ہے مگر کسی بھی طرح سے اُسے آسانی سے قبول کرنا مشکل ہو مثلاً کسی قریب ترین شخص کی اچانک موت کی اطلاع ملے تو حقیقت کو ماننے سے انکار کر دینا تا کہ اُس کے demaging effect سے خود کو کچھ دیر کے لیے بچایا جائے۔

FREUDIAN PSYCHOLOGY

سائیکولوجی کا تھیوریٹیکل سسٹم جس کے تحت فرائڈ کے دیے گئے سائیکالوجیکل Tools مثلاً Transference، Repression اور Resistance جیسے لاشعوری پر اس کا نفسیاتی تجزیہ کرکے Behaviour کی تبدیلی کی وجہ جاننے کی کوشش کی جائے۔

MARXIST PHILOSOPHY

کارل مارکس کی دی گئی معاشی، سماجی اور اقتصادی فلاسفی جس کے مجموعی رویے میں کیپٹل ازم یا سرمایہ دارانہ نظام کی Labor، Productivity اور Economical Development پر تنقید اور کمیونزم کے حق میں وضاحت شامل ہے۔

یوول حراری اور انسانی دانائی کا ارتقائی سفر

ڈاکٹر خالد سہیل:

آج ہماری شخصیت کا نام یوول حراری(Yuval Harari) ہے۔ان کی کتاب Sapiens: A Brief History Of Mankind بہت مشہور ہوئی ہے۔ابھی چند سال پہلے ہی یہ کتاب چھپی اور ساری دنیا میں مشہور ہو گئی ہے۔ ہم نے ٹورانٹو میں اس حوالے سے ایک سیمینار بھی کیا تھا۔ کچھ دوستوں نے اس کے حق میں بات کی تھی مگر کچھ دوستوں نے اس کے خلاف بھی باتیں کی۔اس کتاب میں کچھ باتیں متنازعہ بھی ہیں۔ بہر حال یہ ارتقا کے حوالے سے ایک بہت اہم کتاب ہے۔

ارتقا کے متعلق ہے تو مختصراً یہ بھی کہہ دوں کہ سٹیفن ہاکنگ جن کا تذکرہ ہم ابھی اگلے پروگرام میں کریں گے ان کے مطابق ہماری کائنات کی عمر 13.7 بلین سال ہے۔اس عرصے میں جو ہماری زمین ہے اس کی عمر 4.5 بلین سال ہے اور اس میں جو زندگی ہے وہ تقریباً 3.5 یا 4 بلین سال پہلے سمندر کی گہرائیوں میں پیدا ہوئی تھی۔ زندگی کا آغاز ایک خلوی جرثومے جیسے کہ امیبا ہوتے ہیں یا جاندار جیسے کہ وائرس وغیرہ تھے، سے ہوا پھر انہوں نے لاکھوں برسوں میں کراس بریڈنگ کے دوران اور میوٹیشن وغیرہ سے مچھلیوں کی شکل اختیار کرلی۔بعد کے عرصے میں اُن سے پھر پرندے اور میمیلز بنے اور یوں یہ معاملہ Apes اور انسانوں تک آپہنچا اور یوں ہم انسانوں اور Apes کے جو آبا اجداد جانور آج سے چھ ملین سال پہلے دنیا میں نمودار ہوئے تھے۔ بعض لوگوں کا خیال ہے کہ ہم بندروں کی اولاد ہیں حالانکہ ایسا نہیں ہے۔ہم یہ کہہ سکتے ہیں کہ ہماری نانی تقریباً چھ بلین سال

پہلے شاید ایک تھی مگر پھر اس کے بعد درمیان میں کہیں جینز میں تبدیلی کا کچھ عمل یعنی (Mutation) ہوتا چلا گیا اور یوں ایک سلسلہ بندروں کا اور دوسرا ہم انسانوں کا چل نکلا۔

اب ہم بات لفظ نوع (Species) کی کریں گے۔ Specie سائنس کی زبان میں اس گروپ کو کہتے ہیں جن کا اگر آپس میں جنسی ملاپ ہو تو وہ اپنی جیسی نسل پیدا کر سکتے ہیں۔ اب دیکھیں مثلًا اگر ہم بات خچر کی کرتے ہیں کہ اگر گھوڑا اور گدھا ان کی آپس میں مجامعت (کراس بریڈنگ) ہو تو خچر پیدا ہوگا لیکن یہ جو خچر ہے وہ بچے پیدا انہیں کر سکتا ہے خیر تو یہ ایک فرق ہے۔ بہرحال سائنسی نقطہ نظر سے ہم انسانوں کو Homo Sapiens کہا جاتا ہے۔

ارتقا کا نظریہ یہ کیا ہے؟ اس کا ڈارون سے لے کر حراری تک کیا تعلق ہے؟ یہ جو بائیولوجیکل ارتقا (Biological Evolution)، نفسیاتی ارتقا Psychological Evolution اور ثقافتی ارتقا (Cultural Evolution) کا ایک مشترکہ سفر ہے۔ یہ سب بہت ہی دلچسپ موضوعات ہیں۔ اس گفتگو کو آگے بڑھانے سے پہلے ہم بلند اقبال سے کہتے ہیں کہ بائیولوجیکل ارتقا کی بات جو ڈارون سے شروع ہوئی تھی وہ اب حراری تک آپہنچی ہے تو آپ اس سلسلے میں اپنی معلومات ہمارے ساتھ شیئر کریں۔

ڈاکٹر بلند اقبال:

ڈاکٹر صاحب! جب میں نے یہ کتاب پڑھی تو مجھے گارجین(Guardian) کی وہ بات یاد آگئی جس نے ایک بار اسے یوں ہائی لایٹ کیا تھا کہ یہ کتاب موجودہ دور کی ان دس کتب میں سے ایک ہے جو انسانی دماغ کو سوچنے سمجھنے پر اکساتی ہیں۔ جس وقت یہ کتاب چھپی تھی اس وقت حراری کی عمر بمشکل 42 سال تھی۔ اس وقت وہ ہیبرو یونیورسٹی آف یروشیلم (Hebrew University of Jerusalem) میں تاریخ کے پروفیسر ہیں۔ انواع یعنی Species کی بات کرتے ہوئے حراری نے کہا کہ جانوروں اور پرندوں کی بہت ساری انواع ہیں تو انسان کی ایک ہی نوع بھلا کیوں ہے؟ انہوں نے بتایا کہ حقیقت میں ایسا نہیں ہے۔ 70 ہزار سال پہلے ہم انسانوں کی پانچ سے چھ انواع تھیں۔ انہوں نے اس کے کئی ایک نام لیے ہیں جن میں سے ایک نام Homo Neanderthal ہے جس کا جسم اور دماغ بڑا ہوتا تھا اور

پاؤں چھوٹے ہوتے تھے۔ وہ اپنے بازوؤں کو ہتھیاروں کی طرح استعمال کرتا تھا اور وہ لڑتا تھا۔ بالکل اسی طرح ایک اور نوع کا نام Homo Erectus ہے۔ یہ کئی لحاظ سے ماڈرن ہیومن سے قریب تھی مثلاً یہ کھلے علاقوں میں پیروں یا Lower limbs پر چلتی تھی اور دوسری Species کے مقابلے میں درختوں کے درمیان Climb وغیرہ کم ہی کرتی تھی۔ اس کے بعد Homo Rudolfensis ہیں یہ Species سب سے زیادہ دنیا میں پھیلی ہوئی تھی۔ یہ محض ستر ہزار سال پہلے کی بات ہے۔ اپنی کتاب میں حراری نے پتھر کے زمانے سے بات شروع کی ہے۔ حراری ہمیں بتاتے ہیں کہ ستر ہزار برس قبل Sapiens ان ہی کے درمیان کی کراس بریڈنگ کے نتیجے میں پیدا ہوئے مگر کئی لحاظ سے ان سب سے زیادہ مختلف اور ذہنی طور پر طاقتور ثابت ہوئے اور دیکھتے ہی دیکھتے ان تمام انواع کو پیچھے دھکیل کر دنیا پر کنٹرول حاصل کرتے چلے گئے۔

ڈاکٹر خالد سہیل:

بلند اقبال صاحب: آپ نے مصنف اور اس کتاب کے حوالے سے بہت خوبصورت پس منظر پیش کیا۔ اب اسی بات کو آگے بڑھاتے ہوئے میں کہوں گا کہ یوول حراری اس کتاب میں کلچرل اور سوشل ارتقا کی بات کر رہے ہیں۔ میں سمجھتا ہوں کہ انہوں نے ارتقا کے تین انقلابات یا پراسس کے حوالے سے بات کی ہے۔ پہلے انقلاب کو انہوں نے Cognitive Revolution کا نام دیا ہے جس کے تحت انسانی زبان، سوچ اور فکر میں مخصوص خصوصیات پیدا ہوئیں مثلاً سب سے پہلے ہم زبان کی بات کر لیتے ہیں۔ انسانی زبان میں مخصوص حروف اور صوتی اثرات ہوتے ہیں جن کو مختلف انداز سے جوڑ کر لامتناہی الفاظ بنائے جاسکتے ہیں۔ اس طرح لاکھوں الفاظ، فقرات، پیراگراف اور معانی پیدا کیے جاسکتے ہیں۔ یہ سب انسانی ذہن اور اس کی سوچ کا بہت بڑا ارتقائی قدم تھا کہ اُس نے اس سفر میں قدم بہ قدم نت نئی لفظی اور معنوی تبدیلیوں کا سفر طے کیا۔ بلند اقبال صاحب! میں آپ سے یہ جاننا پسند کروں گا کہ اس طرز کے انسانی ارتقا نے آپ کو کیسے متاثر کیا؟

ڈاکٹر بلند اقبال:

حراری نے دو باتیں بہت اہم کی ہیں۔ وہ سوال اٹھاتا ہے کہ Homo Sapiens

میں دو ایسی خصوصیات ہیں جو کسی اور Homos میں نہیں تھیں۔ جن کی وجہ سے ان جیسی باقی نسلیں ختم ہوتی چلی گئیں اور یہ نسل باقی رہ گئی؟ ان کے مطابق اس کی ایک وجہ تو ان کی Cognitive Capabilities ہے۔ جس کا مطلب یہ ہوا کہ انسان سوچ سکتا ہے، تخیل جیسی صلاحیت انسان کے پاس ہے۔ جس سے وہ نئے تصورات لا سکتا ہے اور حراری کے بقول اس کے ان تصورات کے حوالے سے کہانیاں تشکیل دی جا سکتی ہیں۔

دوسری اہم بات جسے اس نے Unification Capabilities کا نام دیا۔ یعنی وہ ایک دوسرے کے ساتھ تعاون کرنا تھا۔ اس بات کو یوں کہہ سکتے ہیں کہ اگر مختلف اقسام کے ایک ہزار جانوروں کو ایک بڑے ہال میں بند کر دیا جائے تو وہ بجائے ایک دوسرے کے ساتھ بیٹھ کر کسی بھی طرح کی سوچ بچار کریں، وہ آپس میں ایک دوسرے کو مارنے لگیں گے۔ لیکن Homo Sapiens میں یہ خوبی تھی کہ یہ کئی ہزار ایک جگہ پر رہ بھی سکتے تھے اور ایک موضوع پر اتفاق رائے بھی کر سکتے تھے اور سب سے بڑھ کر ان کے اندر ایک دوسرے سے گفتگو کرنے کی اہلیت موجود تھی۔ ان تمام خصوصیات نے مل کر اچھی بڑی تصورات قائم کرنے والی نسل کو اسٹیبلش کر دیا۔ ان Homo Sapiens سے جو ہزاروں سالوں میں تصورات پیدا ہوئے انہوں نے مذہب، نیشنل ازم، سیاست، انسانی حقوق سے متعلق قانون سازی جیسے کئی ایک نظاموں کو جنم دیا۔ حراری کہنا یہ چاہتے ہیں کہ ان ستر ہزار سالوں میں شکار کے دور سے زراعت کے دور تک اور پھر زراعت کے دور سے موجودہ دور تک کے نظام کو جنم دینے میں Homo Sapiens کی انہیں مخصوص خصوصیات کا کردار ہے جس سے دوسرے Homos محروم تھے۔ یوں ان تمام خصوصیات کے حامل معاشرے کو جنم دینے میں Sapiens نے اپنا کردار ادا کیا۔

ڈاکٹر خالد سہیل:

بلند اقبال صاحب اب آپ چونکہ بہت سنجیدہ گفتگو کر رہے ہیں اس لیے میں ماحول کو تھوڑا سا خوشگوار بنانے کے لیے ایک مزاحیہ سی بات کرنا چاہتا ہوں۔ یہاں پر میں حراری کا ایک جملہ شیئر کرنا چاہوں گا جو مجھے بہت پسند آیا تھا۔ یہ جملہ ان کی زبان کے بارے میں تھیوری کو ریفلکٹ کرتا ہے۔ یہ بات کتاب کے صفحہ نمبر 22 پر ہے۔

290

"language evolved as a way of gossiping. According to this theory Homo sapiens is primarily a social animal. Social cooperation is our key for survival and reproduction. It is not enough for individual men and women to know the whereabouts of lions and bison. It's much more important for them to know who in their band hates whom, who is sleeping with whom, who is honest, and who is a cheat."

ان کی اس بات کا مطلب یہ ہوا کہ جیسے ہم خواتین کا مذاق اڑاتے ہیں کہ یہ باتیں بہت کرتی ہیں۔ جیسے بہت ساری خواتین فون پر لگی رہتی ہیں جبکہ ان کی نسبت مرد کم باتیں کرتے ہیں۔ حراری یہ کہہ رہے ہیں کہ یہ جو عورتوں کا بار بار گفتگو کرنا ہے، اس گفتگو میں جو چٹکلے ہیں یہ سب ایک پر اس ہیں جس نے انسانی تخیل کے عمل کو بڑھایا ہے۔ ایک طرح سے ہمارا یہ جو پروگرام ہے اس میں بھی ہم گفتگو کر رہے ہیں تو اس سب کے بارے میں حراری کا کہنا ہے کہ انسانی ارتقا میں ان سب کا ایک اہم کردار ہے۔ یعنی اگر ہمارے پاس زبان ہے تو ہمارے پاس تخیلات، کہانیاں، آئیڈیاز اور فکشن وغیرہ ہیں۔

حراری آج سے بارہ ہزار سال پہلے کی جب بات کرتا ہے تو اس دور کو زرعی انقلاب کا نام دیا گیا ہے۔ اس زرعی انقلاب میں بات پودے اور جانوروں کی ہو رہی ہے۔ اس میں جو بات مجھے سمجھ میں آئی ہے وہ یہ تھی کہ جب فارم بنے تو یہ سارے جانور جو پہلے آزادانہ جنگلوں میں رہ رہے تھے مگر پھر انسانوں نے ان پر قبضہ کرنا شروع کر دیا۔ مثلاً مرغیاں، بھیڑیں، بکریاں اور دیگر جانور اب فارم کی شکل میں اکٹھے رکھے جانے لگے۔ یہاں پر حراری انسانوں پر طنز کرتے ہوئے بھی محسوس ہوتے ہیں کہ انسانوں نے ان جانوروں، پرندوں کو اپنا پالتو بنالیا ہے اور اس طرح جانوروں کے حقوق کم ہو گئے۔

تو بلند اقبال صاحب اس بات کے حوالے سے آپ کی کیا رائے ہیں؟

ڈاکٹر بلند اقبال:

حراری کا کہنا ہے کہ آج سے بارہ ہزار سال پہلے یعنی آج سے حضرت عیسیٰ کی پیدائش سے کوئی دس ہزار سال پہلے جو تبدیلی آئی اس نے نظام حیات کو مکمل بدل کر رکھ

دیا تھا۔ حراری کے مطابق Homo Sapiens جب شکار کر رہے تھے تو نسبتاً آزاد زندگی گزار رہے تھے۔ لیکن جب ان کا تعلق زراعت سے ہوتا ہے تو بالکل ہی الگ ہی قسم نظر آتی ہے۔ اب وہ زمین اور آسمان کے بارے میں زیادہ سوچ بچار کرنے لگے تھے۔ جس سے فطری طور پر Natural form of unification جنم لیتی ہے۔ اسی دوران زراعت کے ساتھ ساتھ قبضہ، زمین، گاؤں اور قبیلے کا تصور بنتا چلا گیا اور پھر مذہب، سیاسی نظام اور اشیا یا رقم کے لین دین کا تصور آیا۔ مختلف قسم کے قوانین وجود میں آئے اور مختلف قسم کے سسٹم بھی بنتے چلے گئے جو قوانین کے اندر رہ کر کام کر سکیں یعنی ابتدائی سوسائٹی اسٹیبلش ہونے لگیں۔ یعنی قبائلی زندگی اپنے پورے رسوم و رواج اور قوانین کے لحاظ سے ایک نئے دور میں شامل ہوئی جو انسانی ارتقا کی قدیم ترین تہذیبی شکل تھی۔ لیکن اگر اس کا ایک مثبت اثر سوسائٹی کا قیام تھا تو دوسری طرف ان sapiens کی جنگل کی آزادانہ زندگی سے قبائل کی قید زندگی میں بدلنے کا عمل بھی تھا یعنی وہی sapiens جو چند ہزار برس پہلے پورے جنگل میں اِدھر اُدھر پھرتے تھے اور ہر قسم کی غذا کھاتے تھے۔ اب ان کی نقل و حمل محدود ہونے لگی تھی کیونکہ وہ ایسی غذا ہی کھانے لگے تھے جس کی وہ زراعت تک محدود تھے یا جو با آسانی دستیاب تھی مثلاً وہ اب دال، چاول، گہیوں، باجرہ اور سبزیاں اور مخصوص پالتو یا آبی جانور وغیرہ کھانے تک محدود ہونے لگے تھے۔ اسی طرح کام کاج کے لیے بھی وہ کھیت باڑی وغیرہ کی طرف توجہ مرکوز کرنے لگے تھے یعنی زندگی گزارنے کا ایک منظم سا پیٹرن بنتا چلا گیا جو نسل در نسل ایک طرح کا یا اسٹیریو ٹائپ کا ساتھا۔ غذا جو کل تک وہ اور جانوروں کی طرح کچی ہی چیر پھاڑ کر کھا لیتے تھے وہ اب آگ پر پکا کر کھانے لگے تھے، وہ اب رہنے اور سونے جاگنے کے لیے گھر بنانے اور بستروں کا استعمال کرنے لگے تھے مطلب یہ کہ زندگی کا انداز جوں جوں بدلتا جا رہا تھا اسی طرح ان کی جسامت ہڈیوں حتیٰ کہ مسلز کے سائز وغیرہ میں بھی تبدیلیاں لاتے جا رہا تھا۔

ڈاکٹر خالد سہیل:

بلند اقبال صاحب! اس کتاب میں ایک بڑی دلچسپ بات ہے۔ کیونکہ آپ کی گفتگو بڑی سنجیدہ ہے۔ اس لیے میں ذرا ماحول کو ہلکا پھلکا بنا رہا ہوں۔ یہاں میں آپ سے بات شئیر

کرنا چاہ رہا ہوں جس کا مجھے علم نہیں تھا اور میں نے اس کتاب سے اسے سیکھا ہے۔ اس کتاب میں حراری بتاتے ہیں کہ یہ جو آگ انسان نے دریافت کی اور کھانا پکانا شروع کیا تو یہ جو پکا پکایا کھانا ہے اس سے انسان کے جسم پر کیا اثر پڑا۔ وہ لکھتے ہیں کہ

"The advent of cooking enabled humans to eat more kinds of food, to devote less time to eating, and to make do with smaller teeth and shorter intestines. Some scholars believe there is a direct link between the advent of cooking, the shortening of the human intestinal track, and the growth of the human brain. Since long intestines and large brains are both massive energy consumers, it's hard to have both. By shortening the intestines and decreasing their energy consumption, cooking inadvertently opened the way to the jumbo brains of Neanderthals and Sapiens."

اس بات کا مطلب یہ ہوا کہ جب انسان نے آگ جلانا سیکھ لیا اور کھانا پکانے لگا تو اس نے مختلف اقسام کے کھانے بنانا بھی سیکھ لیے۔ اب کھانا بنانے میں کم وقت لگتا تھا اور کھانا کھانے میں کم محنت درکار ہوتی تھی۔ جس کے نتیجے میں دانت اور آنتیں چھوٹی ہوتی گئی اور خون دماغ کی طرف جانا شروع ہوا اور دماغ کا سائز بڑا ہونے لگا۔ یہ میرے لیے بالکل نئی بات تھی۔ یہ بات میں نے سن رکھی تھی کہ اگر ہم کھانا کھالیں تو بہت زیادہ کھانے کے بعد ہمیں قیلولے کے لیے نیند آتی ہے۔ تو میں سمجھتا ہوں کہ حراری نے انسانی جسم، ذہن اور کلچر کو جوڑنے کی کوشش کی ہے۔

میں یہاں مذہب کے حوالے سے ایک بات شیئر کرنا چاہتا ہوں کیونکہ جب سے یورپی فلاسفروں پر بات ہونا شروع ہوئی ہے تب سے تقریباً ہم دونوں مذہب کے حوالے سے ایک لحاظ سے تنقید کرتے آئے ہیں۔ اب میں آپ سے حراری کے یہ نکات شیئر کرنے والا ہوں۔

Religion is the third great unifier of humankind, alongside money and empires. The Agricultural Revolution was accompanied by a Religious Revolution.

تو ایک طرح سے حراری تعریف کر رہے ہیں کہ اسلام، عیسائیت، یہودیت اور

ہندومت، غرض کوئی بھی مذہب ہو، اس نے ان سب لوگوں کو ایک تہذیبی جھنڈے تلے جمع کر دیا تھا۔ لیکن پھر وہ اعتراض یہ کرتے ہیں کہ ایسے مذاہب جو صرف ایک خدا پر یقین رکھتے ہیں یعنی

Monotheists have tended to be far more fanatical and missionary than polytheists.

اس بات کا مطلب یہ ہوا کہ اگر ایک انسان بہت سارے خداؤں کو مانتا ہے تو اس کے اندر برداشت و تحمل کا مادہ زیادہ ہو گا لیکن جو صرف ایک خدا کو مانتا ہے تو اس کا اور خداؤں کے ماننے والوں کے ساتھ جیلسی کا عنصر پایا جاتا ہے۔ اس لیے کہ 'ایک خدا' خود بھی خیر سے تھوڑا پسند نہیں آتا ہے کہ کوئی اور خدا اس کے برابر آئے۔ یعنی وہ شرک کو شدید ناپسند کرتا ہے۔ اچھا یہ ایک بہت اہم بات ہے کیونکہ اس سے پھر بنیاد پرستی، مذہبی شدت پسندی، اور مقدس جنگوں کا ماحول پیدا ہوا۔

اس سب کے بعد پھر دور گزرتے چلے گئے اور سائنسی اندازِ فکر کے انقلابات آنے لگے۔ تو وہ جو بت تھے یعنی وہ خدا، پیغمبر، آسمانی کتابیں اور ان کے علاوہ جتنے بھی اعتقادات و نظریات تھے انہیں سائنسی انقلابات نے چیلنج کیا۔ جب بیالوجی، سوشیالوجی، نفسیات، آسٹرالوجی، حیاتیات، فزکس، کیمسٹری کے علوم کے سامنے مذاہب عقلی و منطقی سطح پر خود کو ثابت نہ کر سکے تو اس سے یہ فرق آیا کہ خداؤں کی نسبت انسان اور انسانیت کی اہمیت بڑھی۔ حراری تو ہیومنزم کو بھی کہتے ہیں کہ یہ ایک نظریہ ہے جو آہستہ آہستہ مشہور ہوا ہے۔ بہرحال میں یہ سمجھتا ہوں کہ انہوں نے جو تین انقلابات یعنی ذہنی ارتقا، زرعی ارتقا اور سائنسی ارتقا کے حوالے سے بات کی ہے یہ دراصل انہوں نے انسانی ترقی کے سنگ میل کے حوالے سے بات کی ہے۔

بلند اقبال صاحب! آپ کو زرعی انقلاب سے سائنسی انقلاب کی طرف کا سفر کیسا لگا۔ آپ کی اس بارے میں کیا رائے ہے؟

ڈاکٹر بلند اقبال:

میں سمجھتا ہوں کہ زراعت سے سائنسی دور کی تبدیلی کے دوران حراری کے

مطابق ایک بڑی ماڈرن پولیٹیکل امپیریل ازم کا سفر شروع ہوا جس نے معاشرے کی مختلف اقدار کو ملا کر ایک نئی سوسائٹی کو جنم دیا۔ جس کے زیادہ تر فوائد بعد کے ترقیاتی ادوار میں مغربی معاشرے کو ملے۔ یہ باتیں بہت زیادہ اہم ہیں اُس پر ایک نئے عنوان سے Jared Diamond کی معروف کتاب Guns, Germs and Steel میں ذکر ہے۔ بہر حال یہ بات اور طرف بھی جاسکتی ہے مگر جہاں تک حراری کا تعلق ہے، انہوں نے ان تینوں تہذیبی انقلابات یعنی حیاتیاتی، نفسیاتی اور ثقافتی کے بعد جس نئے قدم کا ذکر کیا ہے وہ ان کی دوسری کتاب Homo Dues کی شکل میں سامنے آیا ہے۔ اب ہم ڈاکٹر صاحب آپ سے چاہیں گے کہ ان کی کتاب Homo deus کے حوالے سے کچھ بات کر لیں۔

ڈاکٹر خالد سہیل:

خواتین و حضرات! حراری کی پہلی کتاب Sapiens; A Brief History of Humankind ماضی کے حوالے سے تھی۔ اس کتاب میں وہ انسانوں کی ان گم گشدہ نشانیوں کو کھوجتے ہیں جو وقت کی دھول کے نیچے کہیں بہت گہری دب چکی ہیں۔ ان کی دوسری کتاب Homo Deus کا تعلق مستقبل سے ہے۔ اس کتاب میں وہ ہمارے سامنے اس مستقبل کا نقشہ کھینچتے ہیں جو اس دنیا کی موجودہ شکل کو مکمل طور پر بدل کر رکھ دے گا۔ اس کتاب میں بنیادی طور پر حراری یہ کہہ رہے ہیں کہ یہ جو سائنسی انقلاب آیا ہے اس نے معاشرے کو اپنی گرفت میں لے لیا ہے۔ جس کی وجہ سے اب آپ کے پاس کمپیوٹر چپس ہیں، مصنوعی انسانی اعضا بن رہے ہیں۔ اب ان کا خیال ہے کہ آہستہ آہستہ انسان اتنا اہم ہو گیا ہے کہ اس نے اپنے آپ کو جیسے خدا ماننا شروع کر دیا ہے۔ کیونکہ اب وہ اپنے اندر پوری طرح خدائی صفات پیدا کرنا چاہ رہا ہے۔ جس کی ایک مثال یہ دی جاسکتی ہے کہ اب وہ زندگی و موت پر اپنا اختیار چاہتا ہے۔ حراری کے خیال کے مطابق ایسا ممکن ہے کہ آنے والے سو سال میں انسان ایسے تمام اعضا بنا لے جنہیں انسانی اعضا کی جگہ لگایا جا سکتا ہو، یعنی ایک دل کمزور ہوا تو ایک نیا طاقتور دل لگا لیا، اسی طرح دوسرے اعضا جیسے گردہ، جگر، آنتیں وغیرہ لگا لیں۔ یوں انسانی عمر بڑھتے بڑھتے بڑھ سکتی ہے۔

دوسری بات انہوں نے یہ بھی کہی کہ یہ ایک طرز کی خدائی صفات میں سے ایک ہے

کہ انسان ایسی ٹیکنالوجی کا استعمال کرے جس سے مکمل طور پر انسان کو کنٹرول کیا جا سکتا ہو مثلاً آپ میں ایک چپ لگا دی گئی اور یہ ڈیزائن کر دیا گیا کہ آپ نے کیسے سوچنا ہے، کیسے بولنا ہے، کسی بھی عمل کا ردِ عمل کیسے دینا ہے تو مکمل طور پر جو انسان وجود میں آئے گا، اسے انہوں نے Techno-Human کا نام دیا ہے۔ ان کی یہ کتاب کوئی زیادہ مشہور نہیں ہوئی۔ کیونکہ اس میں مستقبل کے بارے میں فرضی باتیں ہیں۔ اور طرزِ تحریر سے صاف ظاہر ہوتا ہے کہ مصنف نے موجودہ انسان کی سائنسی ترقی کو سامنے رکھتے ہوئے آنے والے کل کے بارے میں اپنی رائے دی ہے۔ اس لیے ہم کہہ سکتے ہیں کہ حراری کی یہ کتاب تخیلاتی ہے۔ تو بلند اقبال صاحب آپ بتائیں کہ آپ کو یہ کتاب کیسی لگی۔

ڈاکٹر بلند اقبال:

ڈاکٹر صاحب! اس کتاب کا جو بڑا حصہ ہے اس میں انہوں نے دو طرح کی اصطلاحات کا ذکر کیا ہے۔ ایک Intersubjective Reality اور دوسری Interobjective Reality ہے۔ تھوڑی سی وضاحت کے لیے بتاتا چلوں کہ جب ہم Objective کہتے ہیں تو اس کا مطلب ہوا کہ یہ ایک مکمل چیز ہے جس کی اپنی ایک فطری مجموعی شکل ہے جیسا کہ ایک درخت ہے جو تمام جانوروں کے لیے یکساں متعارف ہوتا ہے۔ حراری جب Interobjective Reality کی بات کرتے ہیں تو وہ یہ بیان کرنا چاہ رہے ہیں کہ ہم Homo Sapiens کا باقی جانوروں کے ساتھ Objective reality کے ضمن میں کیسا تعلق ہے۔ جب ہم Subjective کی اصطلاح استعمال کرتے ہیں تو اس کا مطلب یہ ہوتا ہے کہ یہ ایک مشروط عمل ہوتا ہے جس کا کسی دوسری حقیقت سے تعلق ہونا ناگزیر ہے جیسا کہ 'درد' ایک Subjective reality ہے تو اس کا رشتہ باہمی طور پر Sapiens اور دوسرے جانوروں کے درمیان کیسا تعلق پیدا کر رہا ہے؟۔ Homo Deus کی اصطلاح انہوں نے خود تخلیق کی ہے۔ Homo deus سے ان کی مراد ایسے انسان کی ہے جو اس ٹیکنالوجی کی تیز رفتار ترقی کے نتیجے میں وجود میں آئے گی تو یہ تبدیلی Sapiens کو دوسرے جانوروں سے اور بھی دور لے جائے گی اور یوں اس سے جو نئی انسانی منزل کا تصور جنم لے رہا ہے وہ میٹافزیکل یا سبجیکٹو ہونے کے بجائے Interobjective Reality سے زیادہ جڑتا چلا جائے گا اور بھی میکینیکل ہو جائے گا۔

حراری کتاب کے بنیادی حصے میں انسانی شعور، تجربات، جذبات اور مذہب کے تصور کو زیرِ بحث لایا ہے۔ اور ان حقائق میں سے گزرتے ہوئے وہ ہیومن ازم پہ آیا ہے۔ اس نے بتایا کہ ہیومن ازم بنیادی طور پر ایک نئی قسم کا مذہب ہے۔ اس مذہب کا باقی مذاہب کے ساتھ فرق صرف اتنا ہی ہے کہ اس مذہب میں جو خدا ہے وہ آسمانی خدا نہیں ہے بلکہ انسانی ذات کو خدا اکا درجہ دیا گیا ہے۔ یعنی اس مذہب میں انسان اور انسانی اقدار کی عبادت کی جاتی ہے۔ اس امر کے جو نتائج ہیں ان کا ذکر ان کی تیسری کتاب 21 Lesson for the 21st century میں ملتا ہے جو حال ہی میں شائع ہوئی ہے۔ میں ناظرین کرام کو بتاتا چلوں کہ حراری کی کتاب Homo Deus کو ٹائمز کی طرف سے بہترین کتاب کے ایوارڈ سے نوازا گیا اور اسے اس سال کی بہترین دس کتابوں میں شارٹ لسٹ کیا گیا۔ ابھی جو ان کی نئی کتاب آئی ہے Lesson for the 21st century 21 اُس میں انہوں نے اکیس اسباق دیے ہیں۔ ان میں سے تین نکات میرے حساب سے بہت زیادہ اہمیت کے حامل ہیں۔

(i) Climate Change (ii) Nuclear Weapns(iii)Technology Disturbance

حراری کا کہنا ہے کہ یہ تین بہت ہی اہم نوعیت کے مسائل ہیں جن کے حل کے لیے عالمگیر سطح کی سوچ و فکر کی ضرورت ہے۔ میرے نزدیک یہ کتاب Homo deus کی اگلی منزل ہے۔ یعنی ترقی کے اس زینے پر آگے کچھ بھی ہمارے پاس نہیں ہے۔ ہمیں یہ تک نہیں پتہ ہے کہ ہمیں اپنے بچوں کو کیا تعلیم دینی ہے۔ کیونکہ آئندہ پچاس سال کے بعد تک دنیا مکمل طور پر بدل جائے گی۔ اس بات کو کسی قدر سمجھنے کے لیے اس بات کی مثال دی جاتی ہے کہ ٹیکنالوجی کی روز بروز کی جدت سے آج ہمارے پاس نو کریاں نہیں ہیں۔ حراری کا کہنا ہے کہ آئندہ پچاس سالوں میں ڈاکٹروں کی نوکریاں بھی ختم ہو جائیں گی۔ شخصی ڈرائیور وغیرہ کی ضرورت بھی نہیں رہے گی، آفس کے کلرک اور ریسٹورنٹ کے تصورات بدل جائیں گے۔ اس بات کا مطلب یہ ہوا کہ ان روایتی تصورات کو ٹیکنالوجی نے نگل لیا ہو گا تو دنیا اگلے پچاس برسوں میں قدرے بدل جائے گی۔

ڈاکٹر خالد سہیل:

قارئین کرام! ہم ان نت نئے کلچرل انقلابات کی بات کر رہے ہیں جس کا سامنا

اکیسویں صدی میں ہونے والا ہے۔ آج کا موضوع گفتگو شخصیت حراری اسرائیل میں رہنے والے یہودی النسل تاریخ کے پروفیسر ہیں۔ انہوں نے ڈارون اور رچرڈ ڈاکنز کی بائیولوجیکل ارتقا کی بات کو ایک قدم آگے بڑھایا ہے۔ یوں انہوں نے کلچرل انقلاب کی بات کرتے ہوئے ہمیں سمجھانے کی ایک کوشش کی ہے کہ پچھلے ستر ہزار سال میں انسانوں نے کیا ترقی کی ہے۔

اب اس بات کو یہاں سمیٹتے ہیں اور دیکھتے ہیں کہ ان کی کتاب Homo Deus کا مجموعی نقطہ نظر کیا ہے؟ اس میں متذکرہ چند خاص باتیں کون سی ہیں؟ اور آخر میں ان کی ذاتی زندگی کے بارے میں آپ چند اہم باتیں ناظرین کرام سے شیئر کریں۔

ڈاکٹر بلند اقبال:

ڈاکٹر صاحب! حراری کی کتاب کے اختتام پر ایک تحریر ہے جو مکمل کتاب کے نقطہ نظر کو کافی حد تک واضح کرتی ہے اور یہ انسانی سوچ کو ایک تشویشانہ تحریک دیتی ہے:

What will happen to society, politic and daily life when non-conscious but highly intelligent algortthms knows us better than we know ourselves?

یعنی یہ ایک بہت اہم بات ہے کہ جب ٹیکنالوجی ہمیں ہم سے بہتر جان جائے گی تو ہمارا احشر کیا ہو گا؟ دوسری اہم بات تعلیم کے متعلق ہے جس کا تذکرہ انہوں نے اپنی تیسری کتاب 21 Lesson for the 21st century میں کیا ہے۔ اس تذکرہ کو پڑھتے ہوئے مجھے آپ کے لکھے ہوئے تین سی والے لفظ یاد آ گئے تھے۔ آپ نے 3 Cs کا ذکر کیا تھا کہیں جو کچھ اس طرح سے تھیں Creative Imagination, Compassionate Heart & Critical Thinking۔ حراری نے اپنی کتاب میں 4C کی بات کی ہے۔ انہوں نے کہا کہ تعلیمی میدان میں Critical Thinking, Communication, Collaboration, Creativity کا ہونا از حد ضروری ہے۔ یعنی یہ چاروں پہلو ایک بہترین نظام تعلیم مرتب کرنے کے لیے ناگزیر ہیں۔

ڈاکٹر خالد سہیل:

بلند اقبال صاحب! حالانکہ حراری سائنسی نقطہ نظر کے حامل انسان ہیں لیکن اس

کتاب میں ایک اور بات جو مجھے بہت دلچسپ لگی وہ یہ ہے کہ باقی سائنسدانوں کا خیال ہے کہ سائنس مذہب کے لیے ایک چیلنج کی حیثیت رکھتی ہے۔ لیکن حراری کا کہنا ہے کہ مذہب کے لیے سائنس سے زیادہ روحانیت چیلنج ہے۔ جس کے بارے میں وہ لکھتے ہیں کہ:

Religion is a deal, whereas spirituality is a jouney ... For religions,

spirituality is adangerous threat.

یعنی ان کا کہنا ہے کہ مذہب کو اگر ایک عمارت تصور کر لیا جائے تو سائنس مذہب پر باہر سے حملہ آور ہو رہی ہے (یعنی اپنی منطق، عقل اور سوچ و فکر سے) جبکہ روحانیت کا حملہ اندرونی طرف سے ہے تو روحانیت کا یہ حملہ جو مذہب کی عمارت کے اندر سے ہے یہ سائنس کی نسبت زیادہ خطرناک حملہ ہے۔

اب بلند اقبال صاحب ان کی ذاتی زندگی کی طرف آتے ہیں۔ جب ہم حراری کی ذاتی زندگی کی طرف دیکھتے ہیں تو ہمیں معلوم ہوتا ہے کہ یہ ایک Gay ہیں مگر انہوں نے اس بات کو کسی سے چھپایا نہیں ہے۔ بلکہ میرے لیے دلچسپ بات یہ ہے کہ یہ اپنے محبوب سے شادی کرنے کے لیے کینیڈا آئے اور یہاں پر ان کی شادی ہوئی۔ میں وضاحت کے لیے بتاتا چلوں کہ کینیڈا میں ایسی شادیوں کی قانونی اجازت ہے۔ حالانکہ آج بھی دنیا کے بیشتر ممالک میں اس پر باقاعدہ پابندی ہے لیکن کینیڈا اس لحاظ سے باقی دنیا سے آگے ہے کہ انہوں نے یہاں اس سلسلے میں قانون بنایا ہے۔ بہر حال ہماری جو مسلم سوسائٹی ہے اگر آپ وہاں Gay, Lesbian, Homosexuality کی بات کرتے ہیں تو لوگ تھوڑا پریشان ہو جاتے ہیں۔ تو بلند اقبال صاحب آپ چونکہ میڈیکل ڈاکٹر ہیں تو آپ بہتر راہنمائی فرما سکتے ہیں کہ ایسا کیوں ہے۔ کیونکہ بعض لوگوں کا ماننا ہے کہ ایسا خدا کی طرف سے ہی ہے کیونکہ وہ پیدائشی ہی ایسے ہیں یا بعض لوگ اسے اخلاقی برائی سے تعبیر کرتے ہیں۔

ڈاکٹر بلند اقبال:

ڈاکٹر صاحب: اس کی کیا absolute وجہ ہے ابھی تک اس سے متعلق تو کوئی واضح explanation نہیں ہے۔ ہاں اس میں کچھ بائیولوجیکل، ہارمونل، کلچر اور ماحولیاتی اثرات شامل ہوتے ہیں۔ نئی تحقیق کے مطابق جب ہارمونز کی بات کی جاتی ہے تو میں یہ کہوں گا کہ

اس میں نہ صرف Sexual Hormonal Variability کا تعلق ہے بلکہ تھائی رائیڈ ہارمون جو ہمارے گلے پر لگے ہوئے غدود سے خارج ہوتا ہے، اُن کا بھی اثر ہوتا ہے۔ اس کے علاوہ Intrauterine hormonal exposure کا بھی ان سے تعلق ہے۔ اس کے اثرات بچے کے پیدا ہونے سے بھی پہلے ہوتے ہیں۔ اس میں جنسی اعضا، سوچنے کے عمل، دماغ کی ساخت کا اور جینز میں تبدیلیوں کا بھی کردار ہوتا ہے۔ اب ظاہر ہے gays سے بچے تو ہوتے نہیں ہیں، اس لیے ان کا تعلق وراثت سے نہیں ہے۔ مطلب مکمل طور پر جو اثرات ہیں وہ پیدائش سے پہلے کے ہیں جو ان بچوں کے کنٹرول میں نہیں ہوتے ہیں تو یہ ایک خواہش یا رجحان ہے جو اپنے ہی جیسے سیکس کی طرف ہوتا ہے اور یہ اتنا طاقتور ہوتا ہے کہ اُن کے نفسیاتی کنٹرول سے باہر ہوتا ہے۔ یہ بالکل ایسے ہی ہے جیسے Hetrosexuals کے درمیان کشش پائی جاتی ہے۔ خیر ہمارے ہاں تو ایک الگ قسم کی ثقافت پائی جاتی ہے جس میں مذہبی اخلاقیات پریکٹس ہوتی ہے جو دو ہزار برس قدیم فکر کی وجہ سے کئی لحاظ سے جامد اور منطق سے قطعی عاری ہے، ظاہر ہے وہ مذہبی آیتوں کو خود غرضانہ رویوں سے follow کرتی ہے اور بنا کسی احساس کے ایک جابرانہ رویہ ان مختلف جنسی رویوں کے انسانوں سے برتتی ہے جو آج کے سائنسی و نفسیاتی آگہی کے دور کے حوالے سے قطعی غلط ہے۔ کیونکہ دوبارہ وہی بات کہ ان لوگوں کا اپنی جنسی جبلت پر قابو نہیں رہتا ہے کیونکہ یہ ممکنہ حد تک Chromosomal Variability کا شکار ہوتے ہیں جسے وہ تمام Hetrosexual انسانوں کی طرح بدل نہیں سکتے یعنی یہ توقع قطعی غیر فطری ہے۔ ان کی خواہشات کا احترام بھی اور انسانوں کی طرح ضروری ہے اور کینیڈا جیسا منصفانہ معاشرہ اس کی مثال ہے جہاں gays اور Lesbins کی آپس میں شادیوں کی لیگل حیثیت موجود ہے۔

ڈاکٹر خالد سہیل:

بلند اقبال صاحب یوول حراری کی ذاتی زندگی کو پڑھ کر مجھے لگا کہ جنسی رجحان کے علاوہ ان کے دو اور بھی رجحانات ہیں۔ ایک تو یہ ہے کہ یہ سبزی خور ہیں حراری نے براہِ راست تو ایسی رائے نہیں دی لیکن انہیں پڑھ کر مجموعی طور پر تاثر یہی پیدا ہوتا ہے کہ جیسے ان کے نزدیک گوشت کھانے والے بڑے ظالم لوگ ہوتے ہیں کیونکہ وہ جانوروں کو ذبح کرتے ہیں۔

اس لیے ہمیں جانوروں کو ذبح نہیں کرنا چاہیے بلکہ صرف سبزیوں پر زندگی گزارنی چاہیے۔

دوسری بات یہ ہے کہ ان کی سوچ کافی حد تک مذہبی معاملات میں روحانیت کے قریب ہے اور وہ بدھ ازم کے بہت قریب ہیں کیونکہ وہ ان کے بارے میں ایک نرم گوشہ رکھتے ہیں اور اسی وجہ سے انہوں نے کتاب Homo Deus کے آخری حصے میں کچھ روحانیت کی بات کی ہے۔ میں یہ بات اس لیے کہہ رہا ہوں کہ ہر سائنسدان و مصنف کے بعض اوقات کچھ اپنے تعصبات بھی ہوتے ہیں لیکن چونکہ وہ ایک بڑا دانشور ہوتا ہے تو اس کے ان تعصبات کو قبول بھی کر لیا جاتا ہے۔

بلند اقبال صاحب میں نے یوول حراری کی زندگی پر گفتگو کرنا اس لیے ضروری سمجھا کیونکہ یہ آج اکیسویں صدی کے اہم دانشور و ادیب ہیں۔ بہرحال آپ اپنا جامع نقطہ نظر بیان کریں جو آپ کا حراری کے نظریہ ارتقا اور انسانی تاریخ کے بارے میں ہے۔

ڈاکٹر بلند اقبال:

میں اپنی گفتگو کو اسی نقطے سے جوڑتا ہوں جہاں سے شروع کیا تھا۔ ڈاکٹر صاحب جو ں جوں میں اس کو پڑھتا گیا، مجھے ہیگل یاد آیا اور وہ مجھے اس لیے یاد آیا کیونکہ اس نے ہی کہا تھا کہ جب بھی تاریخ کو پڑھنا تو اس دور کے تاریک پہلوؤں کا ضرور مطالعہ کرنا۔ حراری کی کتاب پڑھتے ہوئے مجھے نظر آیا کہ کیسے ہم شکار کے دور سے زرعی دور میں آئے اور یوں کانسی، تانبے اور لوہے کے ادوار سے طویل سفر کرتے ہوئے ماڈرن دور تک پہنچے ہیں مگر سفر میں کہاں کہاں ہم نے کیا کیا کھویا ہے؟ یہ بات بھی بہت اہم ہے یعنی صرف یہ کہنا غلط ہے کہ آج کا دور پچھلے دور سے بہتر ہے یا اس سے پچھلا دور اس سے خراب تھا۔ اگر ہم موجودہ دور کی بات کریں تو بظاہر ایسا لگتا ہے کہ آسائشیں بڑھ گئی ہیں لیکن دوسری جانب اس کے منفی اثرات بھی پیدا ہوئے ہیں۔

Homo Deus کی کتاب کو دیکھوں تو مجھے کئی بار نطشے بھی یاد آیا تھا کیونکہ یہ اُس کا وہی سپرمین یا Ubermensch ہے جو ہمیں Genetic Engineering کی صورت میں ڈھل کر ٹیکنالوجی کے دور میں لے جا رہا ہے۔ حراری جو مستقبل کے انسان کی تصویر کشی کر رہے ہیں، ہم اس کا صرف تصور ہی کر سکتے ہیں اور اگر نطشے اس کتاب کو پڑھتا تو وہ ضرور

Overman کے حوالے سے نئی گرہیں کھولتا خیر مجھے جس چیز نے چونکایا تھا وہ بہت زیادہ خوف اس کتاب کے پس منظر میں نظر آیا یعنی ایک ٹیکنولجیکل انسان کا تصور اور پھر کئی اور بھی آنے والے خطرات جیسے گلوبل وارمنگ کے اثرات، ایٹمی تباہ کاریاں اور سب سے بڑھ کر نئی دنیاوں کو پانے کی دوڑ میں اپنی اس دنیا کے مسائل سے چشم پوشی ۔ یہ اندوہناک تذکرہ انسانی مستقبل ہی نہیں بلکہ ہمارے سیارے زمین کے مستقبل کے لیے بھی تشویشناک حد تک خوف میں مبتلا کر دیتا ہے۔ یہ نامیاتی غیر نامیاتی زندگی کا ارتقائی تصور ہمیں نفسیاتی طور پر توازن سے غیر توازن کی طرف لیجار ہا ہے کیونکہ انسانی فزیالوجی کا ارتقا ضروری نہیں ہے کہ ہماری سائنسی ارتقا کے ساتھ توازن میں سفر کر رہا ہو اور خصوصاً جب دنیا خود ابھی یکساں تہذیبی دور سے نہیں گزر رہی ہے۔ ہماری دنیا میں کچھ تہذیبیں ابھی بھی قبائلی ادوار میں ہیں اور کچھ خلائی ادوار میں اور اس فرق کا بدلتے ادوار کے ساتھ متوازن رہنا ممکن نہیں ہے اس لیے یہ ٹیکنالوجی کی تیز رفتاری ہمیں ممکن ہے انسانیت کے عالمگیر تصور سے جدا کر کے حیوانیت کی طرف دھکیل دے جو اپنے Countertravel کی وجہ سے اور بھی ہولناک ثابت ہو

ڈاکٹر خالد سہیل:

بہر حال میرے خیال میں یہ کتابیں ہم سب کے لیے انفرادی طور پر بھی اور اجتماعی طور پر بھی ایک لمحہ فکر یہ ہیں کہ ہم انسانیت کے بارے میں شعوری طور پر کیا فیصلے کرتے ہیں۔ اور انسانی دکھ سکھ کے حوالے سے جو سمت ہم متعین کر رہے ہیں وہ کیا ہے؟ بہر حال جو بات ڈارون، فرائیڈ، مارکس، ہیگل سے شروع ہوئی تھی اب وہ ایسی اسٹیج پر پہنچ چکی ہے جہاں ہم کلچرل انقلاب کی بات کر رہے ہیں۔ کے پروگرام کا ہاں پر اختتام کرتے ہیں بہت بہت شکریہ۔

اصطلاحات کی وضاحت

MUTATION

میوٹیشن ڈی این اے کے اندر موجود ترتیب میں تبدیلی کا نام ہے۔ یہ تبدیلی دو وجوہات کی بنا پر ہوتی ہے ۔ پہلی، جب ڈی این اے اپنی کاپی تیار کرتا ہے، اس وقت اس میں

غلطی ہو جائے۔ دوسری، ماحولیاتی عناصر اس پر اثر انداز ہو جائیں۔ الٹراوائیلٹ شعاعیں اور دھواں ان ماحولیاتی عناصر کی مثالیں ہیں۔

PSYCHOLOGICAL EVOLUTION

نفسیاتی ارتقائی انقلاب

CULTURAL EVOLUTION

تہذیبی ارتقائی انقلاب

SEXUAL HORMONAL VARIABILITY

سیکسوئل ہارمونز سے مراد وہ ہارمونز ہیں جن کا تعلق Sex سے ہوتا ہے۔ لفظ Variability سے مراد ان ہارمونز میں پیدا ہونے والی Quantitative or qualitative تبدیلی ہے۔

INTERAUTERINE HORMONAL EXPOSTURE

پیدائش سے قبل یا حمل کے دوران بچہ دانی یعنی Uterus پر مختلف سیکس ہارمونز کے اثرات۔

CHROMOSOMAL VARIABILITY

پیدائش سے قبل کروموسومز کی تقسیم اور تعمیر کے دوران ہونے والی غیر فطری تبدیلیاں۔

GENETIC ENGINEERING

جینیٹک انجینیرنگ، سائنس کی وہ شاخ ہے جس دوران DNA (rDNA) ٹیکنالوجی کے زریعے مختلف پودوں اور جانداروں کی پیدائش کے تجربات کیے جاتے ہیں جیسے نت نئی ویکسن اور پھلوں اور پودوں کی نئی صنف پیدا کرنے کے تجربات وغیرہ

ORGANIC & INORGANIC SPECIES

نامیاتی اور غیر نامیاتی کمپاونڈ کیمسٹری کی زبان میں کاربن رکھنے والے اور نہیں رکھنے والے کمپاونڈ سے مراد ہیں، مگر ادبی لہجے میں عموماً اس سے مراد حیاتیاتی اور غیر حیاتیاتی یا فطری اور غیر فطری یا مصنوعی ساخت والے جانداروں سے لیے جاتا ہے۔

اسٹیفن ہاکنگ کی فلکیاتی دانائی اور وقت کی تاریخ

ڈاکٹر خالد سہیل:

آج آپ اس سلسلے کا چونتیسواں پروگرام ملاحظہ فرما رہے ہیں اور آج کی شخصیت کا نام سٹیفن ہاکنگ ہے۔ یہ 1942ء میں پیدا ہوئے اور 2018ء میں ان کا انتقال ہوا۔ یہ ایک بہت ہی بڑی نابغہ روز گار شخصیت تھے۔ اگر آپ یوں کہیں کہ ان کے اندر آئین سٹائن اور نیوٹن کا ملاپ ہو گیا ہے تو غلط نہ ہو گا کیونکہ سٹیفن ہاکنگ نے بہت سارے ان سائنسدانوں کی تھیوریز، Cosmos اور Cosmology کو ایک تھیوری میں اکٹھا کر کے ایک طرح کا Synthesis پیش کر دیا۔ انہیں ساری دنیا کی یونیورسٹیوں سے دعوت نامے آتے ہیں۔ لوگ ان کی تقاریر بڑے بڑے شوق سے سنتے ہیں۔ وہ ان کی سنجیدہ گفتگو سے مسحور بھی ہوتے ہیں اور ان کے طنز و مزاح سے محظوظ بھی ہوتے ہیں۔

ہاکنگ 1942ء میں انگلستان کے شہر آکسفورڈ میں ایک پڑھے لکھے دانشور گھرانے میں پیدا ہوئے۔ ان کے والد کو طب اور ان کی والدہ کو سیاست اور فلسفے سے گہرا لگاؤ تھا۔ کالج اور یونیورسٹی میں بہت سے مضامین کا مطالعہ کرنے کے بعد ہاکنگ نے فیصلہ کیا کہ وہ تھیوریٹیکل فزکس (Theoretical Physics) میں اعلیٰ تعلیم حاصل کریں گے۔

21 سال کی عمر میں انہیں ایک بیماری لاحق ہوئی۔ جب ڈاکٹر نے اس بیماری کی تشخیص کی اور ہاکنگ کو بتایا کہ وہ صرف دو سال زندہ رہ سکیں گے تو یہ خبر سن کر وہ بہت اداس ہو گئے لیکن جب انہیں پتہ چلا کہ ان کی بیماری بہت ہی آہستہ آہستہ آگے بڑھے گی اور وہ ایک طویل عرصے تک زندہ رہ سکیں گے تو ان کے ڈپریشن میں کمی آئی۔ اگرچہ آہستہ آہستہ

بیماری کے اثرات نے انہیں آہستہ آہستہ مفلوج و معذور بنا کر ویل چیئر تک محدود کر دیا لیکن اس کے باوجود ذہنی طور پر اپنا تحقیقی اور تخلیقی کام کرتے رہے۔ اب ہم بلند اقبال صاحب سے اس بیماری کا اصل نام اور اس کی وجہ جاننا چاہیں گے کیوں کہ یہ ایک میڈیسن اسپیشلسٹ (Medical Internist) ہیں۔ اس لیے یہ ہماری اس سلسلے میں بہتر رہنمائی فرما سکتے ہیں کہ اس بیماری کی اصل وجہ کیا تھی؟ اس بیماری کے انسانی جسم پر کیا اثرات مرتب ہوتے ہیں؟ یہ سب کچھ جاننا اس لیے ضروری محسوس ہوتا ہے کیونکہ سٹیفن ہاکنگ وہ شخصیت ہیں جنہوں نے اس قدر شدید بیماری کے باوجود اتنی ساری تحقیقات کیں۔ تو بلند اقبال صاحب اس سلسلے میں آپ ہماری رہنمائی فرمائیں۔

ڈاکٹر بلند اقبال:

ڈاکٹر صاحب: اس بیماری کا نام Amyotrophic Lateral Sclerosis ہے۔ یہ بیماری زیادہ تر ہمارے دماغی خلیوں یعنی نیورونز Neurons کو متاثر کرتی ہے۔ یہ نیورانز ہمارے Spinal Cord اور Brain کے Nerve Cells ہیں۔ جہاں تک اس بیماری کی بنیادی وجہ کا سوال ہے تو اس کا فی الحال مستند جواب موجود نہیں ہے لیکن اس کے پیچھے بہت ساری تھیوریز کے نام لیے جاتے ہیں۔ جیسے کہ کہا جاتا ہے کہ یہ ایک Immunological Disease ہے، اس بات کا مطلب یہ ہوا کہ انسانی باڈی کے اندر کچھ ایسے Antibodies بن جاتے ہیں جو ہمارے اپنے نیورونز کے خلاف عمل کرتے ہیں اور انہیں تباہ و برباد کرنے لگتے ہیں، ممکن ہے اس کا تعلق کسی حد تک میوٹیشن یا وائرس سے بھی ہو۔ بہر حال اس سے بہت سخت مسئلہ یہ ہوتا ہے کہ نیورونز کو جب نقصان پہنچتا ہے تو انسانی جسم کے اعضا بتدریج کمزور ہوتے چلے جاتے ہیں۔ بیماری کی ابتدا میں Peripheral Muscles متاثر ہوتے ہیں لیکن بعد میں اور Soft Organs کے Muscles بھی جواب دینے لگتے ہیں خصوصا ڈایافرام جو ہمارے سینے اور پیٹ کے اعضا کے درمیان ایک پردہ ہوتا ہے اور پھر سانس لینے کے مسلز متاثر ہو جاتے ہیں۔ ان تمام وجوہات کی بنا پر مریض بتدریج اس قدر محتاج ہو جاتا ہے کہ اسے سانس لینے تک میں اس قدر پرابلم ہونے لگتی ہے کہ سانس بحال رکھنے کے لیے نالیاں ڈالنا پڑتی ہیں اور مریض وینٹی لیٹر Machine breathing پر چلا جاتا

ہے۔ اس ساری صورتحال کو سادہ الفاظ میں یوں سمجھ لیں کہ یہ ایک قسم کا فالج ہے جو کم و بیش تمام جسم پر اثر انداز ہوتا چلا جاتا ہے اور بالآخر مریض موت کے منہ میں چلا جاتا ہے۔

سٹیفن ہاکنگ کے ساتھ بھی ایسا ہی ہوا۔ یہ تقریباً اکیس سال کے تھے جب بیماری نے ان پر حملہ کیا۔ ان کو ڈاکٹروں نے بتایا کہ آپ زیادہ دیر زندہ نہیں رہیں گے لیکن انسانیت کی خوش نصیبی کہ انہوں نے ستر سال کی عمر پائی۔ اس کی ایک بڑی وجہ ان کی Strong Will Power بھی تھی کہ انہوں نے بیماری کو اپنے اوپر حاوی نہیں ہونے دیا تھا اور جسمانی مسائل کے ساتھ مسلسل طاقت کے ساتھ نمٹتے رہے۔ یہ بات حیران کن حد تک آپ کے لیے دلچسپی کا باعث ہوگی کہ آخری عمر میں ان کے صرف Face Muscles کام کرتے تھے۔ جن کی کمیونیکشن کو سمجھنے کے لیے خاص کمپیوٹر تیار کیے گئے تھے۔ جن کی مدد سے وہ لیکچرز دیا کرتے تھے۔ یعنی جہاں پہلے سٹیفن کی انگلیوں کی حرکت خیالات کو تحریر کیا کرتی تھیں۔ اب وہی کام یہ اپنے رخساروں سے لے رہے تھے۔ اس لحاظ سے ان کی ذات معذور لوگوں کیلیے ایک مشعل راہ ہے کہ انہوں نے معذوری کے باوجود اتنا عظیم کام کیا ہے کہ تمام عالم انسانیت ان کے عظیم سائنسی کارناموں اور تخلیقات پر شکر گزار ہے۔

ڈاکٹر خالد سہیل:

بلند اقبال صاحب! ایک سائیکاٹرسٹ کی حیثیت سے مجھے ان کی زندگی اس لحاظ سے بہت دلچسپ لگی کہ اپنی معذوری کے باوجود انہوں نے دو شادیاں بھی کی۔ پہلی خاتون جو اُن کی زندگی میں آئیں وہ اُن کی بیماری کی بالکل ابتدائی سطح میں انہیں ملی تھی۔ اس وقت سٹیفن ہاکنگ بظاہر بالکل ٹھیک تھے مگر جب آہستہ آہستہ ان کی بیماری بڑھنا شروع ہوئی تو اس خاتون کو سٹیفن کا خیال رکھنے میں مشکل پیش آنے لگی تو اس نے ایک نرس کو ملازمت پر رکھ لیا۔ جب پہلی بیوی نے سٹیفن سے طلاق لے لی اور علیحدہ ہوگئی تو نرس نے کہا کہ میں آپ کے ساتھ شادی کر لینا چاہتی ہوں۔ اس میں میرے لیے دلچسپی کی بات یہ تھی کہ سٹیفن نے بطور سائنسدان نہ صرف سائنسی میدان میں انقلابی تبدیلیاں ہی نہیں کیں بلکہ وہ خود بھی ایک اچھے انسان تھے، شاید اسی بنا پر ان کی نرس ان سے شادی کرنے کے لیے تیار ہوئی اور زندگی بھر ان کا خیال رکھا۔

A Brief History of Time ان کی پہلی کتاب ہے۔ بلند اقبال صاحب! آپ ہمارے ناظرین کرام کے سامنے اس کتاب کا خلاصہ پیش کریں۔

ڈاکٹر بلند اقبال:

ڈاکٹر صاحب یہ بہت ہی دلچسپ کتاب ہے۔ کتاب کے چھپنے کے پس منظر کی اگر میں بات کروں تو میں ناظرین کرام کو یہ بتانا چاہوں گا کہ سٹیفن ہاکنگ نے اپنے پبلشر Simmon Mitton سے کہا کہ میں ایسی کتاب لکھنا چاہتا ہوں جو عام لوگوں کے لیے ہو یعنی میری کتاب، کتابوں کی عام دکانوں، ائیر پورٹس، ریلوے اسٹیشنز وغیرہ پر دستیاب ہو۔ اس پر ان کے پبلشر نے کہا کہ ایسا ہونا ناممکن ہے کیونکہ جوں جوں آپ اپنی کتاب میں سائنسی فارمولے شامل کرتے جائیں گے اِس کتاب کے قاری کم ہوتے چلے جائیں گے لیکن حیران کن بات یہ ہوئی کہ جب یہ کتاب مارکیٹ میں آئی تو اس نے بیسٹ سیلرز کے نئے ریکارڈ قائم کیے۔

اس کتاب کی اہم چیزوں پہ ایک طائرانہ نظر ڈالتے ہیں۔ سٹیفن ہاکنگ نے کہا کہ بات بگ بینگ سے شروع ہوتی ہے۔ انہوں نے کتاب کے پہلے ایک حصے میں کئی ایک باتیں کیں مثلاً انہوں نے بتایا کہ ہمارا سیارہ زمین کیسا ہے۔ ہمارے سیارے کے علاوہ جو کہکشاں ہے وہ کس طرح سے موجود میں آئی، مزید بر آں یہ کہ صرف ایک ہی کہکشاں نہیں ہے بلکہ اور بہت ساری کہکشائیں ہیں اور یہ بھی بتایا کہ باقی کی وہ کہکشائیں کس شکل اور ہیئت میں موجود ہیں۔ ان سب کے متعلق جو سائنسی قوانین ہیں، ان سب پہ تفصیل سے گفتگو کی۔ انہوں نے کہا کہ سب سے پہلے بگ بینگ ہوا اور ایسا آج سے 10 سے 20 ہزار سال پہلے ہوا۔ ایسا کیوں ہوا؟ اس سوال کے جواب میں وہ کہتے ہیں کہ کائناتیں کشش ثقل کی وجہ سے بہت زیادہ Condense حالت میں تھیں۔ سٹیفن کا کہنا ہے کہ اُس وقت کائنات کا والیم (Volume) صفر تھا۔ جوں ہی بگ بینگ یعنی عظیم تر دھما کہ ہوا تو کائناتیں وجود میں آتی چلی گئیں۔ اب چونکہ ان کی یہ بات یونانی تھیوری کے برعکس تھی تو ڈاکٹر صاحب کیوں نہ اس سے پہلے کہ ہم مزید ان کی فلکیاتی تھیوری پر بات کریں۔ ہم کیوں نہ ارسطو کے کائنات کے وجود کے حوالے سے نقطہ نظر پر بات کر لیں؟

307

ڈاکٹر خالد سہیل:

بلند اقبال صاحب ،ضرور، تاریخی حوالے سے اس بات کو ہم دیکھ لیتے ہیں۔ ہاکنگ کی ان کتابوں میں انہوں نے پچھلے تین ہزار برس کی سائنس کا تجزیہ پیش کیا ہے، انہوں نے اپنی کتابوں میں بتایا کہ یونانی فلاسفروں نے انسانیت کو منطق اور سائنسی فکر سے روشناس کرایا۔ یہ سب سے پہلے 585 قبل مسیح میں Thales of Miletus نام کے یونانی فلاسفر تھے جنہوں نے یہ خیال پیش کیا کہ کائنات خدا کی مرضی سے نہیں بلکہ قوانین فطرت کی وجہ سے چلتی ہے اور اگر ہم اُن قوانین کو جان لیں تو کائنات کے بارے میں درست پیشین گوئیاں کر پائیں گے۔ وہ پہلا ماہر فلکیات تھا جس نے 585 قبل مسیح میں سورج گرہن کی پیشین گوئی کی تھی، اسی لیے وہ پہلا مغربی سائنسدان مانا جاتا ہے۔ تھیلز ان فلاسفروں اور سائنسدانوں کے گروہ کا ممبر تھا جو یونا(Iona) کے شہر میں جمع ہوتے تھے اور Ionians کہلاتے تھے۔ انہوں نے 585 قبل مسیح میں سورج کی کائنات میں پوزیشن کا پتہ لگالیا تھا۔ پھر ان کے بعد ”ایرٹوس تھینز (Eratosthenes)“ کا نام لیا جاتا ہے جنہوں نے سورج کی روشنی سے پوری کرہ ارض کا احاطہ (Circumference) کیلکولیٹ کر لیا تھا۔ ان کے بعد اہم ترین نام ”فیثاغورث (Pythagoras)“ کا لیا جاتا ہے جنہوں نے کہا تھا کہ ریاضیاتی قوانین کا قوانین فطرت کے ساتھ براہ راست رابطہ ہے۔ اب ہم ارسطو کی بات کرتے ہیں۔ ارسطو نے کہا کہ زمین گول ہے اور یہ کائنات کا مرکز ہے۔ یہاں پر اس موقف پہ سائنس اور مذہب آپس میں ملتے ہیں۔ یعنی عیسائیت نے اس نظریے کو قبول کر لیا اور کلاڈس پٹلومی (Claudius Ptolemy) نے کہا تھا کہ سورج زمین کے گرد گھومتا ہے اور یہ بات بھی فوراً عیسائیت میں قبول کر لی گئی کیونکہ وہ ان کے نظریات کے قریب تھی اور دیکھیں چودہ سو یا دو ہزار سال پہلے تک یہی بات لوگ عیسائیت میں مان رہے تھے۔

پھر نئے دور میں تھوڑا دیکھتے ہیں کہ نیوکلیس کو پر نیکس (Nicolaus Copernicus) نے 1500 عیسوی میں ارسطو اور پٹولومی کے نظریات کو چیلنج کیا اور ان کو غلط ثابت کیا۔ انہوں نے بتایا کہ زمین سورج کے گرد گھومتی ہے نہ کہ سورج زمین کے گرد گھومتا ہے۔ یعنی جس عقیدہ کو عیسائی پریکٹس کر رہے تھے انہوں نے اس کے بالکل برعکس بات کی۔ کوپرنیکس نے اپنے نظریات چھپائے رکھے کیونکہ وہ عیسائی پادریوں سے ڈرتا تھا،

اسے خطرہ تھا کہ وہ ان کی زندگی مشکل بنا دیں گے۔ بہر حال یہاں تک ساری بات تھیوریز کی حد تک تھی لیکن جب گلیلیو (Galileo) نے ٹیلی سکوپ ایجاد کی تو اس کی مدد سے یہ بات ثابت ہوئی کہ کوپر نیکس کی بات بالکل ٹھیک تھی۔ یہاں پر مذہب اور سائنس کا تصادم ہو جاتا ہے۔ گلیلیو پر گرجے اور پادری دائرہ حیات تنگ کرنے لگتے ہیں اور انہیں بقیہ زندگی کے لیے اپنے ہی گھر میں نظر بند کر دیتے ہیں اب یہ الگ بات ہے کہ بیسویں صدی میں کیتھولک چرچ نے گلیلیو سے اپنے غلط تصور اور زیادتی پر باضابطہ معافی مانگی۔ بہر حال گلیلیو کی ٹیلی سکوپ سائنسی اعتبار سے اس کا دائرہ کار محدود تھا مگر پھر وقت کے ساتھ ساتھ دور بینیں اور بڑی اور پیچیدہ highly functional ہوتی چلی گئیں اور یوں 1929ء میں ایڈون ہیوبل (Edwin Hubble) نے ایک بڑی مائیکرو سکوپ سے انہیں تصورات کو اور آگے بڑھایا۔ انہوں نے یہ دوسو انچ لمبی دور بین بنائی اور اسے کیلیفورنیا کی ایک پہاڑی پر رکھ دیا۔ ان تمام حقائق سے میں یہ بتانا چاہتا ہوں کہ سائنس کے اندر دریافتوں کا کام سٹیفن ہاکنگ، نیوٹن، آئن سٹائن کی صرف بات نہیں ہے بلکہ یہ 250 ہزار سال پرانی سائنس کی کہانی ہے جسے میں مختصراً بیان کر رہا ہوں۔

ڈاکٹر بلند اقبال:

قارئین کرام پہلا باب پڑھتے ہوئے مجھے بھی یہ احساس ہوا کہ ارسطو کے قوانین بتدریج پیچھے چلے گئے ہیں۔ جیسے کہ انہوں نے کہا تھا کہ کائنات ساکن ہے۔ اب جبکہ جدید سائنس بھی اس تصور کو رد کر چکی ہے دوسری طرف ارسطو کا کہنا تھا کہ اگر ہم دو چیزوں کو ایک ساتھ اوپر سے نیچے گرائیں گے تو بھاری چیز پہلے نیچے گرے گی اور ہلکی چیز بعد میں گرے گی۔ پھر اس بات کو بھی بعد میں گلیلیو نے رد کر دیا اور باضابطہ تجربات کی مدد سے ثابت کر دیا کہ دونوں چیزیں ایک ساتھ ہی گرتی ہیں۔

لیکن جب سٹیفن ہاکنگ باب نمبر 2 پر آتے ہیں تو وہ Time & Space کا ذکر کرتے ہیں اور یہاں سے ان کا لہجہ بدلنے لگتا ہے۔ وہ فزکس کے اصولوں کی بات کرتے ہیں، خصوصاً وہ کشش ثقل کا ذکر کرتے ہیں۔ یہاں وہ کہتے ہیں کہ سولہویں صدی میں نیوٹن کے دیے گئے Rest or Motion کے قوانین مادہ کی رفتار اور جگہ کے لحاظ سے بدل سکتے

ہیں، مثلاً یہ کہ اگر آپ کی حرکت کسی مادہ کی رفتار کے برابر ہی ہو تو اس صورت میں مادہ پر قانون حرکت نہیں بدلتے ہیں۔ اچھا اب جب بات چیپٹر میں آگے بڑھی تو پھر Time & Space میں Cosmos کے بنیادی ڈھانچہ کی طرف چلی گئی۔ اچھا آئن سٹائن 1905 ءمیں پیدا ہوتے ہیں اور پھر اضافیت کا نظریہ سامنے آتا ہے۔ مزیدار بات یہ ہے کہ خود آئن سٹائن نے بھی ابتدا میں ارسطو کی طرح یہی خیال ظاہر کیا کہ Cosmos ساکن ہے مگر پھر انہیں اپنی غلطی کا احساس ہوا اور انہوں نے مزید تحقیقات کی اور فزکس کے اصولوں سے یہ بات ثابت کی کہ نہیں اصل میں تو Cosmos مسلسل پھیلتی جا رہی ہے اور یہ بھی کہ اس میں جتنے بھی ذرات موجود ہیں، چاہے وہ زمین، چاند، سورج ہو یا تمام تر سیارے، ان سب کا ایک Micro Structure موجود ہے۔ پھر کاسموس کے نئے نظریے کے لحاظ سے Theory of Relativity کے اطلاق کا تصور آیا۔ یہاں سے وقت، روشنی کی رفتار کے تعلق کا تصور آیا یعنی $E = mc^2$ والی بات سامنے آئی تو خلا کو دیکھنے کا مکمل نقطہ نظر ہی بدل گیا۔ مثلاً ایک طرف تو آئن سٹائن نے کہا کہ خلا کو ہمیں Fourth Dimentional Concept کو مد نظر رکھتے ہوئے دیکھنا چاہیے۔ Three Dimentions کا تو مطلب یہ ہے کہ ایک چیز کو ہم اوپر سے نیچے، سامنے سے پیچھے اور دائیں سے بائیں کی طرف دیکھ سکتے ہیں مگر آئن سٹائن نے اس میں وقت کو بھی شامل کر دیا۔ جس سے Fourth Dimentional Concept نے جنم لیا۔ دوسری طرف انہوں نے $E = mc^2$ کا فارمولا دے دیا۔ جس کا مطلب ہوا کہ انرجی اور Masses برابر ہو سکتے ہیں۔ بشرطیکہ Masses 'روشنی کی رفتار' سے سفر کرے۔ تو یوں خلا کو دیکھنے کے ایک Relative Concept نے جنم لیا۔ یہ ساری گفتگو انہوں نے دوسرے باب میں وضاحت سے کی ہے۔

ڈاکٹر خالد سہیل:

قارئین کرام کے لیے یہ بات دلچسپی کا باعث ہو گی کہ جب سائنسدانوں نے ہو بل کی دوربین سے اپنے ارد گرد پھیلی کائنات کا مشاہدہ کیا تو انہیں پتہ چلا کہ کائنات میں وہ فلکیاتی چیزیں جو Nebula کہلاتی تھیں وہ پہلے غیر واضح تھیں اور یہ بھی کہ دراصل ہماری کہکشاں کی طرح اور بھی کہکشائیں اور کائناتیں ہیں۔ انہوں نے یہ بھی دیکھا کہ وہ دوسری

کہکشائیں زمین سے آہستہ آہستہ دور ہوتی جا رہی ہیں اور جب سائنسدانوں نے دور ہونے کی رفتار کا تعین کر لیا تو انہیں یہ جاننے میں دیر نہ لگی کہ ہماری کائنات کا آغاز 13.7 بلین سال پہلے ایک بگ بینگ سے ہوا تھا۔ ہماری کائنات جو پیدا ہونے کے فوراً بعد ایک سیال گرم مادہ تھی پھر وقت کے ساتھ ساتھ ٹھنڈی ہوتی چلی گئی یوں اس کے نتیجے میں 4.5 بلین سال پہلے زمین وجود میں آئی۔

اس ساری بات کو آپ ایک مثال سے سمجھ سکتے ہیں۔ اگر ہمیں پتہ ہو کہ ایک گاڑی سو کلومیٹر فی گھنٹہ کی رفتار سے جا رہی ہے اور یہ پانچ ہزار کلومیٹر سفر کر چکی ہے تو اس سے ہم حساب لگا لیں گے کہ یہ گاڑی اب تک کتنی دیر پہلے چلی ہو گی؟ اسی اصول کے تحت جب سٹیفن ہاکنگ یہ بات ماضی کی طرف لے کر گئے تو انہیں اس سوال کا جواب مل گیا کہ مادہ کی ابتدا کب ہوئی۔ اور یوں انہوں نے ہماری زمین کے بارے میں بہتر تفہیم کے لیے پیمانے مہیا کر دیے۔

اچھا وہ اپنی پہلی کتاب A Brief History of Time میں خدا کے تصور کے ساتھ بھی تھوڑی سی چھیڑ چھاڑ کرتے ہیں۔ وہ یہ کہتے کہ میں خدا کے دماغ کے بارے میں جاننا چاہتا ہوں۔ دوسری کتاب کے اندر ان کا موقف تھوڑا بدلتا ہے اور انہوں نے اس میں خدا کو کھلے عام چیلنج نہیں کیا۔ بلکہ یوں کہا کہ اگر خدا نے یہ کائنات بنائی ہے تو خدا کیسے سوچتا ہے؟ یوں وہ کہتے ہیں کہ A Brief History of Time سے خدا کی سوچ، اس کی فکر اور اس کے انداز کو ہم سمجھنے کی کوشش کرتے ہیں لیکن پھر یہ اس بات سے آہستہ آہستہ دور ہٹتے چلے گئے اور انہوں نے اس بات کو کھلے عام چیلنج کرنا شروع کر دیا۔

ہاکنگ کے نظریات سے بہت پہلے آئزک نیوٹن (Isaac Newton) نے کشش ثقل اور حرکت کے نظریات دریافت کیے تھے۔ بیسویں صدی میں البرٹ آئن سٹائن (Albert Einstein) نے نظریہ اضافیت پیش کیا اور یہ ثابت کیا کہ روشنی ایک ذرہ بھی ہے اور ایک لہر بھی۔ ان کا فارمولا $E = mc^2$ بہت مشہور ہوا۔ جس میں انہوں نے مادہ، رفتار اور توانائی کا رشتہ بتایا۔ اس سے یہ بات ثابت ہو گئی کہ یہ جو الیکٹران ہیں وہ بیک وقت مادہ بھی ہیں اور انرجی بھی تو اس سے اس کوانٹم فزکس نے جنم لیا۔ بہرحال میں سمجھتا ہوں کہ نیوٹن اور آئن سٹائن کی جو تھیوریز تھیں، ان کو سٹیفن ہاکنگ نے قریب لانے کی کوشش کی ہے۔ ان

311

کی دوسری کتاب The Grand Design ہے ۔ اس کتاب میں جو بنیادی بات مجھے سمجھ آئی ہے، وہ قدرتی طاقتوں کی بات ہے۔ سائنس دانوں کا کہنا ہے کہ ان طاقتوں میں Weak and Strong Nuclear Forces, Electromegnatisism and Gravity شامل ہیں۔ اب میں آپ کو سٹیفن ہاکنگ کی ایک بات پڑھ کر سنانا چاہتا ہوں۔ وہ فرماتے ہیں کہ

In the 17th century the standard model of atom was created. In the late 19th and early 20th century Maxwell & Einstein united the theories of electricity, magnetism and light.

اب اس میں انہوں نے وہ تین طاقتوں کو جو چھوٹی چھوٹی چیزوں کے ساتھ ہیں، انہیں ایک جگہ اکٹھا کر دیا۔ اب جو بڑی بڑی سطحوں کی طاقتیں ہیں، ان کو ملانے کی یہ کوشش کرتے ہیں۔ جسے کہ Gravity سے۔ وہ لکھتے ہیں ،:

"Why are the fundamental laws as we have described them? The ultimate theory must be consistent and must predict finite results for quantities that we can measure. We've seen that there must be a law like gravity, and we saw in Chapter 5 that for a theory of gravity to predict finite quantities, the theory must have what is called supersymmetry between the forces of nature and the matter on which they act. M-theory is the most general supersymmetric theory of gravity. For these reasons M-theory is the only candidate for a complete theory of the universe. If it is finite—and this has yet to be proved—it will be a model of a universe that creates itself. We must be part of this universe, because there is no other consistent model. M-theory is the unified theory Einstein was hoping to find. The fact that we human beings—who are ourselves mere collections of fundamental particles of nature—have been able to come this close to an understanding of the laws governing us and our universe is a great triumph. But perhaps the true miracle is that abstract considerations of logic lead to a unique theory that predicts and describes a vast universe full of the amazing variety that we see. If the theory is confirmed by observation, it will be the successful conclusion of a search going back more than 3,000 years. We will have found the grand design."

اب یہ جو گرینڈ ڈیزائن ہے اس میں اسی بات کا تذکرہ ہے کہ یہ چھوٹی اور بڑی طاقتیں آپس میں کس طرح ملاپ کرتی ہیں ۔ان کا کہنا تھا کہ تھیوری آف ایم فزکس تھیوری کی حد تک تو یہ بہترین ہے مگر عملی طور پر یہ بات ابھی تک بنتی نظر نہیں آتی ہے۔۔ مگر ہمیں سمجھنا ہو گا کہ ان مشکل ترین تصورات کو سٹیفن ہاکنگ نے آسان ترین الفاظ میں پیش کرنے کی کوشش کی ہے۔ بلند اقبال صاحب جب یہ کتابیں پڑھ رہے تھے تو آپ کا ذاتی تجربہ کیسا رہا؟ کیونکہ میرے حساب سے اس کتاب میں بہت ساری باتیں گنجلک تھیں۔

ڈاکٹر بلند اقبال:

ڈاکٹر صاحب! میں بگ بینگ کی بات کرنا چاہوں گا کہ بگ بینگ کا مطلب ہے کہ جب Infinitive Density تھی اور Zero Volume تھا تو اس وقت بگ بینگ ہوا۔ جس سے تمام یعنی ستارے اور سیارے ذرات کی طرح پھیل گئے۔ یہاں وہ چھوٹے اور بڑے ذرات کو ایک طرح ہی سے لے رہا ہے یعنی وہ ذرہ، چاہے سورج ہو یا پھر ہمارے جسم کا کوئی حصہ ہی کیوں نہ ہو، اس کے مطابق ہم سب الیکٹرون، پروٹان اور نیوٹران سے مل کر ہی بنے ہیں۔ پروٹان، نیوٹران ہمارے نیوکلیس میں ہے اور ہمارے سیل کے ڈھانچے کے باہر الیکٹران اور پوزیٹران موجود ہیں۔ یہ الیکٹران اور پروٹان اپنے مخالف چارجز کی وجہ سے ایک مستقل کشش کی وجہ سے ایک دوسرے کو کھینچ رہے ہیں۔ سٹیفن کے مطابق تمام تر کاسمس کے ڈھانچے میں اسی طرز پر کشش ثقل یعنی Gravity پیدا ہوئی ہے اور یہی وہ ذرات ہیں جس کی کیمسٹری کو اگر ہم سمجھنا چاہتے ہیں تو اسے ہم 'روشنی کی رفتار' کے فار مولے سے سمجھ سکتے ہیں۔ پرابلم یہ ہے کہ اسپیڈ آف لائٹ جس قدر بڑھتی جاتی ہے پارٹیکل اپنی جگہ بدل لیتے ہیں۔ اچھا یہ جو پارٹیکلز یا سیارے ہیں، وہ مسلسل انرجی Emit کر رہے ہیں اگر ہم ان کا اپنے سیارے سے فاصلہ معلوم بھی کرنا بھی چاہیں تو ایسا صرف آئن سٹائن کی 'جنرل تھیوری' یا Electromegnatic Theory کی مدد سے کیلکیولیشن کرکے ہی کیا جاسکتا ہے اور ان کی پیمائش بھی ممکن ہو سکتی ہے جب ہم سمجھ لیں کہ تمام ذرات (چاہے وہ سورج،

چاند، مریخ حتٰی کہ جیوپٹر، زمین وغیرہ) اگر سب کے سب ایک مائیکرو لیول پر ہو تو اس طرح ان کے درمیان کی حرکات فزکس و کیمسٹری کے اصولوں سے ہمیں سمجھ آ جائیں گی۔ لیکن ہمیں نہیں بھولنا چاہیے کہ یہ ایک بہت ہی اہم اور Precise کام ہے اور مائیکرو اور میکرو پارٹیکلز کی حرکت بالآخر بگ بینگ سے بلیک ہول کی طرف جا رہی ہے ۔ ''گرینڈ ڈیزائن'' کا جو ڈھانچہ تیار ہوا ہے وہ اسی سے تیار ہوا ہے۔ خود آئن سٹائن نے جو بات کی اور جو بعد میں جیسے کہ آپ نے فرمایا کہ ان کی String تھیوری آئی اور وہ بھی ابھی تک پوری طرح سے مکمل نہیں ہے۔ اس لیے انتظار ہے کہ کوئی ایک ایسی تھیوری مستقبل قریب میں آ ہی جائے جو ان تمام تھیوریز کو مکمل طور پر ایک صورت میں ڈیزائن کر سکے۔ پھر بھی بیسویں صدی کے بعد سے لے کر اب تک بہت ساری چیزیں کسی شکل Shape میں سمجھ آ گئی ہیں اور ہمیں یہ پتہ چل گیا ہے کہ کائنات مسلسل پھیلتی جا رہی ہے اور اب اس کی منزل بلیک ہول کی طرف ہے۔۔ اس میں بھی دو سے تین تھیوریز ہیں جیسا کہ ایک رشئین سائنس دان نے آئیڈیا دیا ہے کہ اس میں تین ممکنات ہیں۔

(1) Gravity Free & Expansion آپس میں ایک دوسرے کے Proportional رہیں گی۔ یعنی کشش ثقل کائنات کو Hold کرکے رکھے گی تاکہ کائنات اس قدر نہ پھیلے اور Collapse ہونے سے بچ جائے۔

(2) یا پھر یہ دونوں یعنی Gravity Free & Universal Expansion مستقل انداز میں پھیلتی جائیں اور ان کا ایک دوسرے کے ساتھ ایک بیلنس بر قرار رہے۔

(3) یا پھر تیسری صورتحال یہ ہو گی کہ کشش ثقل اور Expansion کے درمیان ایک Disproportional ہو جائے اور کائنات پھیلتی ہی چلی جائے گی۔ یعنی وہ ایک لا محدود حالت میں چلی جائے گی۔

اس قسم کی بہت ساری تھیوریز ہیں جن کے ذریعے کائنات کے کئی مستقبل نظر آتے ہیں مگر سٹیفن ہاکنگ کے نزدیک بلیک ہول ایک ایسا گڑھا ہے جس کے اندر چیزوں نے آخر کار چلے جانا ہے۔ اگر کائنات پھیلتی چلی جاتی ہے اور کشش ثقل اسے کنٹرول نہیں کر پاتی ہے تو ان کا کہنا ہے کہ ہر دس ملین برسوں میں Cosmos دس سے پندرہ فیصد تک پھیل جاتی

ہے۔ اور اگر وہ یونہی پھیلتی جائے گی تو اس کا آخری نمونہ کیا ہو گا؟ تو ان کا کہنا ہے کہ بلیک ہول ہمارا مستقبل ہے۔ جس میں زمان و مکان یعنی Time & Space دونوں چلے جائیں گے اور وہ بلیک ہول انہوں دریافت بھی کر لیا ہے۔ اچھا انہوں نے بلیک ہول کے بارے میں یہ بھی بتایا ہے کہ سورج سے ڈیڑھ گنا بڑے سیارے تک بلیک ہول میں چلے جاتے ہیں۔ اس بات کا ثبوت دینے کے لیے انہوں نے فزکس کے کچھ فارمولے بتائے ہیں۔ ڈاکٹر صاحب میں اب آپ سے یہ چاہوں گا کہ آپ بتائیں کہ سٹیفن ہاکنگ نے کہا تھا کہ بلیک ہول سے بھی شعائیں خارج ہوتی رہتی ہیں۔ اس کے بارے میں آپ کا کیا خیال ہے؟

ڈاکٹر خالد سہیل:

بلند اقبال صاحب آپ جس چیز کی بات کر رہے ہیں، انہیں ہاکنگ ریڈی ایشن کہا جاتا ہے۔ میں سٹیفن ہاکنگ کو پڑھنے سے پہلے سمجھتا تھا کہ یہ ایک کائنات ہے۔ جیسا کہ لفظ Universe سے ظاہر ہوتا ہے لیکن سٹیفن ہاکنگ نے ہمیں بتایا کہ ہم Universe میں نہیں بلکہ Multiverse میں رہتے ہیں، جس کا مطلب ہوا کہ کائنات صرف ایک نہیں ہے بلکہ بہت ساری کائنات ہیں۔

سٹیفن ہاکنگ سے جو ایک بات میں سمجھا ہوں وہ یہ کہ کائنات کے پھیلنے کی ایک حد ہے۔ کائنات ایک حد تک پھیلتی ہے مگر پھر اس کے بعد وہ واپس سکڑنا شروع کر دیتی ہے اور سکڑتے سکڑتے اپنی سطح پر آ جاتی ہے، جہاں سے اس نے پھیلنا شروع کیا تھا۔ اس طرح وہ بلیک ہول میں چلی جاتی ہے۔ اس بات سے میں یہ سمجھا ہوں کہ جیسے پوری کی پوری کائنات ہی بلیک ہول میں چلی گئی اور ختم ہو گئی اور پھر اس میں سے ایک اور نئی کائنات نکل آئی۔ اس بات کو ایک مثال سے سمجھ لیتے ہیں مثلاً آپ پانی آگ پر رکھتے ہیں تو وہ 100 ڈگری کی سطح پر ابلنا شروع کر دیتا ہے۔ تو اس وقت بلبلے بنتے ہیں اور پھر جلد ہی ختم ہوتے رہتے ہیں۔ وہ سائز میں مختلف ہوتے ہیں یعنی کچھ بڑے ہوتے ہیں تو کچھ چھوٹے ہوتے ہیں۔ کچھ ایسے ہوتے ہیں جو ہوا میں اڑ سکتے ہیں۔ تو سٹیفن ہاکنگ کا کہنا ہے کہ یہ جو کائناتیں ہیں ان میں سے بعض پیدا ہوئیں اور تھوڑے عرصے کے بعد خودی ختم ہو گئیں جبکہ کچھ ہماری کائنات کی طرح پھیلنا شروع ہوئیں اور بڑھتی چلی گئیں۔

315

اس ساری بات میں میرے لیے جو دلچسپ آئیڈیا ہے کہ اگر ہم اس خیال کو مذہبی خیالات کے ساتھ جوڑیں تو سٹیفن ہاکنگ یہ کہہ رہے ہیں کہ اگر کائناتیں بیک وقت پھیل اور سکڑ رہی ہیں، پیدا ہو رہی ہیں اور دم توڑ رہی ہیں، دم توڑ کر دوبارہ سے جنم لے رہی ہیں تو یہ ایک لامتناہی سلسلہ ہے۔ اس لیے وہ جو خدا کا تصور تھا یعنی جو خالق کائنات کا تصور ہے سٹیفن ہاکنگ اسے چیلنج کرتے ہیں۔ ان کا کہنا ہے کہ ایک نظام چل رہا ہے، وہ خود ہی آگے بڑھتا ہے، کم ہوتا ہے اور بالآخر ختم ہو جاتا ہے۔ اسی میں سے پھر نئی کائناتیں نکلتی ہیں، یوں یہ سلسلہ چلتا رہتا ہے۔ اس لحاظ سے کوئی پتہ نہیں ہے کہ کب سے یہ سلسلہ چل رہا ہے اور کب تک چلتا رہے گا۔ اس لیے جب تک ہم اپنی کہکشاں اور اس میں موجود سورج، چاند اور دیگر سیاروں کی حد تک سوچ رہے تھے تو یہ ہماری ایک محدود سوچ تھی۔ اس کی سٹیفن ہاکنگ ایک مثال دیتے ہیں کہ جیسے ہم رات کے وقت سمندر دیکھیں تو ہمیں ایک معمولی سی حد کے بعد اندھیرا نظر آتا ہے۔ اب چونکہ وہ اندھیرا ہے اس لیے اس کی دوسری طرف کافی الحال ہمیں علم نہیں ہے۔

بلند اقبال صاحب یہاں پر میں سٹیفن ہاکنگ کی تھیوری کے حوالے سے ایک بات کہہ دوں کہ کہ:

According to Hawking's theory black holes are not perfectly "black" but instead actually emit particles. This radiation Hawking believed could eventually siphon enough energy and mass away from black holes to make them disappear.

یعنی سٹیفن ہاکنگ نے کہا کہ یہ جو بلیک ہول ہے، یہ ایک خاص قسم کا اندھیرا ہے۔ لیکن یہ بھی ریڈی ایشن خارج کرتا ہے۔ اسٹیفن ہاکنگ کی یہ تھیوری ان کے بعد ثابت ہو گئی یا دوسرے الفاظ میں جو ان کی علمی پیشین گوئی تھی وہ درست ثابت ہو گئی۔ اصل میں اسٹیفن ہاکنگ فلکیاتی سائنس کو اٹھا کر اس قدر بلندیوں پر لے گئے ہیں کہ وہاں پر عام ذہنی استعداد، منطق یا غور و فکر کام نہیں کرتے ہیں۔ کیونکہ انہوں نے فارمولوں کی مدد سے نتائج نکالے ہیں اور یہ وہ نتائج ہیں جو ابھی تک مشاہدہ یا سائنس سے پوری طرح ثابت نہیں ہوئے ہیں بلکہ ہم کہہ سکتے ہیں کہ فی الوقت ایک تھیوری کی حد تک ہیں۔ لیکن ان کا خیال ہے کہ اگر سائنس اسی طرح ترقی کرتی رہی تو ایک دن ہم تمام قدرتی طاقتوں کا راز معلوم کر لیں گے اور

جب ہمیں وہ 'گرینڈ ڈیزائن' پتہ چل جائے گا تو ہماری جو مذہب، اخلاقیات اور سماجی مسائل کی بحث ہے، وہ ایک منطقی انجام پر پہنچ جائے گی۔ اس کے بعد کائنات میں رہنے اور اسے دیکھنے والے انسانوں کے لیے ایک نئی صبح طلوع ہوگی۔

آج ہم نے اپنے پروگرام دانائی کی تلاش کے سلسلے کو سٹیفن ہاکنگ پر آکر ختم کرتے ہیں کیونکہ جتنے زیادہ انہوں نے سوالات کے جواب دیے ہیں، اس سے کہیں زیادہ سوالات کھڑے کر دیے ہیں جن کے جوابات کی تلاش سائنسدان کرتے رہیں گے۔ آخر میں بلند اقبال صاحب سے درخواست کرتے ہیں کہ آپ اپنی رائے سے نوازیں کہ آپ نے جب سٹیفن ہاکنگ اور اس کی کتابوں کو پڑھا تو ان کی ذاتی زندگی، نظریات، مذہب سے متعلق ان کی Social Positivism کے بارے میں آپ نے کیا سمجھا ہے؟

ڈاکٹر بلند اقبال:

ان کی کتابوں میں جس چیز نے مجھے سب سے زیادہ متاثر کیا ہے۔ وہ ان کا وقت کا تصور ہے۔ سٹیفن ہاکنگ بتاتے ہیں کہ وقت کا Arrow کیا ہے۔ اس کے بارے میں وہ ہمیں بتاتے ہیں کہ اس کی تین پوزیشن ہیں:

i-Cosmological Concept ii-Thermodynamical Concept iii Psychological Concept

اور پھر انہوں نے بہت اچھے طریقے سے ان تینوں پہلوؤں کو ملایا۔ جس وقت میں یہ سب پڑھ رہا تھا تو میں نے سمجھا کہ یہ ساری وضاحت و تشریح تھیوریٹیکل فزکس کی حد تک ہے۔ جس سے میں سمجھا ہمارا بھی ٹائم کا پورا اپنا ایک ڈائریکشن ہے کہ کس طرح سے ہم مستقبل کو دریافت نہیں کر پا رہے ہیں لیکن مستقبل کے بارے میں کسی حد تک پیشین گوئی کرنے کے ضرور لائق ہو گئے ہیں، لیکن ماضی سے مستقبل کی طرف وقت کا جو سفر ہے (فزکس کے نقطہ نظر سے) اس کی جو وضاحت ہاکنگ نے کی ہے وہ بڑی قابل دید ہے ۔ یہ حقیقت ہے کہ وقت کا ڈائمینشن سب سے زیادہ پر اسرار ہے۔ ہاکنگ نے جس طرح فزکس اور فلاسفی کے ملاپ سے وقت کا تعین کیا ہے اور نئے معنی پیدا کئے ہیں وہ بہت خوبصورت، بہت جامع ہے۔ اس سے وقت کے حوالے سے ہم یہ کہہ سکتے ہیں کہ اسے جاننے

کے لیے ہم وقت کے ساتھ ساتھ ہی اُس کی رفتار سے دوڑ رہے ہیں (مسکراہٹ)۔

ڈاکٹر خالد سہیل: بلند اقبال صاحب پروگرام تو یہ سائنس کا ہے لیکن جیسے کہ آپ افسانہ نگار ہیں اور میں شاعر ہوں، اس لحاظ سے میں سٹیفن ہاکنگ کے سائنسی تصورات کے ساتھ جوڑ کر اپنے چچا عبدالمتین کا ایک شعر سناتا ہوں۔ وہ کہتے ہیں ۔

وقت ایک بحر بے پایاں ہے کیسا ازل اور کیسا ابد

وقت کے ناقص پیمانے ہیں ماضی حال اور مستقبل

تو بہر حال شاعر اپنے وجدان سے وہ چیز سمجھتا ہے۔ جو سائنس دان اپنے مشاہدات و تجربات سے سیکھتا ہے۔ خواتین و حضرات آج کا پروگرام تھوڑا سا لمبا ہے اس کی وجہ یہ ہے کہ ہم چاہ رہے تھے کہ آپ لوگوں کو سٹیفن ہاکنگ کے بارے میں زیادہ سے زیادہ بتائیں۔ تا کہ آپ کے اندر بھی اس عظیم سائنسدان کے بارے میں جاننے کا شوق پیدا ہو۔ آپ سٹیفن ہاکنگ کی یہ کتاب پڑھیں کیونکہ سٹیفن ہاکنگ کے ہاں کائنات کو دیکھنے کا نقطہ نظر بالکل مختلف ہے، اس کی جو فکر ہے وہ بالکل ہی ایک اور دانشمندی کا منظرنامہ دیتی ہے۔

دانائی کے سفر پر ایک مجموعی نظر

خواتین و حضرات بلند اقبال اور خالد سہیل آپ کی خدمت میں ''دانائی کی تلاش میں'' کا 35 واں پروگرام لے کر حاضر ہوئے ہیں۔ یہ اس سیریز کا آخری پروگرام ہے، ہم نے 500 قبل مسیح سے اپنی بات کا آغاز کیا تھا، یہ تقریباً اڑھائی ہزار سال کا سفر تھا جو انسانی شعور کے ارتقا پر مبنی تھا۔ پروگرام کے آغاز میں ہم آپ کے سامنے 5 سوال لے کر حاضر ہوئے تھے۔

1. سچ کیا ہے؟
2. دانائی کس کو کہتے ہیں؟
3. ساری دنیا کے انسان اتنے دکھی کیوں ہیں؟
4. انسان اپنے دکھوں کو سکھوں میں کیسے بدل سکتے ہیں؟
5. انسان اس کرہ ارض کو ایک پر امن جگہ کیسے بناسکتے ہیں؟

یہ بنیادی سوالات کے ساتھ ہم نے اس سیریز کا آغاز کیا تھا، ہم نے اس سیریز کو تین حصوں میں تقسیم کیا تھا۔

- Ancient Wisdom

- Muslim Wisdom

- Contemporary Wisdom

آج ہم اس پروگرام میں ان تین سیریز کا خلاصہ پیش کریں گے۔ اس سے پہلے کہ میں اپنی گفتگو کا آغاز کروں میں آپ سب کا لوگوں کا شکریہ ادا کرنا چاہتا ہوں کیونکہ آپ

لوگوں کا بھرپور خلوص، پیار اور محبت ہمارے دانائی کے اس سفر میں شامل حال رہی۔ اس سیریز کو آپ تک پہنچانے کے لیے ہم دونوں طبیبوں نے کم از کم سو کے قریب کتابوں کا مطالعہ کیا۔ ان پروگرامز کی پذیرائی اور حوصلہ افزائی میں آپ لوگوں نے ہم تک بہت سارے پیغامات پہنچائے، ہم ان سب دوستوں کے بے حد شکر گزار ہیں۔ میں ثبوت کے طور پر ایک خط آپ کے ساتھ شیئر کرنا چاہوں گا جو ہمیں پاکستان کے شہر پاکپتن سے تعلق رکھنے والے اختر علی خان صاحب نے لکھا ہے، وہ لکھتے ہیں کہ :

Sir, nowadays I am enchanted by your program In Search of Wisdom. I love both of you sirs, it's great work that you and Dr. Baland Iqbal are doing for people like us. Your talking style, your personality and your knowledge are all marvelous. I don't have the words to thank you for this service for humanity. I downloaded 33 episodes and watching them three times. I recommended them to my friends also. Sirs, I request of you to please, please, please don't stop these programs. It should be continued as is because there are lots of other books of wisdom to be explored. People like me shall always be indebted to you. I salute you and Dr. Baland Iqbal, stay blessed. (Akhtar Ali Khan)

اس طرح کے بے شمار اور خلوص سے بھرے ہوئے آپ کے محبت نامے ہم تک پہنچے ہیں بلکہ مجھ سے زیادہ ڈاکٹر بلند اقبال کو یہ محبت نامے موصول ہوئے ہیں۔ بلند اقبال صاحب ان 35 پروگرامز کی سیریز کے حوالے سے جو لوگوں نے اپنی رائے کو آپ کے ساتھ شیئر کیا کو کیسے آپ مختصراً بیان کرنا چاہیں گے۔

بلند اقبال :

ڈاکٹر صاحب یہ بہت ہی کریڈٹ کی بات ہے۔ میرا اخیال تھا کہ اس پروگرام کو کوئی سو، دو سو کے قریب لوگ دیکھتے ہوں گے لیکن جوں جوں یہ سلسلہ آگے بڑھتا گیا، مقبول ہوتا چلا گیا ان پروگرامز کو بے شمار لوگوں نے بڑی محبت سے دیکھا۔ میرے پاس اس وقت در جنوں نام ہیں جن میں سے کچھ کو ضرور شیئر کرنا چاہوں گا۔ خصوصاً میاں چنوں سے

ع بد الستار اور دنیا کے دوسرے علاقوں سے وسیم اکبر، وقار رئیس، یوسف صدیقی، گوہر تاج، ارشد محمود، ارشد رضا تقوٰی، یوسف انور، عنایت بلوچ اور غزالہ عارف شامل ہیں اور اس کے علاوہ بیسیوں نام میرے پاس ہیں۔ میرے پاس شکریہ ادا کرنے کے لیے الفاظ نہیں ہیں۔

خالد سہیل:

سب دوستوں کا شکریہ ادا کرنے کے بعد میں ایک اور چیز کا بھی اعتراف کرنا چاہتا ہوں کہ ہمارا یہ علمی پروگرام کینیڈا اون ٹی وی کی طرف سے پیش کیا گیا۔ خاص طور پر دو شخصیات بدر منیر چوہدری اور عامر اختر کا میں انتہائی شکر گزار ہوں جن کی خصوصی کاوش سے یہ سلسلہ آگے بڑھ پایا میں ان دونوں کی علم دوستی اور فراخ دلی کا بہت مشکور ہوں۔ پروگرام کے پہلے حصہ میں ہم قدیم دانائی کے حوالہ سے گفتگو کا آغاز کریں گے۔ ڈاکٹر صاحب آپ کیا فرمائیں گے؟

بلند اقبال:

ڈاکٹر صاحب ظاہر ہے یہ پانچ ہزار سال پہلے کی دانائی کی بات ہے مگر اس سے پہلے کہ میں اُس موضوع پر جائیں ہمیں یہ مان لینا چاہیے کہ ان موضوعات پر غور و فکر کرنے کے لیے ہمیں اپنی ذات کے خول سے باہر نکلنا پڑتا ہے، ہمیں ایک طرح سے آئینہ کے آگے کھڑا ہو کر خود کو دیکھنا پڑتا ہے یا ہمیں ایک خاص وقت کے فاصلے سے ہمیں دیکھنا ہو گا تو ہم اس ارتقائی عمل کے دوران ایک انسان نامی مخلوق سے متعارف ہوتے ہیں اور یوں ہم اس کے بارے میں باریک بینی سے جاننے کی کوشش کرتے ہیں۔ اسی طرح کسی بھی شے کو فلاسفیکل انداز میں دیکھنے کا مطلب یہ نہیں ہے کہ ہم چیزوں کو فلسفے کی کتاب کے پس منظر سے دیکھنا یا پرکھنا شروع کر دیں بلکہ یہ دراصل چیزوں کو سمجھنے اور پرکھنے کے لیے ایک فلاسفیکل مزاج کا پیدا کرنا ہے۔ تو ایک چیز کو جو perceive کی جا رہی ہے وہ دراصل خود دانائی ہے جو ہم میں شامل ہو گئی ہے۔ اب یوں اگر میں اس بات کا آغاز دانائی کی تلاش کے سفر سے کروں تو میں یہی کہوں گا کہ میں دراصل ایک ٹرائنگل میں ہوں جس کے ایک کارنر پر ذہانت ہے تو دوسرے اور تیسرے کارنر پر میری ایگو اور مائنڈ ہے اور میں اُس کے سینٹر میں جو اسپیس یا وقت ہے وہ میں ہوں۔ اس طرح میں اپنے آپ کو ایک Internal Circle میں پاتا ہوں جو باہر Consciousness کے External Circle سے جڑا ہوا ہے۔ اب میں اس

سارے پر اس میں خود کو اس سارے ٹرائی اینگل اور باہر کے سرکل کے پس منظر میں خود کو knowledge یا علم کی شکل میں دیکھتا ہوں جہاں سے ایک دانائی یا Wisdom کی شکل میں اپنے آپ و خارج کرتے ہوئے دیکھتا ہے۔ یہ علم یا دانائی ہی ہے جو مجھے پہلے Contemplation سے پھر Revelation سے پھر Existence اور پھر Silence سے Connect کرتا ہے اور وہاں سے میں لائف پر اس میں آتا ہوں۔ یہ سارا مظہر میں نے یونانی فلسفے سے سیکھا ہے، یونانی فلسفہ مجھے سائنسی بصیرت سے حاصل ہوا ہے جس کا تعلق مغربی فلسفے سے ہے۔ اچھا دوسری طرف میں خود چونکہ مشرقی دنیا میں پیدا ہوا جہاں سے مجھے مشرقی فلسفے کی دولت ملی جس کا تعلق مڈل ایسٹرن، چینی اور انڈین مذہبی اور روحانی فلاسفی سے ہے۔

خالد سہیل:

میرے لیے یہ حیران کن بات تھی کہ 500 قبل مسیح کی دانائی کے پر اسس میں جو روایات سامنے آئیں، جو یہ ہیں

1. ہیومنسٹ فلسفہ : اس کا تعلق کنفیوشس اور لاؤزو سے بنتا ہے، ان لوگوں نے کبھی بھی خدا، جنت اور دوزخ کا تصور پیش نہیں کیا بلکہ یہ کہا کہ آپ دوسروں کے ساتھ وہ سلوک کریں جو آپ اپنے ساتھ چاہتے ہیں۔

2. روحانی روایت : اس کا تعلق بدھا اور مہاویر اکے فلسفے سے بنتا ہے، اس فلسفے میں ایک طرح سے راہبانیت کا عنصر شامل ہے۔ اس فلسفے کے مطابق آپ اپنی زندگی کو ترک کر کے جنگلوں میں جا کر اپنی ذات کی تنہائی میں اتر جائیں اور زندگی کا گیان حاصل کریں۔

3. مذہبی روایت : اس میں یہودیت عیسائیت اور اسلام آتا ہے۔ مجھے اس بات کا اندازہ نہیں تھا کہ اس ساری فلاسفی کا گہرا تعلق زرتشت سے تھا جو کہ ایران سے تعلق رکھتے تھے۔ زرتشت نے ہی سب سے پہلے خدا، جنت اور دوزخ کا تصور پیش کیا تھا۔

4. سائنسی روایت : یہ روایت یونان سے شروع ہوئی اس روایت نے قوانین فطرت کو دریافت کیا اور ہمارے سوچ کے زاویوں کو بالکل ہی بدل کر رکھ دیا۔

بلند اقبال:

آج کا دور نئے رویوں اور رجحانات کا دور ہے گزشتہ دو سے تین صدیوں میں سائنس کی جو روشنی ہمیں نظر آئی ہے وہ 500 قبل مسیح میں نہیں پائی جاتی تھی۔ ہمیں اگر آج کا حقیقی تجزیہ کرنا ہے تو ہمیں یقیناً پانچ ہزار سال پیچھے جاکر اپنی فکر یا دانائی کی بنیادوں کو ڈھونڈنا ہی پڑے گا۔ ہمیں ایک ایسی دنیا کا تصور کرنا پڑے گا کہ جہاں جدید سائنسی ذہن نہیں پائے جاتے تھے یعنی ایک حوالے سے تاریک دنیا میں جانا پڑے گا۔ فریکل انداز سے ہم کہہ سکتے ہیں کہ یہ وہ دنیا تھی جہاں بلب کا نام و نشان نہیں تھا۔ اس سائنسی تاریک دور کا انسان اپنے مذہبی فلسفے کو آسمانی روشنی کے ساتھ جوڑتا ہوا نظر آتا ہے۔ اچھا بالکل یہی آگاہی ہمیں یونانی فلسفے میں بھی ملتی ہے مگر دونوں کی شکلیں مختلف ہیں۔ سقراط، افلاطون اور ارسطو کے تصورات ہمیں کہکشاؤں سے جوڑ رہیں ہے اور آگاہی کو وہ وہاں تلاش کر رہی ہے جبکہ دوسری طرف مشرقی علاقوں میں مذہب اور روحانیت کے ملاپ سے ایک آسمانی خدا کا تصور سامنے آتا ہے اور وہ آگاہی کا استعارہ بنتا ہوا دکھائی دیتا ہے۔ ہندوستانی فلسفے میں ہمیں راہبانیت کا تصور ملتا ہے کہ آپ اپنے آپ کو خواہشات سے پاک کر کے ابدی سچائی پالو جبکہ خالص مڈل ایسٹرن مذہبی فلسفے میں ہمیں یہ ہی بات ملتی ہے کہ اگر تمہیں دنیا میں کچھ حاصل نہ ہو تو آخرت میں تو ضرور مل ہی جائے گا۔

خالد سہیل:

بدھ مت فلسفے میں یہ کہا جاتا ہے کہ جو تم سوچتے ہو کہ اس کا اظہار تمہارے اعمال میں بھی ہوتا ہے۔ یہ ایک ایسا تصور ہے کہ جس کو آج کے نفسیات دان کھوجنے کی کوشش کر رہے ہیں۔ ان تمام فلسفوں اور بزرگوں نے انسانی سوچ کے ارتقا میں بہت اہم کردار ادا کیا ہے۔ اب ہم مسلم فلاسفر پر تھوڑی دیر بات کریں گے۔ الکندی، الرازی، بوعلی سینا اور ابن رشد کا سب سے بڑا کارنامہ یہ ہے کہ انہوں نے یونانی علم کو عربی میں منتقل کیا اس کے علاوہ ان فلسفیوں میں کچھ طبیب بھی تھے۔

بلند اقبال:

ڈاکٹر صاحب دونوں کے نقطہ نظر مختلف ہیں جو فلسفی طبیب مثلا رازی، ابن الرشد

اور بو علی سینا وغیرہ گو کہ مذہبی بھی تھے مگر ان کا نقطہ نظر بہت وسیع اور کثیر الجہت ہے جبکہ دوسری طرف جو کہ خالصتاً مذہبی فلاسفر تھے مثلاً غزالی وغیرہ ان کا نقطہ نظر سراسر مذہبی تھا۔ اگر ہم سارے پس منظر کو وسیع تناظر میں دیکھیں تو خلافتِ راشدہ کی حکومت سے لے کر سلطنتِ عثمانیہ کے ختم ہونے تک مسلمانوں لگ بھگ ہزار برس کا وقت مل گیا تھا مگر اس دوران وہ کوئی خاطر خواہ کامیابیاں نہیں سمیٹ سکے۔ ایسا لگتا ہے جیسے ایک ٹھہری ہوئی فکر تھی جیسا کہ Medieval Age کے بعد ایک بہت بڑی علمی وسعت اور وسیع ترین سائنسی جہت آتے آتے رہ گئی کیونکہ غزالی نے بقول شخصے کیسے فلسفیانہ فکر پر بریک لگوا دیا اور پھر مسلمان یونانی فلسفے کو 'مذہبی' نظریات کے خلاف سمجھ کر اُس سے دور ہی دور ہوتے چلے گئے۔ آج بھی ہزار برس بعد ہم یونانی یا مغربی علم و فلسفے کو تعصب کی عینک سے دیکھتے ہیں ۔ خیر آنے والے وقت نے ثابت کر دیا کہ یونانی فلسفے کے سوتوں میں ہی حقیقی سائنسی آگاہی کے بیج دبے ہوئے تھے جبکہ مذہبی فلسفے کے نیچے میٹافریکل بنجر زمین تھی جو محض تصورات اور خیالات کی عمارت پر کھڑی تھی اور ابھی تک اُسی حالت میں ہے۔ آج دنیا کی تمام تر آسائشوں کے لیے ہم مغربی فکر کی طرف دیکھتے ہیں اور ہمارے پاس سوائے خیالی دعوے کے کچھ نہیں۔

خالد سہیل:

ہم نے اپنی ڈسکشن میں مذہبی روایت کو دو حصوں میں بانٹا تھا۔ شدت پسند روایت، اس کے دائرہ کار میں ابن تیمیہ، سید قطب ، حسن بن البنا اور ابوالاعلی مودودی آتے ہیں۔ دوسری روایت صوفیاء کی تھی، اس کے دائرہ کار میں رابعہ بصری اور مولانا جلال الدین رومی آتے ہیں۔

بلند اقبال:

ڈاکٹر صاحب غور کرنے کی بات یہ ہے کہ مسلمانوں کو فتحِ مکہ کے بعد سے اپنے عروج کا کم و بیش ہزار سال ملا تھا۔ منگول حملے کے بعد بھی سلطنتِ عثمانیہ کئی سو برس قائم رہی ادھر دوسری طرف پندرہویں صدی کے بعد سے مغرب کو بھی ایک بڑا کامیابی کا دور نصیب ہوا مگر دونوں کا طرزِ فکر حکومت یا سیاست بھی یکسر ہی مختلف تھا۔ ان دونوں طرف کی فتوحات کی مثالوں پر ہمیں غور کرنا پڑے گا، اگر ہم مسلمانوں کے عروج کے ہزار برسوں کا تنقیدی

جائزہ لیتے ہیں تو خلافت راشدہ کے بعد سے تاج عثمانیہ تک ہم بادشاہت والے نظام سے باہر نہیں نکل سکے، کبھی باپ کا تخت پر راج تو کبھی بادشاہوں کی اولادوں کا راج رہا۔ ہمارا یہ تمام دور عیش و عشرت کے وسیع کارناموں سے بھرا پڑا ہے ۔ شاہی عیاشیوں کی وجہ سے بھی ہمارے بادشاہوں نے بڑے سوچنے والے فلسفیانہ دماغ پیدا نہیں ہونے دیے، اسی وجہ سے ہمارے ہاں وہ فکر پیدا ہی نہیں ہوئی جو بدلتی دنیا میں اپنا کوئی مفید کردار ادا کر پاتی۔

خالد سہیل:

آپ نے بہت ہی خوبصورت انداز میں سماجی، سیاسی اور مذہبی پس منظر پیش کیا ہے، میں ان تمام پہلوؤں کو نفسیاتی نقطہ نگاہ سے بیان کرنے کی کوشش کروں گا۔ نفسیاتی لحاظ سے بچہ ہمیشہ مستقبل کی طرف دیکھتا ہے ، مگر جو بچہ مستقبل میں کچھ نہیں پاتا ہے تو بڑھاپے میں ماضی پرستی کا شکار ہو جاتا ہے ۔ بالکل یہی حال قوموں کے رویوں کا بھی ہوتا ہے، جب قومیں جوان ہوتی ہیں تو حال میں زندہ رہتی ہیں اور مستقبل کو بھی مد نظر رکھتی ہیں اور جو قومیں حال میں ناکام ہو کر بوڑھی ہوتی ہیں تو وہ ماضی میں اپنی پناہ ڈھونڈنے لگ جاتی ہیں۔ میرے نقطہ نظر سے مسلمان ماضی کی طرف زیادہ اسی لیے دیکھتے ہیں ۔ مسلمان بد قسمتی سے اپنے سنہرے دور کا صحیح طریقے سے فائدہ نہیں اٹھا سکے۔ مگر یورپ کا معاملہ مختلف رہا انہوں نے اپنے زوال کے بعد سائنس کو گلے لگا لیا اور ترقی کرتے چلے گئے جبکہ ہم نے مذہب کو گلے لگا لیا اور ماضی پرستی میں کھو گئے۔

بلند اقبال:

اگر ہم اس تسلسل کو گہرائی سے دیکھنا چاہیں تو یہ ایک طرح سے اعلیٰ ترین سوچ کا ارتقائی سفر تھا جب ہم یورپ کی سائنسی تبدیلی کا جائزہ لیتے ہیں تو ہمیں اس بات کی آگاہی ملتی ہے کہ انہوں نے اپنے سفر کا آغاز احیاالعلوم کے دور سے شروع کیا تھا اور اب وہ بڑی کامیابی کے ساتھ اکیسویں صدی میں داخل ہو چکے ہیں ۔ اس تہذیب نے بہت سے انقلاب دیکھے جس میں فرانسیسی انقلاب ، روسی انقلاب ، جنگ عظیم اول ، دوئم اور اس کے علاوہ "بلیک ڈیتھ" کا بحران ان میں شامل ہیں۔ یعنی ایک طرح سے یہ ایک ارتقائی سفر تھا جس نے یورپ میں سیاسی، سماجی، اقتصادی اور نفسیاتی بیداری کی ایک لہر پیدا کی۔

خالد سہیل:

ہماری اس گفتگو کا کینوس بہت وسیع ہے، یہ اتنا بڑا سلسلہ ہے کہ اس بحث کو سمیٹنے کے لیے 35 پروگرامز کی یہ منی سیریز بہت کم ہے۔ میری نظر میں ہمارے ذہین قارئین ان تشنہ لفظوں کو خود اپنے ذہن میں جوڑ کر ایک مکمل تصویر بنالیں گے۔ ہم نے مغرب کی چار روایتوں کو ڈائیلاگ کیا۔ جن میں بائیولوجیکل روائت، سائیکلوجیکل روائت، سوشیالوجیکل روایت اور کاسمولوجیکل روایت شامل ہیں جن کے باوا آدم بالترتیب چارلس ڈارون، سگمنڈ فرائیڈ، کارل مارکس اور اسٹیون ہاکنگ ہیں۔ میری نظر میں سائنس کو ترویج دینے میں ٹیکنالوجی نے بہت ہی اہم کردار ادا کیا ہے۔

بلند اقبال:

جب ہم یورپی کلچر کا جائزہ لیتے ہیں تو ہمیں یہ بھی صاف نظر آتا ہے کہ انہوں نے مذہب کو یکسر نظر انداز بھی نہیں کیا بلکہ اس کی حدود کو محدود کرکے ذاتیات کی حد تک قائم رکھا۔ یعنی ایک سیکولر سوسائٹی کا تصور دے کر مذہب کو خصوصاً عیسائیت کو سیاسی contamination سے بچالیا۔ بہر حال یورپ میں جو فلسفہ سامنے آیا اس کی جہتیں بہت وسیع تھیں اور اُس نے مغربی سوسائٹی کو انسانوں کی بہترین سوسائٹی بنانے میں بھرپور کام کیا یہی وجہ ہے کہ ہم غیر جانبدار رہ کر کہہ سکتے ہیں کہ یہاں کی سوسائٹی میں انسانی قدریں اُس منزل پر پہنچ گئیں جس سے یہاں بسنے والوں کو اچھی زندگی گزارنے کی آسائشیں میسر ہوئیں مگر جب ہم ان حقیقتوں کو مشرقی سماج میں ڈھونڈتے ہیں تو یہاں بدقسمتی سوسائٹی میں تعمیری عناصر کا فقدان ملتا ہے۔ ہمارا سماج خصوصاً اپنی ناکامیوں کا سارا الزام مغربی سماج کی سیاست وغیرہ پر دھر کر اپنا دامن بچانے کی کوشش کرتا ہے جو ایک منفی رویہ ہونے کی وجہ سے اسے مزید پست حالی کی طرف دھکیل دیتا ہے۔ میرے خیال میں کامیابی کا عمل فرد اور قوم میں یکساں تنقیدی عمل کی demand کرتا ہے کہ ہمارے سماج کو سنجیدگی سے اپنی فکری خامیوں کا تجزیہ کرنا چاہیے، اپنی غلطیوں سے سیکھنا چاہیے، دوسری قوموں کی کامیابی کے رازوں کو جاننے کی کوشش کرنا چاہیے اور بجائے ماضی پرست یا خیالی مستقبل پرست ہونے کے حال کو بہتر سے بہتر کرنے کی طرف توجہ دینی چاہیے۔ ہمیں ضرور یاد رکھنا چاہیے کہ

مذہبی فکر ایک نایاب فکر ہے مگر اس کی طویل کامیاب روحانی زندگی کا راز اسی میں ہے کہ وہ حکمرانی سیاست کی گندگی سے دور رہے اور ہر ایک فرد کے دل میں ضرور رہے مگر اسٹیٹ کی طاقت وغیرہ کا حصہ کبھی نہ بنے کیونکہ اس سے اسٹیٹ کے حکمرانوں کو تو سیاسی فائدہ مل جائے گا مگر مذہب کو سخت ترین نقصان پہنچے گا۔ کیونکہ ایک اسٹیٹ میں کئی طرح کے مذاہب کے ماننے والے پائے جاتے ہیں جنہیں پورے دل کے ساتھ اپنی روحانیت میں مکمل آزادی کے ساتھ رہنے کا فطری حق ہے۔ یہ مذاہب کی بھی کامیابی کا راز ہے ورنہ مذاہب سیاست کی نذر ہو کر اپنی روحانیت کھو دیتے ہیں جو مذہب کے جسم کی روح ہوتی ہے اور یوں نتیجے میں مذہب محض سیاسی نعروں کی شکل میں رہ کر بے معنی ہو جاتا ہے۔ ڈاکٹر صاحب آپ کو یاد ہو گا ہم نے ایک قسط میں ہیگل کا فلسفہ بھی ڈسکس کیا تھا جو تھیسس، اینٹی تھیسس اور سنتھیسیس پر مشتمل تھا بد قسمتی سے ہم ابھی تک دانشمندی کے ارتقائی دور میں اینٹی سینتھیسیس میں پھنسے ہوئے ہیں اور خوش قسمتی سے مغربی اقوام سنتھیسیس کے درجے پر پہنچ چکی ہیں۔

خالد سہیل: آپ نے بہت خوبصورتی سے ہیگل کا فلسفہ Anti-Thesis, "
Thesis and Synthesis" پر مشتمل تھا، کو یہاں implement کیا۔ جہاں تک یورپ میں مذہب کی بات ہے تو آپ نے ٹھیک فرمایا ہے کہ انہوں نے لوگوں کو اجازت دی ہے کہ وہ اسے اپنی ذاتی حیثیت میں قائم رکھ سکتے ہیں مگر ریاست اور سماج کا آپ کے مذہب سے کچھ لینا دینا نہیں ہو گا ،یہی وجہ ہے کہ یہاں ہر مذہب کے لوگ آزادی کے ساتھ اپنی اپنی مذہبی زندگی بھی گزار رہے ہیں۔

بلند اقبال:

آخر میں ،میں اپنے تمام ناظرین و سامعین کا شکریہ ادا کرنا چاہتا ہوں جنہوں نے ہماری باتوں کو بڑی محبت سے سنا اور اپنی قیمتی آراء سے بھی نوازا۔